目　次

前　言

中国雕版印刷虽然起源较早，但严格意义上的刻书牌记，到宋代始有实物佐证。宋太祖开宝四年（971）始刻的《开宝藏》，现存残卷多有刊刻题记，或无边框，或置墨围内，详载刊刻时间、印行经过等信息，与后来俗世典籍牌记的性质并无二致（图一）。

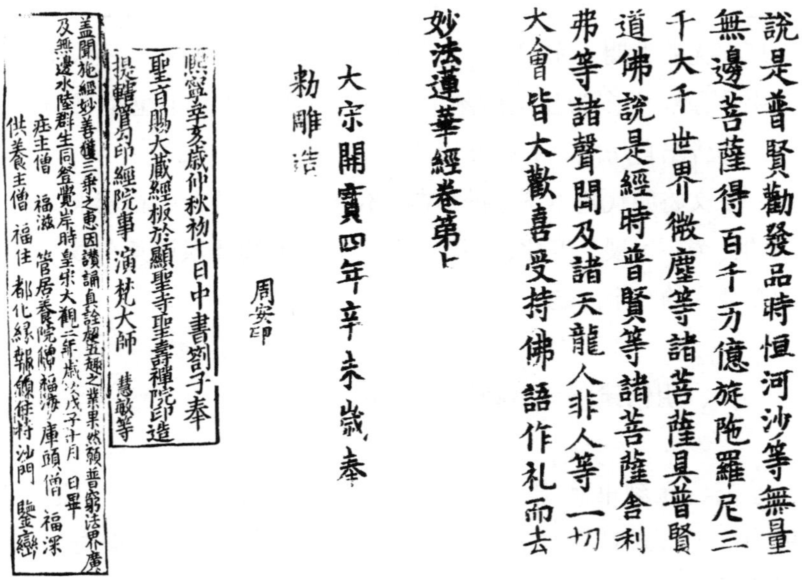
說是普賢勸發品時恒河沙等無量
無邊菩薩得百千万億旋陁羅尼三
千大千世界微塵等諸菩薩具普賢
道佛說是經時普賢等諸菩薩舍利
弗等諸聲聞及諸天龍人非人等一切
大會皆大歡喜受持佛語作礼而去
妙法蓮華經卷第七
大宋開寶四年辛未歲奉
勅雕造
周安印
熙寧辛亥歲仲秋初十日中書劄子奉
聖旨賜大藏經板於顯聖寺聖壽禪院印造
提轄管勾印經院事演梵大師　慧敏等
蓋聞施經妙善獲三乘之惠因讀誦真詮解五趣之業果然願普窮法界廣及無邊水陸群生同登覺岸時皇宋大觀二年歲次戊子十月　日畢
莊主僧　福滋　管居養院僧　福海　庫頭僧　福深
供養主僧　福住　都化緣報願住持沙門　鑒巒

图一　《开宝藏》之《妙法莲华经》卷七末尾题记

正因为牌记或多或少记载了刻印者、刻书地、刻书时间乃至成书始末、校勘经过、刊刻缘由、流播轨迹等与书籍印行相关的诸多信息，历来为研究者所重。林申清先生《宋元书刻牌记图录》一书，作为以牌记为研究对象的专门性图录，“可补宋元雕椠业之新据”（潘景郑序）。尤其是书前《宋元书刻牌记述略》一文，详细考察了牌记的名称、种类、形式、位置、内容和作用，是研究古代刻书史的重要参考文献。

《宋元书刻牌记图录》共收录65家92种104幅图版，其中近30家47种乃是福建建阳所出，约占半数之多，宋、元建阳刻本具有代表性的牌记大体收录其中。笔者研习建阳刻书有年，《宋元书刻牌记图录》常置案头，时加揣摩，故于建阳刻书牌记亦多所注意。如今稍积有成数，遂不揣谫陋，以《明代建阳坊刻牌记考释》为题，略述所见。唯林著在前，故略宋、元不表。需要说明的是，拙著于学理上无所发明，实际上不过是借“牌记”之名而写“经眼录”。全书所录，大多为建阳坊刻本，一二官刻本实际上也是书坊所刻印，即皆出自坊间。为行文简洁，均以“建本”称之。

下文将明代建本牌记的形制、位置、内容等方面相较宋、元旧刻的传袭、发展、变化，稍作归纳分析，并简要谈谈其在版本鉴定中需注意的几个问题。

一、明代建阳刻书牌记的形制

宋、元刻书牌记的形制，由早期无边框的刊语或刊记，发展为墨围形式且日益多样，但无边框直书的形式并未消失，直到明代后期仍大量存在。墨围最常见当属长方形，另有亚字形、椭圆形、波纹形及钟、鼎、爵、葫芦、琴瑟、莲龛、幡幢等更具装饰性图案。以《宋元书刻牌记图录》收录书影统计，宋、元建阳刻书牌记以长方形墨围占多数，超过百分之六十，其次为无边框刊记，不规则图形的牌记所占比例极低，不及百分之十。墨围有单栏，也有双栏，无定制。也见边栏之间加以装饰性花纹，如元代陈氏余庆堂刻本《续宋中兴编年资治通鉴》，目录后刻书咨文“是编系年有考据，载事有本末，增入诸儒集议，三复校正一新刊行”云云，置诸长方牌记中，边栏为黑底白文波浪花纹。不规则图形的牌记主要为亚字形，多为单栏，如宋绍熙二年（1191）余仁仲万卷堂刻本《春秋穀梁传》牌记“余氏万卷堂藏书记”，元至正十一年（1351）余氏勤有堂刻本《故唐律疏议》牌记“崇化余志安刊于勤有堂”。也有长椭圆形，多为双栏，且喜阴刻，如元至正七年（1347）刘氏日新堂刻本《诗经疑问》牌记“至正丁亥菖节刊”，元至正元年（1341，即“后至元辛巳”）虞氏务本堂刻本《赵子昂诗集》牌记“至元辛巳春和建安虞氏务本堂编刊”。最著名者莫若钟、鼎形，如元皇庆元年（1312）建安余氏勤有堂刻本《集千家注分类杜工部诗》无字钟形牌记、“勤有堂”鼎形牌记，元延祐四年（1317）圆沙书院刻本《新笺决科古今源流至论》“延祐丁巳”钟形牌记、“圆沙书院”鼎形牌记，元末叶氏广勤堂印本《集千家注分类杜工部诗》“三峰书舍”钟形牌记、“广勤堂”鼎形牌记。

入明以后，直到嘉靖间，建本牌记仍是以长方形墨围为主，如王氏善敬堂、刘氏慎独斋、刘氏翠岩精舍等书坊，几乎不用装饰性图案。偶见不规则图形的牌记，乃承元代旧制，如明洪武三十年（1397）建安书堂刻本《元史节要》，目录后牌记“洪武丁丑孟夏建安书堂新刊”，是元代建本中常见的长椭圆阴刻牌记。又如陈氏书堂刻本《新刊河间刘守真伤寒论方》，书前《伤寒直格序》后有阴刻长椭圆牌记“临川葛雍校正，建安虞氏刊行”，风格与元代虞氏务本堂刻本《赵子昂诗集》全同，是为明初建安陈氏翻刻虞氏本，尤能说明明初建本长椭圆阴刻牌记的承袭关系（图二）。

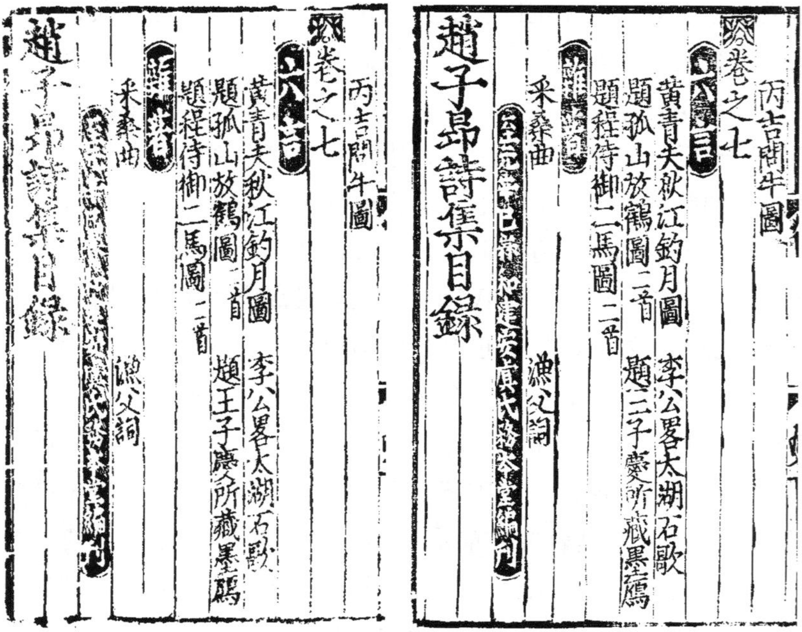

图二　元后至元七年（1341）虞氏务本堂刻本《赵子昂诗集》，中国国家图书馆藏本（左）多漫漶，特以日本国立国会图书馆藏日本南北朝时代（1336—1392）覆刻虞氏务本堂本（右）作比对。

建本中著名的钟、鼎等不规则形状牌记，到了明代则不复见存。以元皇庆元年建安余氏勤有堂刻本《集千家注分类杜工部诗》为例，该书是刻书史上著名的佳作，傅增湘谓“字体圆美，刊刻甚精”（《藏园群书经眼录》卷十二）。目录后钟形牌记和鼎形牌记，配以传序碑铭后长方形篆书牌记，极具厚重感，与正文精美版刻相得益彰。总体上来说，明初建阳刻书尚能承元刻余绪，此后每况愈下，嘉靖以后越发粗劣。或职此之故，钟、鼎如此繁复厚重的牌记，遂被建阳书坊所抛弃。其他如明永乐年间朱氏与畊书堂刻本《大广益会玉篇》爵形、鬲形牌记，在明代也是仅见一例。与此相对，则是大量出现莲座荷盖牌记，尤其是嘉靖以后越来越常见。

莲座荷盖（荷盖莲座）牌记，又称为莲龛牌记。主要有三部分组成：中间是宋代以来常见的长方形墨围，单双栏均有；下托莲花底座，上覆荷叶盖头，莲花、荷叶造型及刊刻手法常略有不同，但万变不离其宗。莲座荷盖牌记始于何时，未见定论。笔者见台北“故宫博物院”藏宋千手千眼观世音图、清仿宋画天王像，及俄罗斯冬宫博物院藏西夏千手观音像等佛教人物造型，多站立或趺坐莲座之上，亦覆以莲叶。刻书牌记或由此种造型演化而来，取莲花圣洁之意，其受佛教影响显而易见。沈津曾见“北宋刻本《金刚般若波罗蜜经》一卷，卷末有荷盖莲座牌记，但内里无字”（《说古书的牌记》，《天禄论丛》2013年第3卷）。俄罗斯冬宫博物馆藏黑水城遗址12—13世纪故物“Framed Tangut Text on a Lotus”，即为彩色莲座荷盖，中刻西夏文“上师弥勒菩萨”（图三）。台北“故宫博物院”藏明弘治十六年（1503）抄本《大方广佛华严经》、明泥金写本《妙法莲华经观世音菩萨普门品》也可见此类牌子，繁复则更甚。莲座荷盖牌记，《宋元书刻牌记图录》未著录，明嘉靖以前也不多

图三　Framed Tangut Text on a Lotus
（俄罗斯冬宫博物馆藏）

见。笔者所见，仅弘治七年（1494）刘氏安正堂刻本《新增说文韵府群玉》、嘉靖间詹氏进贤堂刻本《新刊性理大全》等寥寥数种。到了万历间，建本中则大量采用，于本书收录牌记而言，几近三分之一。

除了上述主流莲座荷盖牌记之外，又出现许多变种。如万历二十四年（1596）叶天熹刻本《翰林重考字义韵律大板海篇心镜》、万历二十九年（1601）郑氏宗文书舍刻本《新镌孤树裒谈》，牌记中间长方形墨围饰以波浪形花纹，后者甚至在牌记外配饰梅花、鹿角等吉祥图案。还出现更为世俗、更具功利色彩的图式，以刘氏安正堂刻本最具代表性。如弘治七年刘氏刻本《新增说文韵府群玉》，卷二十末童子持莲座荷盖牌记，并有福字祥云图案；万历二十七年刻本《锲王氏秘传图注八十一难经评林捷径统宗》，卷六末有童子持莲座荷盖牌记；同年刻《锲王氏秘传叔和图注释义脉诀评林捷径统宗》卷七末有鳌头鼎立莲座荷盖牌记并配鹿角、牛斗等吉祥图案，卷八末有双人肩扛莲座荷盖牌记，均别具一格。百余年间，刘氏安正堂前后数任书坊主，均用人物与牌记组合这一形制，恰好说明世代相传的继承关系。其他书坊则是到了万历年间，才见用这种图文相配的牌记，如明万历十年（1582）陈氏积善堂刻本《新刻太乙仙制本草药性大全》、万历二十七年余氏双峰堂刻本《新刻天下四民便览三台万用正宗》、万历三十年刘氏明德堂刻本《新刊京本风鉴相法人相编》等。万历间，建阳书坊在常规的牌记之外，偶配以整幅吉祥图，如万历三十四年（1606）陈氏余庆堂刻本《四书集注》莲座荷盖牌记后附《攀龙附凤图》，隐喻此为飞黄腾达之阶梯；明万历间余明台克勤斋刻本《四书集注》莲座荷盖牌记后又刻图一幅，则是明言“一举占鳌头”；万历二十八年郑世豪宗文书舍刻本《京本音释注解书言故事大全》，卷终刻半叶一幅“鳌龙”图，取意独占鳌头。其他如鲤鱼跃龙门、蛟龙出海等具有象征性的图画，也均成为牌记不可分割的元素，可视为牌记的一部分，是变体。

伴随莲座荷盖牌记在晚明突然增多，内封面式牌记也大量出现，就本书所涉来统计，甚至数量远超前者。翻检明代建本发现，刊刻时间越晚，这一现象越是突出。多家书坊如熊氏绣贤堂、熊氏雄飞馆、杨氏四知馆、杨氏友花居、余氏近圣居、余氏敦古斋、郑氏人瑞堂等，甚至常常是只有内封而无牌记，内封的重要性显然得到极大提升。

内封面式牌记，一般认为可追溯到元至正十六年（1356）刘氏翠岩精舍刻本《广韵》。林申清谓其“是中国书史上现存最早的书名页之一”（《宋元书刻牌记图录》第83页）。是书内封面总体分上下两节，上栏横刻“翠岩精舍”阳文；下栏顶端横镌“校正无误”阴文，下镌“新刊足注/明本广韵”两行，两侧刻“五音四声切韵图谱详明，至正丙申仲夏绣梓印行”。同年翠岩精舍所刻《大广益会玉篇》，内封风格与之全然一致（图四）。明代前期建本内封，大体上承袭这种简明大方的风

图四　元至正十六年刘氏翠岩精舍刻本《大广益会玉篇》（美国柏克莱加州大学东亚图书馆藏）

格，布局上讲究对称，如正统九年（1444）叶氏广勤堂刻清江书堂印本《太平惠民和剂局方》、正统十三年（1448）王氏善敬书堂刻本《增广注释音辩唐柳先生集》、成化八年（1472）熊氏中和堂刻本《新刊勿听子俗解八十一难经》等等。到明代中期也多不例外，如弘治十七年甲子（1504）黄氏集义堂刻本《大广益会玉篇》、嘉靖间积善书堂刻本《新刊校正京本孙武子兵法本义》等。不过是时内封在内容上已经较前期有所改变。如《新刊校正京本孙武子兵法本义》于书名项中间加“京本”二字，强调底本依据，此前则未曾有。到了明代后期更是出现分化，一是趋向简略，一般书名居中，右上角署作者项，左下角刻出版项；一是趋向繁复，内容上除了书名项、作者项和出版项之外，多刻有刊记，通俗小说、医书、类书等往往采用上图下文的形式。即使是同一书坊所刻书，不同版次之间，内封亦有不同。如万历三十四年（1606）建阳知县周士显委托书坊刊刻之《古今韵会举要小补》，原刻本内封刻“本宁李太史公/校辑韵会小补”，署“书林余泗泉、文台刻行”（日本京都大学人文科学研究所藏）；重修本内封刻“方子谦先生订/韵会小补/三台馆藏板”（美国哈佛大学哈佛燕京图书馆藏）；重修后印本内封刻“李本宁先生/辑韵会小补”大字二行，中间“本衙藏板”（福建师范大学图书馆藏）。明末刘氏藜光堂刻本《新刻洪武元韵勘正切字海篇群玉》，内封镌“黄石斋先生汇编/群玉海篇/藜光阁梓行”（美国哈佛大学哈佛燕京图书馆藏本），后印本则镌“遵古本正韵/石斋海篇/藜光堂刘翼甫梓”（日本国立公文书馆藏本）。

明末建阳书坊往往在内封上钤盖自家堂号，或吉祥图及其他说明文字等，且不同印次，亦多有不同。如上文《古今韵会举要小补》重修本钤“本馆重加校订一字不敢存讹”朱文印，重修后印本则钤“本衙藏板”；刘氏藜光堂刻本《新刻洪武元韵勘正切字海篇群玉》后印本钤“翻刻必究”。又如近圣居刻本《近圣居四书翼经图解》，内封刻“近圣居藏板”，又钤“近圣居藏板”白文方印，并有魁星图；明万历四十六年（1618）书林居仁堂余献可刻本《新刻李袁二先生精选唐诗训解》钤“每部纹价一两”，等等。

明代建本牌记，除了以上所列举之外，尚有几种不多见的样式，如永乐二十二年（1424）熊氏刻本《十七史纂古今通要》，目录后有琴式牌记刻“永乐甲辰孟夏熊氏新刊”一行（图五）。又如《大广益会玉篇》，弘治五年（1492）詹氏进德堂刻本与弘治十四年（1501）刘氏文明书堂刻本，《玉篇广韵指南》后图文牌记，几乎可视为缩小版的内封。此外如明末刘荣吾藜光堂刻本《精镌按鉴全像鼎峙三国志传》“藜光堂”木刻阳文圆印，黄氏存诚堂刻本《鼎镌吴宁野汇选四民切要时制尺牍芳规》卷终木刻“存诚堂梓”阴文方印等，也可视为牌记之一种。

图五　明永乐二十二年熊氏刻本《十七史纂古今通要》牌记（日本国立公文书馆藏。格于体例，正文未收此图，特附此以供参考）

二、明代建本牌记的位置、内容

建本牌记主要有以上数种，除了封面式牌记一般固定于书前内封面，序言篇首、序跋末尾、凡例终处、目录题下及末尾、卷端、分卷卷末、全书卷终、版心等等，均可安放。大小则视版面的空间而定。此不赘述。

要特别指出的是，到了明代后期，为了节省成本，书坊不仅在正文字体、版式等方面想方设法提高版面使用率，镌刻牌记常常也是极尽“见缝插针”之能事。如日本东京大学东洋文化研究所藏万历三十二年（1604）黄次白集义堂刻本《重刻联对便蒙图像七宝故事大全》，卷终牌记侵占书叶最后一行的尾题位置，尾题末刻题名“重刻联对便蒙图像七宝故事大全”，仅余下“二十卷终”四字（见本书第38页左图）。日本庆应义塾大学图书馆藏崇祯四年（1631）杨氏闽斋堂刻本《新刻增补批评全像西游记》，卷终牌记径直刻在尾题处，甚至不够空间镌刻卷次（见本书第176页左图）。其他如日本国立公文书馆藏万历十六年（1588）余明吾刻本《新刊京本附音正讹明训句解文公小学正蒙》（见本书第308页左图）、杭州图书馆藏万历二十四年（1596）余成章刻本《鼎锲青螺郭先生注释小试论彀评林》（见本书第298页左图）、中国国家图书馆藏万历三十七年（1609）余熙宇刻本《鼎锓四民便览柬学珠玑》（见本书第304页左图）、浙江图书馆藏明种德堂熊冲宇刻本《唐诗正声》（见本书第165页左图）等等，都是这样的情况。显然，于建阳书坊而言，当牌记“醒目”需要与版面空间不足发生矛盾时，往往牺牲版面的整体性，至于版面是否因此显得局促，甚至过于突兀，则不予重视。

牌记的内容，撇开其装饰性图案不谈，文字内容一般包括刻印者、刻书地、刻书时间、出版方式等信息。以上众多款项，一方牌记中至少要镌刻其中一项，实际中往往多项兼备。单项者如嘉靖元年（1522）刘氏翠岩精舍刻本《新刊南轩先生文集》卷终有横刻

“翠岩堂”阴文牌记，万历三十年刘龙田刻本《新锓订正评注便读草堂诗余》卷末单栏墨围“乔木山房”，崇祯三年杨璧卿刻本《重刻翰林校正少微通鉴大全》书前《翰林校正通鉴大全序》末木刻“清白堂”阳文方印，明末刻本《精镌按鉴全像鼎峙三国志传》序后圆形牌记“藜光堂”等，仅是镌刻书坊堂号。明刻本《撮要便览本草蒙筌》卷终牌记“刘氏本诚书堂”，也仅是记载出版者信息。这种情况为数不多，更多则是包含两项及以上信息，如“就正斋刊”“余完初梓行”“人瑞堂梓”“克勤斋余文台梓行”，是明确出版者及其责任方式；“正德戊辰仲秋月存德堂新刊”“弘治甲子岁黄氏集义堂新刊”“龙飞万历三十九年秋月，文林积善堂陈奇泉梓行”，包含刻书时间、刻书者及其责任方式；“万历丙午岁孟冬月/三建乔木山房藏板”“万历岁次丁未/潭阳余文台梓”“万历岁次著雍涒滩/夷则吉旦书于潭阳/储贤馆詹恒忠梓行”，又包含了刻书地。

内容上同时具备刻印者、刻书地、刻书时间三要素的牌记，类似于今天版权页出版项著录款项。古时无所谓行业标准，故而并无硬性要求三者同时具备，各家书坊刊行不同书籍所用牌记，内容往往就比较随意，已如上述。但因彼时有刻本与活字本的不同，较之今日则往往多了出版方式一项。至于牌记中镌刻成书始末、校勘经过、流播轨迹以及其他相关事项，更是非必要选项，往往根据具体出版品种衍生，而大体可视为今天的出版说明。仅举数端，以见其概。

如刘氏安正堂刻本《类聚古今韵府续编》牌记：“今有青田包先生，常观是书，其中收有未备者，故搜求《玉海》《通考》《事文类聚》《皇明一统志》等书，续补其略，以得其全，名曰《韵府续编》。”（见本书第59页右图）余氏萃庆堂《六经三注粹抄》牌记：“本堂敦请晋江和斋许先生，精意博研，辑其圣贤之经文可以明道、诸儒之传注可以明经者，汇帙成编，名曰《六经三注粹抄》。”（见本书第226页）皆概言成书始末。

又如余氏世庆堂《食物本草》牌记：“斯集乃内府秘书，本坊近觅真本，复恳翰林王宇泰先生严加参订校雠，犁正鲁鱼亥豕。”（见本书第266页右图）则总说校勘情形。而刘氏慎独斋《群书考索》书尾牌记：“正德十六年十一月内蒙建宁府知府张、邵武府同知邹同校正过《山堂考索》，计改差讹三千二十七字。书户刘洪改刊。”（见本书第96页下图）不啻一篇简短的勘误说明，只未列勘误表。

余氏新安堂《重刊五色潮泉插科增入诗词北曲勾栏荔镜记戏文》牌记：“因前本《荔枝记》字多差讹，曲文减少，今将潮、泉二部，增入《颜臣》、勾栏、诗词、北曲，校正重刊，以便骚人墨客闲中一览。”（见本书第288页左图）郑氏光裕堂《战国策评苑》牌记：“书成而识者佳悦之，皆曰不当私也。故梓之而公之四方，与同志者共也。”（见本书第355页右图）等等，则是列举刊刻缘由。

其他如刘氏安正堂《新增说文韵府群玉》牌记：“是书元大德丁未瑞阳阴先生所编，板行久矣。至于皇明正统间梁氏安定堂重刊，于各字下续增许氏《说文》，虽加详明，然中间未免差舛阙略。”（见本书第57页）刘氏翠岩精舍《联新事备诗学大成》牌记：“坊中旧刊《诗学》，如《大成》《集成》，繁而且冗；《丛珠》《珍珠囊》等编，简而又略，盖两病焉。”（见本书第67页左图）乃略述流播轨迹、版刻源流。陈氏存仁堂《新刊搜罗五车合并万宝全书》牌记：“坊间《万宝全书》不啻充栋，然不一精检，鲁鱼亥豕、混杂篇章者有之。本堂特请名士校雠，事物度数，一仿古典；启牍书札，别换新藻；端写绣梓，点画不差”（见本书第11页右图）等等，则是略述刊刻情况。

从牌记内容的著录款项来说，宋、元、明建本牌记，并没有太大的区别。但随着竞争的日趋激烈，明代建阳坊刻本牌记常常充斥极具煽动性的广告语，此举远过宋、元时期。从以上列举的例子即可见一斑。这与明代建本牌记形制上的改进相一致，无非是为了更吸引眼球，引起读者的注意罢了。至于是否如黄氏集义堂《新锓郑翰林类校注释金璧故事》所宣称的，“本堂珍重校梓，自与坊间诸本大悬绝矣”，则难以较真。

牌记内容的受众一般是读者。读者借由这一醒目印记，快速了解该书的出版情况。但凡事有特例，詹氏进贤堂刻本《新刊地理雪心赋句解》，黄华跋后书牌内容，却直指同行：“《雪心赋》一书，计壹百肆拾纸。一年虽去扛把，小书有甚大来？坊间倘有亲朋或要翻刊，区区非敢阻当。奈缘刊出，贴票贱卖，两下岂不误其资本，有何益哉！高贤君子幸乞见恕。谨禀。”（见本书第325页）这一内容用意类似宋、元即有的官方刻书咨文，警告同行不要翻刻盗版，不过行文则是打起“苦情牌”，不无告饶的味道，也从侧面反映了盗版的猖獗、竞争的激烈程度。

此外，刘氏翠岩精舍《新刊南轩先生文集》序后牌记刻张栻小传，与版刻信息毫无关系，为特例，此处暂不讨论。

三、建本牌记在版本鉴定中的使用问题

牌记因记载了出版信息，虽然不是书籍的正文内容，却也是有机组成部分，同样具有珍贵的史料价值。它是出版印刷史研究不可多得的第一手资料，也是版本鉴定的重要参考依据，但因历代刻书尤其是书坊刻书情况比较复杂，使用时尚需综合辨析，以别真伪。以本书为例，运用牌记在古籍版本鉴定中判断版次、刻书时间、刻书人、刻书地等方面，需要留意几个问题。

一、版次上模糊其词。牌记记载出版方式，常用词语有“梓”“梓行”“绣梓”“重梓”“刻”“发刻”“刊”“刊

梓”“刊行”“发刊”“重刊”“新刊”“锓”“梨锓”“精镌”“镌勒”“藏板”“锲行”“发兑”“发卖”等。根据字面意思，“发兑”“发卖”外，其他用语则往往将刊刻与刷印混为一谈，难以从牌记信息辨别原刻与后印、初刻与重修。当它们出现在内封时，尤其需要结合序跋内容、卷端题署、卷末或书后牌记审慎考察。如魏氏仁实堂刻本《新镌举子六经纂要》卷首署“邦翱魏斌臣梓行”，内封镌“颜壮其先生辑/六经纂要/潭阳魏斌臣梓”（见本书第122页右图），是为魏氏原刻印无疑。但大多时候，则往往实指刷印，而非刻行。如浙江图书馆藏《三刻太医院补注妇人良方大全》二十四卷，内封题“太医院薛立斋先生补注/妇人良方/四知馆杨鲹飞梓”（见本书第199页右图）。比对日本早稻田大学图书馆藏余元长刻本，与之同版，刷印稍后。可见内封题“四知馆杨鲹飞梓”，实乃四知馆杨鲹飞重印而已。即使未得原刻本比对，内封版刻信息中刊刻者项与他处不合时，其“梓”“刻”等字眼，大多仅是指重印。如日本宫内厅书陵部藏《新刊搜罗五车合并万宝全书》，内封题“徐笔洞先生精纂/万宝全书/存仁堂梓”，卷端题“古闽书林树德堂梓行”，书后题“树德堂绣梓”（见本书第11页）。根据经验判断，显然新刻或更换内封比重刻首叶、终叶来得更为省事，该书当是存仁堂根据树德堂刻本重印而已。

二、刻书时间前后龃龉。当一书中存在多方牌记，所载刻书时间不同，是为翻刻，抑或重修，需审慎综合判断。如嘉靖三十八年（1559）杨氏归仁斋刻本《大明一统志》九十卷，书前《奉敕修大明一统志官员职名》后有牌记题“皇明嘉靖己未/归仁斋重刊行”（见本书第171页上图右），卷九十尾题前另有牌记题“大明嘉靖己未孟秋吉旦/书林杨氏归仁斋重梓”（见本书第172页上图左），卷九十末牌记题“万历戊子孟秋/归仁斋杨氏刊”（见本书第172页上图右）。是或著录作明万历十六年戊子（1588）归仁斋杨氏刻本。

王重民先生曾持以比对嘉靖本，认为“间有补刻之版，然十之九仍为嘉靖间原版也。此当是万历十六年就嘉靖二（三）十八年原版修补重印本，故《职名》后牌记未改，而卷末牌记则改从修补重印之年月也”。（《中国善本书提要》，上海古籍出版社1983年，第183页）。此书后又有刘双松印本，内封题“刘双松重梓”，并刻有“安正堂刘双松记”。刘氏所谓“梓”“重梓”，也只是修补重印罢了。

三、刻书人信息作伪与误判。书坊作伪的常用手段，即是将他人版刻稍作改头换面，以为一新书而欺世。如日本国立公文书馆藏《史记综芬评林》，内封刻“锲大魁堂阐意/注释史记综芬”大字二行，中间“建兴书轩魏畏所梓行”；卷下终有莲座荷盖牌记镌“万历季夏穀旦/建兴书轩刊行”（见本书第117页右图、118页）。根据牌记判断，该书当是建兴书轩魏畏所刻本，而实际上乃是根据《史记萃宝评林》挖改重印。虽然书前序、例已经删改，卷端题名改题，版心挖去“萃宝”二字，而卷下末叶版心“史记萃宝评林”六字俱在，殆刬削未净。又如中国国家图书馆藏《新锲燕台校正天下通行文林聚宝万卷星罗》，卷末有牌记刻“书林静观室春/月余献可梓行”（见本书第335页左图），据此当为书林静观室余献可刻本。余献可书坊堂号居仁堂，而非静观室。静观室乃明末建阳詹氏书坊堂号，书坊主有詹冲泉、詹圣谟、詹圣泽、詹彦洪等。是书牌记“余献可”三字实系挖改，余氏以詹氏旧版充当己刻。

以上二例，均属于书坊主作伪。鉴于坊刻本的复杂性，稍不注意，还容易出现误判。如伦敦英国博物院图书馆藏《刊北方真武祖师玄天上帝出身志传》，一般著录作明万历三十年（1602）建安熊仰台刻本，盖因卷四尾题前牌记镌“壬寅岁季春月/书林熊仰台梓”。但据该书卷端署“三台山人仰止余象斗编，建邑书林余氏双峰堂梓”（见本书第275页）综合判断，是乃余氏双峰堂刻熊仰台印本，至于是否为熊氏所印，刷印地点是否在建阳，则尚可讨论。

四、刻书地与郡望的区别。建阳书坊常常在刻书者姓氏前冠以郡望，如京兆刘氏、新安余氏，显然不能以郡望京兆、新安作为刻书地。如《重订成仁遗稿》，卷终牌记镌“正德庚辰孟冬/新安余氏甫斋”（见本书第286页左图），诸家遂著录作明正德十五年（1520）新安书林余氏刻本，似为安徽新安刻本。书前有舒芬《重刊成仁遗稿序》，署“正德十五年八月朔日丙辰，赐进士及第、福建市舶提举司副提举、前翰林院国史修撰、承务郎、进贤县舒芬书”，有言“付书林余氏刻之”云云。是书乃舒芬于福建市舶提举司副提举任上，委托建阳书林余氏刻版印行，显非安徽新安刻本。又如明成化十年甲午（1474）刻本《诗学集成押韵渊海》，卷终牌记刻“成化甲午新安/余氏重新刊行”（见本书第287页左图），从版式、字体考察，与同期建阳刻本风格一致，亦当为建阳刻本。

以上主要根据工作经验，简略归纳了建本牌记在版本鉴定中该注意的几个问题。实际上，种种迹象表明，书坊间合作远比我们想象的复杂，如版片共同刊刻、书版租售转移、书籍刻印贩卖等问题，仍需进行更充分地探讨。

本书是笔者近二十年来关于建阳刻书系列基础研究的阶段小结之一。明代建阳书坊，研究者谓有二百余家，笔者所见仍多不在此列者，实际数量当远过之。今以书坊堂号立目，汇辑经眼目验诸书牌记书影以便观览，间附一二鄙见。惟堂号不详者暂不收录，尤紧要者间附一二于相关条目下或前言中；由于客观原因未能获得书影者暂附阙如。共计得八十四家，引书近四百种，采用牌记六百多方，及其他书影若干。因限于见闻，囿于学识，自知疏漏、谬舛在所难免，尚祈方家惠赐教言。

本书撰写过程中，屡获李开升、连天雄兄悉心指正，刘繁、黄曦师弟及林翠霞、傅杰如小友亦多有匡补，在此谨向诸君致以由衷的谢意。

陈氏存德堂

陈氏存德堂，亦作存德书堂。现存明代前期陈氏所刻书多为医书，均不详坊贾名讳，是否为建阳书坊亦在两可之间。明正德三年戊辰（1508），存德堂刻《陈氏小儿病源方论》四卷，目录叶题“书林陈氏存德堂新刊”，卷二卷端署“太医陈文中著述，鳌峰熊宗立类证”（图一），序后牌记镌“正德戊辰仲秋/月存德堂新刊”（图二）。同年刻《类证陈氏小儿痘疹方论》二卷，目录卷首署“太医陈文中著述，鳌峰熊宗立类证，松轩叶显章校录”，序后牌记镌“正德戊辰菊/月存德堂刊”（图三）。审二书风格，当同为陈

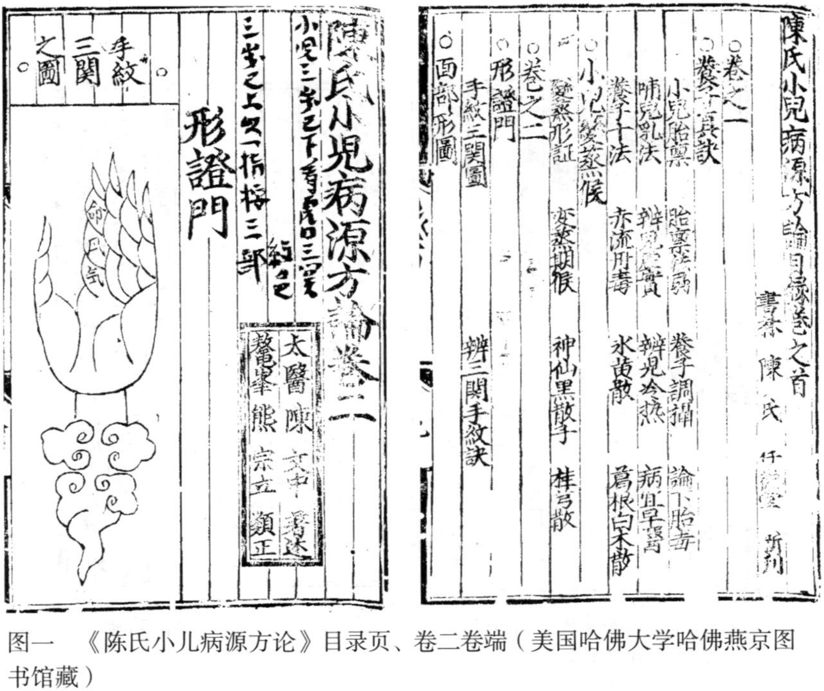

图一 《陈氏小儿病源方论》目录页、卷二卷端（美国哈佛大学哈佛燕京图书馆藏）

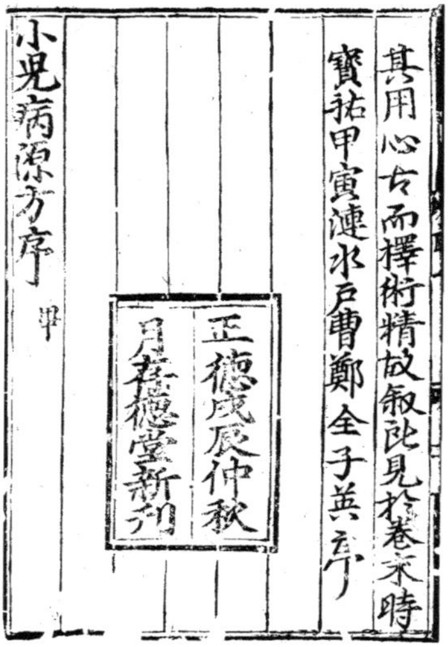
寶祐甲寅澧水戶曹鄭全子巽序
其用心古而擇術精故敘此見於卷末時
正德戊辰仲秋
月存德堂新刊
小兒病源方序 畢

图二 《陈氏小儿病源方论》牌记（美国哈佛大学哈佛燕京图书馆藏）

氏存德堂所刊刻，然“书林”是否特指建阳，未有明证。

正德四年己巳，存德堂刻《新刊勿听子俗解脉诀大全》六卷。卷一卷端署“西晋太医令王叔和撰，鳌峰勿听子熊宗立俗解”，目录后有牌记，镌“正德四年己巳仲秋/新安陈氏存德堂刊”（图四）。诸家遂著录作“新安陈氏存德堂刻本”。其版刻风格实类同时期建阳刻本。笔者认为，“新安”二字，当如建阳书坊常用之“新安余氏”“京兆刘氏”，专指郡望，并非

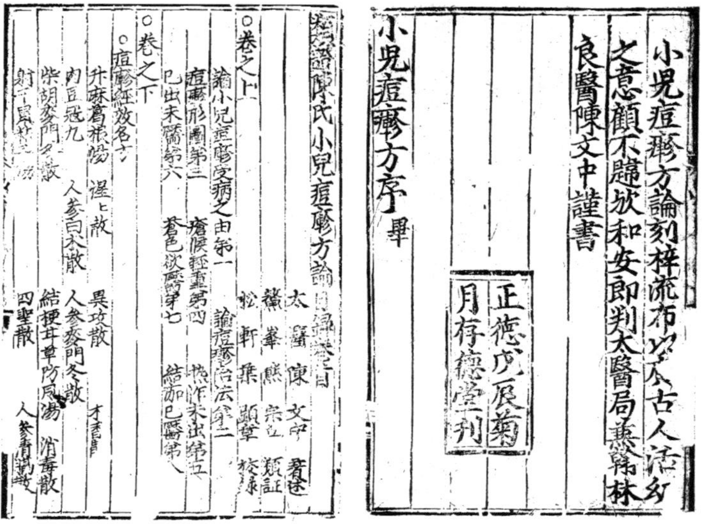
小兒痘疹方論刻梓流布以廣古人活幼
之意願不蹈故和安郎判太醫局惠濟林
良醫陳文中謹書
正德戊辰菊
月存德堂刊
小兒痘疹方序 畢
類證陳氏小兒痘疹方論目錄卷首
太醫陳文中著述
鰲峯熊宗立類證
○卷之上
論小兒痘疹受病之由第一 論痘疹治法第二
痘疹形圖第三 痘疹輕重第四 熱作未出第五
已出未齊第六 養色欲靨第七 結痂已靨第八
○卷之下
痘疹經效名方

图三 《类证陈氏小儿痘疹方论》牌记、目录卷首（美国哈佛大学哈佛燕京图书馆藏）

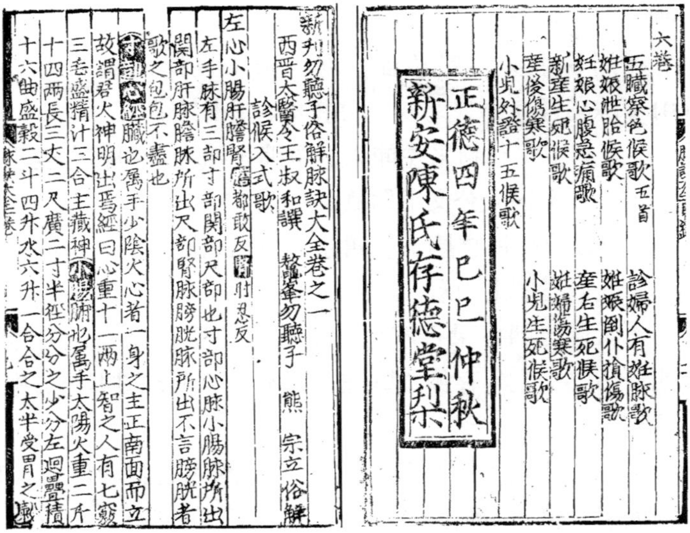

六卷
五臟察色候歌五首　診婦人有姙脉歌
姙娠泄胎候歌　姙娠倒仆損傷歌
姙娠心腹急痛歌　産后生死候歌
新産生死候歌　姙婦傷寒歌
産後傷寒歌　小兒生死候歌
小兒外證十五候歌

正德四年己巳仲秋
新安陳氏存德堂梓

新刊勿聽子俗解脉訣大全卷之一
西晋太醫令王叔和譔　鰲峯勿聽子　熊宗立俗解
診候入式歌
左心小腸肝膽腎
左手脉有三部寸部關部尺部也寸部心脉小腸脉所出
關部肝脉膽脉所出尺部腎脉膀胱脉所出不言膀胱者
歌之包包不盡也
心臟也屬手少陰火心者一身之主正南面而立
故謂君火神明出焉經曰心重十一兩上智之人有七竅
三毛盛精汁三合主藏神　小腸腑也屬手太陽火重二斤
十四兩長三丈二尺廣二寸半徑分分之少分左迴疊積
十六曲盛穀二斗四升水六升三合合之太半受胃之

图四　《新刊勿听子俗解脉诀大全》牌记、卷端（日本国立公文书馆藏）

实际刻书地。是年，存德堂又刻宋陈自明撰、明熊宗立补遗《新刊补遗大全妇人良方》二十四卷，该书原本不存，日本宫内厅书陵部有传钞本，“目录后有钞天顺八年甲申孟夏鳌峰熊氏种德堂刊记，又尾有钞‘正德己巳陈氏存德堂新刊’木记，则知从正德本钞也”（《图书寮汉籍善本书目》卷三宫内省图书寮1930年，第31b）。据此可知，陈氏存德堂刻本当据熊氏种德堂本翻（重）刻。此外，《中国古籍善本书目》（上海古籍出版社1989年，第240页）子部著录《类证注释钱氏小儿方诀》十卷，宋钱乙撰，宋阎孝忠辑，明熊宗立注，明正德三年存德书堂刻本，重庆市图书馆藏。

以上五种医书，均为建阳医家、刻书家熊宗立类证、俗解，各书之初版为熊氏所刊，乃情理中之必然。而陈氏存德堂同为建阳书坊，或以近水楼台之便，据之重刊。

明代后期，陈氏存德堂主人陈德宗，字耀吾，所刻书现存尚有十余种，四部皆备：

1.《周易本义》四卷首一卷，宋朱熹撰，明万历二十九年（1601）陈耀吾存德堂刻本，北京大学图书馆藏。

2.《新刻王翰林精采左闻人玉珩编》四卷，明韩孙爱辑，明陈德宗刻本，日本国立公文书馆藏。

3.《新锓历朝评林捷录》四卷，明顾充撰，明万历间书林存德堂刻本，安徽省图书馆藏。

4.《六订历朝捷录百家评林》五卷，明顾充撰，明赵秉忠辑评，明万历二十九年存德堂陈耀吾刻本，山东省图书馆、中国国家博物馆藏。

5.《锓图注八十一难经》四卷《镌图注王叔和脉诀琮璜》五卷，明熊宗立解，明张世贤图注，明万历三十四年（1606）存德堂陈耀吾刻本，上海中医药大学图书馆藏。

6.《重订校正魁板句解消砂经节图地理诀要雪心赋》四卷附《增补秘传地理寻龙经诀法》一卷，唐卜应天撰，明谢志道注，明万历三十年书林陈德宗刻本，中国国家图书馆、中国科学院图书馆、上海图书馆、安徽省图书馆藏。

7.《鼎锲全补音注书言故事类编》□□卷，宋胡继宗辑，明万历二十九年书林陈耀吾刻本，山东省图书馆存卷一至五。

8.《补新锲三才备考万象全编不求人》二十五卷，□□辑，明万历三年（1575）陈耀吾刻本，日本东北大学图书馆藏（缺卷十至十二）。

9.《新锲两京官板校正锦堂春晓翰林查对天下万民便览》四卷，明邓仕明辑，明书林陈德宗刻本，中国国家图书馆藏。

10.《新锲翰林太史精选皇明历科诗经》四卷，明张榜选，明顾起元校，明艺林陈德宗刻本，日本蓬左文库藏。

11.《新锲诸名家前后场肄业精诀》四卷，明李叔元辑，明万历三十二年建邑书林陈氏存德堂刻本，台湾“中央图书馆”藏。

以上各书，经眼者有二。其一《新刻王翰林精采左闻人玉珩编》，前有《刻左传玉珩序》，谓是书“颠末犁然”“故实洒然”“辞藻翩翩然”云云，署“温陵毅庵黄汝良书”，似为假托。各卷端均署“潭城书林耀吾陈德宗绣梓”（图五），是为建阳书坊之明证。其二为《新锲诸名家前后场肄业精诀》，卷端署“温陵晋邑赞宇李叔元缉、同邑钟斗许獬校，建邑书林耀吾陈德宗绣梓行”，书后牌记刻“万历甲辰岁桂月/存德堂陈耀吾梓”（图六）。又见日本万

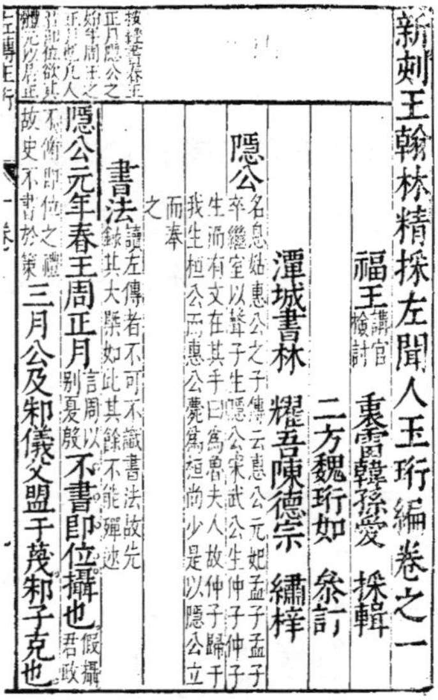
新刻王翰林精採左聞人玉珩編卷之一
福王講官檢討 東雷韓孫愛 採輯
二方魏珩如 叅訂
潭城書林 耀吾陳德宗 繡梓
隱公名息姑惠公之子傳云惠公元妃孟子孟子卒繼室以聲子生隱公宋武公生仲子仲子生而有文在其手曰爲魯夫人故仲子歸于我生桓公而惠公薨是以隱公立而奉之
書法讀左傳者不可不識書法故先錄其大槩如此其餘不能殫迹
隱公元年春王周正月 不書即位攝也
三月公及邾儀父盟于蔑

图五 《新刻王翰林精采左闻人玉珩编》卷端（日本国立公文书馆藏）

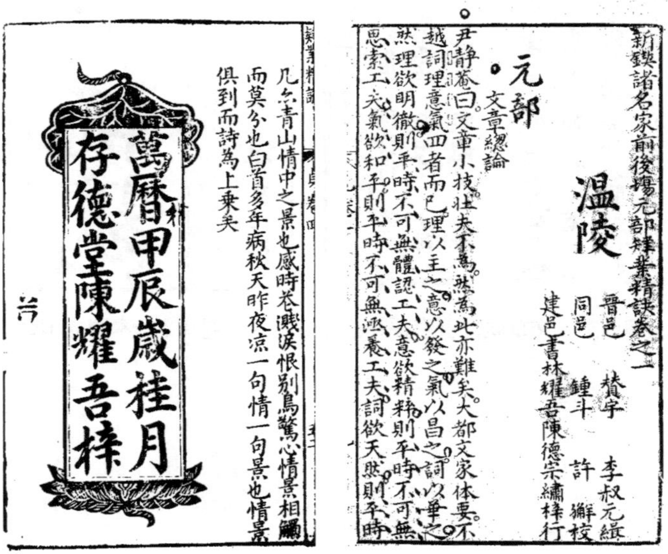
萬曆甲辰歲桂月
存德堂陳耀吾梓
凡今青山情中之景也感時花濺淚恨別鳥驚心情景相融而莫分也白首多年病秋天昨夜凉一句情一句景也情景俱到而詩為上乘矣
新鍥諸名家前後場元部肄業精訣卷之一
温陵 晉邑 賛宇 李叔元緝
同邑 鍾斗 許獬校
建邑書林耀吾陳德宗繡梓行
元部
文章總論
尹靜菴曰文章小技壯夫不爲然爲此亦難矣大都文家体要不越詞理意氣四者而已理以主之意以發之氣以昌之詞以華之然理欲明徹則平時不可無體認工夫意欲精粹則平時不可無思索工夫氣欲和平則平時不可無涵養工夫詞欲天然則平時

图六 《新锲诸名家前后场肄业精诀》卷端、牌记（台湾“中央图书馆”藏）

治二年（1659）和刻本《正文章轨范百家评林注释》七卷，内封镌“陈耀吾梓”，卷端署“书林耀吾陈德宗绣梓”（图七）。书前有题王守仁撰《文章轨范序》，后刻“万历丙午孟冬月望日存德堂重梓”一行。万历丙午，即万历三十四年（1606）。是乃日人据万历三十四年陈德宗存德堂本重刊。

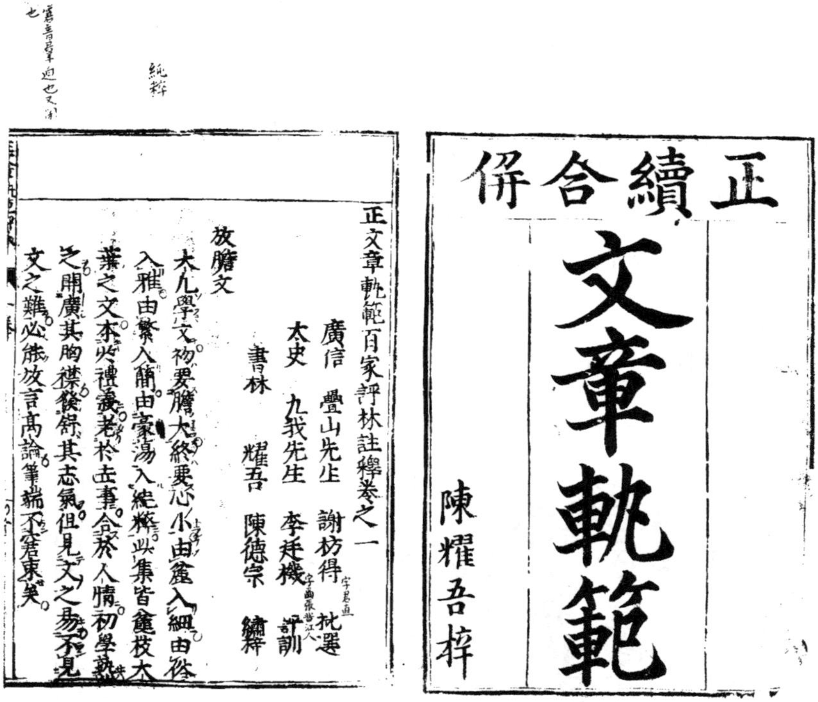
正續合併
文章軌範
陳耀吾梓

正文章軌範百家評林註釋卷之一
廣信　疊山先生　謝枋得　批選
太史　九我先生　李廷機　評訓
書林　耀吾　陳德宗　繡梓
放膽文
大凡學文初要膽大終要心小由麄入細由俗入雅由繁入簡由豪蕩入純粹此集皆麄枝大葉之文本於禮義老於世事合於人情初學熟之開廣其胸襟發舒其志氣但見文之易不見文之難必能放言高論筆端不窘束矣

图七　和刻本《文章轨范百家评林注释》内封、卷端（日本国立国会图书馆藏）

陈氏存仁堂

明末建阳陈氏书坊存仁堂，主人陈恭敬，字怀轩。陈氏刻印的书籍，现存多为日用类书及通俗作品。日用类书如：

美国哈佛大学哈佛燕京图书馆藏《新刻眉公陈先生编辑诸书备采万卷搜奇全书》三十七卷。卷一卷端署“华亭眉公陈继儒编辑，书林怀轩陈恭敬梓行”，卷终尾题前有牌记镌“崇祯戊辰岁仲冬/存仁堂陈怀轩梓”（图一）。崇祯戊辰，即崇祯元年（1628）。一般根据牌记著录是书为明崇祯元年书林陈怀轩存仁堂刻本。

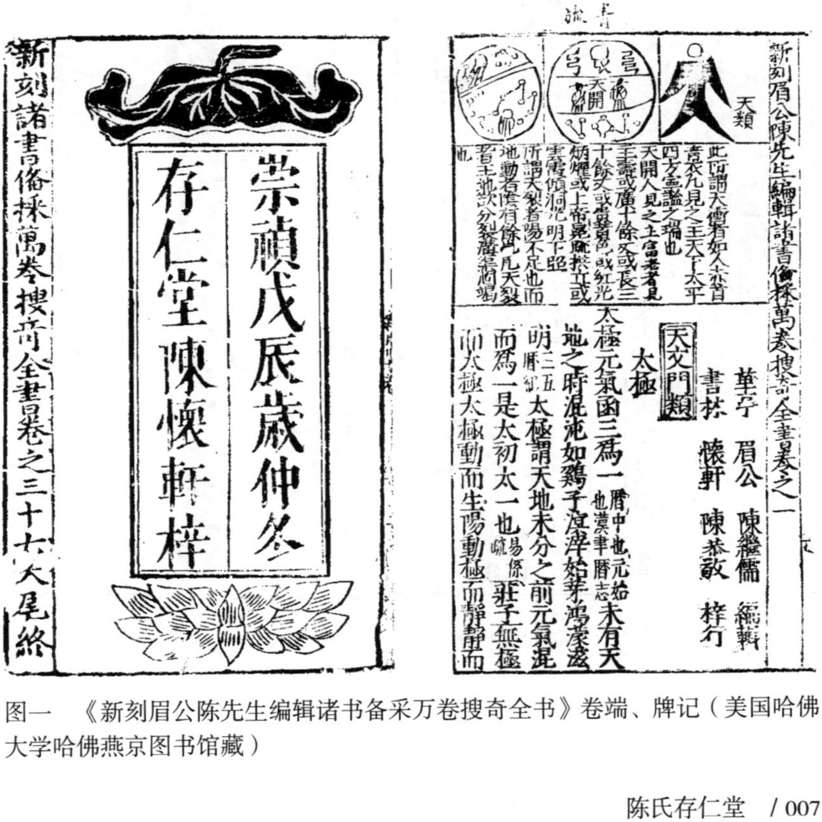

图一　《新刻眉公陈先生编辑诸书备采万卷搜奇全书》卷端、牌记（美国哈佛大学哈佛燕京图书馆藏）

日本庆应义塾大学图书馆藏《新刻艾先生天禄阁汇编采精便览万宝全书》三十七卷。卷端署“古临千子艾南英汇编，潭邑以信陈怀轩梓行”，内封刻“徐笔洞先生精纂/万宝全书/存仁堂梓”（图二）。书后牌记镌“崇祯戊辰岁仲冬/存仁堂陈怀轩梓”。若根据卷端题署及书后牌记，著录该书为明崇祯元年潭邑陈怀轩存仁堂刻本，则误。日本国立公文书馆藏《新刻艾先生天禄阁汇编采精便览万宝全书》三十五卷，卷端署“古临千子艾南英汇编，潭邑以信王泰源梓行”，书后有牌记刻“书林三槐堂/王泰源梓行”

徐筆洞先生精纂
萬寶全書
存仁堂梓

新刻艾先生天祿閣彙編採精便覽萬寶全書卷之一
古臨 千子 艾南英 彙編
潭邑 以信 陳懷軒 梓行
天文門類
兩儀說

图二 《新刻艾先生天禄阁汇编采精便览万宝全书》内封、卷端（日本庆应义塾大学图书馆藏）

（图三）。比对二书，并非同一版刻，而“陈怀轩”“王泰源”前均冠以“以信”二字，不解何故。陈恭敬字怀轩，“以信”当为王泰源表字，陈氏据王氏本翻刻，更换“王泰源”三字而代以自己的名讳，其余已不及更改。又，庆应义塾大学图书馆藏本卷九以下实为明崇祯元年陈怀轩刻《新刻眉公陈先生编辑诸书备采万卷搜奇全书》本，故该藏本书后牌记，实同美国哈佛大学哈佛燕京图书馆藏陈氏刻本《新刻眉公陈先生编辑诸书备采万卷搜奇全书》的牌记。也就是说，实际上不存在三十七卷本《新刻艾先生天禄阁汇编采精便览万宝全书》。庆应义塾大学图书馆藏本，或为陈怀轩用王泰源与自刻三十七卷本《新刻眉公陈先生编辑诸书备采万卷搜奇全书》拼凑而成，因后一书终卷三十七，故以为该书也是三十七卷。

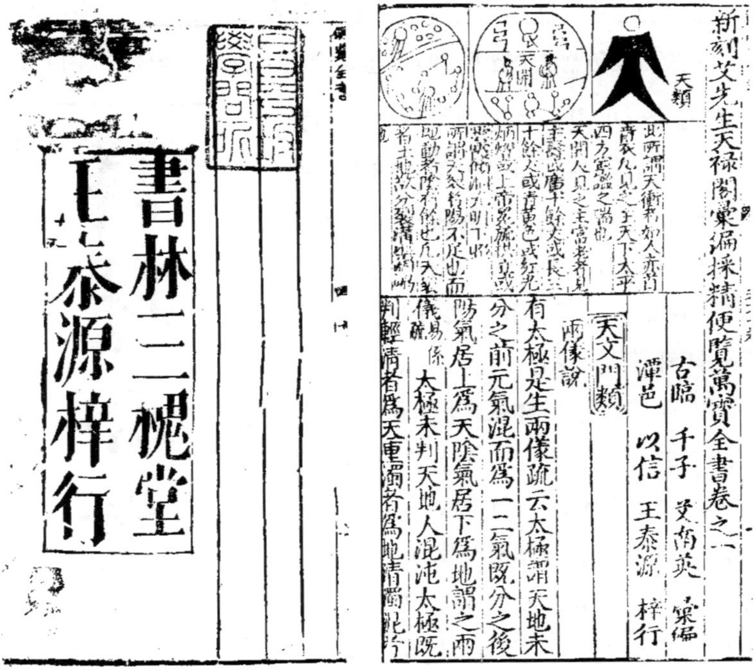
書林三槐堂
王泰源梓行

新刻艾先生天祿閣彙編採精便覽萬寶全書卷之一
古臨 千子 艾南英 彙編
潭邑 以信 王泰源 梓行
天文門類
兩儀說
有太極是生兩儀疏云太極謂天地未分之前元氣混而爲一二氣既分之後陽氣居上爲天陰氣居下爲地謂之兩儀
太極未判天地人混沌太極既判輕清者爲天重濁者爲地

图三　《新刻艾先生天禄阁汇编采精便览万宝全书》卷端、牌记（日本国立公文书馆藏）

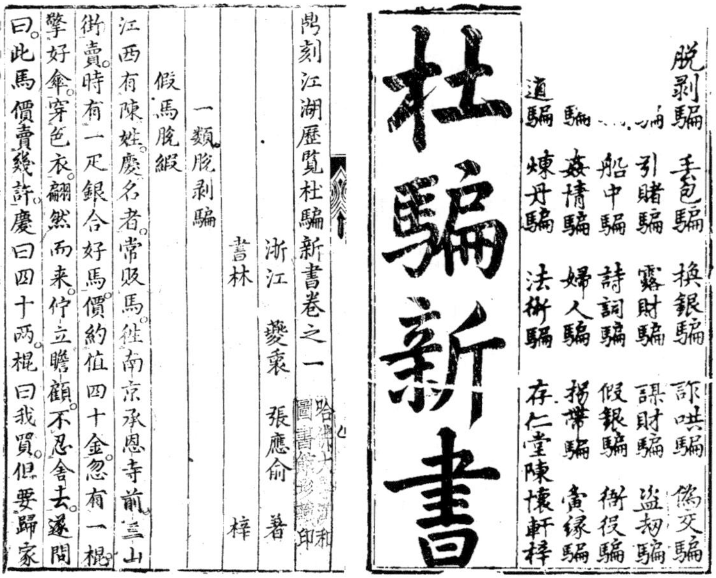

鼎刻江湖歷覧杜騙新書卷之一

浙江　夔衷　張應俞　著

書林　梓

一類　脫剥騙

假馬脫緞

江西有陳姓慶名者。常販馬往南京承恩寺前三山街賣。時有一疋銀合好馬。價約值四十金。忽有一棍。擎好傘。穿色衣。翩然而来。佇立瞻顧。不忍舍去。遂問曰。此馬價賣幾許。慶曰。四十两。棍曰。我買。但要歸家

杜騙新書

脫剥騙　手包騙　換銀騙　詐哄騙　偽交騙

引賭騙　露財騙　謀財騙　盜劫騙

船中騙　詩詞騙　假銀騙　衙役騙

姦情騙　婦人騙　拐帶騙　買緣騙

道騙　煉丹騙　法術騙

存仁堂陳懷軒梓

图四　《鼎刻江湖历览杜骗新书》内封、卷端（美国哈佛大学哈佛燕京图书馆藏）

陈氏刊行小说，多据旧版重刷。如美国哈佛大学哈佛燕京图书馆藏《鼎刻江湖历览杜骗新书》四卷，一般著录作书林存仁堂陈怀轩刻本。卷端署“浙江夔衷张应俞著，书林□□□□□梓”，内封镌“存仁堂陈怀轩梓”（图四）。实际上，该书乃是陈氏存仁堂据书林张怀耿旧版剜挖重印（详本书《余氏居仁堂》）。日本东京大学东洋文化研究所双红堂文库藏《新镌国朝名公神断李卓吾详情公案》六卷，内封镌“眉公陈先生选/详情公案/存仁堂陈怀轩刊”（图五），卷端未题署撰著、

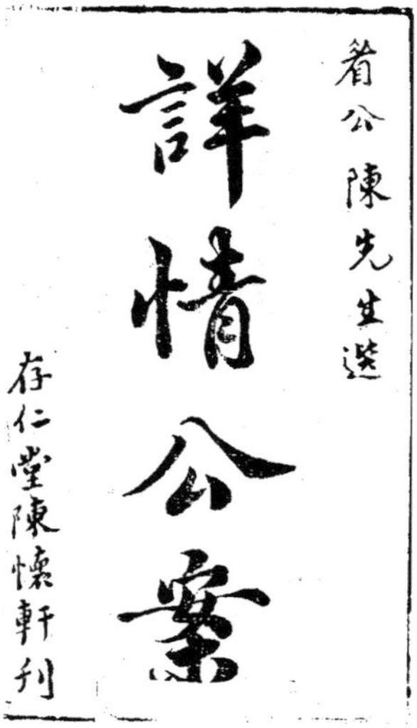

眉公陳先生選

詳情公案

存仁堂陳懷軒刊

图五　《新镌国朝名公神断李卓吾详情公案》内封（日本东京大学东洋文化研究所藏）

刊刻者。是为陈怀轩存仁堂原刻，抑或仅据旧版重印，今已难考。又《北京大学图书馆藏古籍善本书目》（北京大学出版社1999年，第92页）著录《新刻增补全像音释古今列女全传》三卷，书林陈怀轩编，明闽中书林陈恭敬刻本。陈怀轩即陈恭敬，据知是书乃陈氏自编自刻。

此外，日本宫内厅书陵部藏《新刊搜罗五车合并万宝全书》三十四卷（《中国日用类书集成》影印），卷一卷端署“豫章羊城徐企龙编辑，古闽书林树德堂梓行”，书后牌记刻“树德堂绣梓”，内封镌“徐笔洞先生精纂/万宝全书/存仁堂梓”（图六）。又有识语云：“坊间《万宝全书》不啻充栋，然不一精检，鲁鱼亥豕、混杂篇章者有之。本堂特请名士校雠，事物度数，一仿古

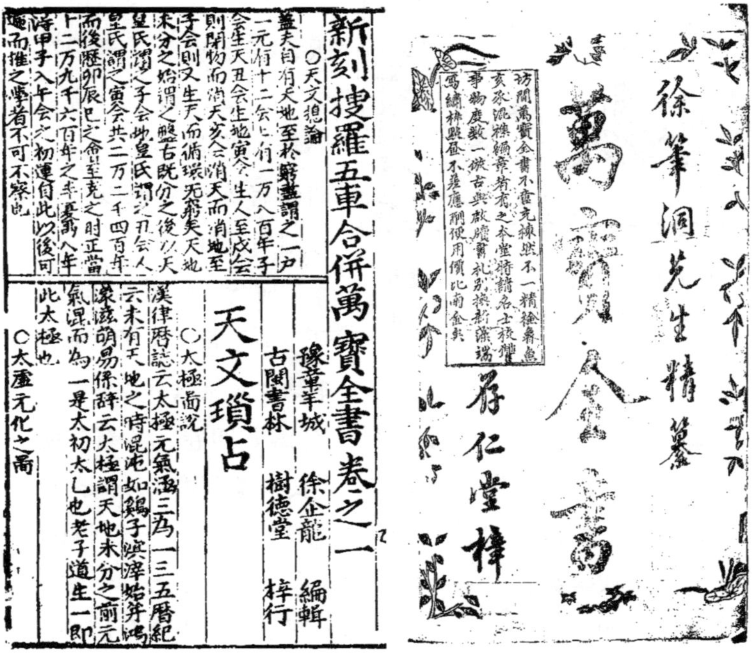
新刻搜羅五車合併萬寶全書卷之一

豫章羊城 徐企龍 編輯

古閩書林 樹德堂 梓行

天文瑣占

○天文總論

蓋夫自有天地至於辟盡謂之一户一元，有十二会，亡有一万八百年。子会生天，丑会生地，寅会生人，至戌会則閉物，而消天，亥会消天而消地。至子会則又生天，而循環无窮矣。天地未分之始，謂之盤古；既分之後，以天皇氏謂之子会，地皇氏謂之丑会，人皇氏謂之寅会，共二万二千四百年，而後歷卯辰巳之会，以至堯之时，正當午会之初運。自此以後，可下二万九千六百年之率，真爲八年遁甲子入午会之初運……遁而推之，學者不可不察也。

○太極圖說

漢律曆誌云：太極元氣，函三爲一。三五曆紀云：未有天地之時，混沌如鷄子，溟涬始牙，鴻濛滋萌。易係辞云：太極謂天地未分之前，元氣混而爲一，是太初太乙也。老子道生一，即此太極也。

○太虛元化之論

徐筆洞先生精纂

萬寶全書

存仁堂梓

坊間萬寶全書不啻充棟，然不一精檢，魯魚亥豕、混雜編章者有之。本堂特請名士校讎，事物度數一做古典，啟牘書札另換新藻，端寫繡梓，點畫不差，應酬便用，價比南金矣。

图六　《新刊搜罗五车合并万宝全书》内封、卷端（日本宫内厅书陵部藏，《中国日用类书集成》影印）

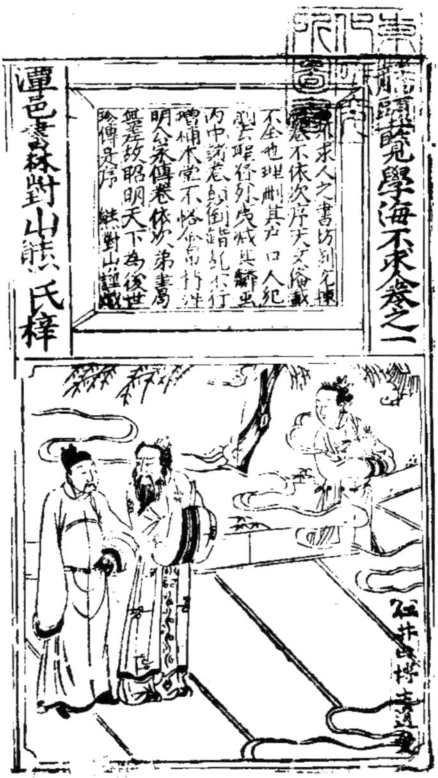

图七　熊对山刻本《新刻邺架新裁万宝全书》卷端（日本东京大学东洋文化研究所藏）

典；启牍书札，别换新藻；端写绣梓，点画不差；应酬便用，价比南金矣。”从卷端、内封题署可见，该书当是存仁堂根据树德堂刻本重印。然而该本序、目与日本东京大学东洋文化研究所藏明熊对山刻本《新刻邺架新裁万宝全书》全同（图七），除卷一第一叶改题重刻外，余下皆是同版。显然，该藏本是否为树德堂刻版，实难遽论。至于存仁堂主人是谁，亦不可考，盖陈怀轩（恭敬）外，大约同时期尚有陈含初也以存仁堂名号刻书行世。

陈含初生平不详，与陈怀轩之关系暂不可考。其所刊行书籍，今见以下数种：

《新刻明医参补三合王叔和脉诀合编》四卷、《新刻明医考证八十一难经合编》四卷，日本国立公文书馆藏本（《海外中医珍善本古籍丛刊》据以影印）。《脉诀合编》卷首题“新刻明医参补三合王叔和脉诀合编卷之一，西晋太医令王叔和撰著，元儒学教授戴起宗刊误，明盱江后学吴文炳合编，潭阳存仁堂陈含初梓行”。一般据此可著录作明潭阳存仁堂陈含初刻本（《改订内阁文库汉籍分类目录》著录作“明万历四十五年序刊本”）。而《难经合编》卷二首题“新刻明医考证八十一难经合编卷之二，卢国秦越人扁鹊著撰，潭阳熊宗立勿听子注，盱江吴文炳沛泉校售”，则与陈氏无涉。是陈氏挖改重印，抑或后人拼凑之本，待考。

《新刊太医院校正小儿痘疹医镜》二卷，日本国立公文书馆藏本（《海外中医珍善本古籍丛刊》据以影印）。卷上卷端署“豫章儒医金溪龚居中应圆父辑著，盱江吴文炳沛泉父参补，建邑书林萧腾鸿庆云父梓行”，内封镌“龚应圆先生著/痘疹医镜/陈含初梓”（图八）。据此知由建邑萧腾鸿刻、陈含初印。

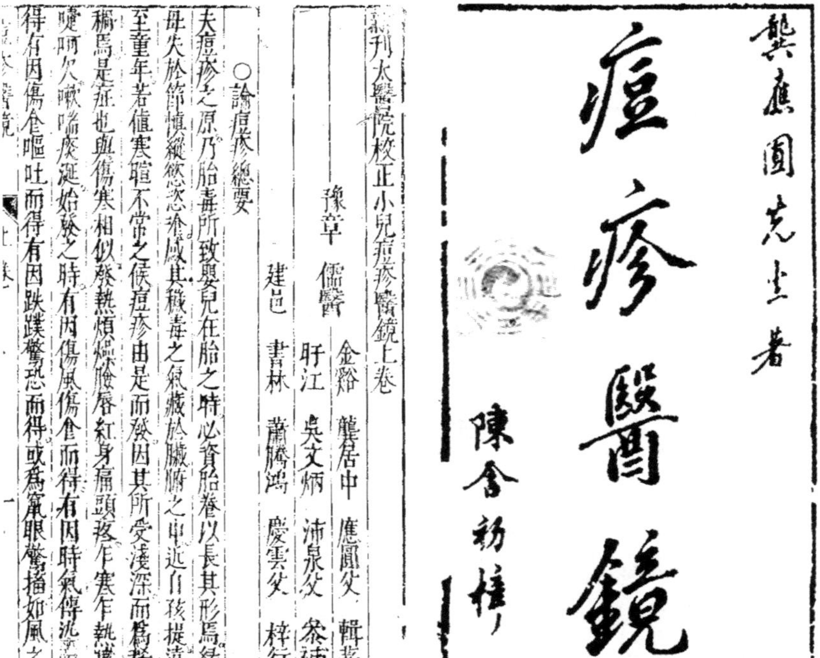

图八 《新刊太医院校正小儿痘疹医镜》内封、卷端（日本国立公文书馆藏）

此外，据诸家书目、数据库所载，另有：《新刊月峰孙先生增补音切玉鉴海篇》二十卷，题明孙鑛辑，明书林存仁堂陈含初刻本，北京大学图书馆藏；《刻李九我先生批评破窑记》二卷二十九出，元佚名撰，明书林陈含初、詹林我刻本，中国国家图书馆藏；《新刻天如张先生精选石渠汇要万宝全书》三十四卷，明张溥辑，明崇祯九年（1636）存仁堂刻本，日本东京都立中央图书馆藏。

陈氏积善堂

陈氏积善堂，又称积善书堂，明代建阳著名书坊。未见其嘉靖以前传本，嘉靖间坊主名讳多不详，嘉靖以后见有陈孙安、陈孙贤（一作陈贤）、陈国旺诸人。

嘉靖十七年戊戌（1538），陈氏积善书堂刻宋朱熹撰《四书集注》二十一卷，凡《大学章句》一卷、《中庸章句》一卷、《论语》十卷《序说》一卷、《孟子》七卷《序说》一卷，美国哈佛大学哈佛燕京图书馆藏。《论语》前有插图，上刊“积善书堂”，卷五末牌记镌“陈氏积善堂校正重刊”；《孟子》卷七末牌记刻“嘉靖戊戌年孟春/陈氏积善书堂刊”（图一）。

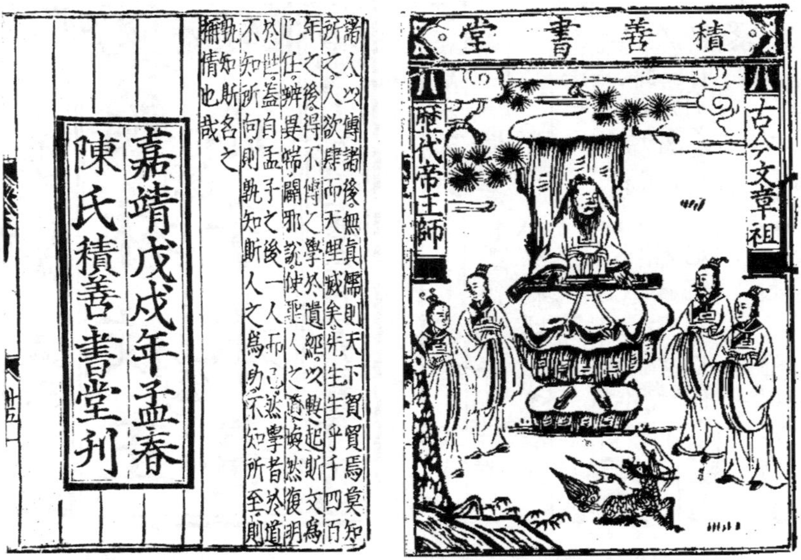

图一　《四书集注》内封、牌记(美国哈佛大学哈佛燕京图书馆藏)

又曾刻《新刊校正京本孙武子兵法本义》三卷，明郑灵注解，不详刻书年月。《改订内阁文库汉籍分类目录》著录作“明嘉靖积善书堂刻本”。卷上卷端署“同安后学郑灵希山注解，北京武学傅震元峰校正”；内封眉栏居中镌“积善书堂”四大字，其下阴刻“新刊”二字，居中刻“翰林校正/孙子本义”大字二行，中间“京”“本”二字，两侧镌联对云：“神设鬼施，在当时诚为妙算；龙争虎斗，居今日大著奇功”，尽显广告气息（图二）。

陈孙安，字少湖，又字静宇，生平不详。明万历十年（1582）刻明王文洁撰《新刻太乙仙制本草药性大全》八卷首一卷，中国中

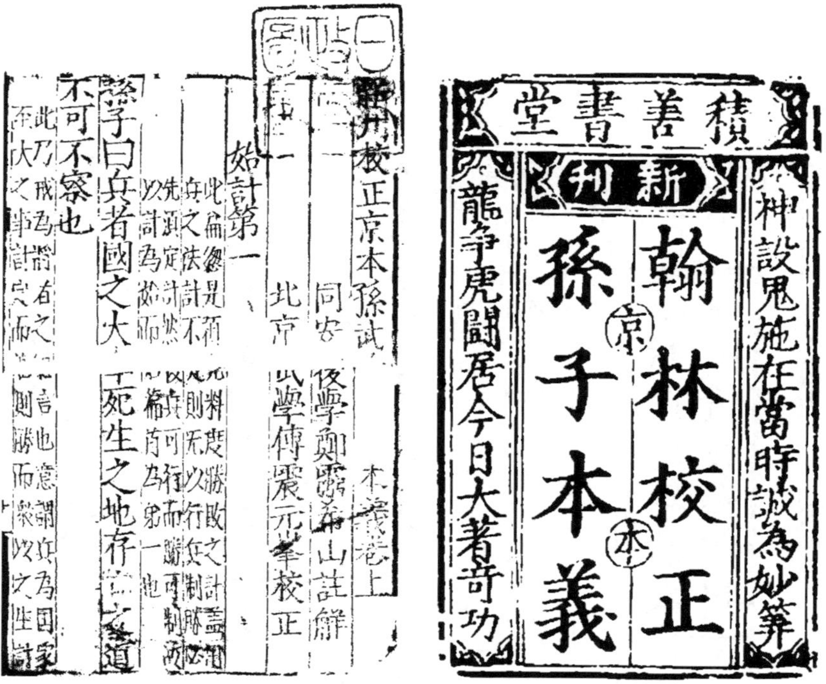
新刊校正京本孫武子兵法本義卷上
同安後學鄭靈希山註解
北京武學傅震元峰校正
始計第一
孫子曰兵者國之大事死生之地存亡之道
不可不察也

積善書堂
新刊
翰林校正
京
孫子本義
本
神設鬼施在當時誠為妙算
龍爭虎鬪居今日大著奇功

图二　《新刊校正京本孙武子兵法本义》内封、卷端（日本国立公文书馆藏）

医科学院图书馆、日本东京国立博物馆、日本宫城县图书馆等均有藏本。卷首卷端署“江人冰鉴王文洁汇校，书林积善堂陈孙安梓行”，卷一卷端署“先师太乙仙人雷雷公炮制，后学江人冰鉴王文洁汇校，书林积善堂少湖陈孙安梓行”。王文洁字冰鉴，少湖当是陈孙安表字。卷终有童子手持莲座荷盖牌记图，镌“万历壬午岁孟秋/陈氏积善堂梓行”。（图三）

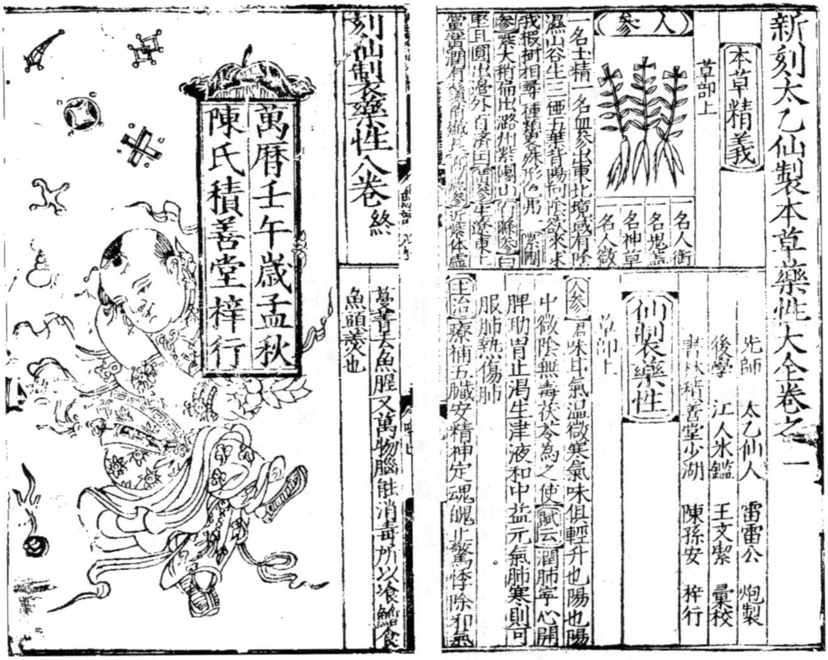

图三 《新刻太乙仙制本草药性大全》卷端、牌记（日本东京国立博物馆藏）

万历二十二年（1594）刻明王文谟撰、明王武烈编《新锲王氏家传济世碎金方》三卷《继周秘传神仙巧术各色奇方》一卷。该书仅见日本国立公文书馆有藏。首卷卷端署“中宪大夫南岳吴国伦发刊，建之盱人继周王文谟传布，闽建书林静宇陈孙安绣梓”，卷终牌记镌“万历甲午岁仲冬日吉/书林积善堂静宇绣梓”（图四）。王文谟字继周，静宇亦当是陈孙安表字。又，书前郑可大《新锲王氏家传济世碎金方叙》（不署年月）言“前《医学钩玄》乃郡守南岳吴公命工为君锓梓”，复索该书，“亟宜就梓，公于天下”。万历二十一年九月，王文谟《家传碎金方引》亦言：“近叨南岳吴君太参将《医学钩玄》已锲行矣，复蒙台云郑使君请予《碎金方》重刻，附余于《钩玄》之次，以公天下。”然吴国伦（1524—1593）已于是年七月逝世，次年方刻竣之书，卷端署“发刊”云云，殆不可信。或因吴氏曾任建宁同知、邵武知府，书坊借以增价。

此外，《中国古籍善本书目》著录《刻太古遗踪海篇集韵大全》三十一卷，明邹德溥辑、明夏从仁补遗，明潭城书林陈孙安刻本。南京师范大学图书馆藏。待访。

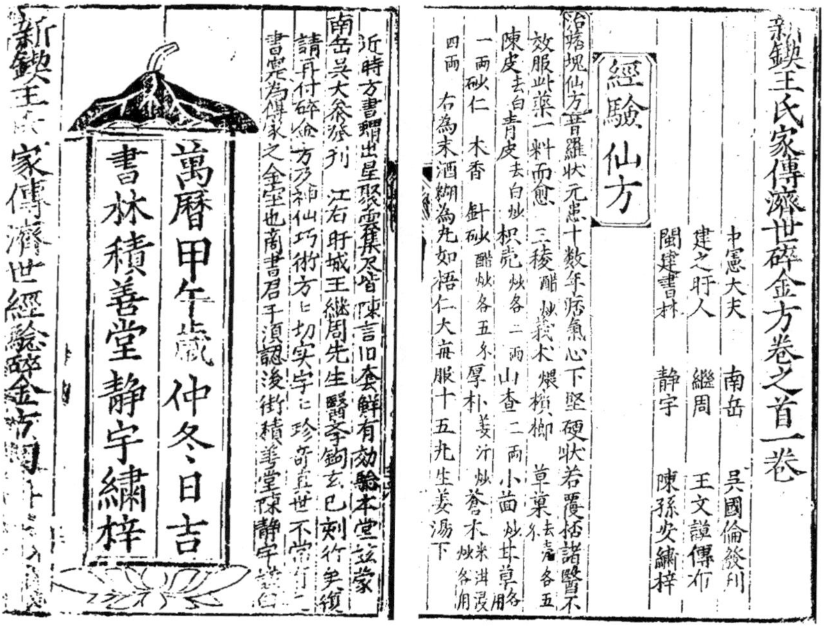
新鍥王氏家傳濟世碎金方卷之首一卷
中憲大夫 南岳 吴國倫發刊
建之盱人 繼周 王文謨傳布
閩建書林 静宇 陳孫安繡梓
經驗仙方

萬曆甲午歲仲冬日吉
書林積善堂静宇繡梓

图四　《新锲王氏家传济世碎金方》卷端、牌记（日本国立公文书馆藏）

陈孙贤，一名贤，字奇泉，号奇泉子。明万历三十四年（1606）刻《太医院补遗真传医学源流肯綮大成》十六卷，内封镌“书林积善堂陈奇泉重梓”，卷端署“建邑书林积善堂奇泉陈贤绣梓”，卷终牌记刻“万历丙午孟夏月/积善堂陈奇泉梓”。同年刻《太医院补遗本草歌诀雷公炮制》八卷，卷一署“书林奇泉陈贤梨锓”。万历三十九年（1611）刻《新刻星平总会命海全编》十卷，卷一首题“潭邑书林积善堂陈奇泉梓行”，卷二署“书林奇泉陈孙贤绣梓”，内封镌“积善堂陈奇泉梓行”并钤“陈奇泉记”（图五），卷末镌刻书识语并牌记“龙飞万历三十九年秋月/文林积善堂陈奇泉梓行”

图五 《新刻星平总会命海全编》内封、卷端（美国哈佛大学哈佛燕京图书馆藏）

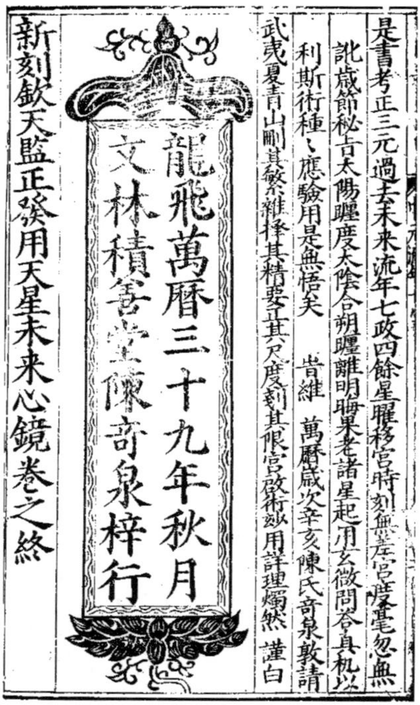
是書考正三元過去未來流年七政四餘星曜移宮時刻無差宮度毫忽無
訛歲節秘吉太陽躔度太陰合朔躔離明晦果老諸星起用玄微問答具机以
利斯術種種應驗用是無悟矣　旹維　萬曆歲次辛亥陳氏奇泉敦請
武夷夏青山刪其繁雜擇其精要正其尺度刻其限宮啟術數用詳理燭然　謹白

龍飛萬曆三十九年秋月
文林積善堂陳奇泉梓行

新刻欽天監正癸用天星未來心鏡卷之終

图六　《新刻星平总会命海全编》牌记（美国哈佛大学哈佛燕京图书馆藏）

（图六）。天启元年（1621）刻《精刻徐陈二先生评选历代名文则》五卷，卷一卷端署“潭阳奇泉陈孙贤梓行”。从以上题署可见，陈孙贤与陈贤当为同一人。陈氏“由宋绍兴迄明几十传，世居书林”，“奇泉公固饶于资，往往为人排难解纷，又善医治药饵施人，活者甚众，用是赀少绌。”（熊人霖《鹤台先生熊山文选》卷十三《书林乡饮宾陈玉我墓志铭》）综合诸家著录，现存积善堂陈孙贤、陈贤、陈奇泉刻书尚有十余种，多为医书及地理术数类书。

陈氏积善堂，继承人之一为陈奇泉子陈国旺。陈国旺（1580—1650），号玉我。因其父乐善好施，家赀日绌，遂挟橐南粤谋生。后满载而归，不复出，专事梓书。曾曰：“此我书社之田也耕也，学在其中矣。”刻有“《四书》、‘诸经辨玄’及诸史、诸子、《天机会元》《罗经解》，流布天下”。（详熊人霖《书林乡饮宾陈玉我墓志铭》）。从现存陈氏积善堂刻本可知，陈国旺一方面是根据父辈遗留的书版重印，如日本国立国会图书馆藏《太医院补遗本草歌诀雷公炮制》（日本国立公文书馆藏本无内封），内封镌“陈氏积善书堂”“万历丙午岁奇泉梓行”，钤“积善堂陈玉我记”，当是陈奇泉（贤）刻，陈玉我（国旺）印本（图七）。同时又有新刊，如崇祯十七年（1644）刻《新刻统会诸家风鉴补图心传相法》十二卷首一卷，首篇卷端署“潭阳陈玉我梓”，卷一署“潭邑玉我陈国旺梓”，卷终牌记“崇祯甲申岁孟夏月/积善堂陈玉我梓行”（图八）。陈国旺另以继善堂坊号刻书行世，详见本书“陈氏继善堂”。

又，隆庆、万历年间，有陈崑泉亦以积善堂坊号刻书。陈崑泉当是陈奇泉兄弟行。根据诸家著录，见有：

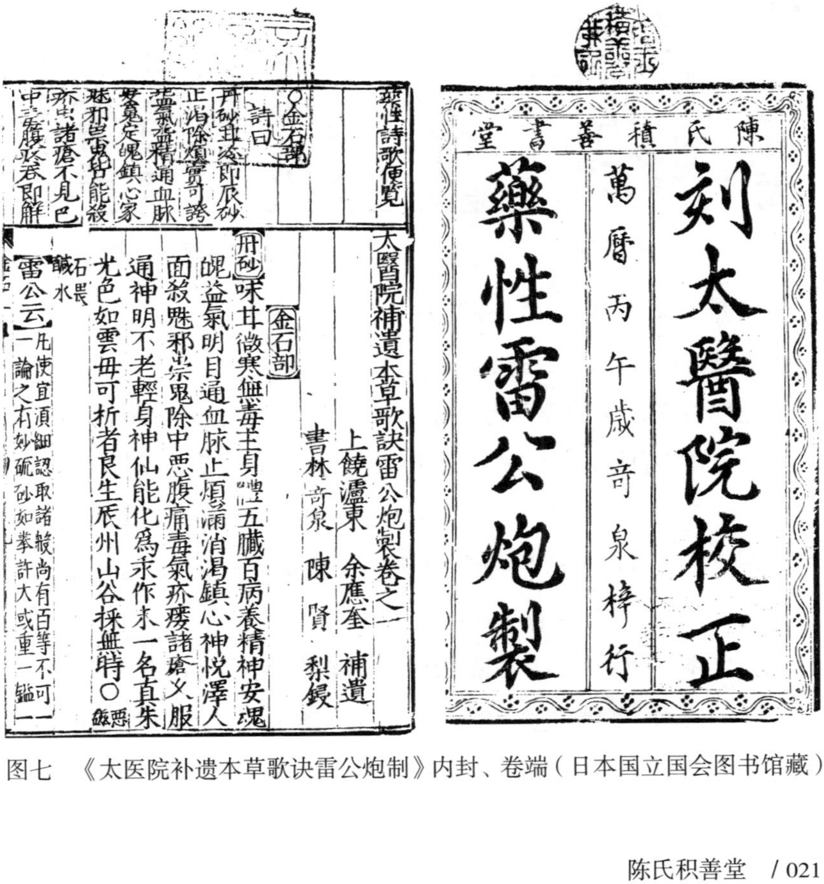

图七　《太医院补遗本草歌诀雷公炮制》内封、卷端（日本国立国会图书馆藏）

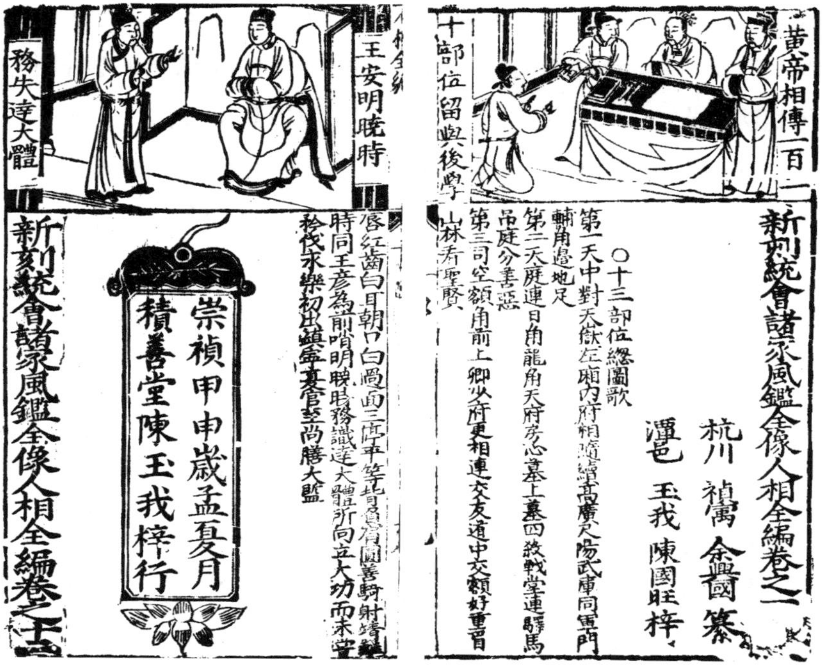

图八 《新刻统会诸家风鉴补图心传相法》卷端、牌记（日本国立国会图书馆藏）

《重刊京本纂图互注标题六子全书》六十卷（《纂图互注老子》二卷，题汉河上公注；《纂图互注华南真经》十卷，晋郭象注，唐陆德明音义；《冲虚至德真经》八卷，晋张湛注；《纂图互注荀子》二十卷，唐杨倞注；《纂图互注扬子法言》十卷，晋李轨、唐柳宗元、宋宋咸、宋吴秘、宋司马光注；《中说》十卷，题隋王通撰，宋阮逸注），明隆庆五年（1571）陈崑泉积善堂刻本，浙江图书馆、日本大阪大学图书馆（存《冲虚至德真经》八卷）藏。《冲虚至德真经》卷终牌记“隆庆辛未季秋月/积善堂陈崑泉梓”（图九）。

《刻京本三闾大夫楚辞集注》八卷《辩证》二卷《注解后语》六卷，宋朱熹撰，明万历元年（1573）闽建积善堂陈氏崑泉子刻本，日本大垣市立图书馆藏；明万历元年（1573）闽建书林陈氏积善堂刻万历三十五年（1607）陈氏奇泉子印本，上海图书馆（存《注解后语》六卷）、安徽博物院、中国社会科学院文学所（存《辩证》二卷《注解后语》六卷）等藏。序后牌记镌："万历元年岁次癸酉季/冬月饶安后学中洲周/尚文校阅积善堂陈氏/崑泉子谨依京本重梓"。

图九 《六子全书·冲虚至德真经》牌记（浙江图书馆藏）

《新刊京本伊洛渊源录》十四卷，宋朱熹撰，明万历四年（1576）积善堂陈崑泉刻本，上海图书馆藏。

陈氏继善堂

建阳陈氏继善堂，乃陈国旺、陈葵言父子书坊。陈国旺（1580—1650）生平参见本书“陈氏积善堂”。清顺治九年（1652），“长嗣葵言葬君于宫墩阜”（熊人霖《鹤台先生熊山文选》卷十三《书林乡饮宾陈玉我墓志铭》）云云，知陈葵言乃其长子。

陈国旺一方面继承父辈积善堂，同时又开设新堂号继善堂。明崇祯五年（1632）刻《精刻张翰林重订京本排韵增广事类氏族大全》，内封与牌记题镌恰好说明这二家书坊实属陈国旺所有。内封居中大字题名“排韵古今氏族”，右镌“太史张天如先生重订”，左有识语云：“是集原仿京本，刊行已久。兹求张太史再参考订，古今备列，始末周详，无疑不析，无美不传，允矣百代之芳规，长为千秋之金镜，是宇宙一大奇观也。欲谱世系之牒者，宁能已于斯乎？余用是重梓，以公于世。继善堂陈玉我梓行。”并钤“积善堂陈玉我记”朱文印。（图一）不同藏本钤盖位置不同，如日本米泽市立图书馆藏本略居中，日本国立公文书馆则于左侧空白处，由此可见，乃系刷印后随手钤印。卷二十八终卷有识语云：“夫《氏族》一书，始自大唐，其垂来旧矣，其垂教远矣。凡忠孝节义有关于名教者，靡不具载。延及我高皇，圣德广运，奄有四海，为天下君矣。有一代之君，必有一代之臣，虽历世不同，及其成功一也。普天下姓氏不同，行藏不一，间有如前朝之公规者，皆当有以播扬之，为后世之龟鉴，而不容泯没者矣。今复重币购求翰林张太史照依原本，再详搜集当代群书，稽考事实，逐韵增入，订正无讹，诚谱族者之要书也。爰是本坊绣刊，广布天下。书旅须认书林积善堂

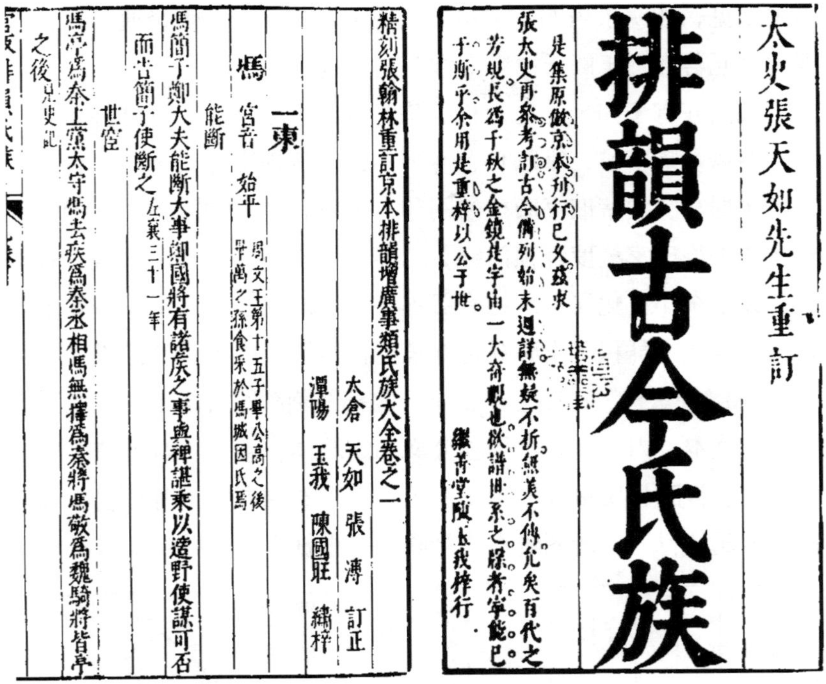
太史張天如先生重訂
排韻古今氏族
是集原倣京本刊行已久殘缺
張太史再加考訂古今備列始末週詳無疑不折無美不傳允矣百代之
芳規氏為千秋之金鏡是宇宙一大奇觀也欲譜世系之原者寧能已
于斯乎余用是重梓以公于世。
繼善堂陳玉我梓行

精刻張翰林重訂京本排韻增廣事類氏族大全卷之一
太倉 天如 張 溥 訂正
潭陽 玉我 陳國旺 繡梓
一東
馮 宮音 始平 周文王第十五子畢公高之後畢萬之孫食采於馮城因氏焉
能斷
馮簡子鄭大夫能斷大事鄭國將有諸侯之事與裨諶乘以適野使謀可否而告馮簡子使斷之左襄三十一年
世宦
馮亭為秦上黨太守馮去疾為秦丞相馮無擇為秦將馮敬為魏騎將皆亭之後史記

图一 《精刻张翰林重订京本排韵增广事类氏族大全》内封、卷端（日本米泽市立图书馆藏）

为记。潭阳陈国旺玉我氏谨白。”“继善堂陈玉我”“书林积善堂”“潭阳陈国旺玉我氏”，均指向书坊主陈国旺。

又，陈国旺曾刻《增补药性雷公炮制》八卷，前有张光斗《增补药性雷公炮制叙》，署“顺邑张光斗题于继善堂”。《海外中医珍善本古籍丛刊提要》遂以为张光斗“堂号继善堂”，实误。又如《精刻张翰林重订京本排韵增广事类氏族大全》书前之《重刻官板氏族大全序》，署“崇祯壬申岁夏月，年弟管正传撰于继善堂”。这两处“继善堂”均是指陈氏刻书铺。张光斗、管正传当为陈氏继善堂约请的作者，换言之，即服务于继善堂者。此种情况在建阳刻本中屡见，如明永乐四年（1406）博雅堂刻《论语辑释通考》，序署“王元善谨书于熊氏博雅书堂”之类也当是。

陈国旺有子四人，已知长子陈葵言继承刻书业，以继善堂名号刊印书籍。陈葵言，字瞻日，生平不详。从现存陈氏刻书来看，陈葵言多据祖、父辈旧书版重修刷印，未见新刊。如陈孙贤积善堂曾刻《新镌徐氏家藏罗经顶门针》二卷，日本国立国会图书馆、日本东京大学东洋文化研究所均有藏本。日本国立公文书馆藏本卷上下卷端均署“书林积善堂陈孙贤奇泉氏梓行”，内封镌“潭阳书林继善/堂陈瞻日重梓”（图二），是乃陈孙贤刻陈瞻日印本。浙江图书馆亦有藏本，内封如日本国立公文书馆藏本，卷上卷端署“书林继善堂陈葵言瞻日氏重梓”（图三），卷下卷端署“书林积善堂陈孙贤奇泉氏梓行”。浙图藏本当是陈葵言根据祖父陈孙贤旧版补版重

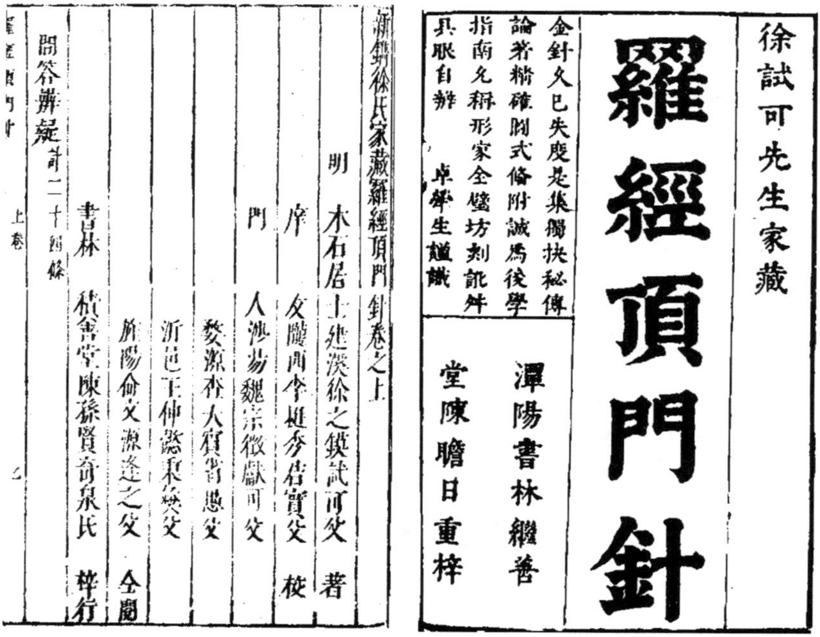
徐試可先生家藏
羅經頂門針
金針久已失度是集獨抉秘傳論著精確關式備附誠為後學指南允稱形家全璧坊刻訛舛具眼自辨　卓犖生謹識
潭陽書林繼善
堂陳瞻日重梓

新鐫徐氏家藏羅經頂門針卷之上
明　木石居士延溪徐之鏌試可父　著
序　文隴田李挺秀君實父　校
門　人池場魏宗徽獻可父
婺源李大賓省愚父
浙邑王仲懿和樂父
旌陽俞文源逢之父　仝閱
書林　積善堂陳孫賢奇泉氏　梓行
問答辨疑計二十四條

图二　《新镌徐氏家藏罗经顶门针》内封、卷端（日本国立公文书馆藏）

印，也不是新刊。又如崇祯十七年（1644）陈国旺刻本《新刻统会诸家风鉴补图心传相法》（参见本书《陈氏积善堂》），日本国立国会图书馆藏本前有内封，虽多剥蚀，但“书林继[善堂]陈瞻日梓”仍可辨识（图四），当是根据其父陈国旺旧版重印，亦非重刊本。

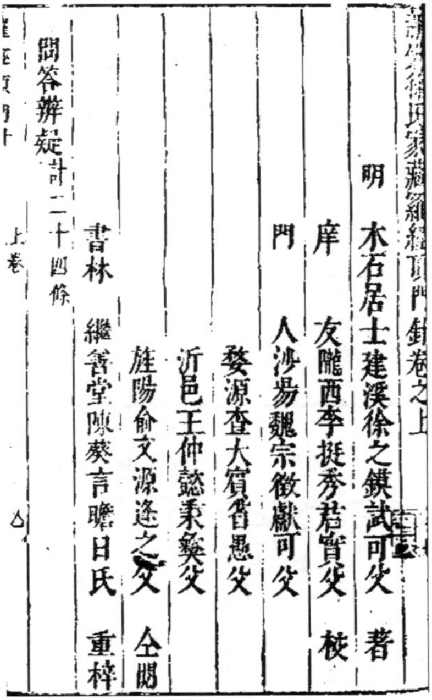
明　木石居士建溪徐之鏌試可父　著
庠　友隴西李挺秀君實父　校
門　人涉易魏宗徵獻可父
婺源查大賓省愚父
沂邑王仲懿秉彝父
旌陽俞文源逵之父　仝閲
書林　繼善堂陳葵言瞻日氏　重梓
問答辨疑計二十四條

图三　《新镌徐氏家藏罗经顶门针》卷端（浙江图书馆藏）

風鑑統會全編
書林繼善
陳瞻日梓

图四　《新刻统会诸家风鉴补图心传相法》内封（日本国立国会图书馆藏）

入清以后，陈氏刻书业日渐衰落，熊人霖曾隐晦言之：“沧桑既改，所在荆棘。君家虽不免旁睨，而上民服君旧德，多翼蔽蔽之。家虽稍落，其业尚可修而息也。”（熊人霖《鹤台先生熊山文选》卷十三《书林乡饮宾陈玉我墓志铭》）通过时人的记载与现存实物两相对照，以陈氏为代表的建阳刻书业在清初的衰落显而易见。

陈氏余庆堂

建阳书坊有二余庆堂，一属陈氏，一属黄氏。陈氏余庆堂刻书，可以追溯到元代，现存有元皇庆元年（1312）刻本《宋季三朝政要》六卷，上海图书馆（清赵烈文、费念慈跋，邓邦述跋）、辽宁省图书馆（清赵魏跋）、日本静嘉堂文库藏；元至正十五年（1355）刻本《增修互注礼部韵略》五卷，日本静嘉堂文库、日本宫内厅书陵部藏；以及元刻本《续资治通鉴》前集十八卷后集十五卷，中国国家图书馆（有配补）、上海图书馆、台湾“中央图书

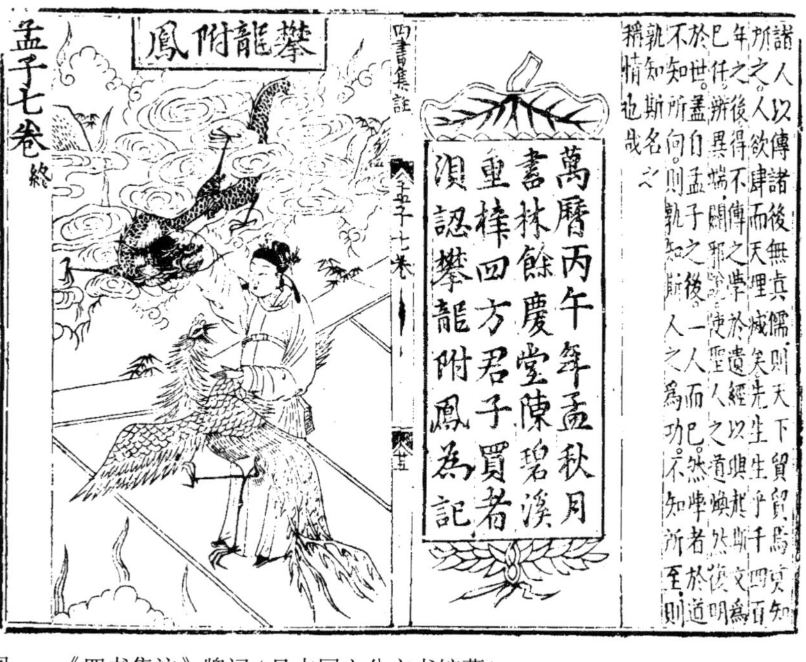

图一　《四书集注》牌记（日本国立公文书馆藏）

馆”（明修）、日本静嘉堂文库等藏。

到了明代，陈氏另有存德堂、存仁堂、积善堂、继善堂等堂号，存世刻本为数不少，而余庆堂刻本则不多见。日本国立公文书馆藏明万历三十四年（1606）刻本《四书集注》十九卷，凡《大学》一卷、《中庸》一卷、《论语》十卷、《孟子》七卷。《孟子》卷七末有莲座荷叶牌记，镌“万历丙午年孟秋月/书林余庆堂陈碧溪/重梓四方君子买者/须认《攀龙附凤》为记”，后半叶为《攀龙附凤图》（图一）。陈碧溪生平不详。《攀龙附凤图》在建阳刊刻举子书中较为常见，其寓意自不待言。

黄氏存诚堂

黄氏存诚堂主人，知名者有黄裔我、黄尔昭。二者的关系，概莫能详。中国国家图书馆藏《鼎镌吴宁野汇选四民切要时制尺牍芳规》四卷，卷一卷端署“云间吴从先宁野父辑，建邑存诚堂黄裔我梓”；卷终有阴文方印镌“存诚堂梓”（图一）。《鼎镌郑道圭先生评点红杏记》二卷，卷上卷端署“晋江郑之玄道圭父评点，艺城谢维升允晋父注释，艺林存诚堂黄裔我梓行”；卷下卷端署“闽

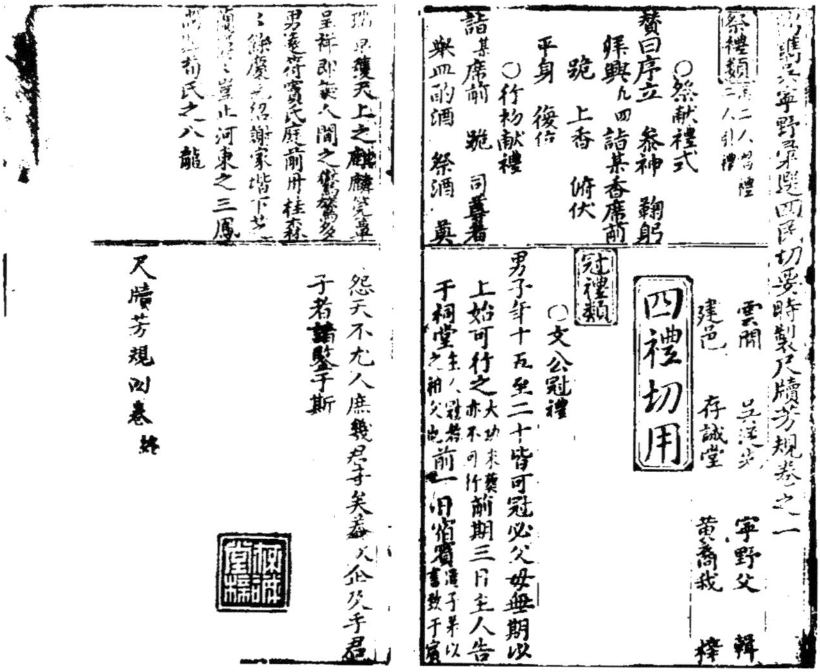

图一　《鼎镌吴宁野汇选四民切要时制尺牍芳规》卷端、牌记（中国国家图书馆藏）

建紫洲谢维升注释、潭阳存诚堂梓行”；卷上终有阳文方印镌“存诚堂梓”；版心下刻“存诚堂”（图二）。《新刻魏仲雪先生批评投笔记》二卷，卷端题署“上虞魏浣初仲雪父批评，门人李裔蕃九仙父注释”，与黄氏无涉。卷下末有“存诚堂梓”阴文方印，形制虽与前二方不同，风格却相似，当同为黄氏所刻。又，根据以前题署，“建邑”“潭阳”云云，均确指建阳。《明代版刻综录》卷二著录存诚堂“黄裔我，字尔昭，歙县人”，当有误。

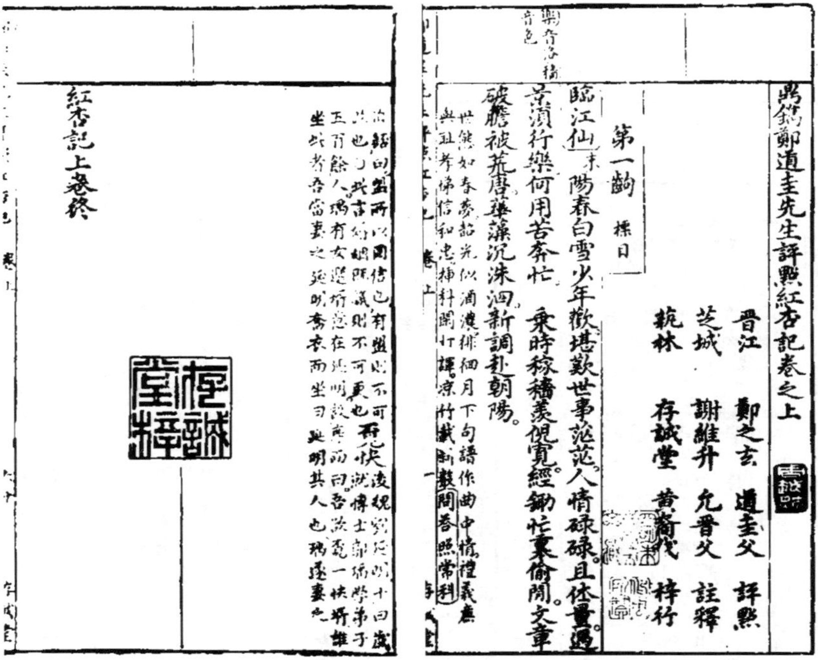
鼎鐫鄭道圭先生評點紅杏記卷之上
晋江 鄭之玄 道圭父 評點
芝城 謝維升 允晋父 註釋
𣏌林 存誠堂 黄裔我 梓行
第一齣 標目
臨江仙 末 陽春白雪少年歡，堪歎世事茫茫。人情碌碌且休量。遇景須行樂，何用苦奔忙。秉時稼穡羨倪寬，經鋤忙裏偷閒。文章破膽被荒唐，華藻沉洙泗，新調赴朝陽。
紅杏記上卷終
存誠堂梓

图二　《鼎镌郑道圭先生评点红杏记》卷端、牌记（中国国家图书馆藏）

《鼎镌吴宁野汇选四民切要时制尺牍芳规》为建阳书坊常见的两节版，刻印较为粗糙。而《鼎镌郑道圭先生评点红杏记》则较精细，版画尤为精美，整体风格明显不同于明末建阳书坊，与萧氏师俭堂刻本更为接近；而《新刻魏仲雪先生批评投笔记》稍次之。

黄尔昭刻本，笔者经眼仅一种：《新刻张天如先生增补注释启蒙会海玉堂对类》四卷卷首一卷，美国国会图书馆藏。内封刻“张天如先生订/玉堂对类/存诚堂梓”，钤“存诚堂梓”“增补便读诸般锦联”印章；卷端题“艺林存诚堂黄尔昭绣梓”（图三）。卷末有木刻印文“存诚堂梓”。王重民考证该书“大致与正统十二年司礼监所刊《对类》相同，《卷首》一卷即《习对发蒙格式》；所以删去卷二十者，因卷二十为《巧对门》，此本眉栏已有《巧联

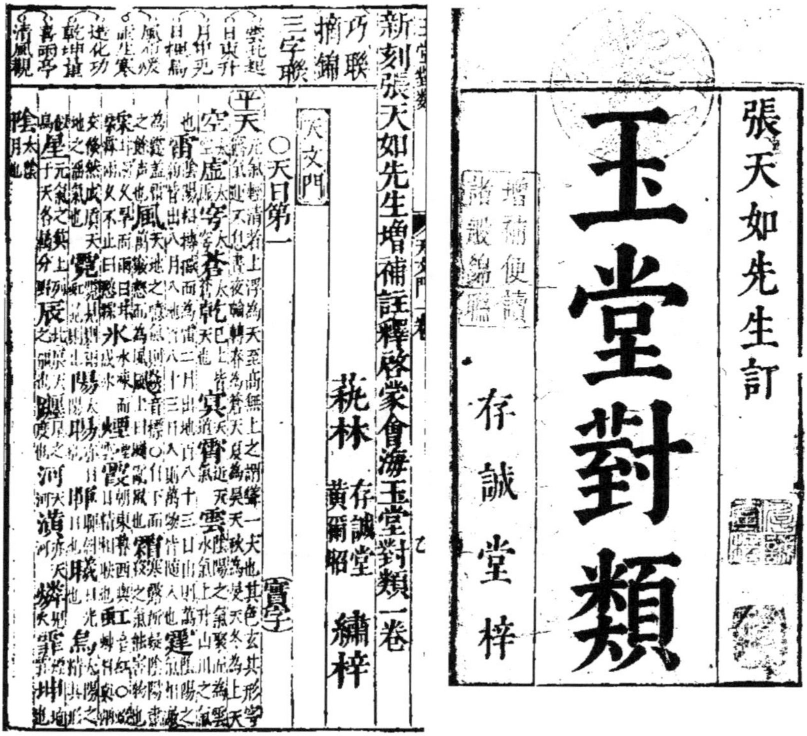

图三　《新刻张天如先生增补注释启蒙会海玉堂对类》内封、卷端（美国国会图书馆藏）

摘锦》故也。原书不记剞劂年月，然既托之张溥，应在启、祯间矣。”（《中国善本书提要》第373页）是书中国国家图书馆亦有存本。郑振铎《西谛书跋》卷三著录：“此是明刊的‘兔园册子’之一，凡四卷，为通俗简要的士人作诗写赋的入门书。”

此外，中国国家图书馆藏《新刻张侗初先生汇编四民便用注释札柬五朵云》四卷，明陈士龙注，明书林黄尔昭刻。《中国古籍善本书目》著录上海图书馆藏本作“明崇祯书林存城堂刻本”，或是同一版本。

黄氏集义堂

黄氏集义堂，又作集义书堂。明代前期刻本多不著录书坊主名讳。明弘治十七年甲子（1504），黄氏集义堂刻《大广益会玉篇》三十卷《玉篇广韵指南》一卷，序后刻阴文牌记“弘治甲子岁黄氏集义堂新刊”一行；而内封则横镌“集义书堂”，其下饰雕花阴刻“新刊”二字，居中刻“魁本大字/足注玉篇”，并刊联语云：“以类编文，兼百家之体式；按图切字，释千古之猜疑”（图一）。现存元、明两代建阳书坊刻本《大广益会玉篇》不下十种，

图一　《大广益会玉篇》内封、牌记（中国国家图书馆藏）

而高举“兼百家之体式，释千古之猜疑”口号的，则独此一家，黄氏之别出心裁，由此可见一斑。

明正德九年甲戌（1514），刻《精选东莱先生左氏博议句解》八卷。是书仅见日本国立公文书馆藏本，书前序已佚，抄配目录叶题“吕东莱先生文集目录”，凡七十六篇。卷八末有牌记镌“正德甲戌孟夏/集义书堂重刊”（图二）。吕祖谦《左氏博议》原有三十卷（一作二十五卷），乃为举子应试之资。后世书贾随意删削，版刻纷繁，此其一种。

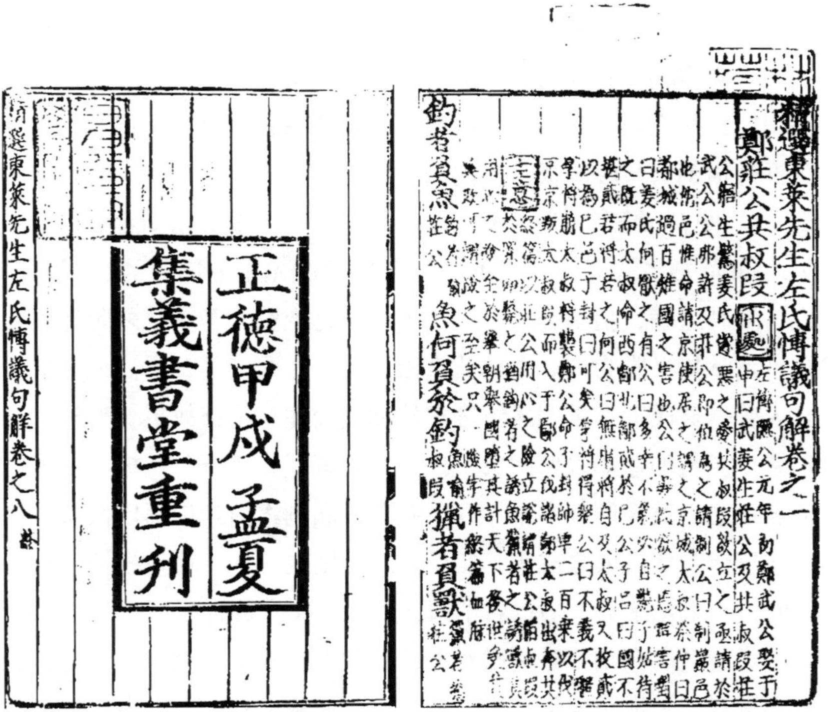

图二 《精选东莱先生左氏博议句解》卷端、牌记（日本国立公文书馆藏）

明嘉靖十六年（1537），黄氏集义书堂刻明曾梅轩辑《新刊春窗联偶巧对类编》二卷，原刻本仅见吉林大学图书馆藏本。嘉靖二十年（1541），建阳书坊张氏新贤堂亦曾刊行是书，题《春窗联偶巧对便蒙类编》，今存日本翻刻本。嘉靖十八年，黄氏刻《四明先生高明大字续资治通鉴节要》，卷数不详，日本国立国会图书馆存卷三至卷四、卷九至卷二十，日本山梨县立图书馆存卷一至卷三。以上各书，刊印于明弘治至嘉靖间三十余年内，或为同一书坊主所刊。到了万历年间，黄智宇、黄正慈等人以集义堂名号刻书行世。

明万历元年（1573），黄智宇集义堂刻《麻衣相法正宗》四卷，佚名辑，日本九州大学图书馆藏。黄智宇生平不详。万历间，另有黄直斋刻《新锓增补万锦书言故事大全》八卷，卷端题“豫章临川饶正卿汇正、金溪徐心鲁精录，闽建书林黄直斋发行”。内封版框外横刻“金陵原板”，内刻大字“书言故事”于左，右有识语云：“重梓胡继宗先生《书言故事大全》，近来坊间刻者种种，不失之漏而失之差也，甚为不便。今敬请徐先生分门析类，校正差讹，增补遗漏，精录刊行，以便士君子之观览，乃儒林之阶梯也。买者请认集义堂为记。书林黄直斋识。”（图三）日本江户时代，日人曾据黄氏刻本重刊《新锓郑翰林类校注释金璧故事》五卷，卷端署“会魁如莲郑以伟阅辑，艺林直斋黄正慈梓行”。据此知黄直斋名正慈。黄氏原刻本未见存，兹移录和刻本内封识语以供参考：“故事云者，古人之成迹，实后学之准则也。本堂珍重校梓，自与坊间诸本大悬绝矣。书贾君子请详诸。集义堂黄直斋识。”

又有黄次白刻《重刻联对便蒙图像七宝故事大全》二十卷，卷一卷端署“吴道明编集，周子材校正，周载道补遗”。内封如正文分双栏，上图下文，图上刻“集义堂梓行”，下文镌大字“全补故事/七宝大成”两行，中间识语：“此书乃吴奕斋先生所编述，分类解释，文简而易知，不惟有益于童蒙，虽老师宿儒亦得以资其闻

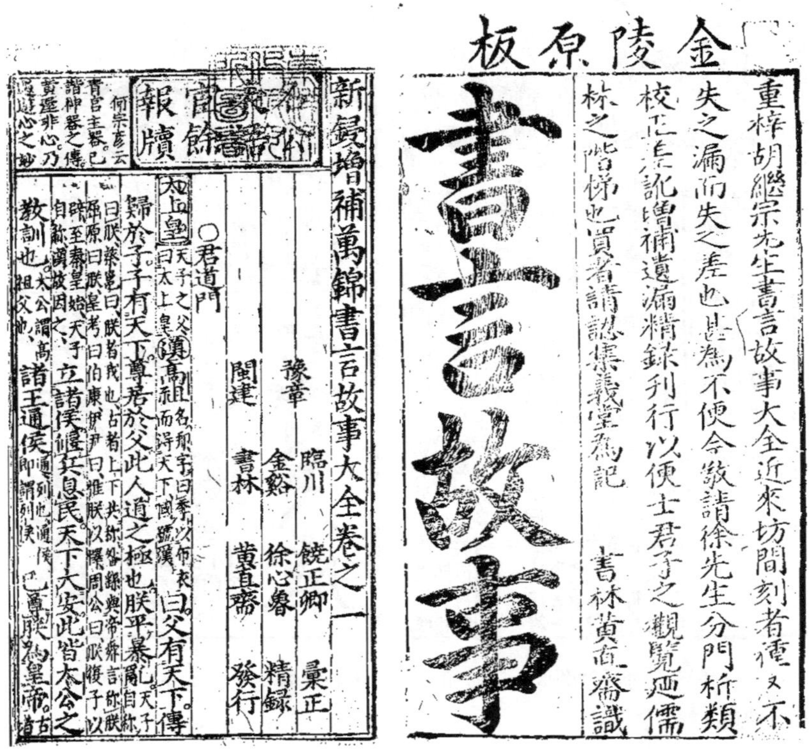
金陵原板
重梓胡繼宗先生書言故事大全近來坊間刻者僅又不
失之漏而失之差也甚為不便今敦請徐先生分門析類
校正差訛增補遺漏精錄刊行以便士君子之觀覽迺儒
林之階梯也買者請認集義堂為記
書林黃直齋識
書言故事
新鍥增補萬錦書言故事大全卷之一
臨川 饒正卿 彙正
豫章 金谿 徐心魯 精錄
閩建 書林 黃直齋 發行
○君道門

图三　《新锓增补万锦书言故事大全》内封、卷端（日本东京大学东洋文化研究所藏）

见者矣。考其联对，注解计三千五百余条，分为二十门，题其名曰《七宝故事》。奕斋故可谓用心矣。”卷终牌记镌“万历甲辰岁孟春月/书林黄次白重刊行”。（图四）万历甲辰，即万历三十二年（1604）。

此外，见诸著录者还有：

《诗经集注》八卷，宋朱熹撰，明万历建邑集义堂刻本，日本蓬左文库藏。

《新刻紫溪苏先生删补纲鉴论策题旨纪要》二十卷，明苏濬

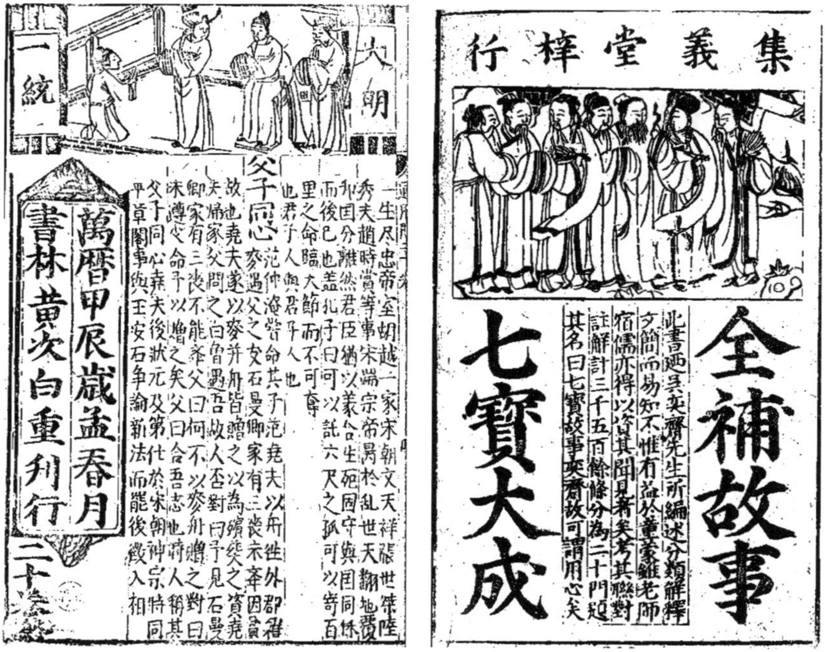

图四　《重刻联对便蒙图像七宝故事大全》内封、牌记（日本东京大学东洋文化研究所藏）

辑，明李廷机校，明万历四十年（1612）黄氏集义堂刻本，日本国立公文书馆、日本二松学舍大学图书馆藏。

《新锲李九我注释名公分类书柬鸿雁传音紫燕泥金捷锦全》六卷首一卷，明王百谷编，明万历集义堂刻本，日本东北大学图书馆藏。

黄氏仁和堂

黄氏仁和堂刻印的书籍，见诸记载有二：

《四书集注大全》三十八卷（《大学章句大全》一卷《大学或问》一卷《中庸章句大全》一卷《中庸或问》一卷《论语集注大全》二十卷《孟子集注大全》十四卷），明胡广等辑，明天顺二年（1458）黄氏仁和堂刻本，浙江图书馆藏，《中国古籍善本书目》著录。《大学章句序》末有牌记，刻“大明天顺戊寅/黄氏仁和堂刊”（图一）。天顺戊寅，即天顺二年。

《新锲诸书释义重订杂字通考》二卷，清徐三省撰，清戴启达增订，清闽建书林黄祯宇仁和堂刻本，日本山口大学栖息堂文库藏。《山口大学栖息堂文库汉籍目录》著录。

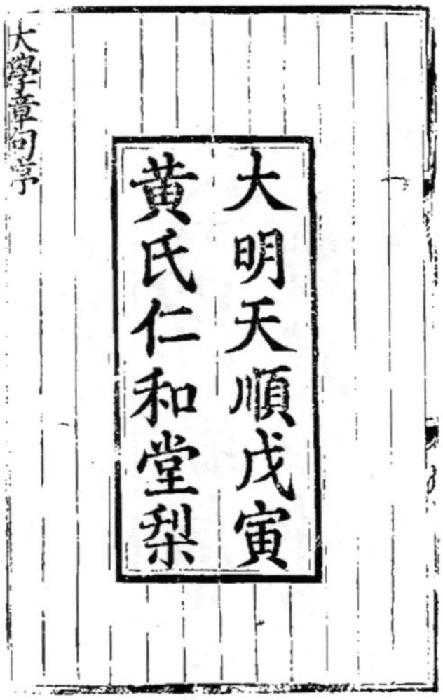

图一 《四书集注大全》牌记（浙江图书馆藏）

此外，《改订内阁文库汉籍分类目录》著录《新刻校订附音句解大字文公小学正蒙》十卷，明余兴国注释，明万历熊冲宇刻本。是书乃黄氏仁和堂所印行。前有《新刻校订附音句解大字文公小学正蒙书题》，署“后学新昌章镗余兴国注释，闽建书林祯宇黄应祥刊行”。书前内封虽撕毁殆半，但“仁和堂”“闽建”等关键字样幸得保留，仍可辨识。（图二）卷终牌记镌

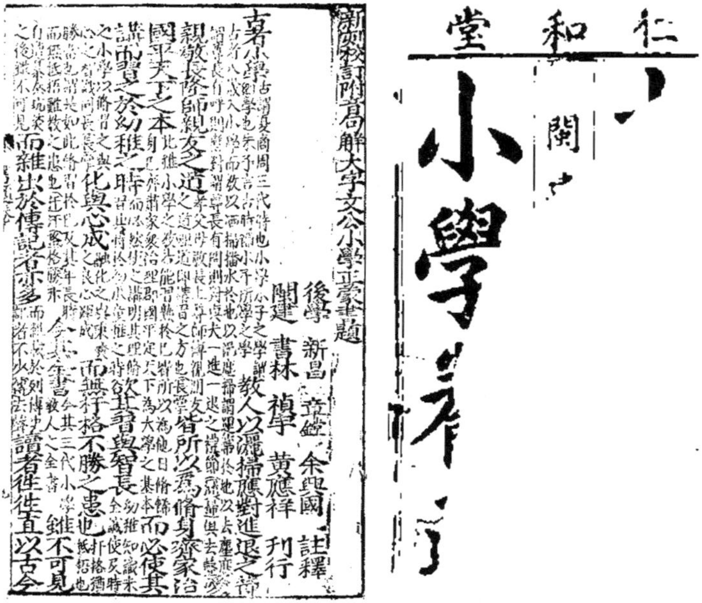

图二 《新刻校订附音句解大字文公小学正蒙》内封、卷端（日本国立公文书馆藏）

“万历新岁春月/穀旦熊冲宇梓”（图三）。根据以上信息，该书当是万历间建阳著名书坊种德堂熊冲宇刊刻，后书版为黄氏所得，改题重印。卷端署“刊行”云云，实际只是印行而已。黄应祥，字祯宇，生平不详。《山口大学栖息堂文库汉籍目录》著录《新锲诸书释义重订杂字通考》，以其为清代人，不知何据。

图三 《新刻校订附音句解大字文公小学正蒙》牌记（日本国立公文书馆藏）

黄氏兴正堂

黄氏兴正堂，亦称兴正书堂，明代后期建阳书坊，知名坊主仅知黄秀宇一人。

美国哈佛大学哈佛燕京图书馆藏《五经集注》，凡《周易本义》四卷首一卷，《书经集注》六卷，《诗经集注》八卷，《礼记集注》十卷，《春秋胡传》三十卷《纲领》一卷《凡例》一卷《序》一卷《春秋列国东坡图说》一卷《春秋胡传诸国兴废说》一卷《春秋正经音训》一卷《春秋提要》一卷。《周易本义》《诗经集注》卷终均镌“瑞榴堂叶国器识”一行（图一），《书经集注》卷末牌记镌“书林兴正堂/黄氏秀宇梓”（图二），《礼记集注》《春秋胡传》卷末牌记均刻“书林新贤堂/张闽岳精镌”（图三），二者牌记造型、字体皆不同。沈津疑是书为瑞榴堂叶国器、兴正堂黄秀宇、新贤堂张闽岳“三坊联手刻印”（《美国哈佛大学哈佛燕京图书馆中文善本书志》，广西师范大学出版社2011年，第15页）。

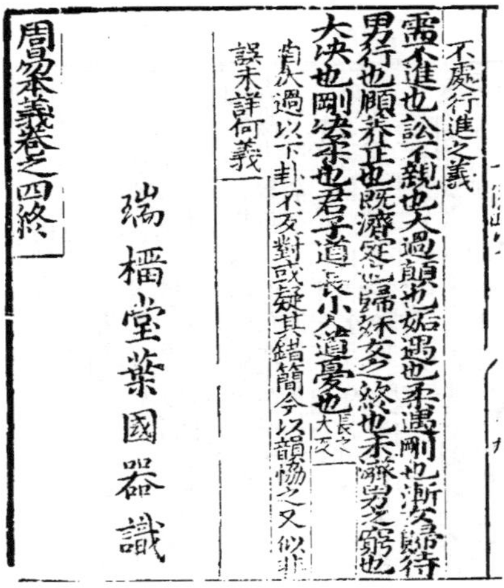
不處行進之義
需不進也訟不親也大過顛也姤遇也柔遇剛也漸女歸待男行也頤養正也既濟定也歸妹女之終也未濟男之窮也夬決也剛決柔也君子道長小人道憂也
自大過以下卦不反對或疑其錯簡今以韻協之又似非誤未詳何義
瑞榴堂葉國器識
周易本義卷之四終

图一　《周易本义》卷终（美国哈佛大学哈佛燕京图书馆藏）

从版式上看，叶氏刻本均为四周单边，白口，无鱼尾；张氏刻本均为四周单边，白口，单鱼尾；黄氏刻本则为四周双边，白口，

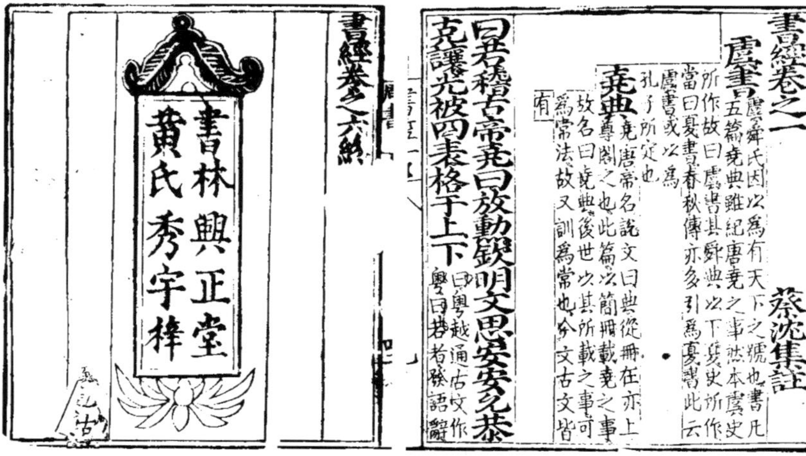

图二　《书经集注》卷端、牌记（美国哈佛大学哈佛燕京图书馆藏）

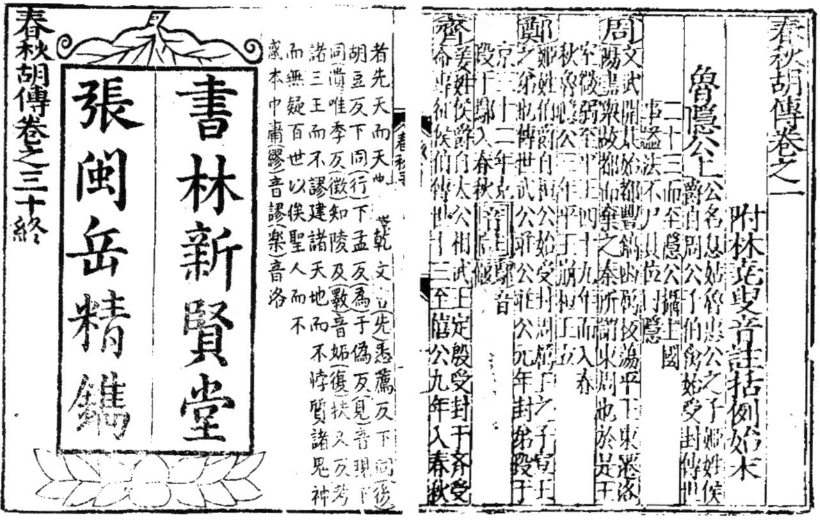

图三　《春秋胡传》卷端、牌记（美国哈佛大学哈佛燕京图书馆藏）

单鱼尾。笔者怀疑，三家或均刻过《五经集注》，是书乃为汇印本或汇订本。《中国古籍善本书目》著录黄氏所刻《五经集注》零种，尚存：《礼记集注》十卷，元陈澔撰，明建邑书林兴正堂黄秀宇刻本，锦州市图书馆藏；《春秋胡传》三十卷《提要》一卷《诸国兴废说》一卷《正经音训》一卷，明万历间黄氏兴正堂、秀宇堂刻本，南京图书馆藏。又见郑州市图书馆藏隆庆五年（1571）兴正堂刻本《春秋胡传》书影（古籍普查平台著录），卷终牌记镌“隆庆辛未年/孟夏兴正堂刊”（图四）。

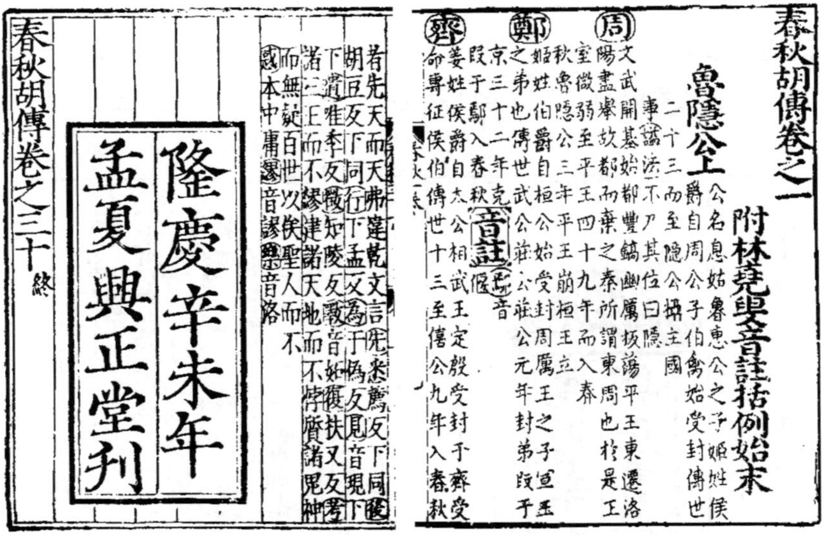
春秋胡傳卷之三十 終
隆慶辛未年
孟夏興正堂刊
春秋胡傳卷之一
附林堯叟音註括例始末
魯隱公

图四 《春秋胡传》卷端、牌记（郑州图书馆藏）

黄秀宇生平不详，或为建阳书坊主黄耀宇之兄弟行。黄耀宇，名正达，曾刻《新刊徽郡原板校正绘像注释魁字登云三注故事》四卷，首题“书林耀宇黄正达刊行”。万历三十八年（1610），黄耀宇刻《新刊徽郡原板校正绘像注释魁字登云金璧故事》四卷；万历四十二年（1614），刻《新镌汤睡庵先生批评历朝捷录》六卷。黄秀宇刻书主要也是在万历间，兴正堂或为其先人所有，万历间为其所继承，故而隆庆五年刻本题兴正堂，万历间则兴正堂、秀宇堂并称。

兴正堂刻书，现存另有《新刊高明大字资治通鉴节要》二十卷《新刊高明大字少微先生资治通鉴节要外纪》五卷首一卷，宋江贽撰；《新刊四明先生高明大字续资治通鉴节要》二十卷，明张光启撰，明刘剡辑，明万历九年（1581）刻本，浙江图书馆藏。古籍普查平台著录：书前《资治通鉴节要序》末署“书林黄氏兴正堂谨识”。《资治通鉴节要》卷端署“赐进士第潮阳蔡亨嘉校正，兴正黄氏重刊”，《外纪》卷端署“兴正堂书林黄氏重刊”，《续资治通鉴节要》卷端署“赐进士第潮阳蔡亨嘉校正，兴正堂黄氏新刊”，书尾牌记刻“万历辛巳孟夏/兴正书堂新刊”（图五）。

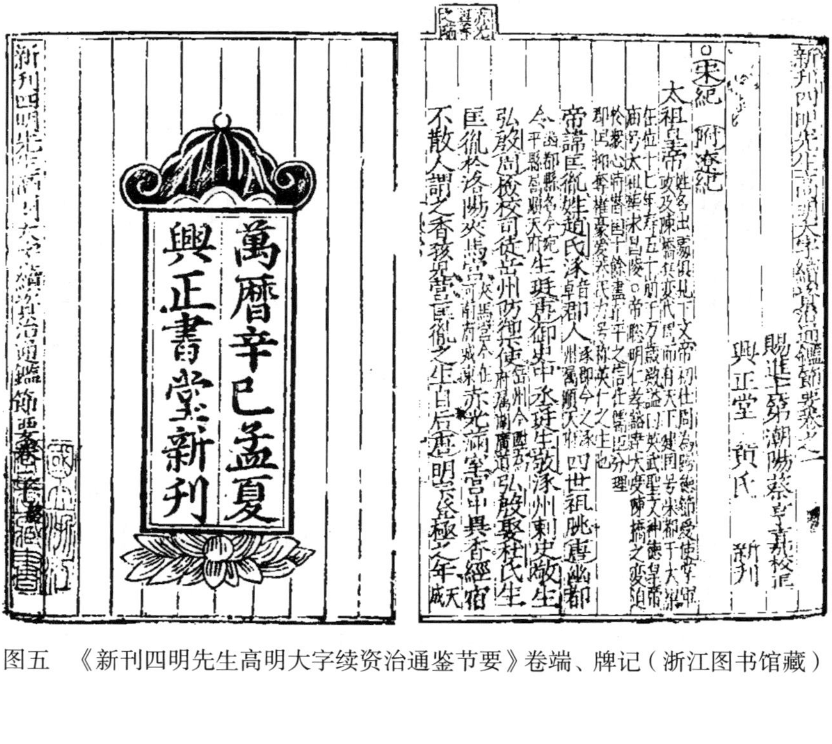

图五　《新刊四明先生高明大字续资治通鉴节要》卷端、牌记（浙江图书馆藏）

黄氏余庆堂

余庆堂黄灿宇，或为书坊主黄秀宇、黄耀宇（正达）兄弟行（参见本书《黄氏兴正堂》），“灿宇”乃其字，名不详。诸家著录黄灿宇刻本三种，均作明刻。根据黄耀宇等人刻书年代推测，黄灿宇或许也是万历间人。至于日本东京大学东洋文化研究所藏万历元年（1573）黄氏余庆堂刻本《鼎雕校正评释官板古文标英大全》四卷，书坊主是否为黄灿宇，存疑待考。

黄灿宇曾刻《鼎刻京板太医院校正增补青囊医方捷径》二卷、《鼎刻京板太医院校正分类青囊药性赋》三卷，二者行款版式（上栏十一行八字，下栏十行十八字，左右双边，白口，无鱼尾）均同，风格相近，或为一时所刻。因各家藏本仅存其一，故多分开著录。

黄灿宇刻本《鼎刻京板太医院校正增补青囊医方捷径》，美国哈佛大学哈佛燕京图书馆藏。卷一卷端署“太医院罗必炜校正，闽艺林黄灿宇刊行”；内封上图下文，大字镌“刻太医院增/补医方捷径”两行，中间“书林余庆堂黄灿宇梓”（图一）。卷终牌记刻“南闽芝城潭阳/艺林黄灿宇梓”（图二）。该书另见日本国立公文书馆藏明刻本，卷端题署、行款均同余庆堂本，版式则异（改左右双边为四周单边），字体也不同，已属另一版本。内封镌“杭城杨承甫发行”（图三）。如果该书内封不存，根据卷端大抵当按黄灿宇刻本著录。如今则难判断是杭城杨承甫翻刻黄氏，抑或黄氏另有刻本而为杨氏重印。

黄灿宇刻本《鼎刻京板太医院校正分类青囊药性赋》，中国国

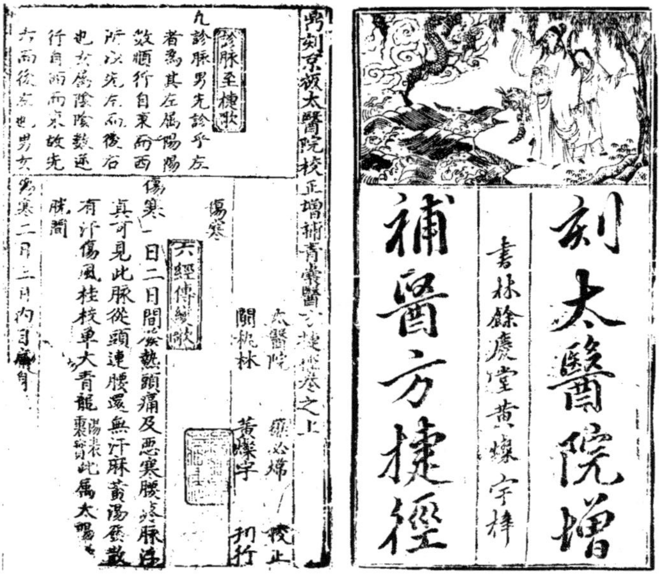

图一　《鼎刻京板太医院校正增补青囊医方捷径》内封、卷端（美国哈佛大学哈佛燕京图书馆藏）

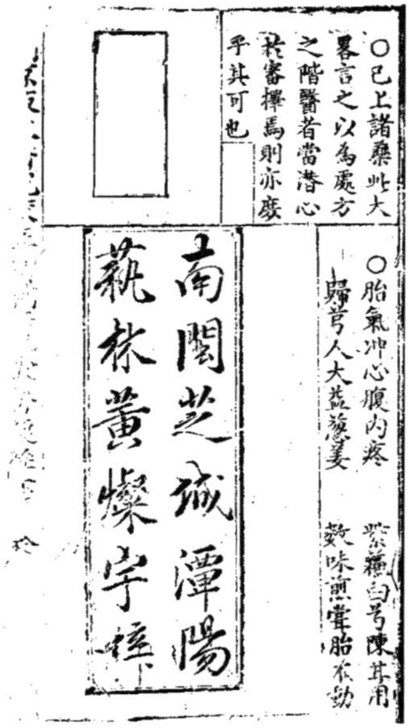

图二　《鼎刻京板太医院校正增补青囊医方捷径》牌记（美国哈佛大学哈佛燕京图书馆藏）

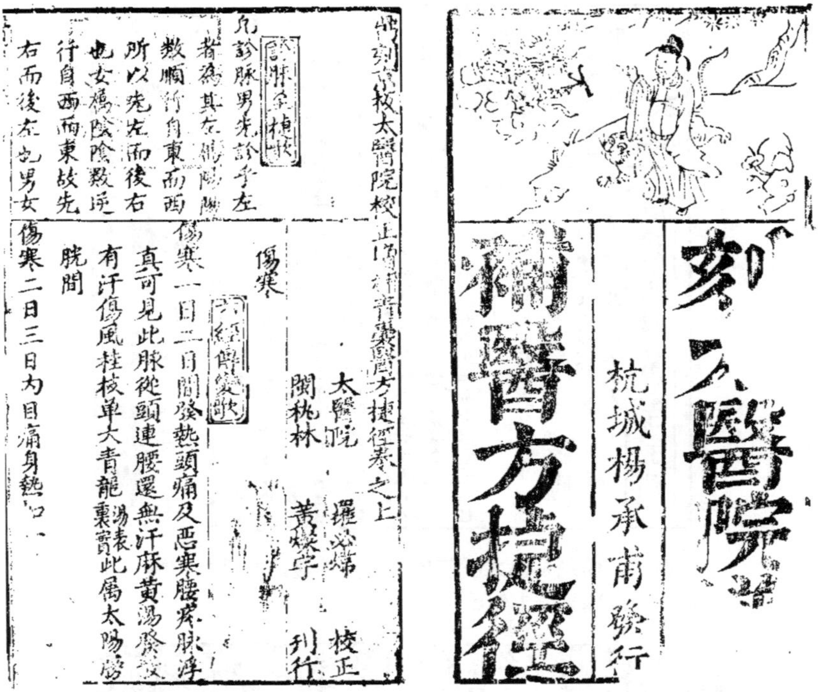

图三 《鼎刻京板太医院校正增补青囊医方捷径》内封、卷端（日本国立公文书馆藏）

家图书馆、中国中医科学院图书馆等藏。卷上卷端署“太医院罗必炜校正，闽艺林黄灿宇刊行”，卷中、卷下则署“太医院罗右源校正，闽艺林黄灿宇刊行”，卷终牌记刻“闽建书林黄灿宇刊”（图四）。

中国国家图书馆藏《新镌名公释义全备墨庄书言故事》残本一部（存卷一至卷三），原书六卷，以书分礼乐射御书数编次（另一部明刻本存卷三至卷六，似为同版）。卷一卷端署“古闽心寰呰窳子汇辑，建邑书林黄裔我绣梓”；内封上图下文，文大字镌“墨庄书言/故事虹玉”两行，中间“书林黄灿宇梓行”一行（图五）。黄裔我乃存诚堂主人（参见本书《黄氏存诚堂》）。

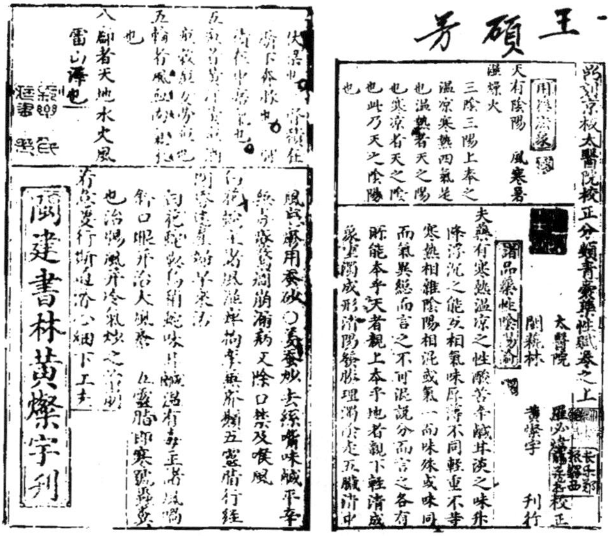

图四　《鼎刻京板太医院校正分类青囊药性赋》卷端、牌记（中国国家图书馆藏）

图五　《新镌名公释义全备墨庄书言故事》内封、卷端（美国柏克莱加州大学东亚图书馆藏）

根据以上信息，该书或可著录作明黄裔我刻黄灿宇印本。然而该书美国柏克莱加州大学东亚图书馆藏有全本，卷终牌记另刻“二刻壬午端阳月/艺林黄灿宇梓行”（图六）墨围两行。黄灿宇与黄裔我之关系待考。

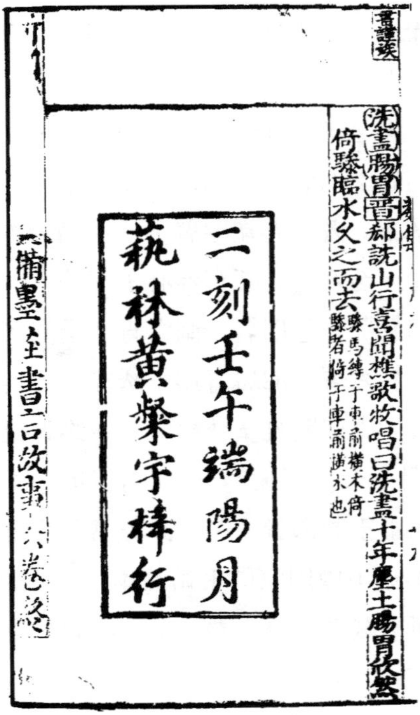

图六 《新镌名公释义全备墨庄书言故事》牌记（美国柏克莱加州大学东亚图书馆藏）

江氏明雅堂

明代建阳江氏明雅堂刻书，现存多为万历间刻本。所见书坊主有三，一号青崖子，名不详；一曰江云明；一曰江秀泉。谨分别略为介绍，至于三者关系待考。

明万历十三年乙酉（1585），青崖子曾刻《新镌赤心子汇编四民利观翰府锦囊》八卷，中国国家图书馆、日本东京大学东洋文化研究所等有藏本。各卷卷端题署不一：编者卷一至四署“桂谷赤心子汇编”，卷五至八署“抚东赤心子汇编”；刻书者卷一至三署“文林明雅堂镌勒”，卷四署“闽海青崖子绣梓”，卷五署“文林青崖子绣梓”，卷六署“潭城青崖子绣梓”，卷七署“闽建青崖子绣梓”，卷八署“闽建明雅堂绣梓”；卷终牌记镌“万历乙酉冬月明雅堂梓”（图一）。郑振铎云：“此明代坊间编刊的日用书之一，亦是建本而出于徽郡者。……此类书予收得不少，将作一综合的研究。”（参见中国国家图书馆藏本［善本书号：16104］手书题跋，又见《西谛藏书书目》卷二）盖旧时习见之书，今日已不易获睹。

江云明刻本，见有明万历二十二年甲午（1594）刻《新镌详订注释捷录评林》十卷，明顾充撰，明李廷机辑评，华东师范大学图书馆藏（《四库禁毁书丛刊》史部第22册据以影印）。卷端或题“书林江云明绣梓”，或署“书林江云明刊行”。卷终牌记镌“万历甲午岁仲/冬月明雅堂梓”（图二）。明万历间，又曾刻明童养中撰《鼎锲四民便用翰海琼涛》四卷，日本东京大学东洋文化研究所有藏本。

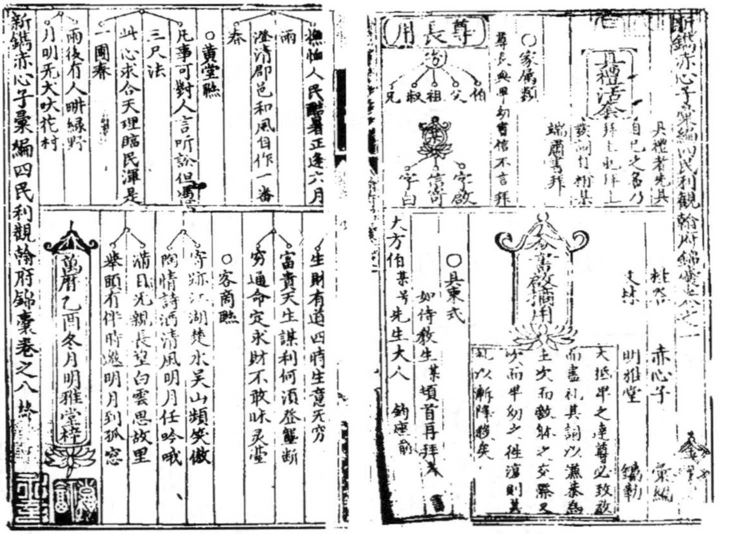
新鐫赤心子彙編四民利觀翰府錦囊卷之八終

萬曆乙酉冬月明雅堂梓

新鐫赤心子彙編四民利觀翰府錦囊卷之一

赤心子 彙編

明雅堂 繡梓

图一 《新镌赤心子汇编四民利观翰府锦囊》卷端（日本东京大学东洋文化研究所藏）、牌记（中国国家图书馆藏）

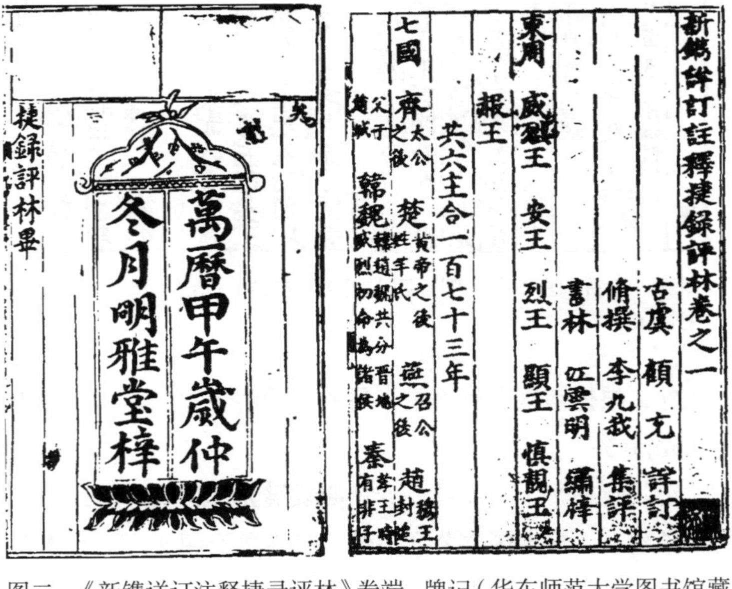
捷録評林畢

萬曆甲午歲仲冬月明雅堂梓

新鐫詳訂註釋捷録評林卷之一

古虞 顧充 詳訂

脩撰 李九我 集評

書林 江雲明 繡梓

東周 威烈王 安王 烈王 顯王 慎靚王

赧王

共六主合一百七十三年

七國

图二 《新镌详订注释捷录评林》卷端、牌记（华东师范大学图书馆藏，《四库禁毁书丛刊》史部第 22 册影印）

江秀泉刻本，仅见奥地利国家图书馆藏《新刊京本分章圈点四书正文》残本二卷（全六卷）。卷五卷端题：“新刊京本分章圈点四书正文孟子上五卷，翰林院编修钟台田一俊校正，翰林院检讨警庸林偕春圈点，书林明雅堂秀泉江氏梓行”，卷六尾题“新刊京本四书正文”，前有牌记镌“万历乙未岁冬月/明雅堂秀泉绣梓”（图三）。万历乙未，即万历二十三年（1595）。

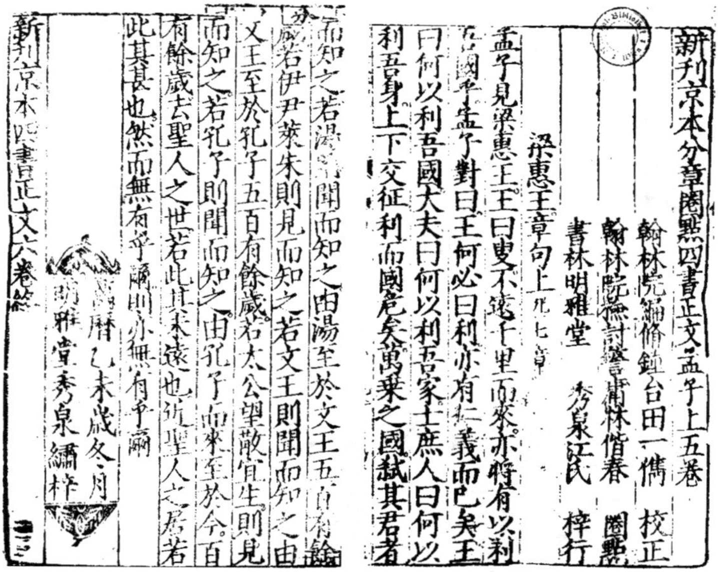
新刊京本分章圈點四書正文孟子上五卷
翰林院編修鍾台田一儁　校正
翰林院檢討警庸林偕春　圈點
書林明雅堂　秀泉江氏　梓行
梁惠王章句上 凡七章
孟子見梁惠王。王曰叟不遠千里而來亦將有以利吾國乎。孟子對曰王何必曰利亦有仁義而已矣王曰何以利吾國大夫曰何以利吾家士庶人曰何以利吾身上下交征利而國危矣萬乘之國弒其君者

而知之若湯則聞而知之由湯至於文王五百有餘歲若伊尹萊朱則見而知之若文王則聞而知之由文王至於孔子五百有餘歲若太公望散宜生則見而知之若孔子則聞而知之由孔子而來至於今百有餘歲去聖人之世若此其未遠也近聖人之居若此其甚也然而無有乎爾則亦無有乎爾
萬曆乙未歲冬月
明雅堂秀泉繡梓
新刊京本四書正文六卷終

图三　《新刊京本分章圈点四书正文》卷端、牌记（奥地利国家图书馆藏）

此外，根据诸家书目著录，另有三种明雅堂刻本，不详为谁刊行，录此待考：

《纪效新书》十八卷首一卷，明戚继光撰，明万历二十三年江氏明雅堂刻本，日本国立公文书馆、日本尊经阁文库、日本东京大学东洋文化研究所、日本筑波大学附属图书馆藏，《日藏汉籍善本

书录》著录。

《新刻一鸿简捷便览算法》四卷，明余楷撰，明万历十三年（1585）明雅堂刻本，安徽中国徽州文化博物馆藏，《中国古籍善本书目》著录。

《新刻群英摘锦奇葩简明便览》八卷，明艾蓄斋编，明万历年间明雅堂刻本，日本国立公文书馆藏，《改订内阁文库汉籍分类目录》著录。

江氏宗德堂

江氏宗德堂，亦称宗德书堂，坊主不详。现存书籍主要为弘治、正德间刊刻。弘治十七年（1504）曾刻《新刊奇见异闻笔坡丛脞》一卷，卷端署“建安雷燮撰，书林梅轩刊”；书后有牌记，字迹漫漶，依稀可辨“弘治甲子书林/江氏宗德堂刊”（图一，其中“氏”“堂”等字据前后文语义补）。“梅轩”或为江氏名讳字号。全书无序目跋语，存74叶，有《按察使祠志》等二十四篇。篇末缀“南谷曰”云云，乃雷燮评语。雷燮，生平不详，另有《南谷诗话》三卷，日本静嘉堂文库藏。

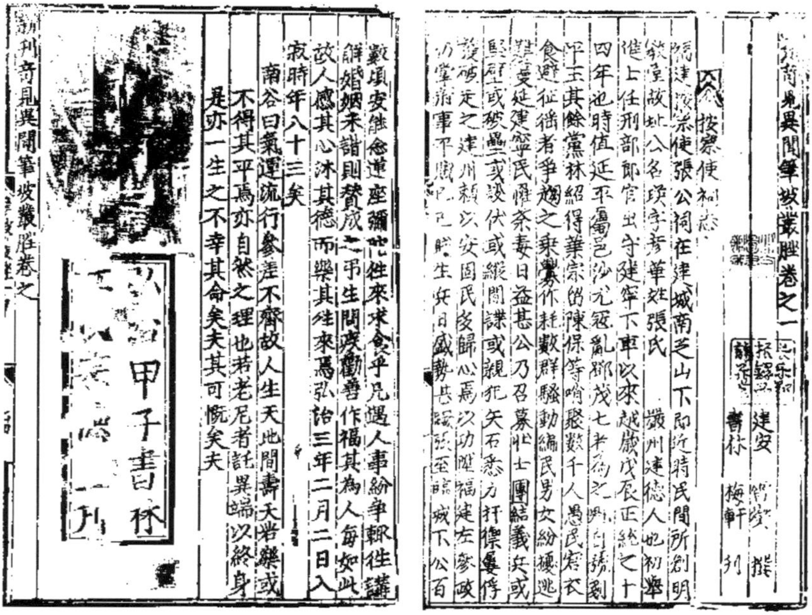
新刊奇見異聞筆坡叢脞卷之一
建安 雷燮 撰
書林 梅軒 刊
按察使祠志
按察使張公祠在建城南芝山下即近時民間所創明
故址公名瑛字彥華姓張氏 嚴州建德人也初舉
進士任刑部郎官出守建寧下車以來越歲戊辰正統之十
四年也時值延平屬邑沙尤寇亂鄧茂七者為之興自號剷
平王其餘黨林紹得華宗的陳保等嘯聚數千人愚民寄衣
食避征徭者爭趨之乘釁作耗數群騷動編民男女紛擾逃
難更延建寧民罹兵毒日益甚公乃召募壯士團結義兵或
堅壁或破壘或設伏或縱間諜或親犯矢石悉力捍禦屢俘
獲破走之建州賴以安固民後歸心焉以功陞福建左參政
力掌諸事不數日已瞭生兵日盛勢甚猖獗至臨城下公百

數頃安能念連座彌陀往來求食乎見遇人事紛爭輒往講
解婚姻未諧則贊成之予生間鄰勸善作福其為人每如此
故人感其心沐其德而樂其往來焉弘治三年二月二日入
寂時年八十三矣
南谷曰氣運流行參差不齊故人生天地間壽夭苦樂或
不得其平焉亦自然之理也若老尼者託異端以終身
是亦一生之不幸其命矣夫其可慨矣夫
甲子書林
刊
新刊奇見異聞筆坡叢脞卷之

图一　《新刊奇见异闻笔坡丛脞》卷端、牌记（中国国家图书馆藏）

正德六年（1511），刻《性理群书集览大全》七十卷首一卷。卷一卷端署“后学琼山玉峰道人集览，后学青田养浩遁叟订定，后学云间林泉处士校正”；卷七十正文后刊“后学东瓯双清轩东海天章抄”一行；尾题前有牌记镌“正德辛未宗德/书堂鼎新刊行”（图二）。玉峰道人、养浩遁叟、林泉处士，均不详为谁。《四库全书总目》子部儒家类存目二谓书取《性理大全》中人名、地名、年号、训诂之类，依王幼学《通鉴纲目集览》之例，各为注释，有增注者，即别标为附录，然浅陋殊甚。

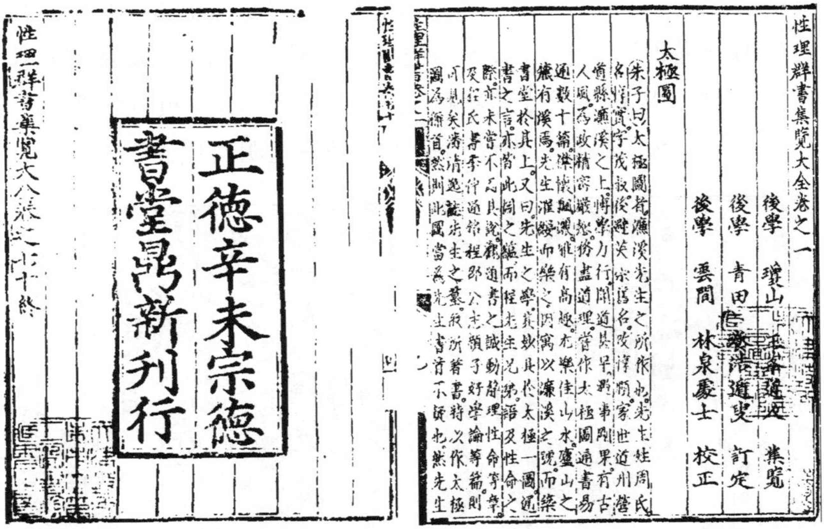

图二 《性理群书集览大全》卷端、牌记（天津图书馆藏）

此外，《中国古籍善本书目》著录《增修附注资治通鉴节要续编》三十卷，明弘治十五（1502）年江氏宗德书堂刻本，重庆图书馆藏。

刘氏安正堂

刘氏安正堂，是明代建阳著名坊肆，亦称安正书堂、安正堂舍，刻书时间跨度长，存世刻本众多。刘氏安正堂现存刻本近70种中多数仅录堂号。如弘治七年（1494）刻《新增说文韵府群玉》二十卷，卷一卷端署“晚学阴时夫劲弦编辑，新吴阴中夫复春编注”，书前《凡例》后有识语，署“弘治甲寅孟夏，刘氏安正书堂谨识”；卷一末有牌记刻“弘治甲寅孟冬/安正书堂重刊”；卷二十末童子持莲座荷盖牌记镌“弘治甲寅刘氏重刊”（图一）。弘治甲寅，即弘治七年。是书元明两代建阳书坊屡次

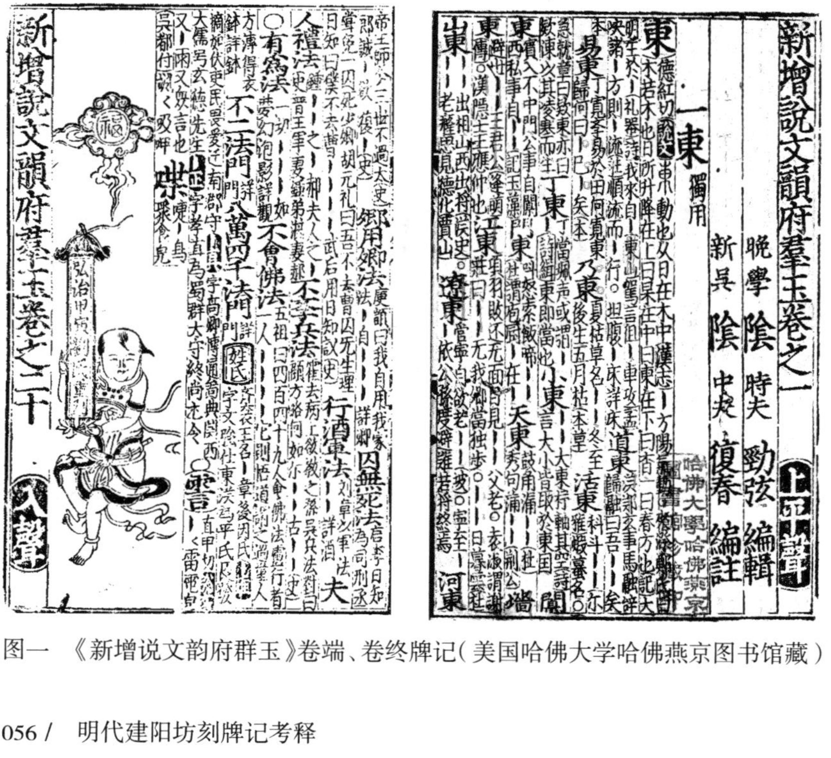

图一 《新增说文韵府群玉》卷端、卷终牌记（美国哈佛大学哈佛燕京图书馆藏）

刊刻，前此见存有元至正十六年（1356）刘氏日新堂刻本、元清江书堂刻本、明天顺六年（1462）叶氏南山书堂刻本、明弘治六年（1493）刘氏日新书堂刻本等等。刘氏识语虽不无自我广告之意，然于考察该书之源流亦颇具史料价值，移录如下：“是书元大德丁未瑞阳阴先生所编，板行久矣。至于皇明正统间梁氏安定堂重刊，于各字下续增许氏《说文》，虽加详明，然中间未免差舛阙略，观者不能无憾。本堂三复加校考，至上声七‘麌’韵内‘堵’字韵起，至去声十七‘霰’字韵止，凡二千三百有奇，并阙《说文》。今悉增入，幸得其全。收书君子但将原书对校，了然悉备。总龟于斯，不烦考之他韵。敬梓以行，嘉与四方共之。”（图二）此书后来有重修本，安徽师范大学图书馆藏。

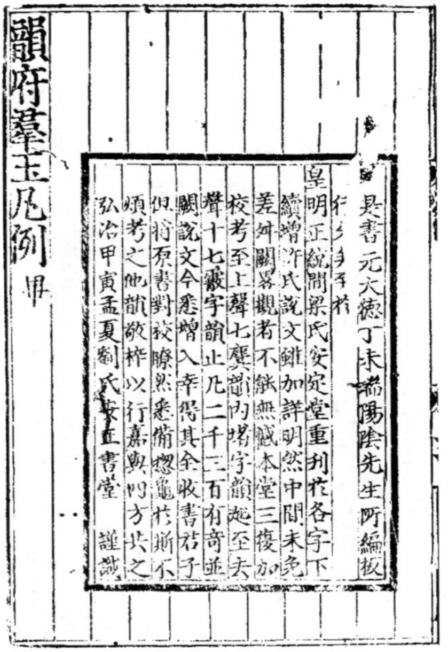
是書元大德丁未瑞陽陰先生所編板
行久矣至于
皇明正統間梁氏安定堂重刊於各字下
續增許氏說文雖加詳明然中間未免
差舛闕畧觀者不能無憾本堂三復加
校考至上聲七麌韻內堵字韻起至去
聲十七霰字韻止凡二千三百有奇並
闕說文今悉增入幸得其全收書君子
但將原書對校瞭然悉備總龜於斯不
煩考之他韻敬梓以行嘉與四方共之
弘治甲寅孟夏劉氏安正書堂 謹識

韻府羣玉凡例

图二　《新增说文韵府群玉》书前识语（美国哈佛大学哈佛燕京图书馆藏）

刘氏安正堂长达200余年的刻书历史中，只考知刘文寿、刘宗器、刘仕中、刘双松（朝琯）、刘元初（希信）等书坊主。

刘文寿，字应康，元代著名书坊主翠岩精舍刘君佐五世孙（方彦寿《福建历代刻书家考略》，中华书局2020年，第329页）。刘氏继承祖上刻书业，常自署“翠岩后人、京兆刘文寿”。他同时是明代前期翠岩精舍主人（参见本书《刘氏翠岩精舍》）。根据“日本所藏中文古籍数据库”、《日藏汉籍善本书录》著录，刘文寿亦以安正堂名号刻书行世。日本蓬左文库藏明宣德四年（1429）京兆安正堂刘文寿刻本《四明先生续资治通鉴节要》二十卷、明景泰三年（1452）刘文寿安正堂刻本《增修附注资治通鉴节要续编》三十卷，惜未得见，附此待考。

稍后有刘宗器者，亦以安正堂名号刻书，现存正德十二年（1517）刻本《类聚古今韵府续编》四十卷。卷一卷端署“后学青田包瑜编辑”（图三）。书前有弘治十二年（1499）张时序，言“令人重校缮写，发付书林刘宗器氏刊刻，以广其传”。“宗器”小字刻行，当是刘氏之名。又言“是编为卷凡四十有四”，然今传本为四十卷。序后有牌记：“《韵府》一书，自皇元大德丁未阴氏所著，经今二百余年。今有青田包先生，常观是书，其中收有未备者，故搜求《玉海》《通考》《事文类聚》《皇明一统志》等书，续补其略，以得其全，名曰《韵府续编》。

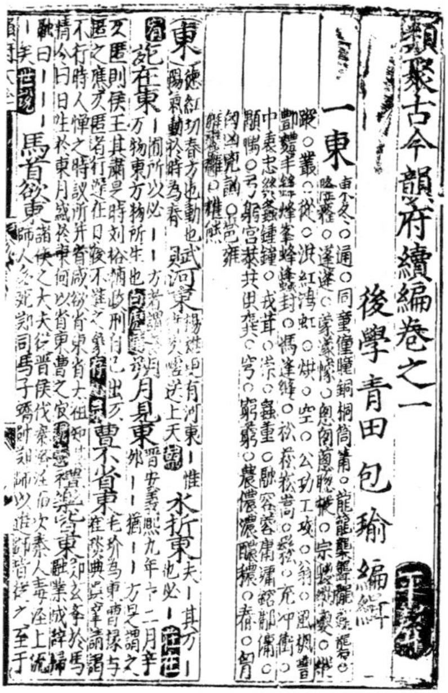
類聚古今韻府續編卷之一
後學青田包瑜編輯
一東

图三 《类聚古今韵府续编》卷端（日本国立公文书馆藏）

如正德丙子，安正堂刘宗器氏得求稿本，捐资誊写刊刻。类有二千余板。今刊一‘东’字起，至‘邺’字韵止；序目一十余板，共四十卷。姑且印行，以示贤明君子，便以观看，了然在目。书成，通行印卖，以便观览，幸甚。正德丁丑孟秋之吉，书林安正堂刘宗器谨识。”书后有牌记镌“正德丁丑仲秋/京兆刘氏安正/书堂新增刊行”（图四）。根据书后牌记，刘宗器于正德十一年丙子（1516）求得书稿，次年丁丑刻竣印卖。然刘氏“得求稿本”之正德十一年，距张时“发付书林刘宗器氏刊刻”之弘治十二年，已越十七年，显然有不可自洽之处。笔者推测，弘治十二年张时托付刊行者或另有其人，正德十一年刘宗器据以重刊，将序言中书坊主姓名改题，或仅仅是据旧版挖改重印。

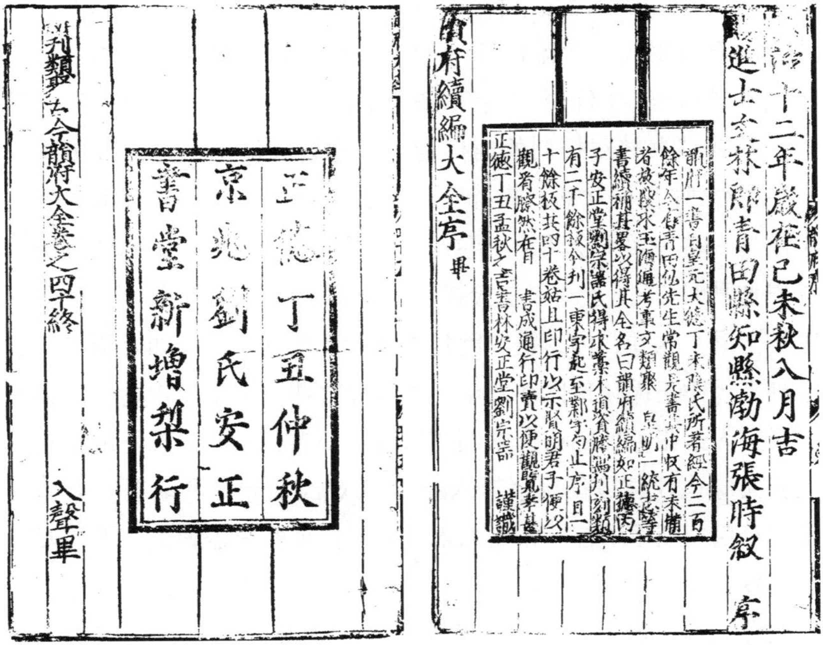

图四 《类聚古今韵府续编》序后牌记、卷末牌记（日本国立公文书馆藏）

刘仕中，名列建阳书坊《贞房刘氏族谱》二十世，刘辉子。方彦寿怀疑刘辉即刘宗器（《增订建阳刻书史》，福建人民出版社2020年，第291页）。嘉靖九年（1530），刘氏安正堂刻《春秋集传大全》三十七卷《序论》一卷《春秋二十国年表》一卷《诸国兴废说》一卷，陕西省图书馆、重庆图书馆有藏本。《中国古籍善本书目》著录安徽博物院藏有嘉靖十一年（1532）刘仕中安正堂印本。

明代后期安正堂最著名书坊主，非刘朝琯莫属。刘朝琯，字双松，现存有刻本十余种，四部皆备，其中包括据杨氏归仁斋书版重修印本多种，详见本书《杨氏归仁斋》。经部如万历二十五年（1597）刻本《明朝张柱国发刻骆会魁家传葩经讲意金石节奏》四卷，卷一卷端署“潭城书林双松刘朝琯领刻”，卷终尾题前有莲花牌记“万历岁次丁酉孟秋月/书林安正堂刘双松梓”；万历二十三年刻本《镌玉堂厘正龙头字林备考韵海全书》十六卷首一卷，卷一卷端署“书林双松刘朝琯梓行”，卷终牌记镌“皇明万历乙未岁冬月/书林安正堂刘双松梓”。史部如万历二十六年刻本《先圣小像》一卷《孟子全图》一卷，《孟子全图》卷终牌记镌“万历戊戌岁仲秋月/安正堂刘双松氏梓”。子部如万历间刻本《士林余业医学全书》六卷，内封镌“闽建书林刘双松刊”。又如万历二十七年刻本《锲王氏秘传图注八十一难经评林捷径统宗》六卷、《锲太上天宝太素张神仙脉诀玄微纲领宗统》一卷、《锲王氏秘传叔和图注释义脉诀评林捷径统宗》八卷，《难经》卷一卷端署“书林安正堂双松刘朝琯绣梓”；卷六末有童子持莲座荷盖牌记，镌“万历己亥岁孟冬/刘氏安正堂舍梓”（图五）。《脉诀》卷八末有双人顶扛莲座荷盖牌记镌“万历己亥孟冬/书林安正堂梓”（图六）。集部如万历二十六年刻《顾仲方百咏图谱》二卷《新词图谱》一卷，《新词图谱》终有牌记“万历戊戌孟冬之吉/安正堂刘氏双松梓”，等等。

刘朝琯之后，安正堂主人刘希信，字元初，以字行。或为刘朝琯子侄。万历二十三年（1595）刘朝琯刻本《镌玉堂厘正

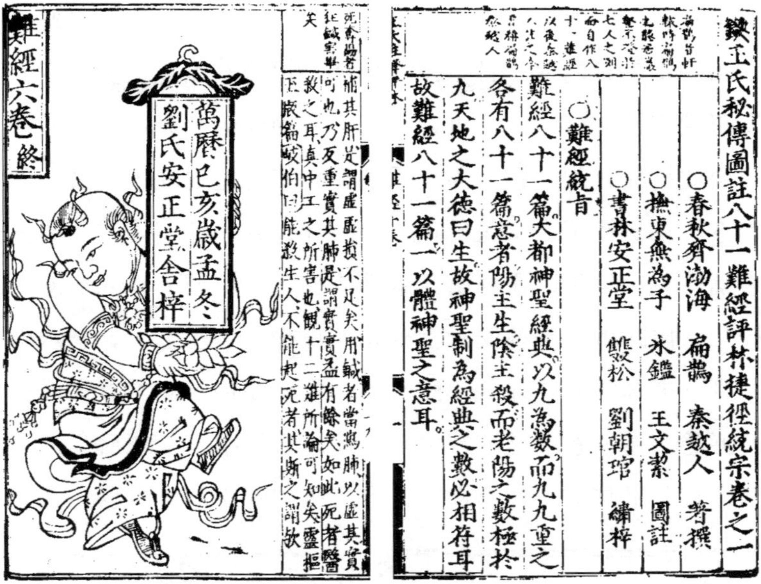
鍥王氏秘傳圖註八十一難經評林捷徑統宗卷之一
○春秋齊渤海　扁鵲　秦越人　著撰
○撫東無為子　冰鑑　王文絜　圖註
○書林安正堂　雙松　劉朝琯　繡梓
○難經統旨
難經八十一篇大都神聖經典以九為數而九九重之各有八十一篇意者陽主生陰主殺而老陽之數極於九天地之大德曰生故神聖制為經典之數必相符耳故難經八十一篇一以體神聖之意耳

難經六卷終

图五　《锲王氏秘传图注八十一难经评林捷径统宗》卷端、牌记（日本国立公文书馆藏）

鍥王氏秘傳圖註釋義叔和脉訣評林捷徑統宗卷之六終
救十無一生總結上文十五蹊而言也小兒有是證者十中莫治其一也

图六　《锲王氏秘传叔和图注释义脉诀评林捷径统宗》牌记（日本国立公文书馆藏）

龙头字林备考韵海全书》（详见上文），美国哈佛大学哈佛燕京图书馆藏本前有内封（日本国立公文书馆藏本无该页），镌“书林安正堂刘元初梓行”。可知该书当是刘朝琯刊刻而为刘元初印行，由此推测，刘元初或为继承刘朝琯安正堂之晚辈。又如刘元初刻本《京板校正大字医学正传》八卷，卷一卷端署“花溪恒德老人虞摶天民编集，侄孙虞守愚惟明校正，潭城书林元初刘希信绣梓”，内封镌“书林安正堂刘元初重梓”（图七），卷八末有牌记刻“书林刘元初梓”（图八）；附《秘传音制本草大成药性赋》五卷，卷一卷端题“常山庠生徐凤石汇编，上饶后学余泸东校阅，建阳书林刘元初绣梓”，内封镌“双松刘先生秘传音制本

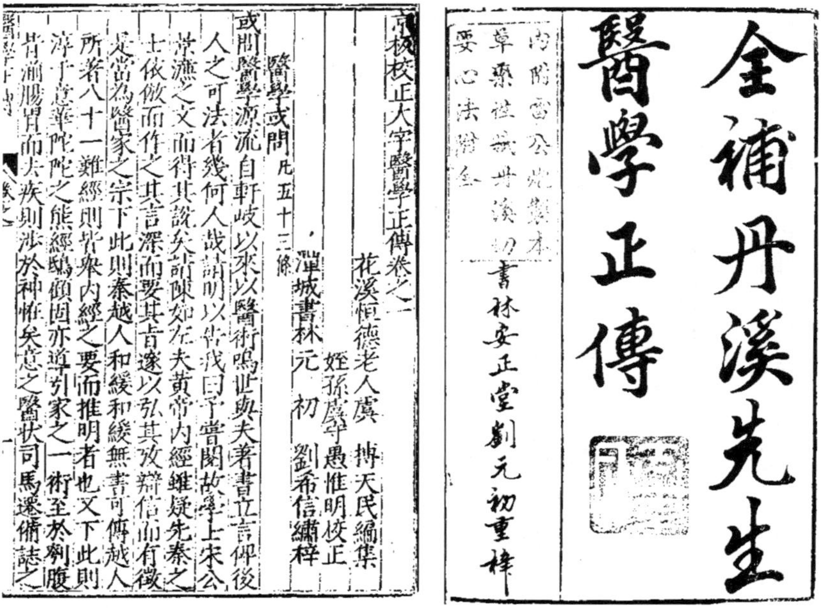
全補丹溪先生
醫學正傳
內附雷公炮製本草藥性賦丹溪切要心法附全
書林安正堂劉元初重梓

京板校正大字醫學正傳卷之一
花溪恒德老人虞 摶天民編集
姪孫虞守愚惟明校正
潭城書林元 初 劉希信繡梓
醫學或問凡五十三條
或問醫學源流自軒岐以來以醫術鳴世與夫著書立言俾後人之可法者幾何人哉請明以告我曰予嘗閱故學士宋公濂之文而得其說矣請陳如左夫黃帝內經雖疑先秦之士依倣而作之其言深而要其旨邃以弘其攻辯信而有徵是當為醫家之宗下此則秦越人和緩和緩無書可傳越人所著八十一難經則皆舉內經之要而推明者也又下此則淳于意華佗佗之熊經鴟顧固亦導引家之一術至於刳腹背湔腸胃而去疾則涉於神怪矣意之醫狀司馬遷備誌之

图七　《京板校正大字医学正传》内封、卷端（日本国立公文书馆藏）

草药性赋，书林安正堂刘元初绣梓”（图九）。从《秘传音制本草大成药性赋》内封刻镌内容来看，除非故弄玄虚，否则刘双松居长，刘元初为刘朝琯子侄辈的推测，大抵可信。

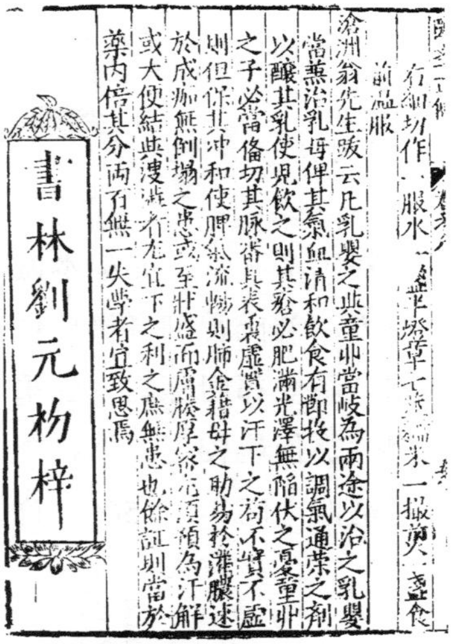

書林劉元杓梓

滄洲翁先生跋云凡乳嬰之與童丱當岐為兩途以治之乳嬰當兼治乳母俾其氣血清和飲食有節投以調氣通藥之劑以釀其乳使兒飲之則其脊必肥滿光澤無陷伏之憂童丱之子必當備切其脈審其表裏虛實以汗下之苟不實不虛則但保其沖和使脾氣流暢則肺金藉母之助易於灌膿速於成痂無倒塌之患或至壯盛而腸臟厚密元氣旺爲汗解或大便結與溏泄者亦宜下之利之庶無患也餘証則當於藥內倍其分兩乃無一失學者宜致思焉

图八　《京板校正大字医学正传》牌记（日本国立公文书馆藏）

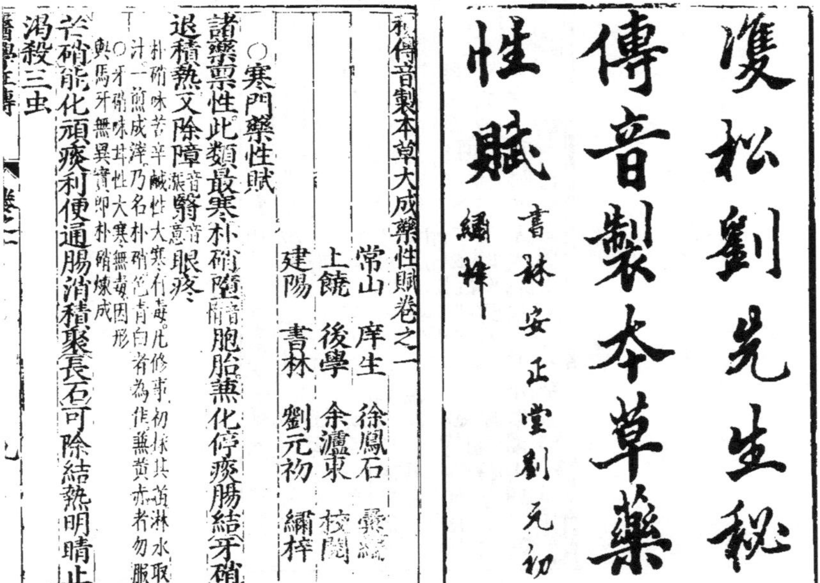

復松劉先生秘傳音製本草藥性賦

書林安正堂劉元初繡梓

秘傳音製本草大成藥性賦卷之一

常山　庠生　徐鳳石　彙纂

上饒　後學　余瀘東　校閱

建陽　書林　劉元初　繡梓

○寒門藥性賦

諸藥稟性此類最寒朴硝墮胞胎兼化停痰腸結牙硝退積熱又除障翳眼疼

芒硝能化頑痰利便通腸消積聚長石可除結熱明睛止渴殺三虫

图九　《秘传音制本草大成药性赋》内封、卷端（日本国立公文书馆藏）

刘氏本诚堂

刘氏本诚堂，亦称本诚书堂。书坊主刘廷衢，也是建阳闽山堂主人。刘氏曾刻《撮要便览本草蒙筌》十二卷首一卷，卷一卷端题“新安祁门陈嘉谟廷采纂辑，门生歙邑叶枼鲍倚校正，门生婿胡一贯侄晨校正，书林刘氏闽山堂廷衢刊行”（图一）。书前有嘉靖四十四年（1565）许国序。据此或著录该书作明嘉靖间刘

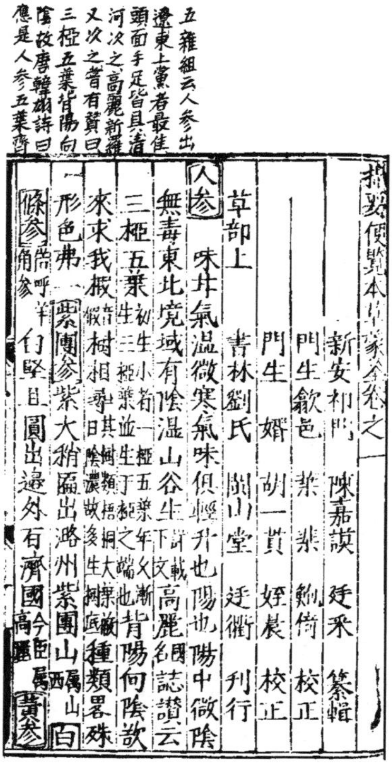
五雜組云人参出
遼東上黨者最佳
頭面手足皆具清
河次之高麗新羅
又次之者有贊曰
三椏五葉背陽向
陰故唐韓翃詩曰
應是人参五葉齊

撮要便覽本草蒙筌卷之一
新安祁門 陳嘉謨 廷采 纂輯
門生歙邑 葉 枼 鮑倚 校正
門生 婿 胡一貫 姪晨 校正
書林劉氏 閩山堂 廷衢 刊行
草部上
人參 味甘氣温微寒氣味俱輕升也陽也陽中微陰
無毒東北境域有陰濕山谷生……高麗……誌讚云
三椏五葉……背陽向陰欲
來求我椵樹相尋……種類略殊
一形色弗一 紫團參 紫大稍扁出潞州紫團山 白
條參……黄參

图一 《撮要便览本草蒙筌》卷端
（日本国立国会图书馆藏）

廷衢闽山堂刻本（《日藏汉籍善本书录》）。书中刻书者题署，其余各卷卷端多有不同，如卷二、卷三署“书林刘氏本诚堂廷衢刊行”，卷四、卷七至卷九署“书林刘氏本诚堂廷衢梓行”，卷十、卷十二署“书林刘氏本诚堂刊行”，卷十一署“书林刘氏本诚堂梓行”。卷终牌记镌“刘氏本诚书堂”（图二）。据此或著录该书作明刘氏本诚书堂刻本（如《中国古籍善本书目》）。

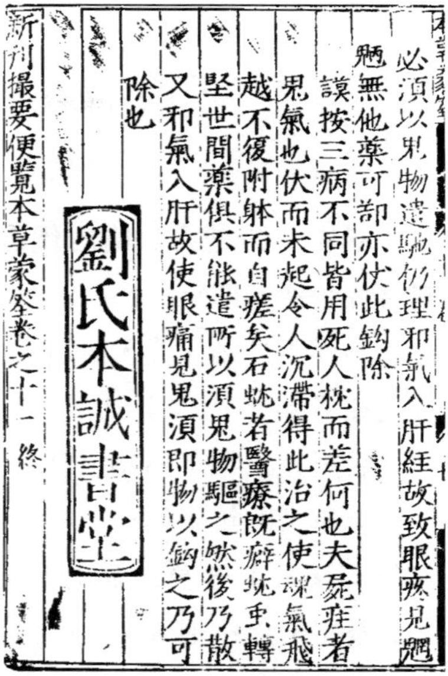
必須以鬼物遺骸仍理和氣入肝經故致眼疾見魍
魎無他藥可卻亦伏此鈎除
謨按三病不同皆用死人枕而差何也夫屍疰者
鬼氣也伏而未起令人沉滯得此治之使魂氣飛
越不復附躰而自瘥矣石蚘者醫療既癖蚘乖轉
堅世間藥俱不能遣所以須鬼物驅之然後乃散
又和氣入肝故使眼痛見鬼須即物以鈎之乃可
除也

劉氏本誠書堂

新刊撮要便覽本草蒙筌卷之十一 終

图二《撮要便览本草蒙筌》牌记（日本国立国会图书馆藏）

刘廷衢生平不详。南京图书馆有明书林刘氏闽山刻本《新刊勿听子俗解八十一难经后集》一卷《纂图䕺括》一卷。据此著录，笔者怀疑闽山堂或为刘闽山开办，或为纪念刘闽山创设。可惜二者关系已难考。此外，闽山堂、本诚堂主人是否另有其人，亦不可考。根据诸家著录，尚有刻本三种：

《新刊地理雪心赋句解》四卷《新增阴阳地理消砂断法总例大全》一卷，唐卜应天撰，明谢志道注；后者乃明曾万棠辑，明嘉靖四十五年刘氏闽山书堂刻本，上海图书馆藏。

《新刊京本分类标题大字诗学全补》三十卷，元林桢辑，明嘉靖十三年（1534）刘氏本诚堂刻本，重庆图书馆、日本尊经阁文库藏。

《高明选增便蒙唐诗鼓吹大全》十卷，金元好问辑，元郝天挺注，明书林刘氏本诚堂刻本，上海图书馆、成都杜甫草堂博物馆藏。

刘氏翠岩精舍

翠岩精舍是元、明两代建阳著名的书坊。元代坊主可考者有刘君佐，泰定四年（1327）刻元胡一桂撰《诗集传附录纂疏》二十卷，不详年月刻元苏天爵辑《国朝文类》七十卷。其余多不具名，有延祐元年（1314）刻本《程朱二先生周易传义》二十四卷首一卷，后至元二年（1336）刻本《周易经传集程朱解附录纂注》十四卷，至正十四年（1354）刻本《书集传辑录纂注》六卷、《注唐陆宣公奏议》十五卷，至正十五年刻本《联新事备诗学大成》三十卷，至正十六年刻本《大广益会玉篇》三十卷，等等。

刘氏翠岩精舍入明刻书，现存主要是明代前期刻本，如洪武十九年（1386）刻本《如如居士三教大全语录》二卷，宣德三年（1428）刻本《少微家塾点校附音通鉴节要》五十卷，明正统十一年（1446）刻本《新编事文类聚翰墨全书》一百三十四卷，景泰五年（1454）刻本《五伦书》六十二卷，成化五年（1469）刻本《新刊通真子补注王叔和脉诀》三卷《新刊补注通真子脉要秘括》二卷，嘉靖元年（1522）刻本《新刊南轩先生文集》四十四卷，等等。嘉靖以后刻本则未见。

刘氏翠岩精舍明代刻书，不乏根据自家或建阳其他书坊旧版新刊，如《联新事备诗学大成》一书，至正十五年翠岩精舍曾刊行，至正统八年（1443）冬又加以重刊。目录后牌记镌："坊中旧刊《诗学》，如《大成》《集成》，繁而且冗；《丛珠》《珍珠囊》等编，简而又略，盖两病焉。本堂求到是编，则去众编之驳，而集诸家之粹。于叙事故事，总名之以事类。摭唐宋名贤佳句而去重复，采元朝群英警联而增新奇，标出周秦汉晋唐等易以白字，以见各代之名。门目整备，事联足赡，视之他本，玉石判然。幸鉴。大明正统八年孟冬翠岩精舍重刊。”朱文霆序后牌记刻“正统甲子刘氏/翠岩精舍新刊”，盖正统九年刻成。（图一）全书末又刻“景泰壬申重行校正”一行，盖景泰三年（1452）重修（图二）。

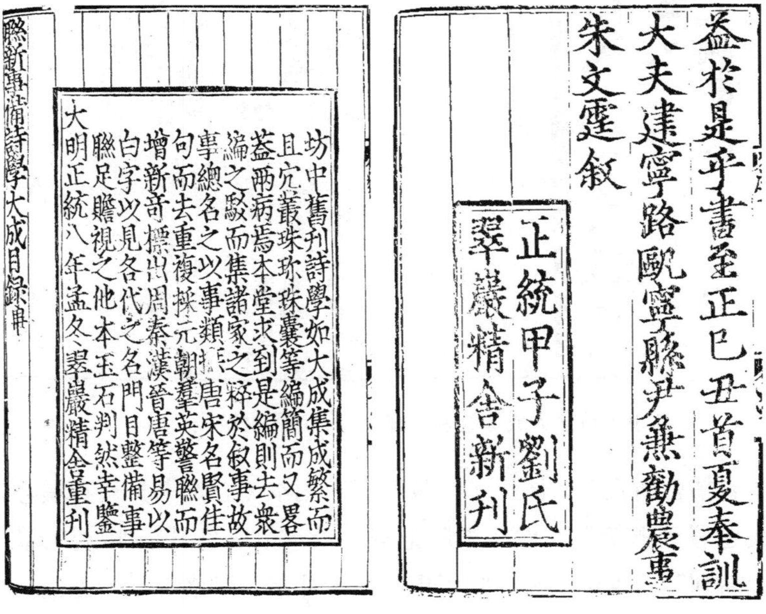
聯新事備詩學大成目録卷

坊中舊刊詩學如大成集成繁而
且冗叢珠琢珠囊等編簡而又畧
蓋兩病焉本堂求到是編則去衆
編之駁而集諸家之粹於敘事故
事總名之以事類摭唐宋名賢佳
句而去重復採元朝羣英警聯而
增新奇標出周秦漢晉唐等易以
白字以見各代之名門目整備事
聯足贍視之他本玉石判然幸鑒
大明正統八年孟冬翠巖精舍重刊

蓋於是乎書至正巳丑首夏奉訓
大夫建寧路甌寧縣尹兼勸農事
朱文霆敘

正統甲子劉氏
翠巖精舍新刊

图一　《联新事备诗学大成》牌记（浙江图书馆藏）

洪武十九年至嘉靖元年一百多年中，翠岩精舍数易其人，知名者唯有刘文寿。刘文寿字应康，刘君佐五世孙，也是刘氏安正堂主人（参见本书《刘氏安正堂》）。景泰七年（1456），以翠岩精舍名号刻《史钺》二十卷。卷一卷端署“文渊阁修书总裁、奉议大夫、山东等处提刑案察司佥事晏璧编，松坞门人京兆刘剡校，翠岩后人京兆刘文寿刊”；卷二十末牌记镌“景泰丙子良月京兆/刘

聯新事備詩學大成卷之一

後學三山林楨編集

○天文門

天

景泰壬申重行校正

图二　《联新事备诗学大成》卷端、牌记（浙江图书馆藏）

氏翠岩精舍新刊”（图三）。景泰五年刻本《五伦书》，卷端等处虽无题署刻书信息，卷一末牌记刻“景泰甲戌良月京兆/刘氏翠岩精舍新刊”，牌记内容（除了甲子纪年外）、风格等与《史钺》相似，当亦是刘文寿所刊行。

建阳书坊另有翠岩堂，或是翠岩精舍的别名。宣德八年（1433），刻《文公先生小学集解大成》六卷。该书仅见中国国家图书馆藏残本卷一、卷二，无序，前有凡例六则，又《文公先生小学渊源》及吴讷《文公先生小学书题》、朱子《小学之书题辞》等。《书题》终有牌记：“本坊旧刊《小学标题句解》，简而且略；至于《集成通义》，紊而又繁，盖两病焉。本堂类聚成一，舍驳会粹，遵依海虞吴先生《集解》，以备其全。详明音

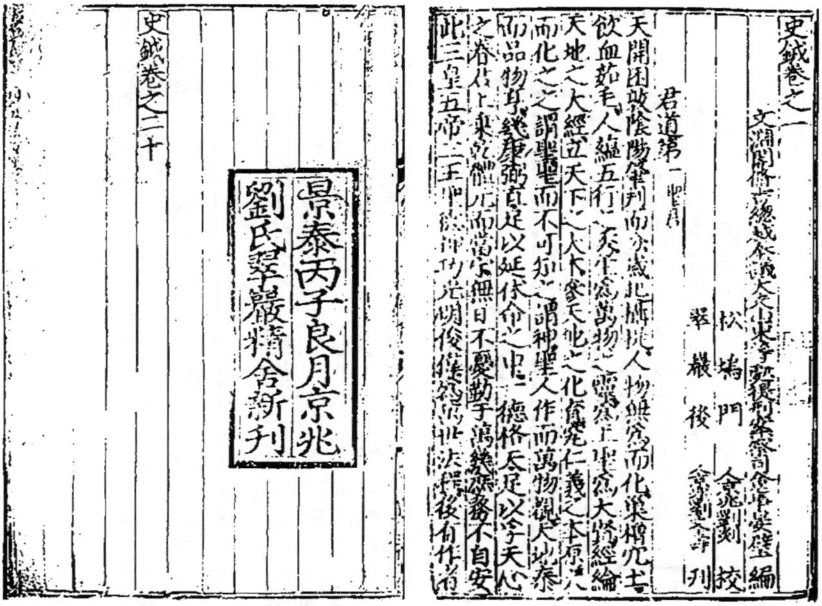

图三　《史钺》卷端、牌记（上海图书馆藏，《续修四库全书》第 449 册）

释，增入图象，端请名儒，三复校正，鼎新绣梓，视诸他本，大有径庭矣。读者幸鉴。龙集癸丑孟春，刘氏翠岩堂刊。”朱子题辞前刻牌记，云：“本堂遵依文公先生、程先生集注《四书》、发明《五经》于内，注疏海虞吴先生《集解》以备其全云。”卷一卷端题下剜去责任者、出版者信息二行，卷二卷端署“海虞吴讷集解，书林校正刊行”。（图四）

嘉靖元年（1522），刘氏翠岩堂慎思斋刻《新刊南轩先生文集》四十四卷。书前有淳熙十一年（1184）朱熹《新刊南轩先生文集序》，序后署“时皇明嘉靖壬午元年孟冬之月吉旦，翠岩堂京兆刘氏慎思斋重新刊行”，并有牌记刻张栻小传（图五）。目录页署“广汉张栻敬夫著，翠岩刘氏慎思斋刊”；卷一卷端署

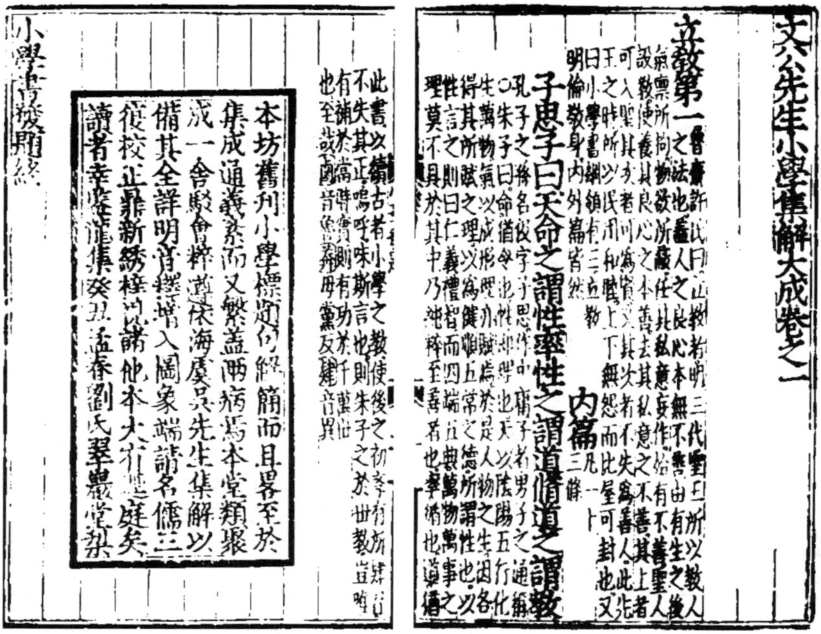
小學書授贈終

本坊舊刊小學標題句解簡而且畧至於
集成通義繁而又繁蓋兩病焉本堂類聚
成一書駁會粹遵依海虞吳先生集解以
備其全詳明音釋增入圖象端請名儒三
復校正鼎新綉梓以諸他本大相逕庭矣
讀者幸鑒焉癸丑孟春劉氏翠巖堂梓

文公先生小學集解大成卷之一

立教第一

內篇

子思子曰天命之謂性率性之謂道修道之謂教

图四　《文公先生小学集解大成》卷端、牌记（中国国家图书馆藏）

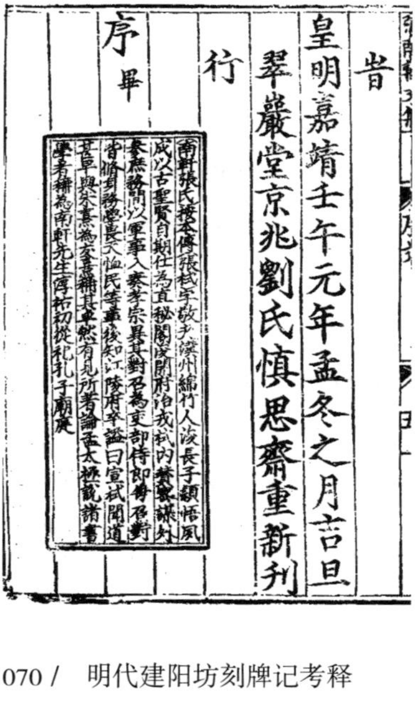
皆
皇明嘉靖壬午元年孟冬之月吉旦
翠巖堂京兆劉氏慎思齋重新刊
行
序畢

图五　《新刊南轩先生文集》牌记（中国国家图书馆藏）

“广汉张栻敬夫著，翠岩堂慎思斋刊”；卷终有横刻“翠岩堂”阴文牌记（图六）。是书仅中国国家图书馆有存本，系傅增湘旧藏。《藏园群书经眼录》谓“刻工颇似慎独斋，盖必刊于建宁，故一时风气使然也”。

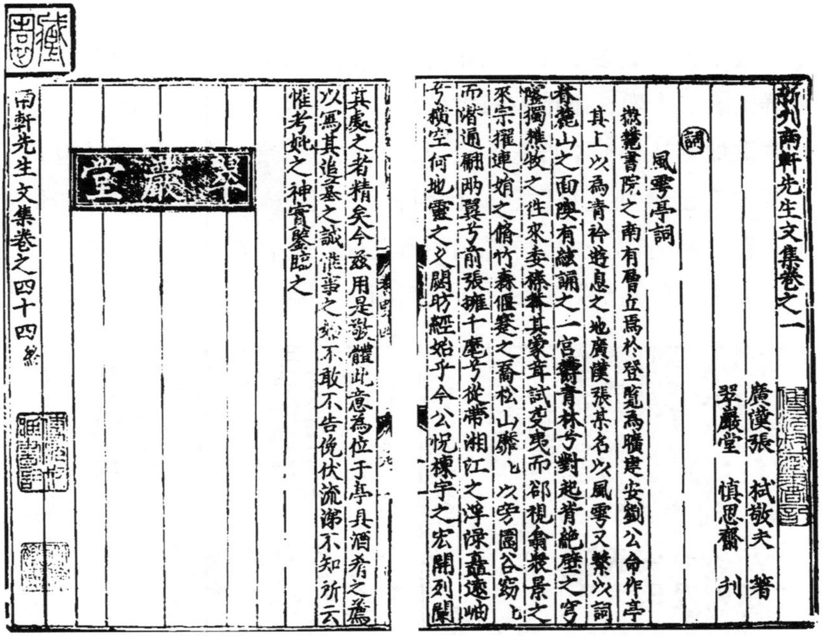
新刊南軒先生文集卷之一

廣漢張 栻敬夫 著

翠巖堂 慎思齋 刊

詞

風雩亭詞

嶽麓書院之南有層丘焉於登覽為曠建安劉公命作亭

其上以為青衿遊息之地廣漢張某名以風雩又繫以詞

南軒先生文集卷之四十四終

翠巖堂

图六 《新刊南轩先生文集》卷端、牌记（中国国家图书馆藏）

刘氏藜光堂

建阳刘氏藜光堂，又作藜光阁。主人刘钦恩，字荣吾。现存刻本近十种，然多不详刻书年月。尝刻《新刻洪武元韵勘正切字海篇群玉》二十卷，书前有郑大郁序二，一署“己卯冬至前五日”，“兹重加删补，汇萃群玉”云云，盖成书于崇祯十二年（1639）；一署“辛巳秋九九日”，“因付梓之”云云，是刊行于崇祯十四年。卷一卷端署“长洲陈仁锡明卿父阅，书林刘钦恩荣吾父梓”；版心下镌“藜光堂”（图一）。后附《大藏直音》三卷，前有崇祯

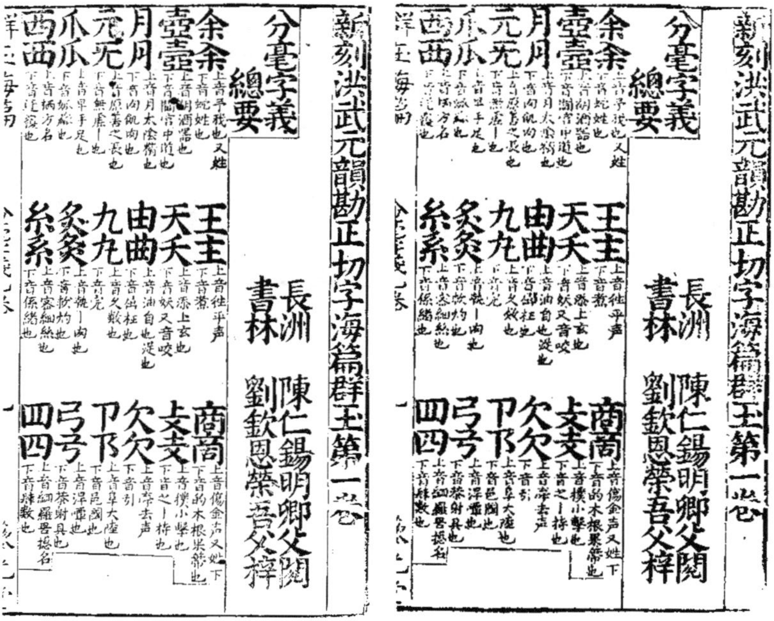
新刻洪武元韻勘正切字海篇群玉第一卷
長洲 陳仁錫明卿父閱
書林 劉欽恩榮吾父梓
分毫字義總要

图一　《新刻洪武元韵勘正切字海篇群玉》卷端（左美国哈佛大学哈佛燕京图书馆藏，右日本国立公文书馆藏）

十三年黄道周序，卷端署“潭水佛弟子余文熙用晦父较阅，刘钦恩荣吾父刊刻”。又《篆林肆考》十五卷，书前崇祯十五年（1642）徐广序，卷端署“温陵郑大郁孟周父辑，柘浦徐广广居父订，松源叶枢机仲父较，潭阳刘肇麟祯甫父梓”。以上三书，前二者为刘钦恩所刻，后者署刘肇麟梓，或分别刊刻而汇印。可惜不知二人是何关系。今见藏本有二：美国哈佛大学哈佛燕京图书馆藏本，前有内封镌“黄石斋先生汇编/群玉海篇/藜光阁梓行”；日本国立公文书馆藏本，内封镌“遵古本正韵/石斋海篇/藜光堂刘翼甫梓”（图二）。比对二书的断版情况，日本国立公文书馆藏本刷印在后。刘翼甫当是刘祯甫（肇麟）兄弟行，或均为刘钦恩之子侄，继承了藜光堂。

图二　《新刻洪武元韵勘正切字海篇群玉》内封（左日本国立公文书馆藏，右美国哈佛大学哈佛燕京图书馆藏）

刘钦恩、刘肇麟亦同见一书，另有明刻本《忠经孝经合刊》（《忠经疏义集注》一卷《备考》一卷，《遵镌孝经疏义集注》一卷首一卷）。《忠经》《孝经》目录叶均署“明武荣孟周郑天麟重对正、潭水人瑞刘肇麟仝校正”。《孝经》目录终镌“藜光堂藏板”一行，并“藜光堂”阳文方印。《忠经疏义集注》首署“汉扶风马融撰”。《遵镌孝经疏义集注》首署“宋学士邢昺疏义，元鄱阳董鼎注解，明藜光堂刘钦恩校梓”。（图三）

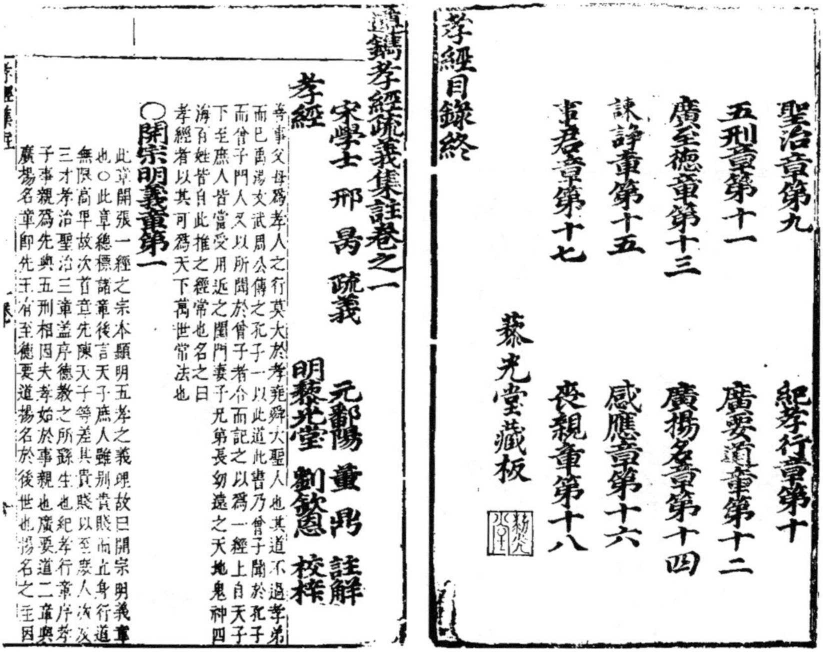

遵鐫孝經疏義集註卷之一
宋學士 邢昺 疏義
元鄱陽 董鼎 註解
明藜光堂 劉欽恩 校梓
孝經
孝事父母為孝人之行莫大於孝堯舜大聖人也其道不過孝弟而已禹湯文武周公傳之孔子一以此道此書乃曾子聞於孔子而曾子門人又以所聞於曾子者介而記之以為一經上自天子下至庶人皆當受用近之閨門妻子兄弟長幼遠之天地鬼神四海內外皆自此推之經常也名之曰孝經者以其可為天下萬世常法也
○開宗明義章第一
此章開張一經之宗本顯明五孝之義理故曰開宗明義章也○此章總標諸章後言天子庶人雖別貴賤而立身行道無限高卑故次首章先陳天子等差其貴賤以至庶人次及三才孝治聖治三章蓋序德教之所繇生也紀孝行章序孝子事親為先與五刑相因夫孝始於事親也廣要道二章與廣揚名章即先王有至德要道揚名於後世也揚名之至因

孝經目錄終
聖治章第九　紀孝行章第十
五刑章第十一　廣要道章第十二
廣至德章第十三　廣揚名章第十四
諫諍章第十五　感應章第十六
事君章第十七　喪親章第十八
藜光堂藏板

图三　《忠经孝经合刊》牌记、卷端（中国国家图书馆藏）

刘钦恩另刻有医书二种，均不详刻书年月。一为吴文炳辑《新刻吴氏家传养生必要仙制药性全备食物本草》四卷，仅见中国中医科学院图书馆藏，《中国古籍善本书目》著录。又《新刻东垣李先生精著珍珠囊药性赋》二卷，仅见日本国立公文书馆藏，《海外中医珍善本古籍丛刊》据以影印。卷端署“元东垣老人李杲著，明旴江世医沛泉吴文炳考证，闽三建书林荣吾刘钦恩梓行”。“三建”即福建省建宁府建阳县，常见于书坊主刘龙田刻本上。刘钦恩或为刘龙田的后人。

藜光堂另有《三国志传》《水浒志传》小说二种。《三国志传》二十卷，首题“精镌按鉴全像鼎峙三国志传一卷，晋平阳陈寿志传，元东原罗贯中演义，明富沙刘荣吾梓行”；书前《君臣姓氏附录》后有“藜光堂”阳文圆印、“英雄三国”阴文方印（图

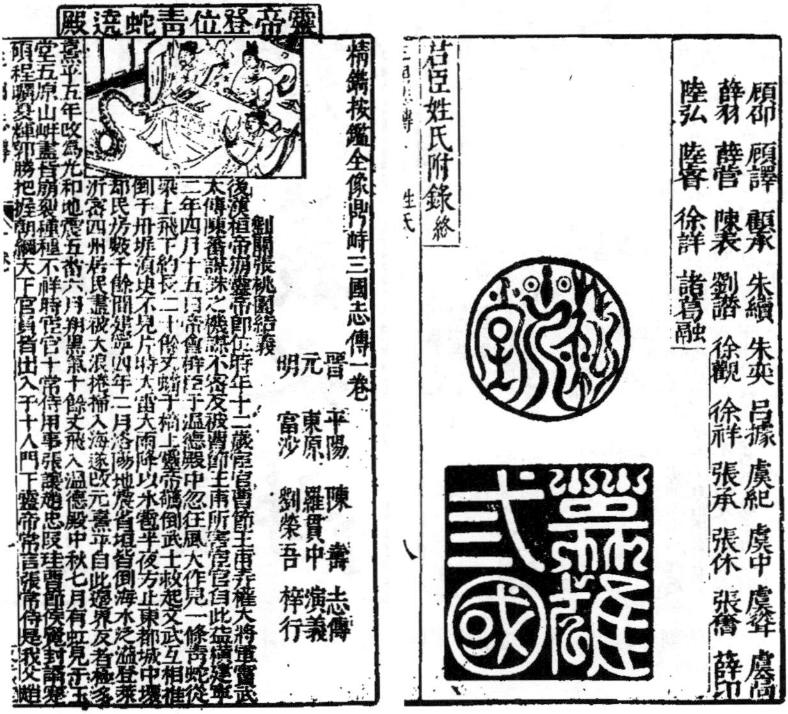

图四 《精镌按鉴全像鼎峙三国志传》牌记、卷端（伦敦英国博物院图书馆藏，《古本小说丛刊》影印）

四）。《水浒志传》二十五卷，首题“新刻全像忠义水浒志传卷之一，桃源姚宗镇国潘父编，武荣郑国扬文甫父仝校，书林刘钦恩荣吾父梓行”；内封上图下文，图题“忠义堂”，文大字镌“全像忠/义水浒”两行，中间“藜光堂藏板”一行（图五）。二书版心下偶镌“藜光堂”或“藜光阁”。卷一前均有大图半叶（分别为《桃园》《忠义堂》），余未见。正文上图下文，风格一致，当为同一时期所刊行，唯刻印质量均较低劣。

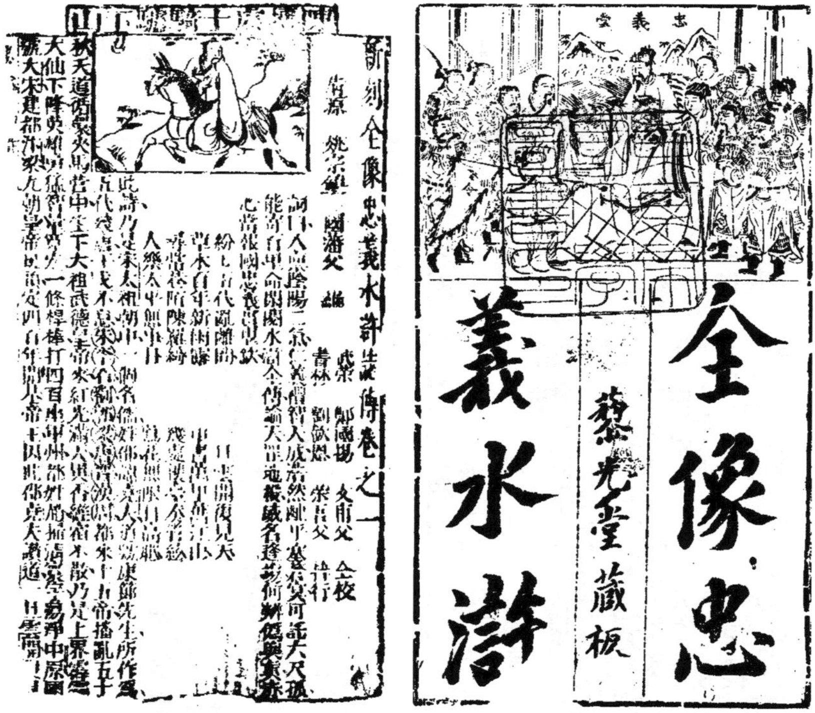

图五 《新刻全像忠义水浒志传》内封、卷端（日本东京大学综合图书馆藏）

刘氏明德堂

刘氏明德堂，又作明德书堂。见存明弘治至崇祯间刻本十余种，多不详坊主之名，是否均为建阳所出，亦难遽论。如正德十二年（1517）刻本《重刊国语》七卷《国语补音》二卷，《国语补音》卷终有牌记，刻“正德丁丑孟/秋明德堂刊”（中国国家图书馆藏）。嘉靖十年（1531）刻本《新刊陶节庵伤寒十书》，书前潘轨“后序”末有牌记，镌“嘉靖辛卯岁季/春明德书堂刊”（中国国家图书馆藏）。嘉靖十四年（1535）刻本《卫生宝鉴》二十四卷《补遗》一卷，《补遗》末有牌记，刻“皇明岁次乙/未明德堂刊”（《续修四库全书》第1019册，上海古籍出版社2002年，第240页）。嘉靖二十四年（1545）刻本《新刊药性要略大全》十卷《太医院经验捷效单方》一卷，卷端署“书林明德堂刘氏刊行”，内封镌“金柜要略/药性大全”大字二行，中间“二刻谨依京本”一行，横刻“明德堂”三字（图一），卷终牌记刻“嘉靖乙巳岁孟/夏月明德堂刊”（图二）。万历三十年（1602）刻本《新刊京本风鉴相法人相编》六卷首一卷，首卷《相法》卷末上图有童子手持牌记，刻“明德堂新刊发梓行”，卷一卷端署“刘氏明德堂刊梓”（图三），卷二署“明德堂刊”，卷终牌记“新辑麻衣相人编法/风鉴大全明德堂梓”。以上诸书，根据版刻风格，推测为建阳刻本。而明崇祯间明德堂刻本《顾瑞屏太史评阅韩昌黎先生全集》

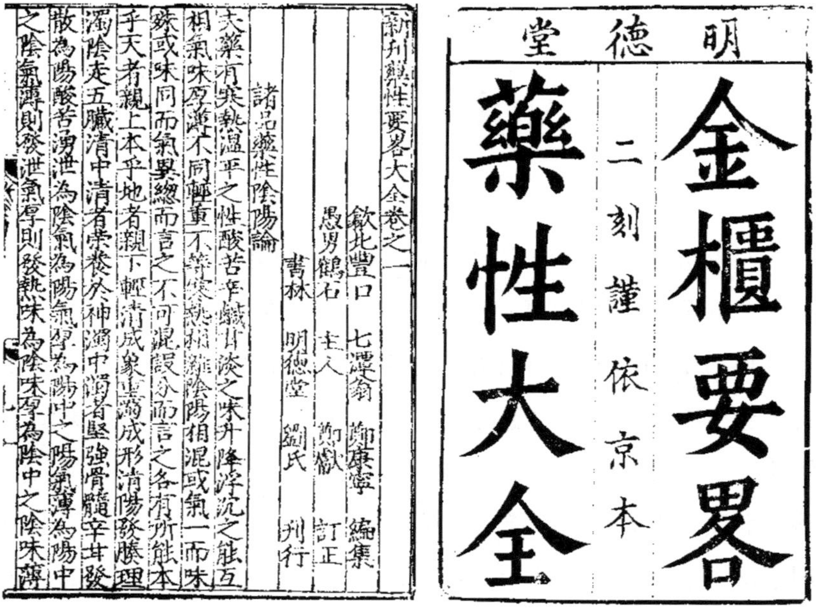

图一　《新刊药性要略大全》内封、卷端（日本国立公文书馆藏）

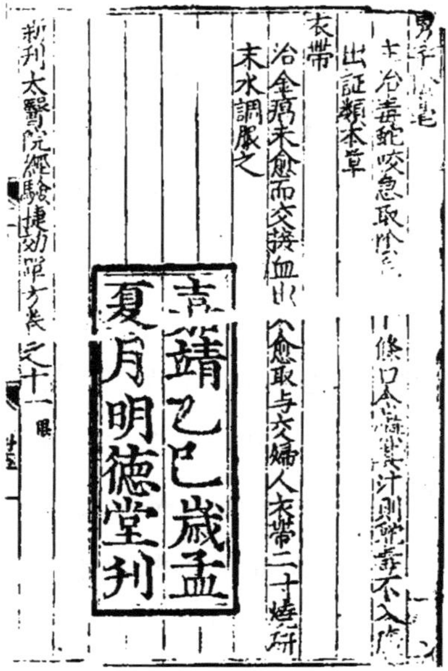

图二　《新刊药性要略大全》牌记（日本国立公文书馆藏）

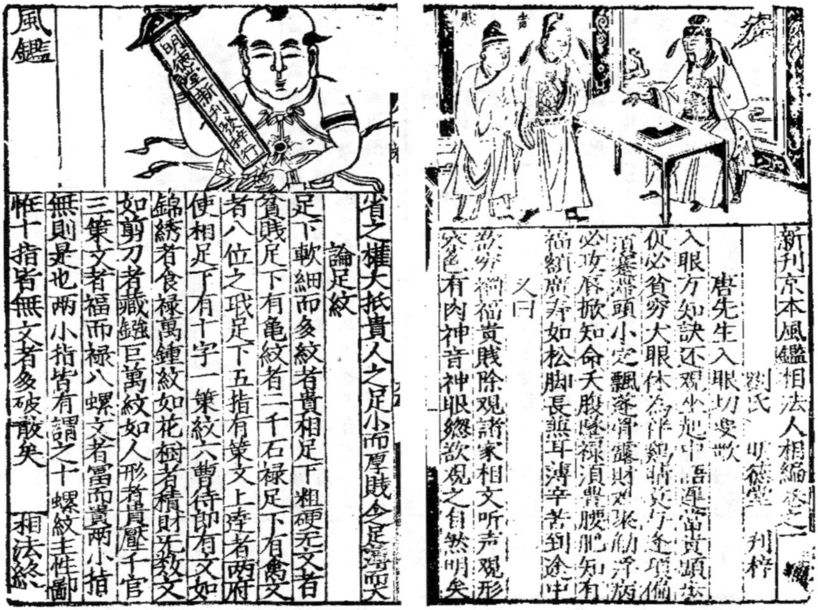

图三　《新刊京本风鉴相法人相编》卷端、牌记（美国哈佛大学哈佛燕京图书馆藏）

四十卷，内封虽刻“明德堂梓”（图四），整体风格则与明末建本相去甚远，恐非建阳刘氏所刊。书前有胡文柱序，署“崇祯癸酉如月之望，古歙后学胡文柱与立父谨题并书”，言“至于订辑督梓之精工，则柱之事也”云云，当为胡氏所刻，则为新安刻本。

明代建阳明德堂刻书，知名坊主仅刘太华一人。刘太华曾刊印《新镌国朝名公神断详刑公案》八卷，或题《新镌国朝名公神断详明公案》（卷一尾题）。卷一卷端署“京南归正宁静子辑，吴中匡直淡薄子订，潭阳书林刘太华梓”；内封上图下文，文，大字刊“新镌详/刑公案”两行，中间“明德堂梓”一行（图五）。卷末莲座牌记刻“南闽潭邑艺林/刘氏太华刊行”

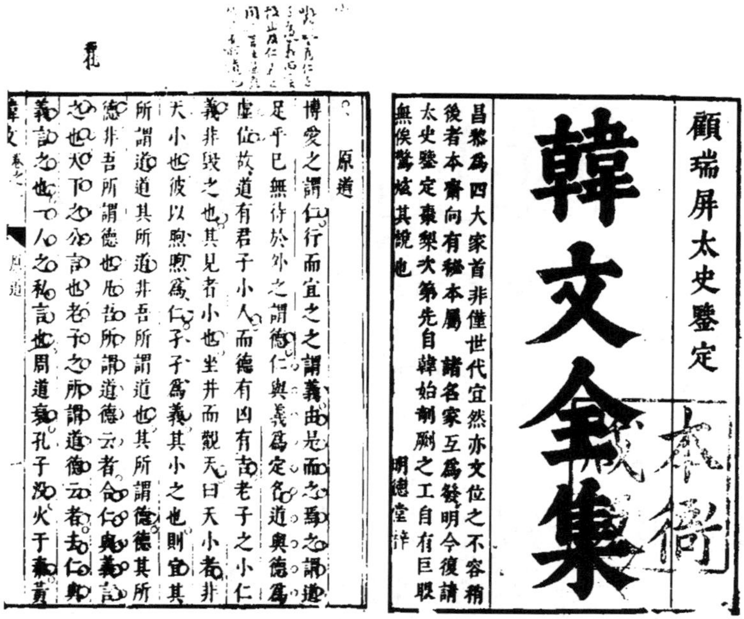

图四 《顾瑞屏太史评阅韩昌黎先生全集》内封、卷端（中国国家图书馆藏）

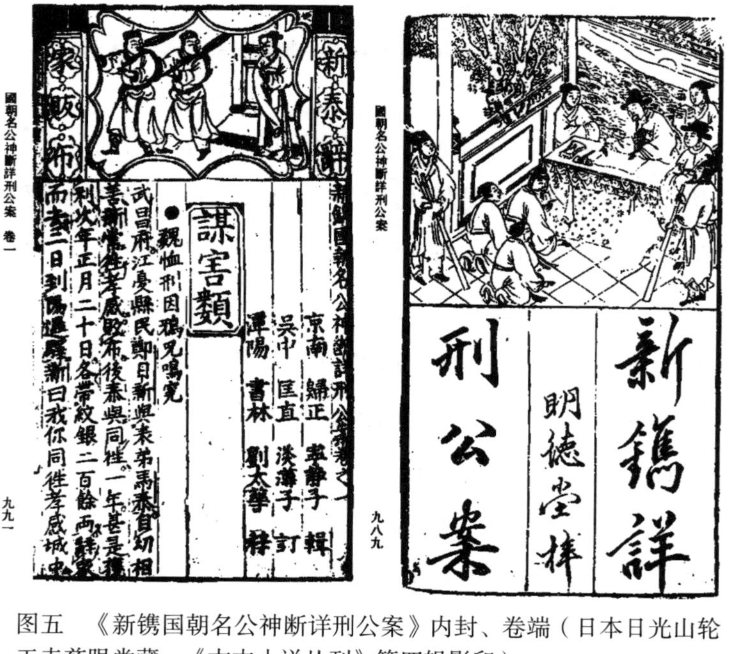

图五 《新镌国朝名公神断详刑公案》内封、卷端（日本日光山轮王寺慈眼堂藏，《古本小说丛刊》第四辑影印）

（图六）。潭阳、潭邑，俱指建阳。全书采用上图下文版式，刻印较为粗糙，是典型的晚明建本风格。

其他明德堂刻本，有弘治十五年（1502）刻《魁本袖珍方大全》四卷（日本国立公文书馆藏），不详刻书年月之《大广益会玉篇》三十卷《玉篇广韵指南》一卷（萧山博物馆、中山大学图书馆藏），《广韵》五卷（中国国家图书馆、北京大学图书馆、中山大学图书馆藏），《二刻黄石斋太史重订鳌头历朝实录音释引蒙鉴钞》八卷（日本山口大学图书馆藏）等。

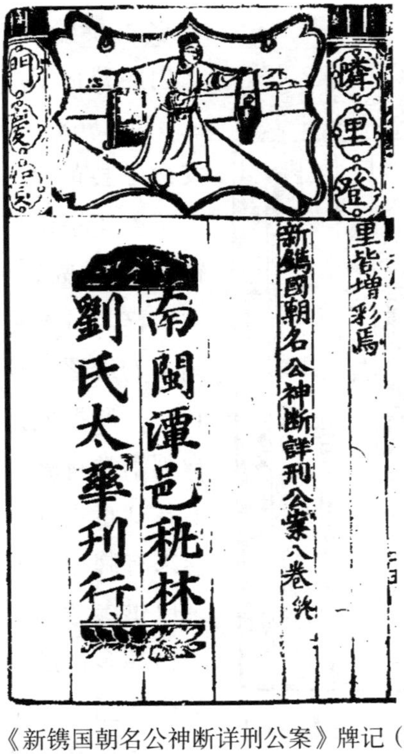

图六　《新镌国朝名公神断详刑公案》牌记（日本日光山轮王寺慈眼堂藏，《古本小说丛刊》第四辑影印）

刘氏屏山堂

建阳刘氏屏山堂之名，当为纪念理学家刘子翚（1101—1147）。刘子翚，字彦冲，号屏山，学者称屏山先生。屏山堂书坊主刘亨，生平不详，其所刻书上自署“屏山后裔”。

隆庆六年（1572），屏山堂刻《外科经验精要方》一卷，首署“建邑书林屏山堂刘亨梓”（图一）。万历元年（1573），刻《历代名书要论》一卷。是书又名《内阁秘传字府》，书前有隆庆二年（1568）陈桐序，言是书乃安徽歙县黄铨（字怀溪）所授，弟黄鏊（字子扬，号嗣溪）、黄钺（字子威，号少崑）由歙入闽谋梓。日本宽文四年（1664）刻本卷端署“新安黄鏊、黄钺校刊”，所据或是初刻本。而屏山堂刻本卷首署“新安黄鏊校刊，书林刘亨重刊”，则是重刻本。卷末有牌记，颇具史料价值，移录以供参考：“□□□□刊楷字法帖甚多，虽有体格，但无布变结构□□□，学者病焉。况俱行年既久，屡以翻刻，体格差殊。余切惑焉。意常慕惟得一《书

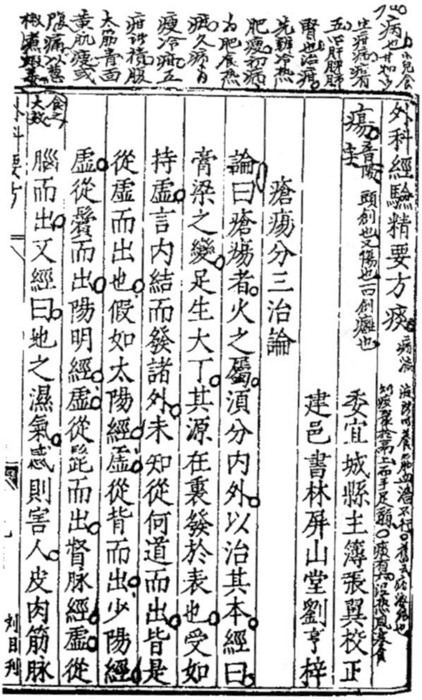
外科經驗精要方
委宜城縣主簿張翼校正
建邑書林屏山堂劉亨梓
瘡瘍分三治論
論曰瘡瘍者火之屬須分內外以治其本經曰
膏粱之變足生大丁其源在裏發於表也受如
持盛言內結而發諸外未知從何道而出皆是
從盛而出也假如太陽經盛從背而出少陽經
盛從鬓而出陽明經盛從髭而出督脈經盛從
腦而出又經曰地之濕氣感則害人皮肉筋脈

图一 《外科经验精要方》卷端（上海图书馆藏，《中医古籍孤本大全》影印）

诀》，布真传之法，以便初学耶。兹因新安黄子扬，善镂梓，挟《内阁中书秘传书法》一本来闽，时同余听奉军门督府，公暇梓成。余阅之，可爱可传。观其宗高松布变七十二例之法，体势之高，变化之巧，结构之匀，犹之良工端准绳而正规矩，何事不成。夫其大字利联对，中字便蒙学，小字益文翰。此三法，犹之巧御执辔束以循轨辙，在在有获。余因恳求重梓，以广其传。四方君子识者自辨，须认本堂为记。时万历元年三月既望，闽书林屏山堂刘亨谨识。”并木刻印文“屏山后裔”（图二）。

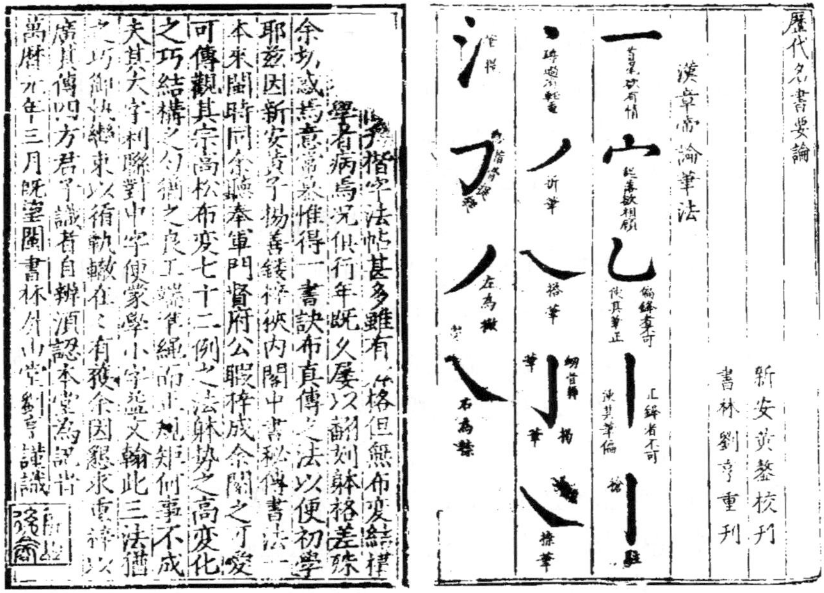

图二　《内阁秘传字府》牌记、卷端（美国国会图书馆藏）

此外，“日本所藏中文古籍数据库”著录《千字文》一卷，梁周兴嗣次韵，明万历九年闽书林刘氏屏山堂刻本，日本蓬左文库藏。

刘氏乔山堂

刘氏乔山堂，又作乔山书舍、乔木山房，是明代后期建阳著名的书坊，现存刻本四十多种。乔山堂主人，以刘大易最为有名。刘大易（1560—1625），字爌文，号龙田，建阳崇化里人（刘氏生平详《明覃恩封太翁龙田刘先生墓志铭》，方彦寿《福建历代刻书家考略》第304页）。乔山堂或始于刘大易父“乔山翁”，或刘氏兄弟为纪念乃父“乔山翁”而设。兄刘玉田、侄刘孔年、侄孙刘舜臣都曾以乔山堂名义刻书。乔山堂刻书，主要在万历间，到刘舜臣时则已入清，此后未闻。各举数例，简略言之：

乔山堂刻书，见诸记载最早者为明万历十九年（1591）刻本《续文章轨范百家评注》七卷，安徽省图书馆藏。刘大易刻书，最早则是万历二十六年（1598）刻本《新刻药鉴》二卷，日本国立公文书馆藏。另有万历三十二年（1604）刻本《鼎刻台阁考正遵古韵律海篇大成》二十卷。卷一卷端署“古闽心蕊曾六德辑考，书林龙田刘大易绣梓”；卷二十尾题前有牌记镌“皇明万历甲辰冬月吉旦/书林乔山堂刘龙田绣梓”（图一）。书前镌识语云：“《海篇》之刻，无虑数十家，然非名公厘正，惟务苟简捷径，使览者炫目惑心，甚切齿之。曾先生为后学虑至深也，乃于木天之暇，爰勤校雠之功。复择选良工，楷书精刻，广布宇内。诚指南之车，西秦之镜也。谓之集大成，洵哉。买者须认乔木山房原板。刘龙田端。”（图二）曾六德，字心蕊，又字元甫，福建浦城人。万历二十九年（1601）进士，选翰林院庶吉士。所谓“木天之暇”云云，当指其在翰林院期间事，然恐为假托。又如万历三十年乔木书舍刻本《新锓订正评注便读草堂诗余》，卷端亦署“古闽心蕊曾六德参释”。

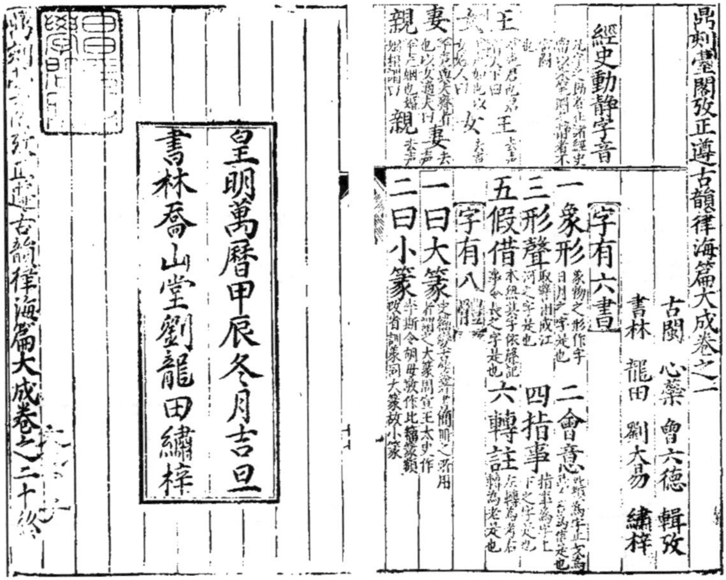

图一 《鼎刻台阁考正遵古韵律海篇大成》卷端、牌记（日本国立公文书馆藏）

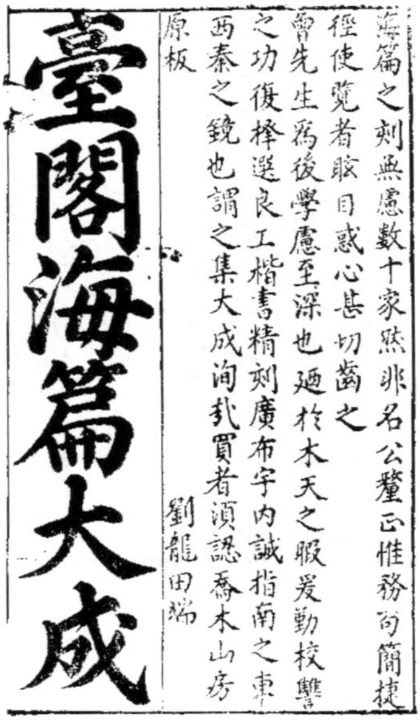

图二 《鼎刻台阁考正遵古韵律海篇大成》内封（日本国立公文书馆藏）

其他如万历三十四年（1606）刻《梅太史订选史记神驹》四卷，卷一卷端署“麻城梅之焕彬甫父编次，直隶孙承宗椎绳父校阅，书林龙田刘大易绣梓”；书后牌记镌“万历丙午岁孟冬月/三建乔木山房藏板”（图三）。三建，指福建省、建宁府、建阳县。书前内封识云：“《史记》一书，举业最要。坊刻者删削不美，是以良骥而絷维之，恶乎善？兹编属长公梅太史订选，天然步骤，譬

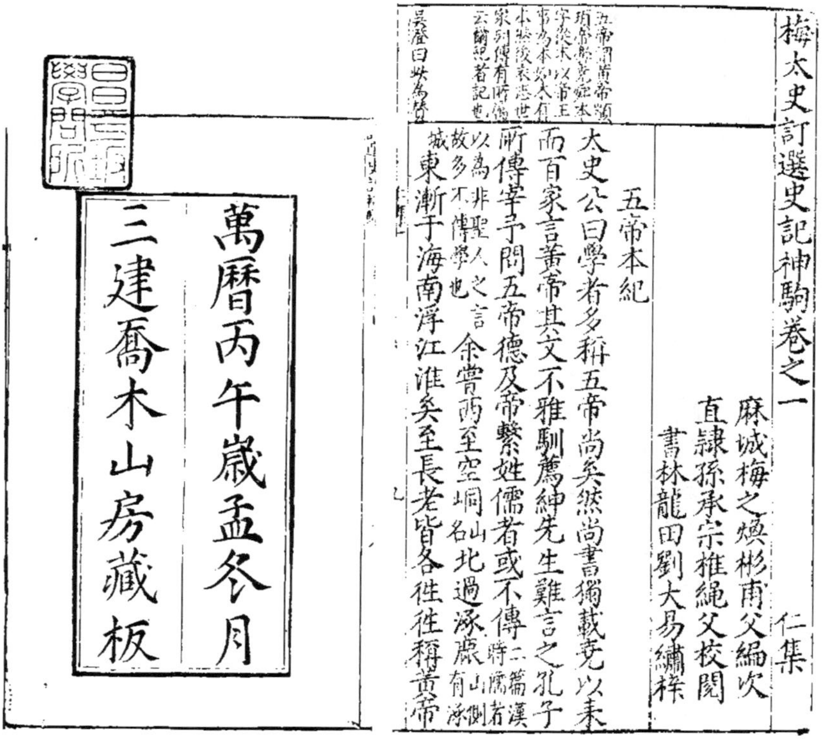

图三　《梅太史订选史记神驹》卷端、牌记（日本国立公文书馆藏）

之腾黄騕褭，一跃而绝尘者技也，故额之曰‘神驹’。买者幸为孙阳云。”（图四）未署题识者，当是书坊自撰。万历四十年（1612）刻《刻黄帝内经素问钞》七卷，卷一卷端署“许昌滑寿伯仁编辑，祁门汪机省之续注，潭建龙田刘大易梓”；卷七终牌记刻“龙飞万历壬子岁/闽建乔木山房镌”（图五）。内封识云：“《素问》一书，医学至理。但全集浩繁，累年莫究。是编撮其枢要，依类编次，增其注解，逐句明义，诚后学之宝筏，医道之指

長公梅太史訂
選史記神駒
史記一書舉業最要坊刻者刪削不美是以良驥而縶維之悉
予釐茲編竊 長公梅太史訂選天然步驟譬之騰黄騕褭一
躍而絕塵者技也故額之曰神駒買者幸為孫陽云

图四 《梅太史订选史记神驹》内封（日本国立公文书馆藏）

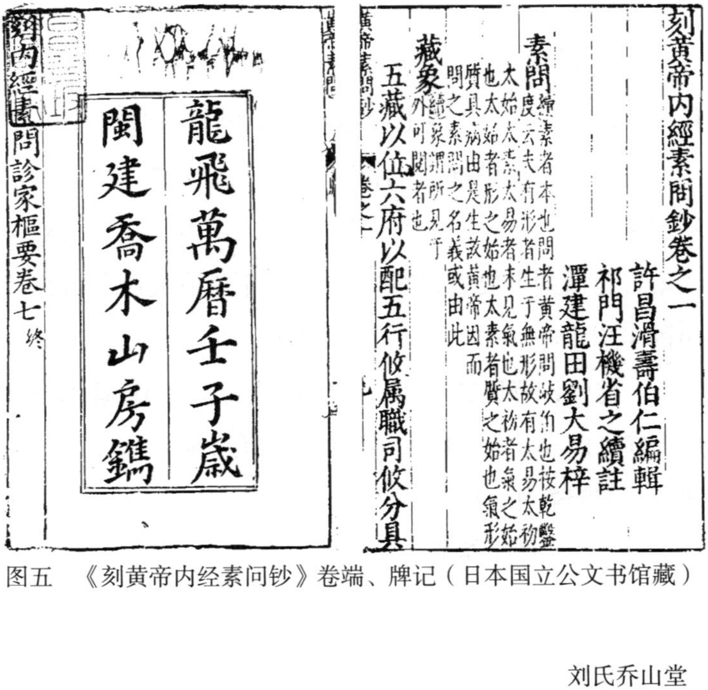
刻黄帝内經素問鈔卷之一
許昌滑壽伯仁編輯
祁門汪機省之續註
潭建龍田劉大易梓

刻内經素問診家樞要卷七終
龍飛萬曆壬子歲
閩建喬木山房鐫

图五 《刻黄帝内经素问钞》卷端、牌记（日本国立公文书馆藏）

刻內經樞要
素問一書醫學至理但全集浩繁累年莫究是編撮其樞要依類編次增其註解逐句明義誠後學之寶筏醫道之指南也予故表而出之
劉龍田識
黃帝素問

图六　《刻黄帝内经素问钞》内封（日本国立公文书馆藏）

南也。予故表而出之。刘龙田识。”（图六）而卷六终又题识：“医之有《素问》，犹吾儒之有《四书》。不读《素问》，不知病源；不读《四书》，不知道理。但全篇浩繁，时医穷年难以毕业。滑伯仁氏因集《素问钞》六卷，其删取之精，编辑之审，犹程、朱之于《四书》也。但微辞奥旨，未易即晓。汪君省之，复取王氏注参补其间，注之而未尽者，用己意补之。其继往开来之功甚伟矣，吾鄙好事者为之刻梓，以公天下，其亦仁人之心哉。乔木山房识。”

刘玉田刻书，见存三种。万历二十四年（1596），刻《新锲翰林标律判学详释》二卷。卷上卷端署“太史漪园焦竑重校，书林玉田刘经梓行”。据此知刘玉田讳经。而方彦寿谓刘玉田名大金，生于嘉靖三十六年（1557），卒于崇祯十二年（1639），乃刘大易长兄（《增订建阳刻书史》第370页）。卷下末有莲座荷盖牌记，刻“万历丙申岁书/林乔山堂绣梓”（图七）。据此知刘玉田也是乔山堂主人。此外，万历二十九年（1601）刻《新刊地理纲目荣亲入眼福地先知》四卷，天一阁博物院藏；又有不详刻书年月之《新镌郭青螺注释鳞鸿翰札云露佳章前集》四卷《后集》四卷，明郭子章辑，日本国立国会图书馆藏。

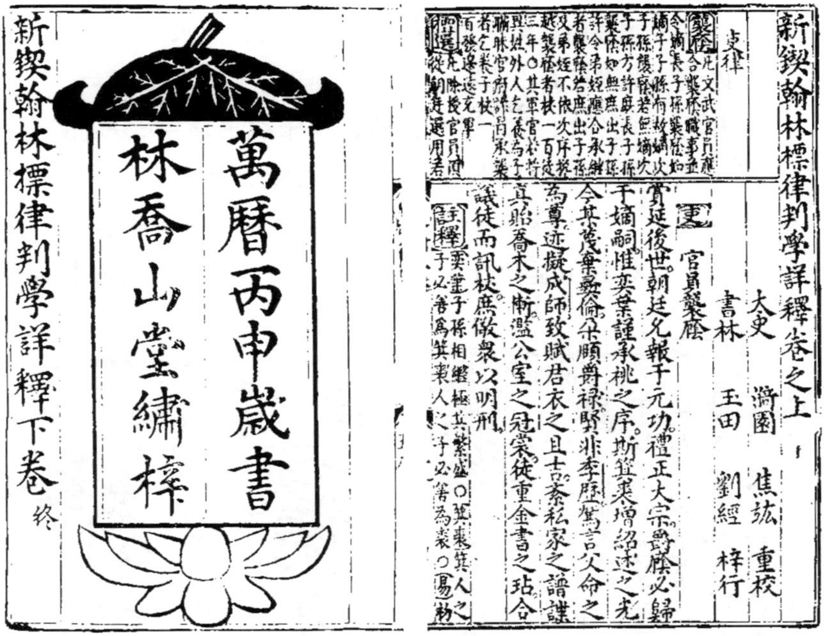

图七 《新锲翰林标律判学详释》卷端、牌记（日本国立公文书馆藏）

《中国古籍善本书目》著录《鼎雕燕台校正天下通行书柬活套》五卷，明徐会瀛辑，明万历三十二年（1604）闽建书林刘孔年乔山堂刻本，南京图书馆藏。刘孔年乃刘玉田长子（详方彦寿《增订建阳刻书史》第370页），其所刻书仅知此一种。又有刘舜臣，也以乔山堂刻书行世。刘大易墓志载，刘氏“抚侄孙一人：舜臣。翁为娶妇，为黄金良女。是侄孙而子，叔祖而父，可以垂世，得并入圹志者也”。《中国古籍善本书目》著录《新镌三太史评选历代名文风采》五卷，明项煜、翁鸿业、黄景昉辑，明末刘弼虞乔山堂刻本，山东省图书馆藏。刘舜臣刻书，又见明末清初刻本《新刻注释孔子家语宪》四卷，卷一卷端署“羊城陈际泰大士父释，潭阳刘舜臣弼虞父梓”；《黄先生纂辑书经集大成》十一卷，卷一端署“武进黄襄赞伯父辑，长洲徐汧九一父阅，潭水刘舜臣弼虞父梓”。以上二书未见乔山堂牌记。

又见万历间乔山书舍刻本数种，虽未载书坊主，推测当是刘大易家族所刻书。如日本国立公文书馆藏明万历刻本《新刻全补医方便懦》三卷（存卷一、二），内封横刻“乔山书舍”，卷一卷端署“书林乔山堂刊行”（图八）；又如中国国家图书馆藏

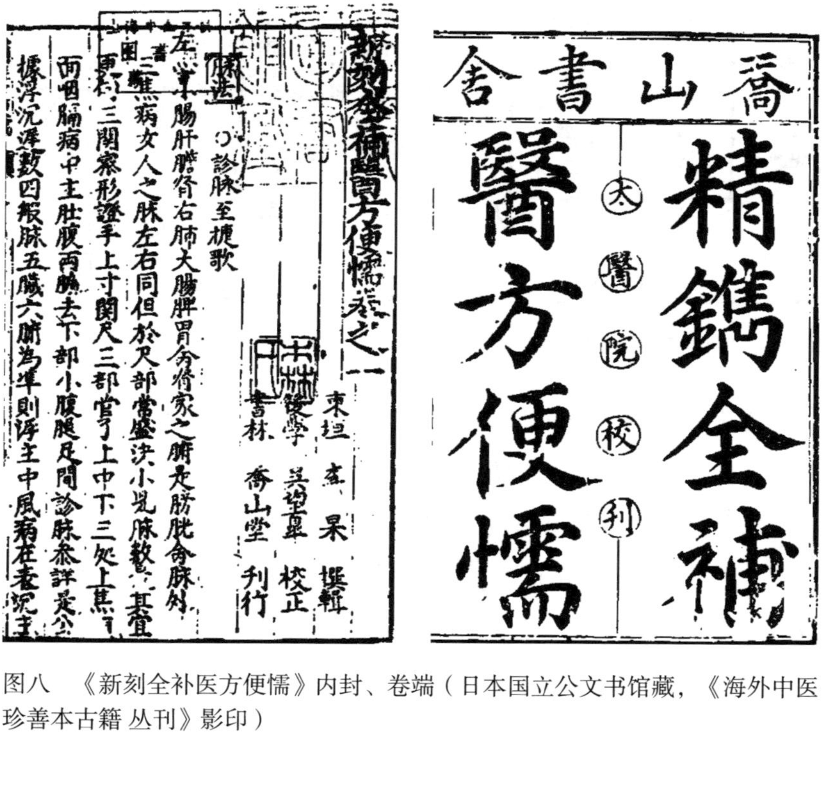

图八 《新刻全补医方便懦》内封、卷端（日本国立公文书馆藏，《海外中医珍善本古籍丛刊》影印）

万历三十年（1602）刻本《新锓订正评注便读草堂诗余》七卷，书前序署“万历壬寅岁孟冬月吉旦乔山书舍梓”，卷七末牌记镌“乔木山房”。乔山书舍、乔木山房当均是乔山堂之别称。其余

如万历间刻《新镌京本校正华夷总览大明官制》七卷，卷终牌记镌“皇明万历之吉/乔山书舍刊行”；《新锲家传诸症虚实辩疑示儿仙方总论》十卷，卷终牌记刻“万历仲春吉月/乔山书舍梓行”（图九）等，均是。

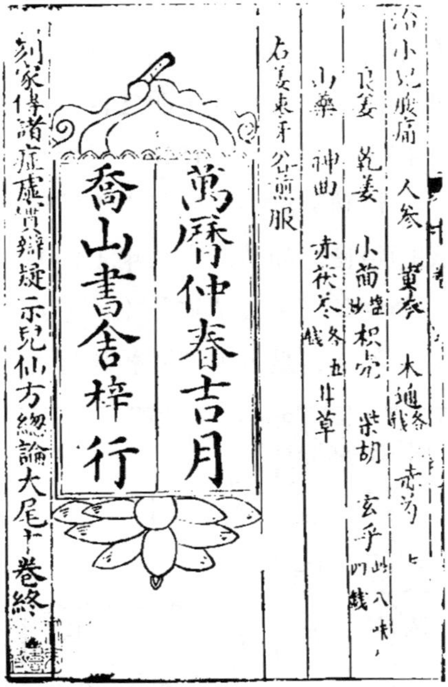

图九 《新锲家传诸症虚实辩疑示儿仙方总论》牌记（中国国家图书馆藏）

刘氏慎独斋

刘弘毅，名洪，号木石山人，建阳书坊慎独斋主人。慎独斋，又作慎独书斋、慎独书舍、慎独精舍。刘氏刻《十七史详节》，卷末有跋，署“皇明正德丙子夏五月哉生明之吉旦，七十三翁刘弘义书于慎独书舍”。正德十一年丙子（1516）上推73年，刘弘毅当生于正统九年（1444）。慎独斋刻书主要集中于弘治至嘉靖间，现存刻本40余种，大多刻印精良。如弘治十八年（1505）刻本《大明一统志》九十卷，缪荃孙称其“字甚精致”（《艺风藏书记》卷三，图一）。嘉靖间慎独斋刻本，是否为刘弘毅刊行尚不确定。如嘉靖

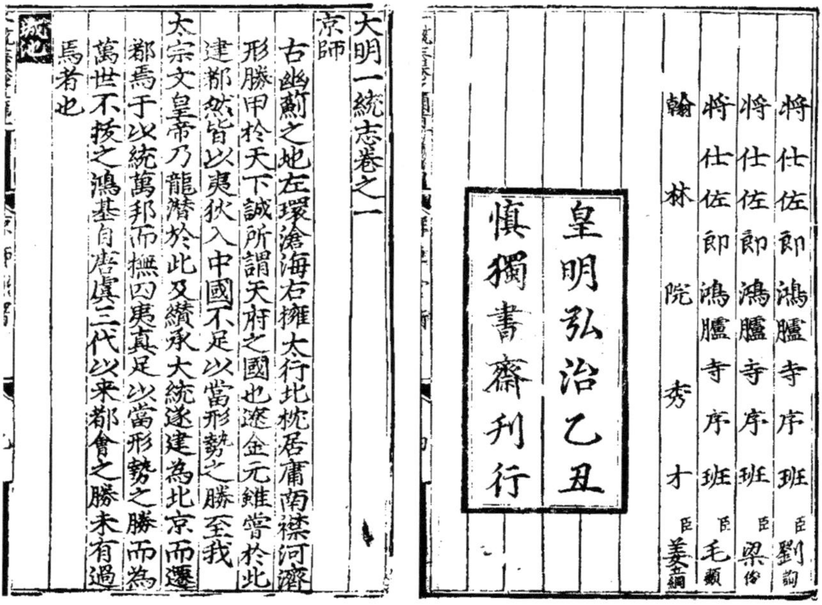
将仕佐郎鸿胪寺序班 臣劉詢
將仕佐郎鴻臚寺序班 臣梁
將仕佐郎鴻臚寺序班 臣毛
翰林院秀才 臣姜立綱
皇明弘治乙丑
慎獨書齋刊行

大明一統志卷之一
京師
古幽薊之地左環滄海右擁太行北枕居庸南襟河濟
形勝甲於天下誠所謂天府之國也遼金元雖嘗於此
建都然皆以夷狄入中國不足以當形勢之勝至我
太宗文皇帝乃龍潛於此及纘承大統遂建為北京而遷
都焉于以統萬邦而撫四夷真足以當形勢之勝而為
萬世不拔之鴻基自唐虞三代以來都會之勝未有過
焉者也

图一　《大明一统志》牌记、卷端（美国哈佛大学哈佛燕京图书馆藏）

十一年（1532）刻《续资治通鉴纲目》二十七卷（卷终牌记镌“皇明嘉靖壬辰岁/仲冬慎独斋新刊”，图二），十二年刻《空同先生文集》六十三卷（卷末牌记镌“嘉靖癸巳岁/慎独斋刊行”），十三年刻《容春堂集》六十六卷（卷终牌记刻“嘉靖甲午岁/慎独斋刊行”），是时刘弘毅已届鲐背之年，于常理而言，这时候的慎独斋当已为其子侄所继承。

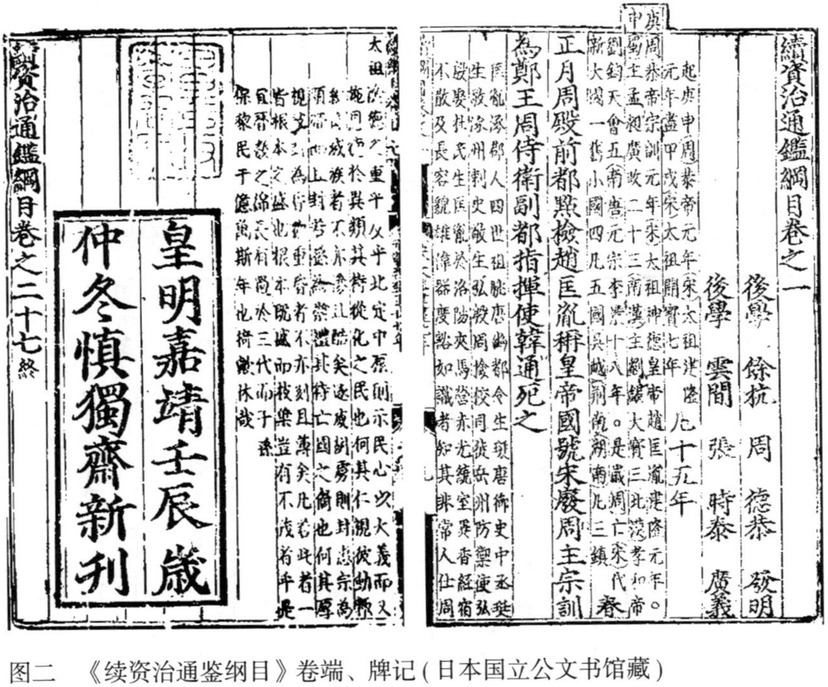

图二　《续资治通鉴纲目》卷端、牌记（日本国立公文书馆藏）

慎独斋刻印过众多书籍，其中不乏卷帙浩繁的巨作。仅从正德朝考察：正德元年（1506）刻《资治通鉴纲目前编》十八卷《资治通鉴纲目外纪》一卷；二年刻《皇明政要》二十卷；三至十三年（1518）刻《群书考索》二百二十二卷；四年至十一年刻《璧水群英待问会元选要》八十二卷；八年刻《群书集事渊海》四十七卷；九年刻《史记》一百三十卷；十一年刻《十七史详节》二百七十四卷；十一至十四年刻《文献通考》三百四十八卷；十二年刻《大宋眉山苏氏家传心学文集大全》七十卷；十三年重修《十七史详节》，刻《大宋文鉴》一百五十卷（图三），《新刊西晋王氏脉经大全》十卷首一卷；十四年刻《历代通鉴纂要》九十二卷；十六年重修《礼记集说》《文献通考》《群书考索》，刻《重刊孙真人备急千金要方》三十卷；此外，正德间又刻有《新刊翰林考正纲目批点音释少微节要通鉴大全》二十卷、《宋儒致堂胡先生读史管见》三十卷等。短短十六年，刻版达到1500卷以上，印行数量则不可称数。即使是晚明双峰堂余象斗，也是难以望其项背。更不用说刘氏刻书版刻精美，校勘精严，远为明代中后期建阳其他书坊所不及。

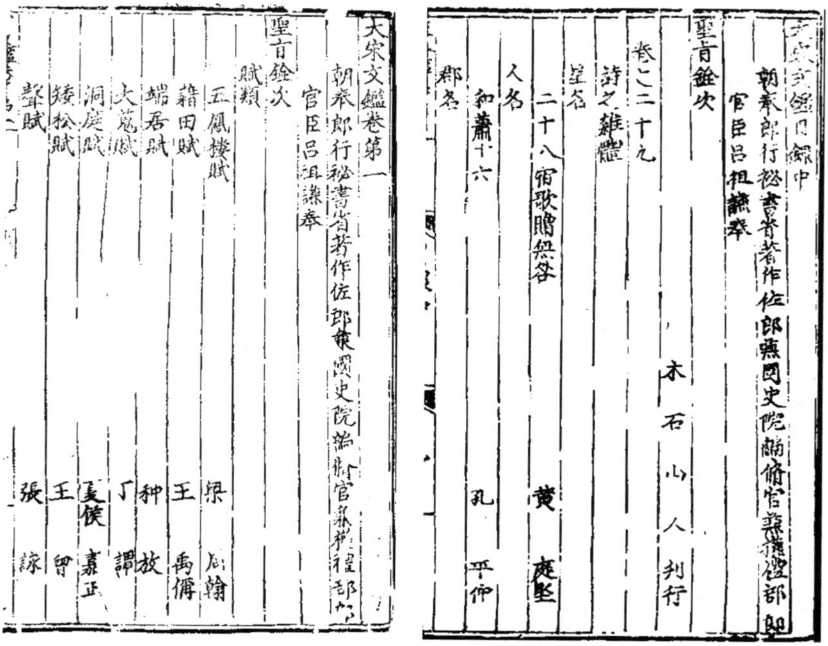

图三 《大宋文鉴》牌记、卷端（日本国立公文书馆藏）

如此浩大的出版规模，可见明代中期建阳刻书业的繁盛。而刘氏慎独斋之所以能独冠书林，不仅因其自身资力雄厚，恐怕也与官府要员的支持分不开。如正德三年至十三年，刘氏慎独斋刊《群书考索》（又名《山堂考索》），前集卷首署“山堂先生章俊卿编辑，建阳知县区玉刊行，县丞管韶校正，罗源知县徐珪校正”。主事者乃建阳知县，参与校勘者有建阳县丞管韶、罗源知县徐珪，远非粗通文墨的坊间编辑可比。其刻书原委，前集书前正德三年郑京序述之甚详：“《山堂考索》一书，乃宋儒章公俊卿之所编集，板行于世，间被回禄，失传久矣。文献故家或有存者，又秘之以为己宝。乃者，吾闽佥宪院公宾巡历抵建阳，手出是书以示邑宰区公玉，……兹欲绣梓，以广其传。然功用浩大，亥豕谬讹，非得涉猎古今且裕于资本者莫堪是任。子于书林可得若人，以供是役否？区退而商诸义士刘君洪，曰：非子莫克胜是任者。刘曰唯唯。区遂以刘应命。”并“复刘徭役一年以偿其劳”。今是书前集目录后牌记镌“皇明正德戊寅/慎独书斋刊行”（图四），卷十卷末牌记刻“皇明正德戊辰/慎独斋新刊行”，卷六十六卷末牌记“皇明正德三年/慎独书斋刊行”；后集目录末叶牌记“皇明正德戊辰/慎独书斋刊行”；续集目录末叶牌记“皇明正德戊辰/慎独书斋刊行”；别集目录末叶牌记“正德三年慎独斋鼎新刊行”，盖刻始于正德三年戊辰，至十三年戊寅工竣。至于郑京序谓“刘自领命以来，与诸儒硕校雠维谨，鸠工督责，两越春秋，始克成书”云云，或因未刻竣而刘弘毅先行请序，致有“两越春秋，始克成书”的说法。十六年（1521），慎独斋

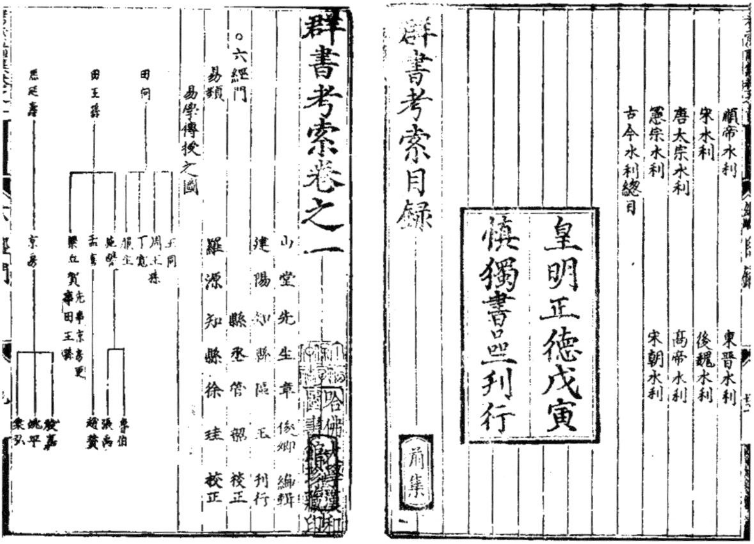
群書考索卷之一
山堂先生章俊卿編輯
建陽知縣區玉刊行
縣丞管韶校正
羅源知縣徐珪校正
○六經門
易類
易學傳授之圖

群書考索目録
前集
皇明正德戊寅
慎獨書屋刊行
順帝水利 東晉水利
宋水利 後魏水利
唐太宗水利 高帝水利
憲宗水利 宋朝水利
古今水利總目

图四 《群书考索》前集目录页牌记、卷端(美国哈佛大学哈佛燕京图书馆藏)

重修是书，改正差讹3027字，书尾牌记云：“正德十六年十一月内蒙建宁府知府张、邵武府同知邹同校正过《山堂考索》，计改差讹三千二十七字。书户刘洪改刊。”（图五）版行仅三年，又将3000余块版片200余万字重检一过，并挖改补正讹误，力求精善，显然不是小作坊所能比。

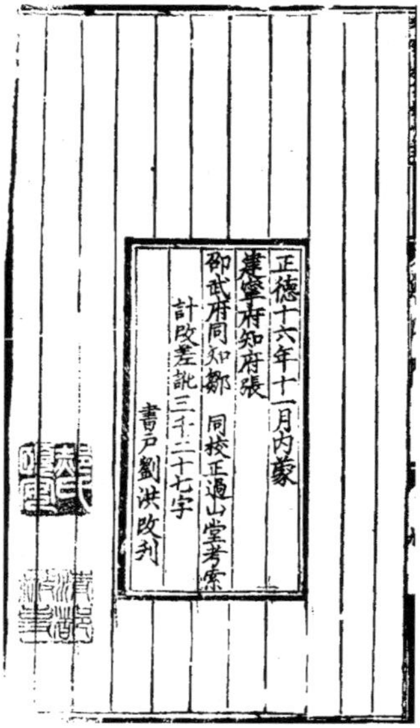
正德十六年十一月内蒙
建寧府知府張
邵武府同知鄒 同校正過山堂考索
計改差訛三千二十七字
書戸劉洪改刊

图五 《群书考索》卷终牌记(美国哈佛大学哈佛燕京图书馆藏)

又如正德十一至十四年刻本《文献通考》三百四十八卷，书前李思谦序后有牌记镌“皇明己卯岁/慎独斋刊行”，目录后牌记镌“皇明正德戊寅/

慎独精舍刊行”（图六），卷末牌记镌“皇明正德己卯/岁慎独斋刊行”。是书有重修本，卷末原刊记前嵌入新牌记，曰：“正德十六年十一月内蒙建宁府知府张、邵武府同知邹同校正过，计改差讹一万一千二百二十一字，书户刘洪改刊。”弘治十七年（1504）刻《礼记集说》十卷，卷末牌记镌“弘治甲子/慎独斋刊”，正德十六年（1521）又经重修，又有牌记刻“正德十六年十一月内蒙建宁知府张、邵武府同知邹同校正过《礼记集注》，计改差讹二千五百八十五字，书户刘洪改刊”。以上三书重修牌记，格式统一，更像是政府颁发的牌照，至于建宁知府张文麟（正德十二年任，见嘉靖《建宁府志》卷五37a）、邵武府同知邹武（正德间任，见乾隆《邵武府志》卷十三8a）是否亲自操持校正工作，则未详。

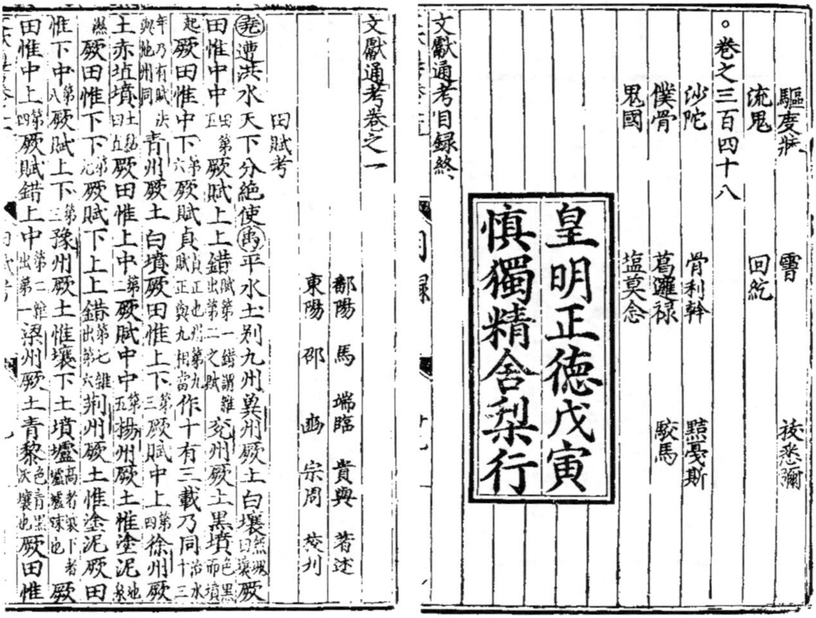
文獻通考目録終
驅度寐　霫　拔悉彌
流鬼　回紇
卷之三百四十八
沙陀　骨利幹　黠戛斯
僕骨　葛邏祿　駮馬
鬼國　鹽莫念
皇明正德戊寅
慎獨精舍梨行

文獻通考卷之一
鄱陽　馬　端臨　貴與　著述
東陽　邵　豳　宗周　校刊
田賦考
堯遭洪水天下分絶使禹平水土別九州冀州厥土白壤厥田惟中中厥賦上上錯兖州厥土黑墳厥田惟中下厥賦貞作十有三載乃同青州厥土白墳厥田惟上下厥賦中上徐州厥土赤埴墳厥田惟上中厥賦中中揚州厥土惟塗泥厥田惟下下厥賦下上上錯荊州厥土惟塗泥厥田惟下中厥賦上下豫州厥土惟壤下土墳壚厥田惟中上厥賦錯上中梁州厥土青黎厥田惟

图六　《文献通考》牌记、卷端(日本国立国会图书馆藏)

刘氏文明书堂

刘氏文明书堂，书坊主不详。现存弘治十四年辛酉（1501）刻本两种。一种为《大广益会玉篇》三十卷《玉篇广韵指南》一卷。《玉篇广韵指南》后有图文牌记，图上横刻“瑞樟精舍”，左右镌“弘治辛酉孟夏之吉，刘氏文明书堂重刊”（图一）。《大广益会玉篇》一书，元、明两代建阳曾大量刊印，现存刻本有十余种。刘氏文明书堂刻本与弘治五年（1492）詹氏进德书堂刻本，从牌记设

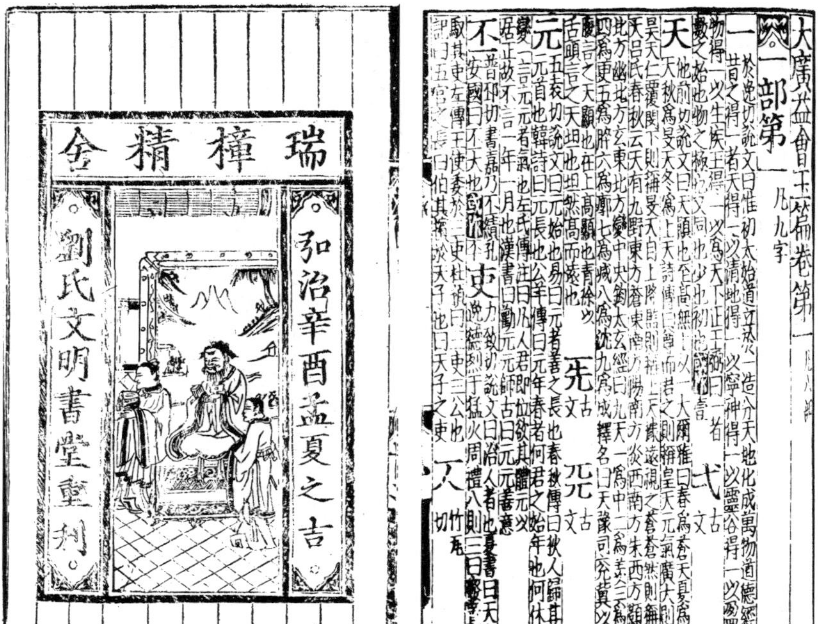

图一 《大广益会玉篇》卷端、牌记（日本国立公文书馆藏）

计到正文行款版式、字体等各方面，均极为相似，底本来源上当有密切关系。（参见本书《詹氏进德书堂》）

另一种为宋陈彭年撰《广韵》五卷。是书仅见台北“故宫博物院”有藏本。杨守敬《留真谱二集》收录书影二帧，其一序后有牌记刻“弘治辛酉刘氏/文明书堂新刊”（图二）。

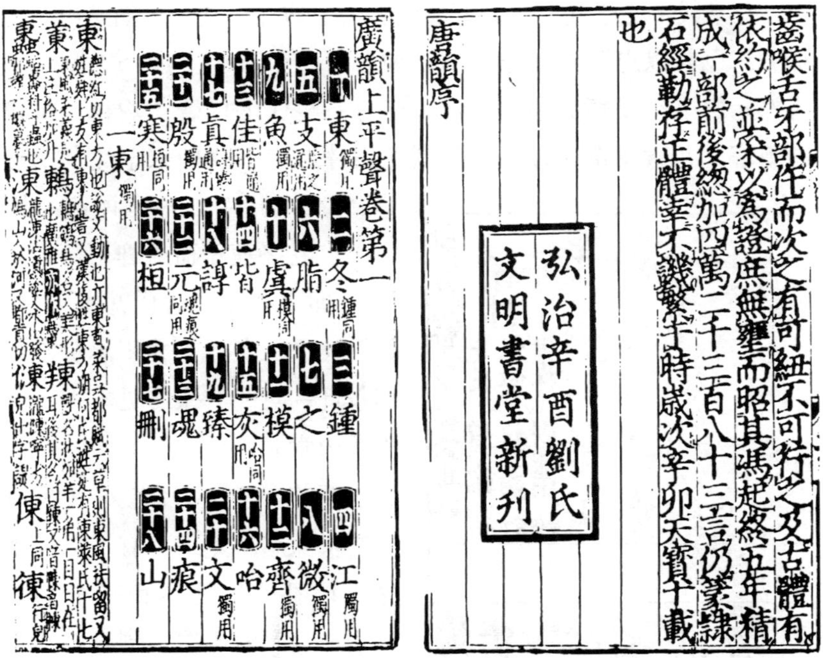
齒喉舌牙部伍而次之有可紐不可行之及古體有
依約之並采以為證庶無壅而昭其馮起終五年精
成一部前後總加四萬二千三百八十三言仍篆隸
石經勒存正體幸不譏繁于時歲次辛卯天寶十載
也

弘治辛酉劉氏
文明書堂新刊

唐韻序

廣韻上平聲卷第一
一東獨用 二冬鍾同用 三鍾 四江獨用
五支脂之同用 六脂 七之 八微獨用
九魚獨用 十虞模同用 十一模 十二齊獨用
十三佳皆同用 十四皆 十五灰咍同用 十六咍
十七真諄臻同用 十八諄 十九臻 二十文獨用
二十一殷獨用 二十二元魂痕同用 二十三魂 二十四痕
二十五寒桓同用 二十六桓 二十七刪山同用 二十八山
一東獨用

图二 《广韵》牌记、卷端（台北“故宫博物院”藏）

刘氏忠贤世家

福建刘氏有“五忠”“八贤”之谓，世以忠贤传家。建阳书坊忠贤堂或本之于此。明后期建阳著名书坊乔山堂主人刘龙田（大易），也曾以忠贤堂名号刻书。如万历四十三年（1615）刻《新镌曾元赞书经发颖集注》六卷，版分三栏，上栏署“翰林元赞曾楚卿著，九微庄奇显订，书林刘龙田梓”，下栏即宋蔡沈《书经集传》，中栏录各家评语（图一）。卷终莲座荷盖牌记镌“万历乙卯冬龙田/刘氏忠贤堂梓行”（图二）。刘龙田忠贤堂刻书仅此一见，其余参见本书《刘氏乔山堂》。

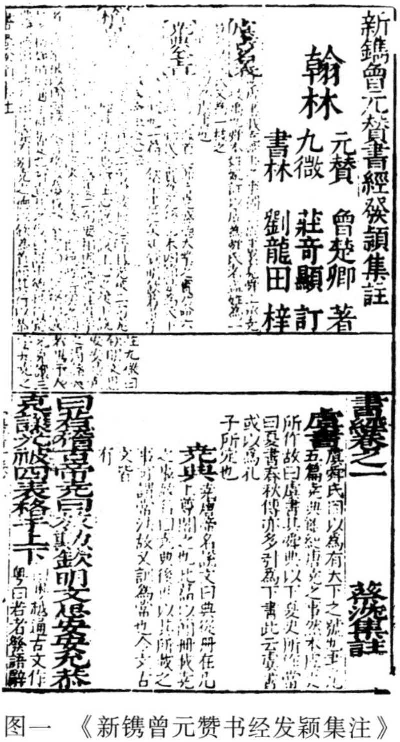
新鐫曾元贊書經發穎集註
翰林 元贊 曾楚卿 著
九微 莊奇顯 訂
書林 劉龍田 梓
書經卷之一 蔡沈集註

图一 《新镌曾元赞书经发颖集注》卷端（中国国家图书馆藏）

明崇祯间，另有刘兴我以忠贤世家名号刻书，有《鼎镌李先生增补四民便用积玉全书》三十二卷。卷端署“剑邑赞廷李光裕较订，潭邑书坊刘兴我绣梓”。内封分上下双栏，下镌“积玉/全书”大字两行，中间“忠贤世家梓”；上刻识语云：“合千□□皮以为裘，衣之宝也；辑群编之奥以成函，书之宝也。是集擅行宇内，久令纸贵洛

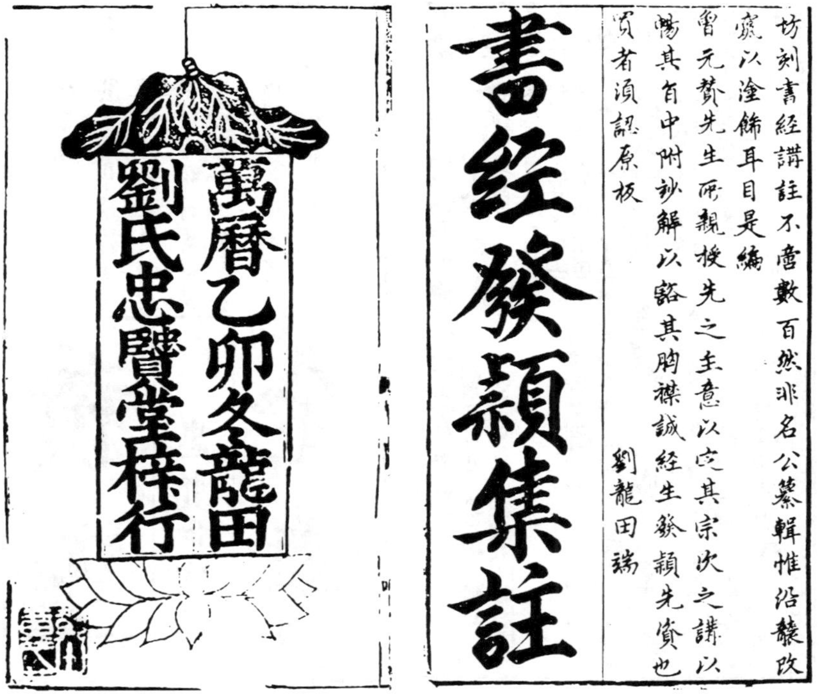
萬曆乙卯冬龍田
劉氏忠賢堂梓行

書經發穎集註

坊刻書經講註不啻數百然非名公纂輯惟沿襲改
竄以塗飾耳目是編
曾元贊先生所親授先之主意以定其宗次之講以
暢其旨中附紗解以豁其胸襟誠經生發穎先資也
買者須認原板
劉龍田識

图二 《新镌曾元赞书经发颖集注》内封、牌记（中国国家图书馆藏）

阳。兹复购求，诸名公详加考订，益以润色，俾开卷灿熳，如摩蕊珠，触目琳琅，故名《积玉》。寿诸梨枣，幸为鉴赏之。忠贤主人识。”（图三）书分天文、地理、人纪、诸夷、官品、武备、八谱、琴学、棋势、字学、画谱、简札、冠婚、丧祭、律法、状式、诗对、星命、相法、涓吉、卜筮、医学、妇人、全婴、养生、梦课、笑谈酒令、春方戏术、算法、训童、契约、杂览，凡三十二类，各为一卷。

刘兴我另刻《新刻全像水浒传》二十五卷，仅日本东京大学东洋文化研究所有藏本，《古本小说丛刊》据以影印。书前有崇祯元年（1628）汪子深《叙水浒忠义志传》。卷一卷端署“钱塘施耐庵

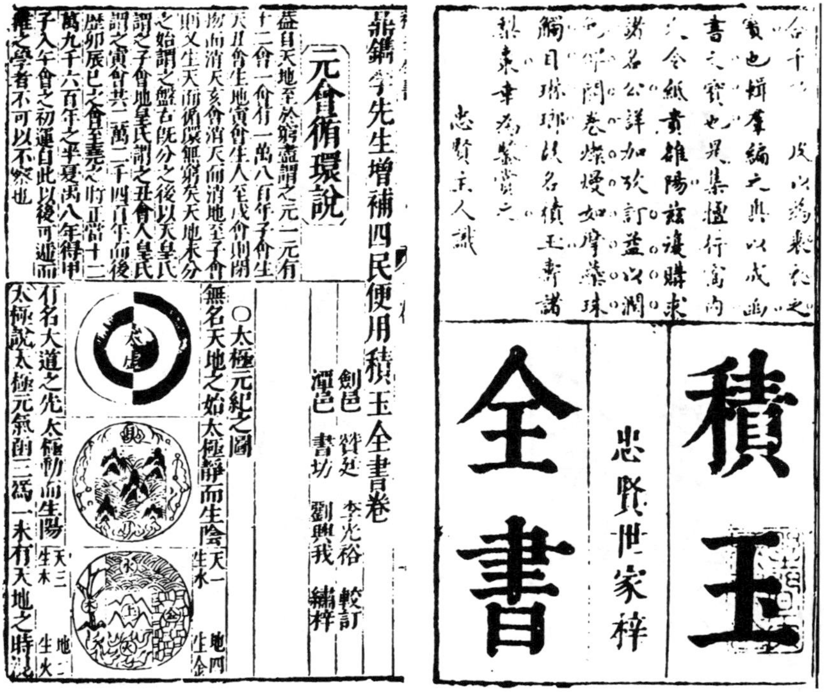

图三　《鼎镌李先生增补四民便用积玉全书》内封、卷端（中国国家图书馆藏）

编辑，富沙刘兴我梓行”。《古本小说丛刊》整理前言谓“《三国志传》藜光堂刊本署‘明富沙刘荣吾梓行’。刘荣吾与刘兴我当即同一人”。刘荣吾，名钦恩。曾刊《新刻洪武元韵勘正切字海篇群玉》二十卷，卷一卷端署“长洲陈仁锡明卿父阅，书林刘钦恩荣吾父梓”；《新刻东垣李先生精著珍珠囊药性赋》二卷，卷端署“元东垣老人李杲著，明盱江世医沛泉吴文炳考证，闽三建书林荣吾刘钦恩梓行”。均不及刘兴我。刘荣吾与刘兴我是否同为一人，尚待考证。

王氏积玉堂

王氏积玉堂，现存刻本二种，均藏日本国立公文书馆。《增补素翁指掌杂字全集》不分卷，明李贽注释，明积玉堂王仰庭刻本；《卓吾李先生校士民切要帖式手镜》一卷《家中书札》一卷，明李贽辑，明王氏积玉堂刻本。《改订内阁文库汉籍分类目录》《日藏汉籍善本书录》等著录。《增补素翁指掌杂字全集》无序跋，卷端署“积玉堂，李卓吾先生注释，书林王仰庭梓行”（图一）。据此，一般以积玉堂为王氏堂号。

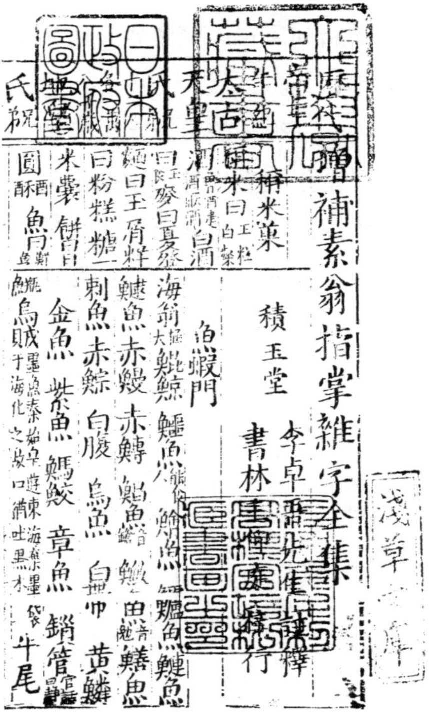

图一 《增补素翁指掌杂字全集》卷端（日本国立公文书馆藏）

是书版分三栏或双栏，下栏分门别类收录所谓“杂字”，如鱼虾门、食味门、丧祭门、释道门等，间或释音释义；中栏亦分类收录称谓、契式乃至百家姓等日用常识；上栏为历代帝王纪年。纪年止天启改元，则成书当不早于是年。王氏积玉堂殆系启、祯间书坊。

明末清初建阳刊刻“杂字”，另外尚存多种，如：

《莆曾太史汇纂鳌头琢玉杂字》三卷首一卷，明曾楚卿编，明崇祯书林雨钱世家刻本；

《增补音释世事通考杂字万花谷》二卷，明徐三省辑；《新刻增补音易四书五经字考万花谷》一卷，明曹铭辑；《合刻鉴纪通考万花谷》六卷，明□□辑，明崇祯间潭阳余开明刻本；

《新锲诸书释义重订杂字通考》二卷，明徐三省辑，明闽建书林黄祯宇仁和堂刻本；

《新刻释义群书六言联珠杂字》二卷，明谢荣登辑，明书林熊安本刻本；

《新刊广辑居家紧要日用杂字》不分卷，明□□辑，明末余松轩刻本；

《幼学须知鳌头杂字》五卷，明□□辑，明末建阳刻本；

《莆张太史增补玉堂杂字大全》三卷首二卷，明曾楚卿原较，明张松龄汇订，明熊氏种德堂刻清康熙十七年印本。

以上各书，大抵为下层百姓日用必备。

王氏三槐堂

三槐堂为王氏著名堂号，典出北宋兵部侍郎王祐手植三槐故事。以刻书题署来考察，王氏三槐堂并非均是建阳刻本，如明王氏三槐堂刻本《王文恪公集》三十六卷，乃震泽王氏所刻；明天启三槐堂刻本《雷公炮制药性解》六卷，系海虞三槐堂梓行；清康熙三槐堂刻本《类书纂要》三十三卷，则是姑苏三槐堂刊。而确为明代建阳书坊三槐堂主人，知名者有王祐、王惺初、王会云及王泰源、王崑源昆仲。

明万历间三槐堂主人王祐，生平不详。万历十二年甲申（1584），曾刻《徐氏针灸全书》二卷《铜人针灸全书》二卷。《徐氏针灸全书》卷端题“新锓鳌头金丝万应膏徐氏针灸全书”，署“豫章古临冲怀朱鼎臣编，闽建书林三槐王祐发行”（图一）。《铜人针灸全书》卷端题“新锲鳌头加减十三方铜人针灸全书”，未署撰者与刊行者。《徐氏针灸全书》卷终有牌记镌“万历甲申年/三槐王祐梓”。而内封横刻“太医院校正”，内镌

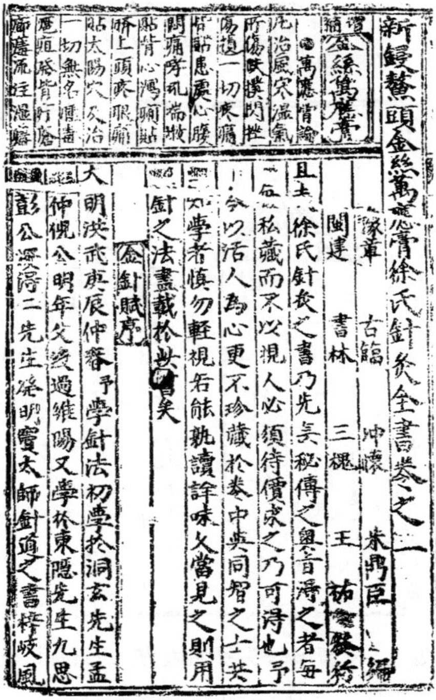
新鋟鰲頭金絲萬應膏徐氏針灸全書卷之一
豫章 古臨 沖懷 朱鼎臣 編
閩建 書林 三槐 王 祐 發行

图一 《新锓鳌头金丝万应膏徐氏针灸全书》卷端（日本国立公文书馆藏）

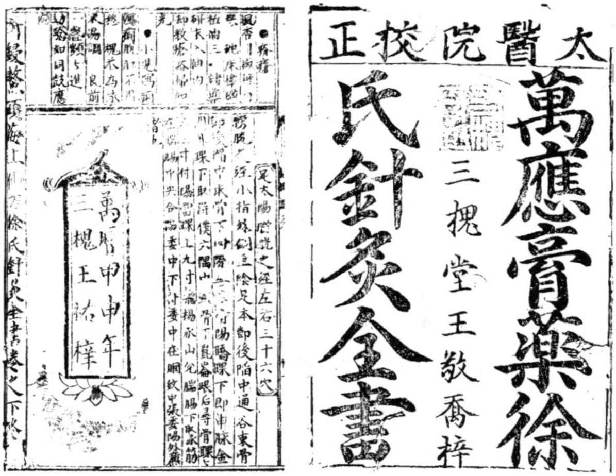

图二 《新锓鳌头金丝万应膏徐氏针灸全书》内封、牌记（日本国立公文书馆藏）

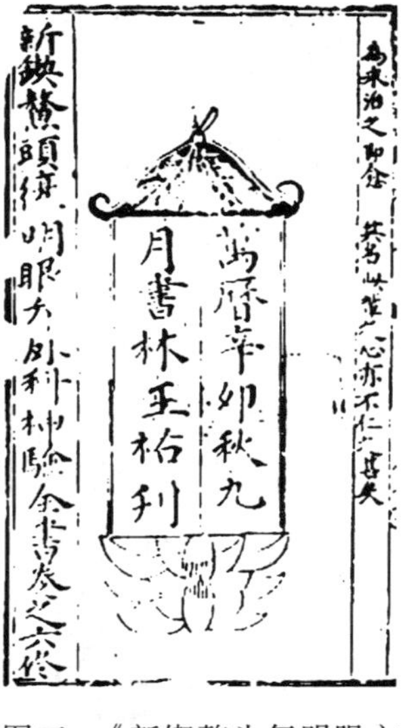

图三 《新锲鳌头复明眼方外科神验全书》牌记（日本宫内厅书陵部藏，《海外中医珍善本古籍丛刊》影印）

“万应膏药徐/氏针灸全书”大字二行，中间“三槐堂王敬乔梓”（图二）。是为王祐刻王敬乔印本。万历十九年辛卯（1591），王氏刻《新锲鳌头复明眼方外科神验全书》六卷。卷端署“太医院医官云林龚廷贤编辑，豫章古临冲怀朱鼎臣校正，闽海书林三槐堂王祐梓行”。卷六末有莲座荷盖牌记，镌“万历辛卯秋九/月书林王祐刊”（图三）。按，《明代版刻综录》卷一著录《重校北西厢记》二卷，明李贽批评，明万历书林王敬乔三槐堂刊。

王惺初三槐堂刻书，主要见于明万历后期。万历三十七年己酉（1609），曾刻《锓五车字义韵学事类四明海篇》十三卷首一卷。卷一卷端署“中书吴亮修辑，书林悝初校梓”；卷终刻“龙飞万历己酉春王正/月君王日三槐堂绣梓”二行（图四）。万历三十九年刊《刻张太史精选古文蓝田玉》四卷，明张瑞图辑，山东省图书馆藏。万历四十五年（1617）刻《玉堂校傅如岗陈先生二经精解全编》三十三卷，明陈懿典撰，日本京都大学人文科学研究所藏。

王会云，生平无考。万历二十八年庚子（1600），刻《新锲梨园摘锦乐府菁华》六卷。卷首署“豫章刘君锡辑，书林王会云梓”。内封上图下文，版框外横刻“叁槐堂”，内镌篆书“乐府/

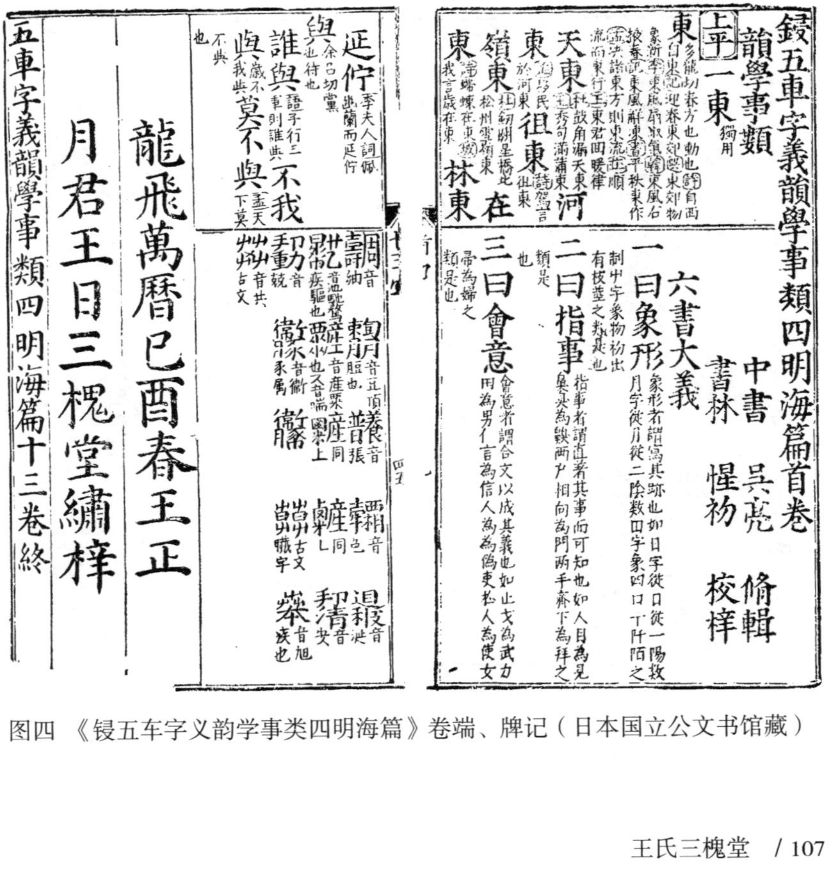
鋟五車字義韻學事類四明海篇首卷
中書 吳亮 脩輯
書林 悝初 校梓
韻學事類
上平 一東
六書大義
一曰象形
二曰指事
三曰會意
龍飛萬曆己酉春王正
月君王日三槐堂繡梓
五車字義韻學事類四明海篇十三卷終

图四 《锓五车字义韵学事类四明海篇》卷端、牌记（日本国立公文书馆藏）

菁华”大字二行，中间“王会云刊”（图五）。卷终牌记镌“万历庚子岁仲秋月/三槐堂王会云绣梓”（图六）。书分上下双栏，共选戏文三十三种，每种一至四出不等，共七十二出。卷前有大图半叶，卷中上下栏插图凡六十幅。较之同时期建阳刊刻通俗小说，无论是字体还是插图的精美程度，均远过之。或因受众不同，故用工有差。

王泰源，字以信，明末曾刻《新刻艾先生天禄阁汇编采精便

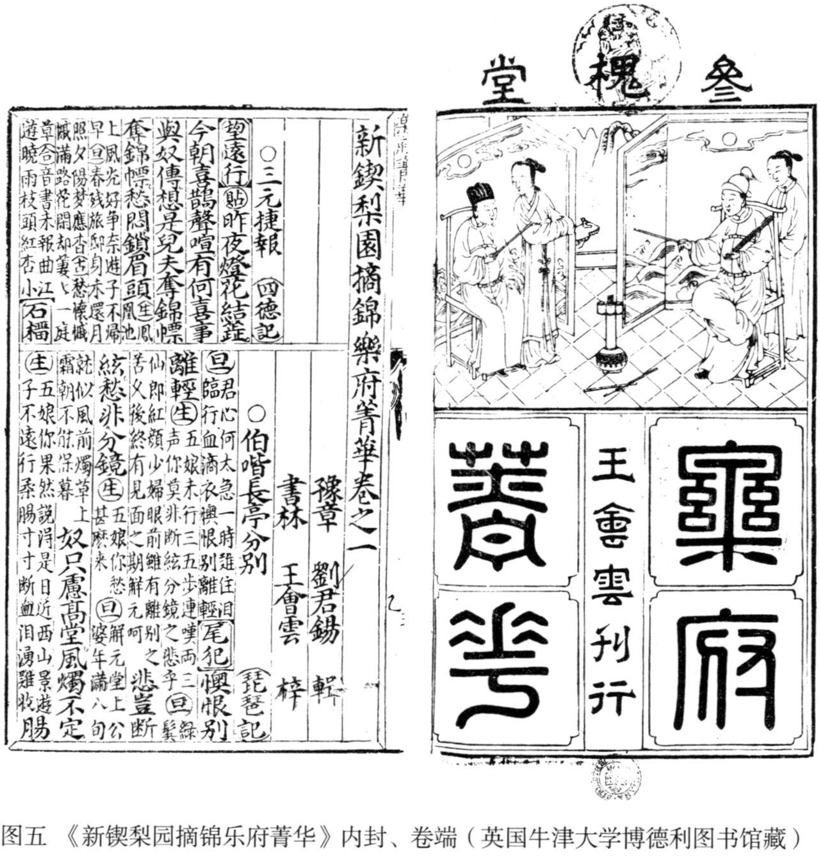

图五 《新锲梨园摘锦乐府菁华》内封、卷端（英国牛津大学博德利图书馆藏）

览万宝全书》三十五卷，卷端署“古临千子艾南英汇编，潭邑以信王泰源梓行”；书后有牌记刻“书林三槐堂/王泰源梓行”（图七）。又曾印行明陈仁锡辑《潜确居类书》一百二十卷，署“王泰源三槐堂藏版”。

图六 《新锲梨园摘锦乐府菁华》牌记（英国牛津大学博德利图书馆藏）

王崑源，当是王泰源兄弟行，生平不详。明末曾刻《新刻名公神断明镜公案》七卷。是书题名不一，卷一之外，目录叶题“新刻名公汇集神断明镜公案”，卷二题“新刻续皇明公案传”，卷三题“精新刻皇明诸司廉明公案”，卷四题“新刻诸名公廉明奇判公案

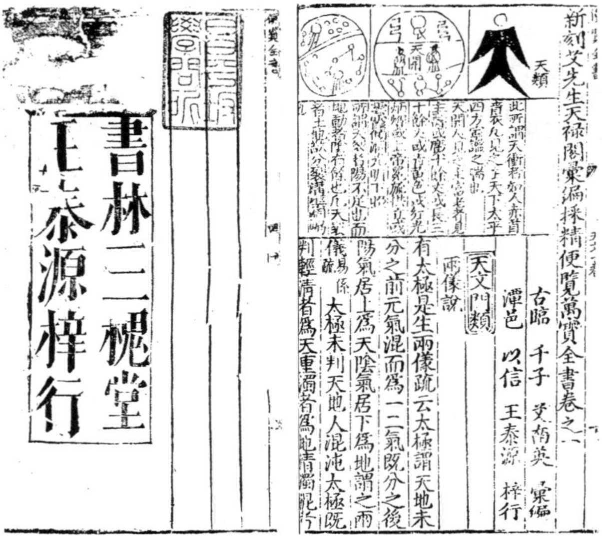

图七 《新刻艾先生天禄阁汇编采精便览万宝全书》卷端、牌记（日本国立公文书馆藏）

传”。卷一署“葛天民吴沛泉汇编，三槐堂王崑源梓行”，其余各卷均不署名；内封刻“精采百家诸名公，明镜公案，三槐堂梓行”（图八）。该书今仅日本国立公文书馆残存卷一至卷四。

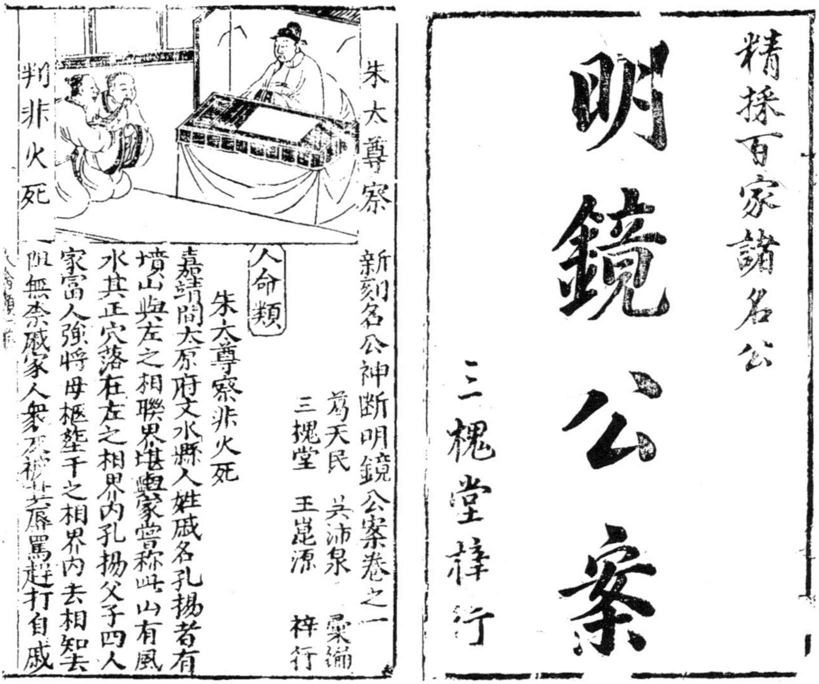

图八 《新刻名公神断明镜公案》内封、卷端（日本国立公文书馆藏）

王氏善敬堂

建阳书林王氏书坊善敬堂，又作善敬书堂。善敬堂刻书始于何时不详，现存刻本近十种，大多为明代中期刻本。善敬堂前期刻书，多不著坊主名，后期也仅知中国科学院图书馆藏明杨芸撰《新刊锄云杨先生地理心法》（内篇一卷外篇一卷），系明万历十一年（1583）建阳书林善敬堂王兴泉刻本。

善敬堂刻书，笔者所见者最早为正统元年（1436）刻本《新编事文类聚翰墨全书》，凡甲集十二卷，乙集九卷，丙集五卷，丁集五卷，戊集五卷，己集七卷，庚集二十四卷，辛集十卷，壬集

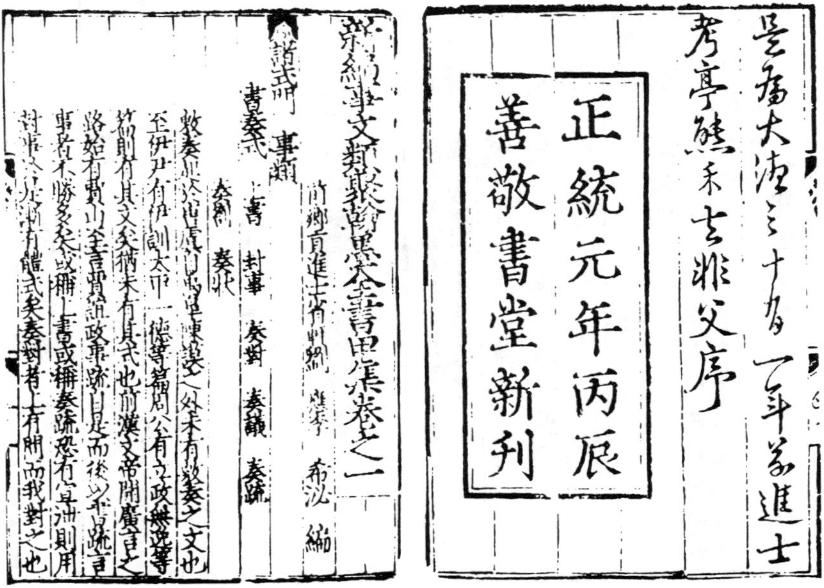

图一 《新编事文类聚翰墨全书》牌记、卷端（日本米泽市立图书馆藏）

十二卷，癸集十一卷，后甲集八卷，后乙集三卷，后丙集六卷，后丁集八卷，后戊集九卷。卷端署“前乡贡进士省轩刘应李希泌编”；书前有熊禾序，序后有牌记，镌“正统元年丙辰/善敬书堂新刊”（图一）。观其版刻，系傅增湘形容之建本精善者：“密行细字”“铁画银钩”，为建阳所产无疑。此书又有“明正德元年（1506）王氏善敬书堂刻本”，《日藏汉籍善本书录》著录。正统间又刻《增广注释音辩唐柳先生集》四十三卷《别集》二卷《外集》二卷《附录》一卷，书前“增广注释音辩唐柳先生集诸贤姓氏”后有牌记，阴刻“正统戊辰善敬堂刊”一行（图二）。正统戊辰，即正统十三年（1448）。

景泰刻本现存二种。景泰元年（1450）刻元黄瑞节辑《朱子

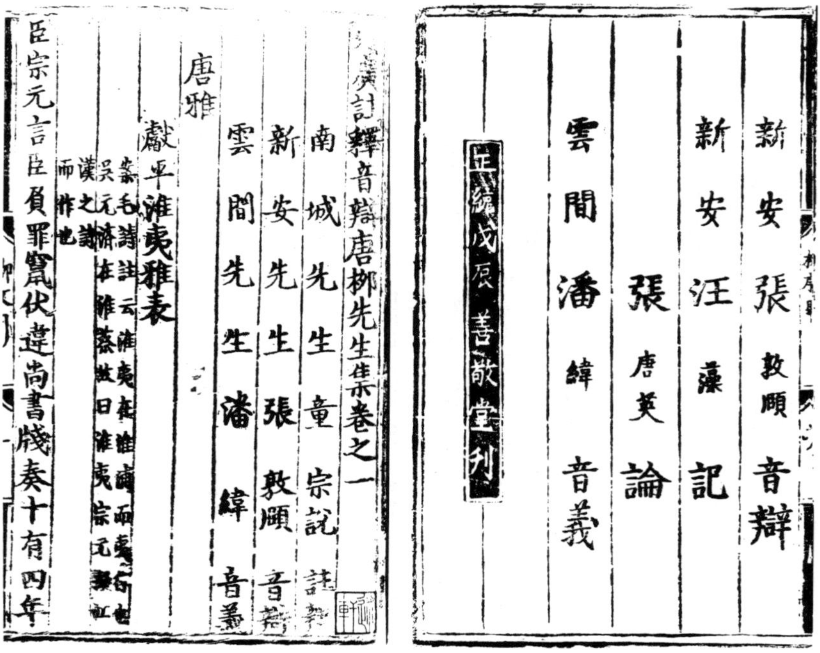
新安張敦頤音辯
新安汪藻記
張唐英論
雲間潘緯音義
正統戊辰善敬堂刊
增廣註釋音辯唐柳先生集卷之一
南城先生童宗說註釋
新安先生張敦頤音辯
雲間先生潘緯音義
唐雅
獻平淮夷雅表
臣宗元言臣負罪竄伏違尚書牋奏十有四年

图二 《增广注释音辩唐柳先生集》牌记、卷端（日本国立国会图书馆藏）

成书》十卷，共收录《太极图》《通书》《西铭》《正蒙》《易学启蒙》《家礼》《律吕新书》《皇极经世指要》《周易参同契》《阴符经》十书。目录后有牌记，刻“景泰元年庚午/善敬书堂新刊”（图三）。是书有元至正元年（1341）日新书堂刻本。所谓“新刊”，或据余氏日新书堂本重刻。该书诸家书目仅著录台湾“中央图书馆”藏本，存《太极图》《通书》《西铭》《家礼》。中国国家图书馆藏明初刻本，经比对，与此同版。因目录二叶缺失，牌记不存，遂仅以明初刻本著录。

景泰三年（1452），刻《增修附注资治通鉴节要续编》三十卷。卷端署“建阳知县盱江张光启订正，松坞门人京兆刘剡编辑”；目录后有牌记，刻“景泰岁在玄黓涒滩/孟夏善敬书堂新

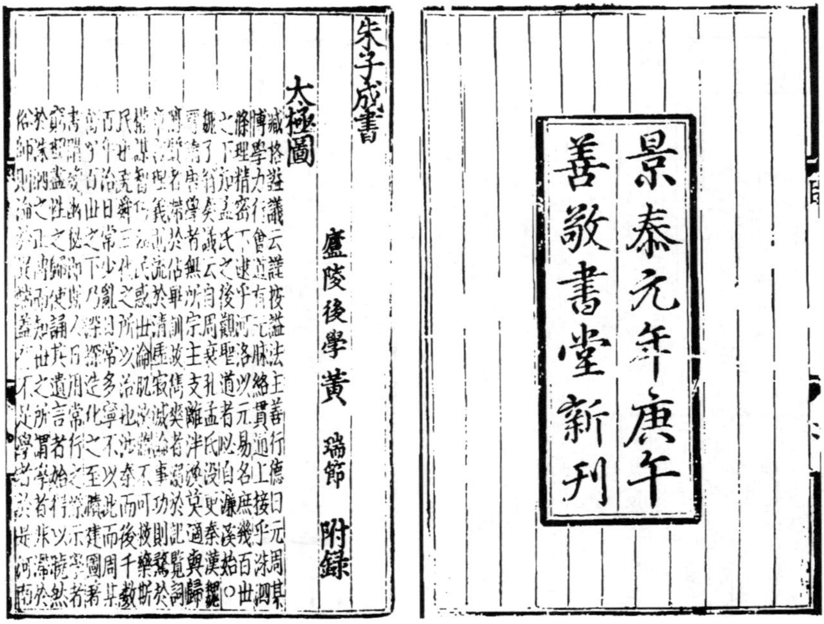
朱子成書
太極圖
盧陵後學黃瑞節附錄
景泰元年庚午
善敬書堂新刊

图三 《朱子成书》牌记、卷端（台湾“中央图书馆”藏）

刊”（图四）。张光启任建阳知县，在宣德年间至正统初。根据题署，该书当非初刻本。笔者怀疑，善敬书堂乃据宣德八年（1433）余氏双桂书堂刻本（参见本书《余氏双桂堂》）重刻。

天顺刻本仅见存一种。《日藏汉籍善本书录》著录《书传大全》十卷《书说纲领》一卷图一卷，明胡广等撰，天顺八年（1464）书林王氏善敬堂刻本，日本东京大学图书馆藏。按，日本国立公文书馆藏《五经大全》（编号275—0252），系拼凑之本，如《易》为成化七年（1471）王氏善敬堂刻本（详下文），《诗》则成化元年（1465）庐陵罗氏勤有堂刻本，《礼记》为正统六年（1441）刻本，《春秋》为隆庆三年（1569）郑氏宗文堂刻本。而《书传大全》卷前有《书经大全后序》，终有牌记，镌“书林王氏善敬书堂谨于/邑庠眷录绣梓以广其传”。据此知主事者乃建阳县

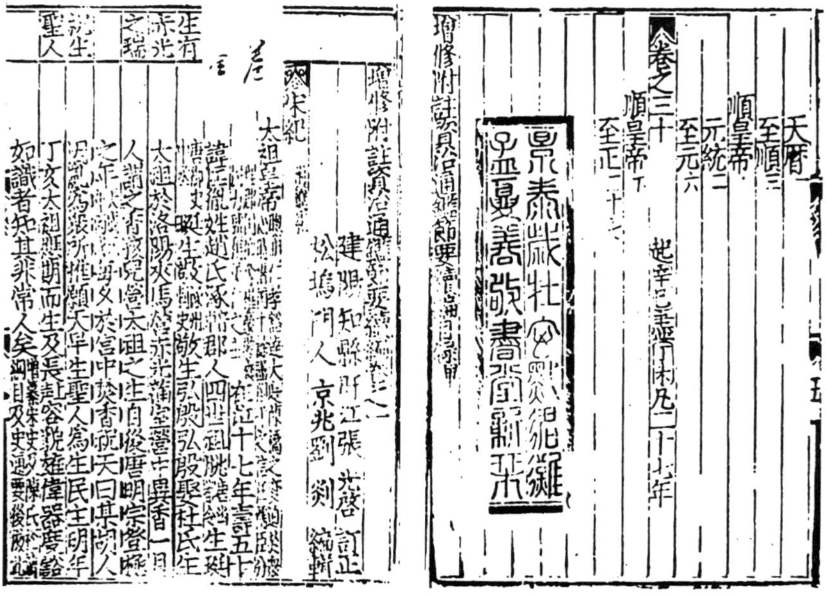

图四 《增修附注资治通鉴节要续编》牌记、卷端（中国国家图书馆藏）

学，王氏善敬书堂为承刻者。然而卷一卷端却署“书林刘氏安正书堂重刊”（图五），未知是否刘氏安正书堂据王氏善敬书堂本重刻，而非王氏原刻本？

成化七年，王氏善敬堂刻《周易传义大全》二十四卷。卷前总目后有牌记，刻“大明成化辛卯孟冬/王氏善敬书堂新刊”。《易序》后另有牌记，镌：“书林《程朱易传》《本义》等书，行之久矣。我朝复旁搜诸家之说而详释焉，斯谓《大全》，颁降学校。本堂虑山林之士艰于观览，乃誊原本，捐赀命工锓梓，庶山林士子皆得鉴焉。成化七年岁在辛卯，书林王氏善敬堂识。”（图六）

此外，诸家著录有：《朱文公校昌黎先生文集》二十卷《外集》一卷《遗文》一卷《传》一卷，唐韩愈撰，宋朱熹考异，宋王伯大音释，弘治十五年（1502）王氏善敬书堂刻本，中国国家图书

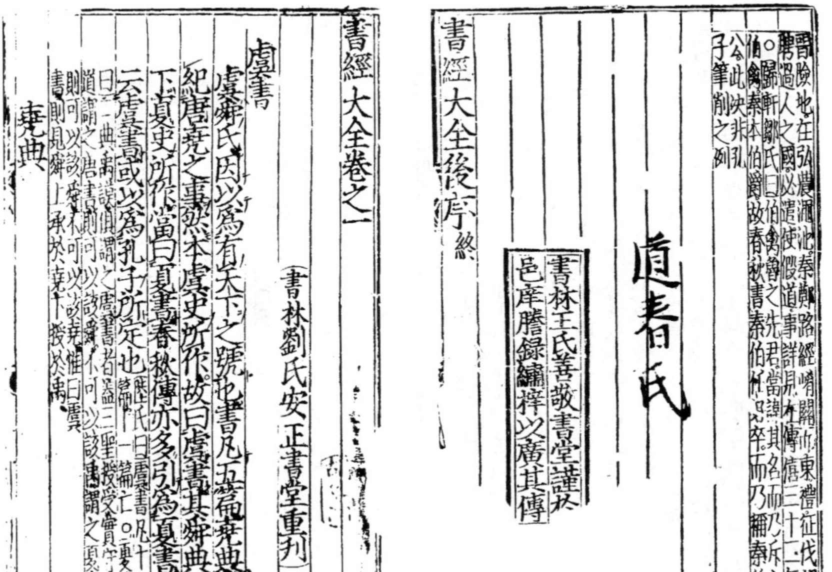

图五 《书传大全》牌记、卷端（日本国立公文书馆藏）

易序

書林程朱易傳本義等書行之久矣我
朝復旁搜諸家之說而詳釋焉斯謂
大全須降學校本堂慮山林之士艱於
觀覽乃謄原本捐貲命工鋟梓庶山林
士子皆得鑑焉
成化七年歲在辛卯書林王氏善敬堂識

周易傳義大全總目

大明成化辛卯孟冬
王氏善敬書堂新刊

图六 《周易传义大全》目录后牌记、序后牌记（日本国立公文书馆藏）

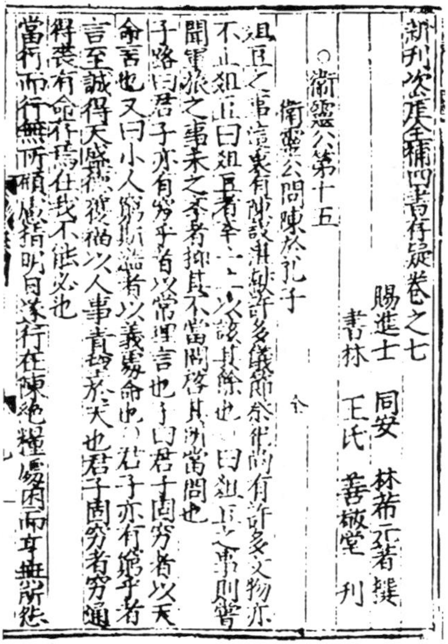
新刊次崖全補四書存疑卷之七
賜進士 同安 林希元著
書林 王氏 善敬堂 刊
○衛靈公第十五
衛靈公問陳於孔子

图七 《新刊全补四书存疑》卷端（浙江图书馆藏）

馆、山东省图书馆等藏，《中国古籍善本书目》著录；《续资治通鉴节要》二十二卷，元陈柽撰，明诸燮校，嘉靖三十六年（1557）善敬堂刻本，日本东北大学教养学部藏，《日藏汉籍善本书录》著录。又，浙江图书馆藏明刻本《新刊全补四书存疑》十二卷，又题《新刊次崖全补四书存疑》，存《大学》一卷、《中庸》三卷、《论语》卷六至七。《论语》卷七首题“书林王氏善敬堂刊”（图七）。

魏氏建兴书轩

建兴书轩魏畏所，生平不详，所刻书籍现存二种。其一《史记综芬评林》三卷，卷上卷端署“殿试第一焦竑选辑，会试第一李廷机注释，乡试第一李光缙汇评”；内封刻“锲大魁堂阐意/注释史记综芬”大字二行，中间“建兴书轩魏畏所梓行”（图一）。卷下终有莲座荷盖牌记，镌“万历季夏縠旦/建兴书轩刊行”（图二）。书前题汤宾尹撰《题史记综芬》，言“今学宫闾舍，罔不治太史公者矣。然籍而成一代言者，未易为也。是故衰重而不逮远，

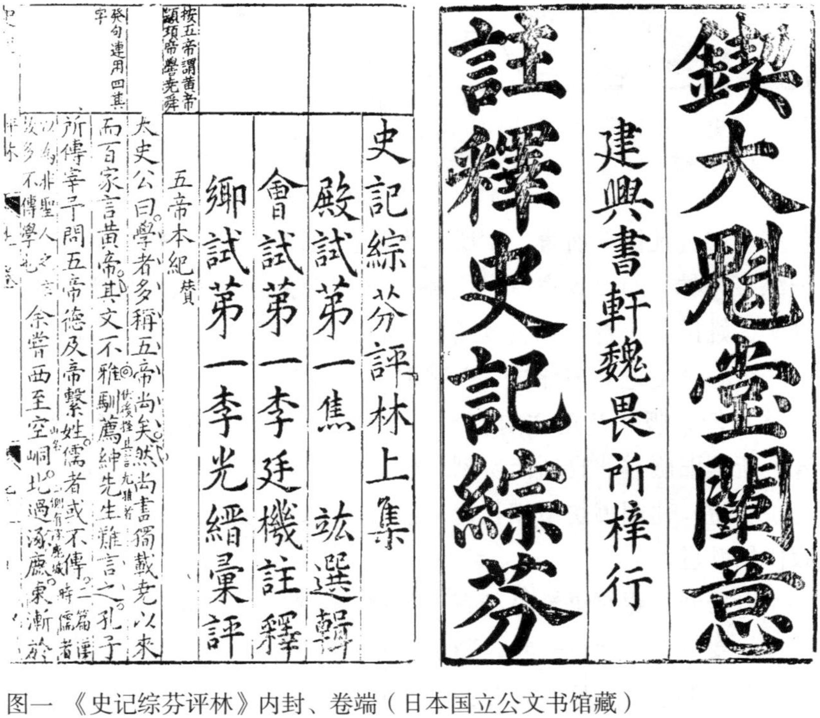

图一 《史记综芬评林》内封、卷端（日本国立公文书馆藏）

图二 《史记综芬评林》牌记（日本国立公文书馆藏）

编繁而不逮目。九我氏有虑焉，而弱侯、衷一亦以是起家，故相为之摩章摘略，经纬而综其芬”云云。卷端题署乃书坊主一贯手法，而汤宾尹序也是书坊伪作，均不可信。更有甚者，是书乃《史记萃宝评林》之挖改重印，实为伪书。

《史记萃宝评林》，见有万历十八年（1590）书林自新斋余绍崖刻本。前有许国《叙史记萃宝》、王世贞《读史记萃宝引》，又《史记萃宝总评》《凡例》《姓氏》等。卷分上中下三集，萃选《史记》名篇凡九十，汇辑历代名家评语置篇后。共辑汉陆机以下凡四十余家，以明人独多。如《凡例》所言，“所萃为举业而设”也。比较二书，《史记综芬评林》乃以汤宾尹序代替许、王二序，并删去《总评》《凡例》《姓氏》，卷端题名改题，版心挖去“萃宝”二字。然而卷下末叶版心“史记萃宝评林”六字俱在，殆剜削未净。又《史记综芬评林》行款版式及正文内容与《史记萃宝评林》全同，然字体稍异，所据旧版并非自新斋所刻。想必《史记萃宝评林》一书，时为士子所重，建阳书坊争相刊行，版刻繁多，而魏氏遂以其中某一旧版作伪欺世。

万历间，建兴书轩另刻有《新刻大魁堂详注春秋左传选玉狐白评林精要录》四卷首一卷，明张以诚撰，明孙宗榷校，日本龙谷大学大宫图书馆藏。从题名看，该书也是举子书。

魏氏仁实堂

仁实堂，或作仁实书堂，建阳魏氏书坊。自明初至崇祯间均有刻本传世，而明前期刻书多不详坊主之名。如明景泰元年（1450）刻本《资治通鉴纲目集览》五十九卷，王幼学《资治通鉴纲目集览叙例》后有牌记，镌“岁在上章敦牂孟夏/魏氏仁实书堂新刊”隶书二行（图一）。明正德元年（1506）刻本《世医得效方》二十卷，卷一卷端署“建宁路官医提领陈志刊行，南丰州医学教授危亦林编集，江西等处官医副提举余赐山校正”，一如元刻本。书

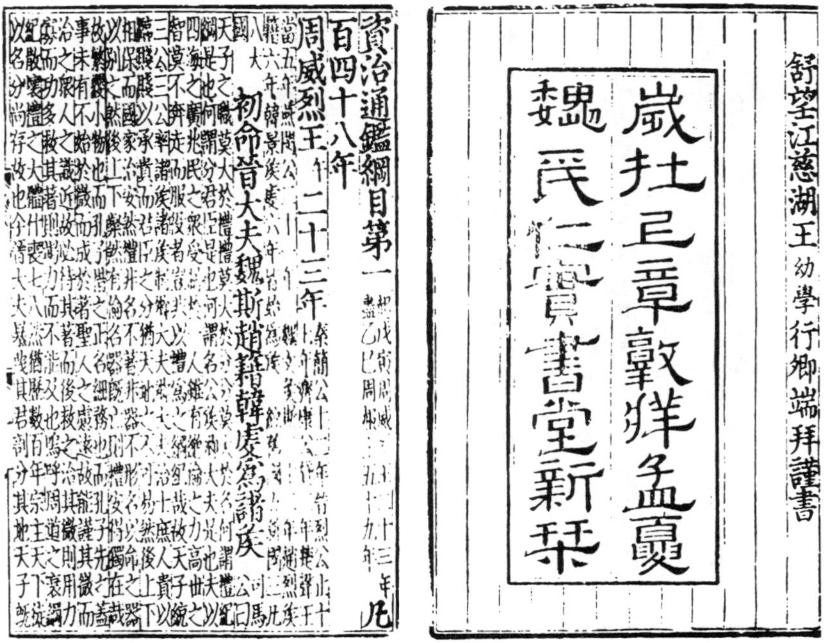
舒望江慈湖王幼學行卿端拜謹書
歲在上章敦牂孟夏
魏氏仁實書堂新刊

資治通鑑綱目第一
百四十八年
周威烈王二十三年
初命晉大夫魏斯趙籍韓虔爲諸侯

图一 《资治通鉴纲目集览》牌记、卷端（中国国家图书馆藏）

前“江西官医提举司牒太医院书”后有牌记，镌“正德元年仲冬节旦/魏氏仁实书堂重刊”。卷一末另有牌记，阴刻“正德元年书林魏家重刊”一行。所谓重刊，底本或为明初书林魏家刻本，而非元刻本。即使到万历间，也往往不著录书坊主。如明万历十二年（1584）刻《鹤林玉露》十六卷，前有黄贞升《重梓鹤林玉露题词》，后有莲座荷盖牌记“万历甲申年仁实堂新刊”；又如天启间刻《尚书宗印》六卷，卷终牌记镌“天启新岁魏/氏仁实堂梓”（图二）。

有明一代，仁实堂书坊主知名者有魏岐凤、魏斌臣、魏永仪等人，生平大略无从考知。

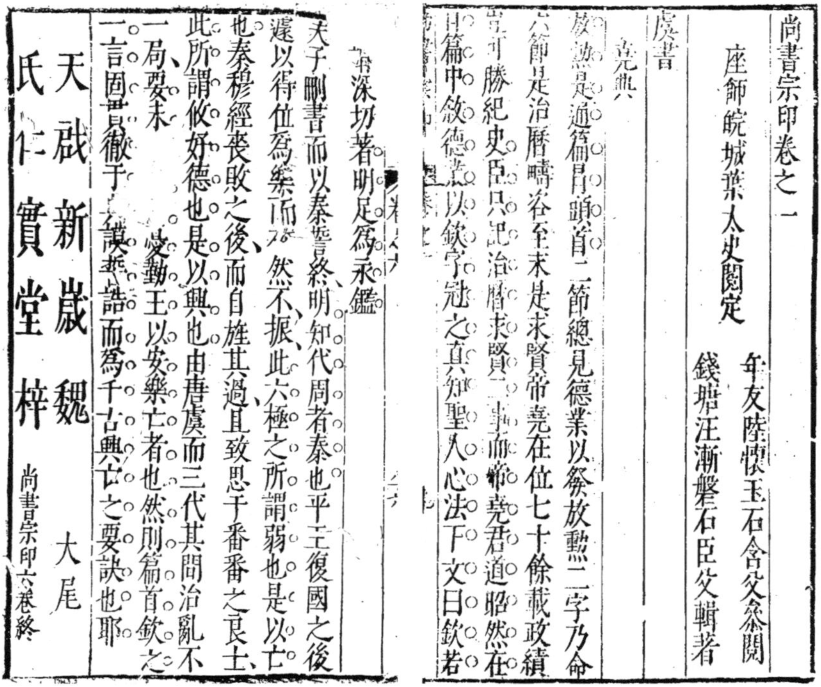
尚書宗印卷之一
座師皖城葉太史閱定
年友陸懷玉石含父叅閱
錢塘汪漸磐石臣父輯著
虞書
堯典
[illegible]是通篇[illegible]首二節總見德業以[illegible]放勳二字乃命
[illegible]節是治曆疇咨至末是求賢帝堯在位七十餘載政績
[illegible]可勝紀史臣只記治曆求賢二事而帝堯君道昭然在
目篇中敘德業以欽字冠之真知聖人心法下文曰欽若

[illegible]深切著明足爲永鑑
夫子删書而以秦誓終明知代周者秦也平王復國之後
遲以得位爲樂而[illegible]然不振此六極之所謂弱也是以亡
也秦穆經喪敗之後而自旌其過且致思于番番之良士
此所謂攸好德也是以興也由唐虞而三代其間治亂不
一局要[illegible][illegible]憂勤王以安樂亡者也然則篇首欽之
一言固[illegible]徹于[illegible][illegible][illegible]誥而爲千古典亡之要訣也耶
天啟新歲魏
氏仁實堂梓
大尾
尚書宗印六卷終

图二 《尚书宗印》卷端、牌记（日本国立公文书馆藏）

魏岐凤刻有《新编商便应急奇方》三卷，卷一卷端署“新安休邑医学训科星潭程守信编集”，内封镌“李东垣珍珠囊/万病内外良方”大字二行，中间“仁实堂魏岐凤梓”一行（图三）。书前《商便奇方叙》署“万历庚寅年仲夏月穀旦”，则是书刊刻时间或不早于万历十八年庚寅（1590）。

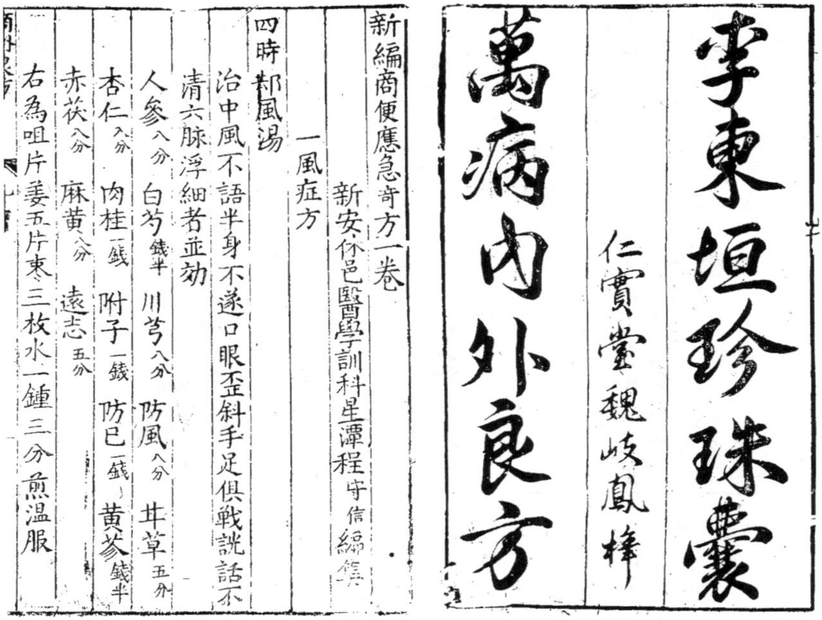
李東垣珍珠囊
仁實堂魏岐鳳梓
萬病內外良方

新編商便應急奇方一卷
新安休邑醫學訓科星潭程守信編集
一風症方
四時却風湯
治中風不語半身不遂口眼歪斜手足俱戰說話不
清六脉浮細者並効
人參八分 白芍錢半 川芎八分 防風八分 甘草五分
杏仁八分 肉桂一錢 附子一錢 防已一錢 黃芩錢半
赤茯八分 麻黃八分 遠志五分
右為咀片姜五片棗三枚水一鍾三分煎溫服

图三 《新编商便应急奇方》内封、卷端（日本国立公文书馆藏）

魏斌臣曾刻《新镌举子六经纂要》不分卷，卷首署“伯子颜茂猷纂辑，邦翙魏斌臣梓行”。内封镌“颜壮其先生辑/六经纂要/潭阳魏斌臣梓”，并朱印识语云：“六经浩瀚莫测，且士各习一经，欲贯通者难矣。颜先生忧之，著《六经纂要》，各为门类，使习者得此可以全经之博也。取之左右逢源，又何浩瀚之遗哉？仁实堂主人识。”（图四）魏斌臣当即仁实堂主人。从版面特征看，当刻

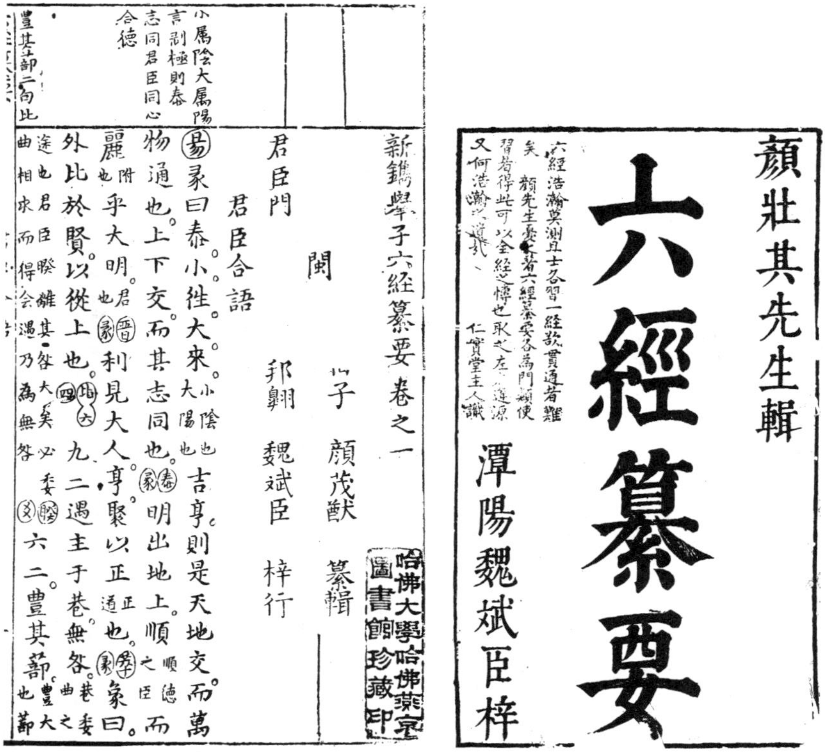

图四 《新镌举子六经纂要》内封、卷端（美国哈佛大学哈佛燕京图书馆藏）

于明末。天启四年（1624），颜茂猷始举乡试。书林历来喜借重名家，以此惯用手法推测，是书刊刻时间或不早于是年。

此外，《日藏汉籍善本书录》著录《新刻太史徐先生家藏引蒙四书的解》十三卷，明徐汧纂辑，明崇祯元年（1628）书林魏永仪（闽吾）仁实堂刻本，日本龙谷大学大宫图书馆藏。

萧氏师俭堂

萧氏师俭堂，有研究者认为是金陵（南京）书坊，也有观点认为是建阳书坊，可能在金陵开设有分店。师俭堂主人有萧腾鸿、萧世熙等人，所刻书现存近三十种。综合所见，萧氏师俭堂确为建阳书坊，至于是否在南京开设分肆，因未见相关记载，暂且存疑不论。

萧腾鸿字庆云，生平无考。曾刻《新刊太医院校正小儿痘疹医镜》二卷，首署“豫章儒医金溪龚居中应圆父辑著，盱江吴文炳沛泉父参补，建邑书林萧腾鸿庆云父梓行”。据此题署，萧腾鸿为建阳书坊主殆无疑义。是书有陈含初印本，内封镌“龚应圆先生著/痘疹医镜/陈含初梓”。陈含初乃建阳书坊存仁堂主人（参见本书《陈氏存仁堂》），此又可证该书当是萧腾鸿刻印于建阳，后同邑书坊主陈含初也用此书版刷印，地点也当是在建阳。

萧腾鸿刻《鼎镌陈眉公先生批评西厢记》二卷《会真记》一卷附《园林午梦》一卷《蒲东诗》一卷。《鼎镌陈眉公先生批评西厢记》卷上卷端署“云间眉公陈继儒评，潭阳儆韦萧鸣盛校，一齐敬止余文熙阅，书林庆云萧腾鸿梓”，版心下镌“师俭堂板”字样（图一）。又刻《鼎镌陈眉公先生批评绣襦记》二卷，卷端题署除了“一斋敬止余文熙阅”小异，版心亦镌“师俭堂板”四字，版式、字体风格全同，殆为一时所刻。根据二书题署，萧腾鸿乃师俭堂主人无疑。因其书风格与明末金陵刻本更为接近，遂有研究者以为师俭堂乃金陵书坊。其实不然，萧氏师俭堂所刻戏曲传奇，字体版画均较为精美，大概与读者群体有极大关系。建阳所产科举用书，消费群体大多为寒门子弟；通俗小说的受众主体恐怕也大多是

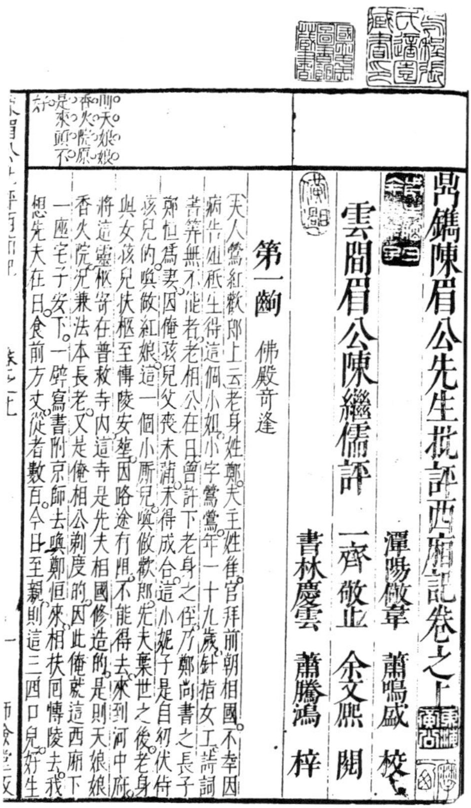
鼎鐫陳眉公先生批評西廂記卷之上

雲間眉公陳繼儒評　潭陽儆韋　蕭鳴盛　校

一齋敬止　余文熙　閱

書林慶雲　蕭騰鴻　梓

第一齣　佛殿奇逢

天人鶯紅歡郎上云老身姓鄭夫主姓崔官拜前朝相國不幸因病告殂祇生得這個小姐小字鶯鶯年一十九歲針指女工詩詞書筭無不能者老相公在日曾許下老身之侄乃鄭尚書之長子鄭恒爲妻因俺孩兒父喪未滿未得成合這小妮子是自幼伏侍孩兒的喚做紅娘這一個小厮兒喚做歡郎先夫棄世之後老身與女孩兒扶柩至博陵安葬因路途有阻不能得去來到河中府將這靈柩寄在普救寺內這寺是先夫相國修造的是則天娘娘香火院況兼法本長老又是俺相公剃度的因此俺就這西廂下一座宅子安下一壁寫書附京師去喚鄭恒來相扶回博陵去我想先夫在日食前方丈從者數百今日至親則這三四口兒好生

图一　《鼎镌陈眉公先生批评西厢记》卷端（台湾“中央图书馆”藏）

粗通文墨的乡野之士，低廉的售价显然难有高质量的商品供应，此等书籍的校勘、刻印常常以质量低劣而受到诟病。而戏曲传奇的阅读者大抵是才子佳人之流，他们对刊刻印刷质量必然有更高的要求。同时期建阳书坊存诚堂黄裔我刻本《鼎镌郑道圭先生评点红杏记》《新刻魏仲雪先生批评投笔记》等，杂诸金陵刻本中，并不逊色，然而确属建阳刻本（参见本书《黄氏存诚堂》）。由此可见，晚明建阳大量刊印粗劣之本，与其商品定位有关。精美书籍的生产，建阳书坊是“不为”也，而非“不能”也。

萧世熙是师俭堂另一位著名书坊主，生平不详。曾刻《新锲侗初张先生注释孔子家语隽》五卷，卷首署“华亭侗初张鼐注释，温陵衷一李光缙校阅，书林少渠萧世熙绣梓”。据此题署，少渠乃萧世熙别号。又刻《鼎镌十二方家参订万事不求人博考全编》六卷，卷二卷端署“博览子见台甫辑，师俭堂萧少渠梓”（图二）。该书乃建阳坊刻中常见的两节版，且字体、版刻风格与建阳坊刻本一致，为建阳所产无疑。萧世熙另刻有《新镌名公批评分门释类唐诗隽》四卷、《新镌张太史评选眉山桥梓名文隽》三卷、《苏文隽》三卷等。

师俭堂另一位著名书坊主萧少衢，或与萧少渠同为一人，或为萧少渠之兄弟行。现存刻本尚有十余种。天启间曾刻《镌陈眉公评选秦汉文隽》四卷，卷端署“云间眉公陈继儒评选，温陵九我李廷机参评，书林师俭堂萧氏领梓”，卷终牌记镌“师俭堂萧少/衢依京板刻”（图三）。此牌记又见于《鼎镌钦颁辨疑律例昭代王章》《镌侗初张先生评选左传隽》《镌李相国九我先生评选苏文汇精》《鼎镌诸方家汇编皇明名公文隽》等，牌记形制多外加版框，内文则全同。而《新刻海若汤先生汇集古今律条公案》略有不同，卷七末莲座荷盖牌记刻“书林萧少衢梓行”一行（图四）。

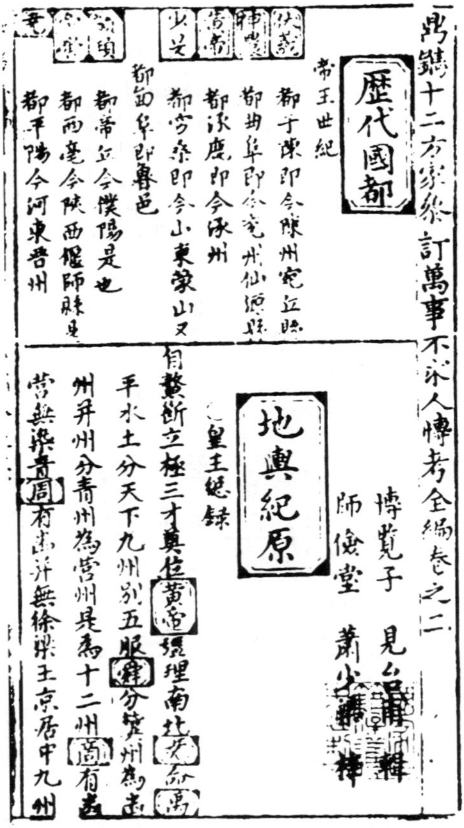
鼎鐫十二方家參訂萬事不求人博考全編卷之二
博覽子
師儉堂 蕭少衢 梓
歷代國都
帝王世紀
都于陳即今陳州宛丘縣
都曲阜即今兗州仙源縣
都涿鹿即今涿州
都窮桑即今山東魯山又
都曲阜即魯邑
都帝丘今濮陽是也
都西亳今陝西偃師縣是
都平陽今河東晉州
地輿紀原
皇王總錄
自盤古立極三才莫位
平水土分天下九州別五服
州并州分青州為營州是為十二州
營與梁

图二 《鼎镌十二方家参订万事不求人博考全编》卷端（中国国家图书馆藏）

萧腾鸿刻本《鼎镌陈眉公先生批评西厢记》《鼎镌陈眉公先生批评绣襦记》校者萧鸣盛，研究者多认为他也是师俭堂主人。《中

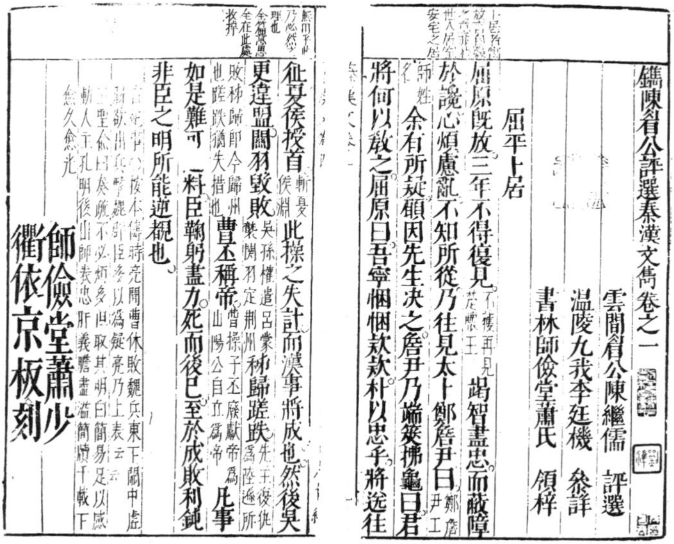

图三 《镌陈眉公评选秦汉文隽》卷端、牌记（首都师范大学图书馆藏）

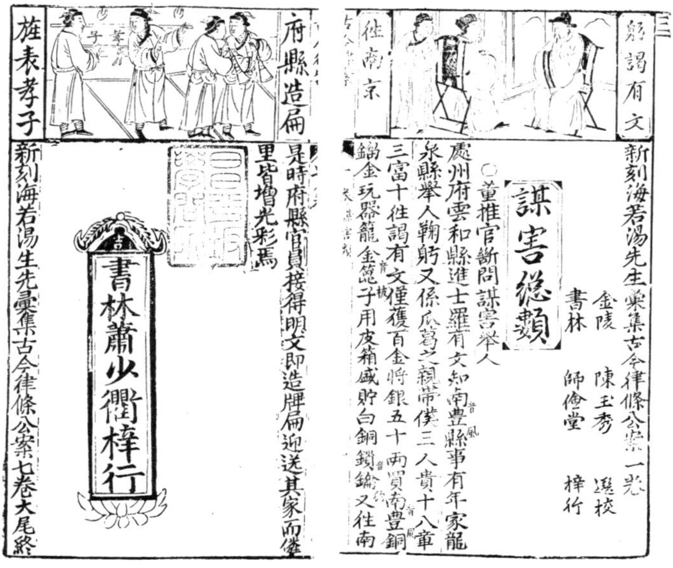

图四 《新刻海若汤先生汇集古今律条公案》卷端、牌记（日本国立公文书馆藏）

国古籍善本书目》著录《五子隽》五种（《新刻眉公陈先生评注老子隽》一卷，《镌眉公陈先生评选庄子南华真经内篇》一卷，《镌眉公陈先生评选管子隽》二卷，《镌眉公陈先生评选注释韩子隽》二卷，《镌眉公先生评注屈子离骚经隽》一卷），明陈继儒评注，明书林萧鸣盛刻本，淮阴中学藏。或是本此记载。

按，萧鸣盛（1575—1644），字戒甫，号儆韦，是萧少衢、萧腾鸿的族叔（参见方彦寿《福建历代刻书家考略》第314页）。万历三十一年（1603）举人。道光《建阳县志》卷十二《人物志·宦绩》（17b）有传，云“初令灵山，补授仙居，所至有善政。后任三原”。检乾隆《灵山县志》卷七《秩官志》（6a）知县：“萧鸣盛，建阳举人。天启四年（1624）任。”而康熙《仙居县志》卷四《官师》（18a）载：“萧鸣盛，举人。莆田人。崇祯四年任。多才足智，百废俱兴，但政尚威严，比屋骚然。”此处或误载萧鸣盛为莆田人；或别有一人，《建阳县志》混而为一。《三原县志》则查无其人。若以上各志所载仕履可信，萧鸣盛从事刻书业，或在取得功名之前，或在辞官归里之后。然而萧鸣盛既有功名在身，又身居一邑之长，说他操持刻书业，实在大有可疑。淮阴中学藏《五子隽》全本未见，《无求备斋庄子集成续编》收录零种《镌眉公陈先生评选庄子南华经内篇》一卷，卷端署“书林少渠萧世熙绣梓”，据此知刊刻者为萧世熙，而非萧鸣盛。

熊氏鳌峰馆

明末鳌峰馆熊冲玄，生平不详。或为种德堂熊冲宇兄弟行。其所刻书，仅见《雅俗通用释门疏式》一种。是书乃释门法事的疏文集成，依据不同场景分类编次，凡十卷。卷一卷端署“仙亭比丘冰雪如德汇辑，博山门人余陟瞻道宽参阅”。余陟瞻即余应虬，明末建阳著名书坊主（参见本书《余氏近圣居》）。所谓“参阅”云云，余氏或曾参与刊行。版心下镌“知儒精舍”。内封镌“释门疏

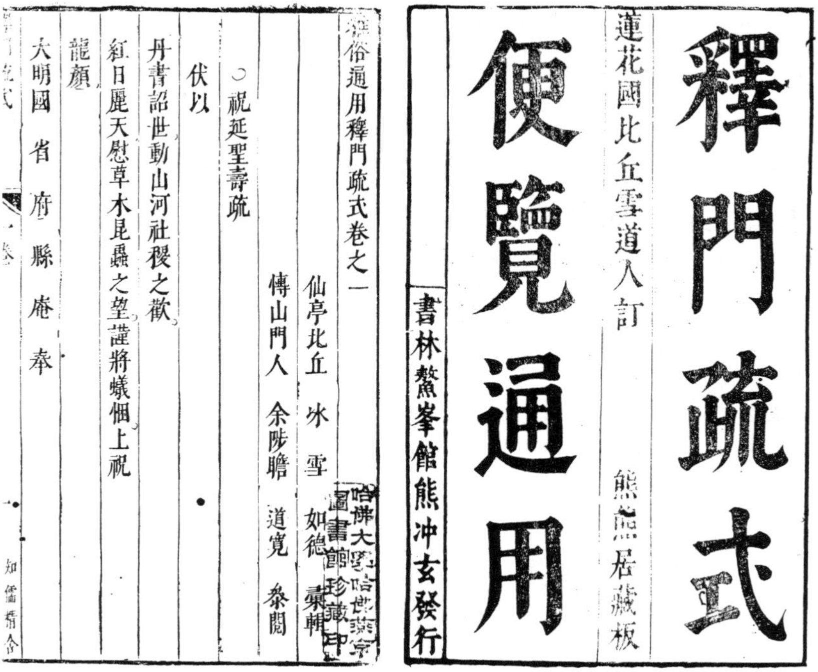
釋門疏式
蓮花國比丘雪道人訂
熊[illegible]居藏板
便覽通用
書林鰲峯館熊冲玄發行

雅俗通用釋門疏式卷之一
仙亭比丘 冰雪 如德 彙輯
傅山門人 余陟瞻 道寬 參閱
祝延聖壽疏
伏以
丹書詔世動山河社稷之歡
紅日麗天慰草木昆蟲之望謹將蟻悃上祝
龍顏
大明國 省 府 縣 庵 奉
知儒精舍

图一 鳌峰馆刻本《雅俗通用释门疏式》内封、卷端（美国哈佛大学哈佛燕京图书馆藏）

式/便览通用”大字二行，中间“莲花国比丘雪道人订，熊熊居藏板”，署“书林鳌峰馆熊冲玄发行”。（图一）熊熊居或亦熊冲玄书坊堂号。

是书前有释如德《疏式弁言》，言：“疏章之设，实非小可，上格佛神，次达诚意。近见诸方书撍疏章，帝虎糊涂，鲁鱼错谬，且句读不分，读之直欲作三日呕。矧可以达于佛天神明哉？此式予殚极心力，凡十四阅月而脱稿。或辑名笔，或附己意，润色成篇，虽不大雅，亦堪塞白。”而《凡例》其一云：“《高峰录》中，有翻刻者，差讹舛谬，殊不成句。今为校定，烦者删，略者补，谬者改，且加注释，俾阅者一展卷而晓了，更无亥豕鲁

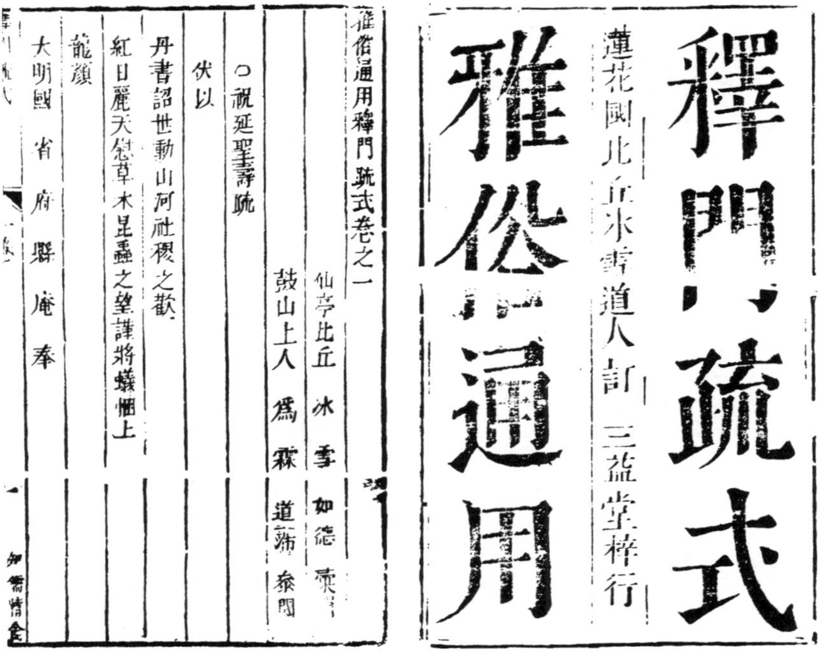
釋門疏式
雅俗通用
蓮花國比丘氷雪道人訂
三益堂梓行

雅俗通用釋門疏式卷之一
仙亭比丘 冰雪 如德
鼓山上人 爲霖 道霈 參閱
○祝延聖壽疏
伏以
丹書詔世動山河社稷之歡
紅日麗天慰草木昆蟲之望謹將蟻悃上
龍顔
大明國 省 府 縣 庵 奉

图二 三益堂刻本《雅俗通用释门疏式》内封、卷端（日本早稻田大学图书馆藏）

鱼之咎。”此等用语，坊刻诸书屡见，盖皆出自书坊之手，虽为释门用书，概莫能外，积习使然。

今所见美国哈佛大学哈佛燕京图书馆藏本，仅存卷一、卷二。又见清三益堂刻本，卷端署“仙亭比丘冰雪如德汇辑，鼓山上人为霖道霈参阅”，版心下亦镌“知儒精舍”（图二）。释如德序后署“楚南宝庆府宋三益堂重刊发行”。按，释道霈（1615—1702）乃鼓山大德高僧，两次住持涌泉寺。三益堂本不避清讳，且“大明国”云云俱在。道霈曾编其师永觉元贤著作，凡触犯清廷忌讳者均予删削。是书若为其所“参阅”，似不当粗劣至此，有可能是坊间托其名而已，而三益堂据以翻刻。

熊氏鳌峰堂

鳌峰堂熊正吾，生平不详，当是种德堂熊云吾、熊荣吾之兄弟行（参见本书《熊氏种德堂》）。其刻书活动或亦在万历间。曾刻《四书集注》十九卷，凡《大学》一卷、《中庸》一卷、《论语》十卷、《孟子》七卷。是书原本未见，“日本所藏中文古籍数据库”著录日本东京大学综合图书馆有藏本。日本宽文七年（清康熙六年，1667），日人武村市兵卫、田中长左卫门根据鳌峰堂熊正吾刻本重刊，部分保留原刻本的特征。日本早稻田大学图书馆藏和刻本，《中庸》外，各书前有图半叶，《大学》图后有“主与山人”《朱文公白鹿洞赞》，《论语》图后为《宣尼立教赞》，《孟子》图后则为莲座荷盖牌记，刻“相国李先生校正/鳌峰堂熊正吾梓”（图一）。一般来说，莲座荷盖牌记常置于书尾，极少见置诸书前。或许原非如此，是日人将原本卷终之牌记移至此处。待访东京大学藏本比对。

图一　和刻本《四书集注》牌记（日本早稻田大学图书馆藏）

又，《中国古籍善本书目》著录《重增释义大明律》七卷，明佚名辑，明鳌峰堂刻本，天一阁博物院藏，《天一阁藏明代政书珍本丛刊》据以影印。

熊氏白炤山房

白炤山房熊友亐，明末建阳书坊主。曾刻《五经全文训解》一种，计《易经训解》四卷、《书经训解》六卷、《诗经训解》八卷、《礼记训解》十卷、《春秋训解》四卷。书分上下栏，下栏随经训字，上栏则解经大意。各经卷首题“宋先儒熊禾勿轩氏训解，明后学陈子龙卧子父订定”（图一）。书前各有内封，镌“陈卧子先生订定，（某某）全文训解，白炤山房熊友亐梓行”，并钤“分节定句/考字核言”朱文长方印（图二）。

书前陈子龙《五经全文训解题辞》云：“有有宋熊勿轩先生，其尤章明较著者。时罹阳九，以岌岌不可复为，返隐于鳌峰家塾，著书立言，聚徒讲习，以撑扶绝学为已任。四书六经，皆有训释，及著农礼兵刑诸稿，悉可实见诸行事。家藏而什袭，在其苗裔，犹有能守而陈之者。……于戏！正学而善治，先生与有其志，而遭时不偶，逋逃以终，六经训释诸编，其未可以已也。”所

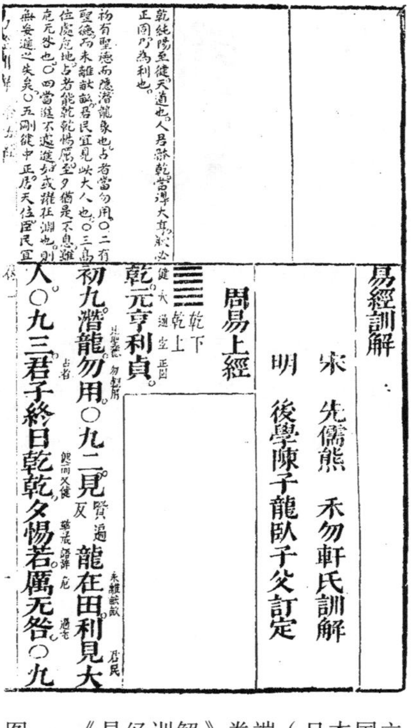
易經訓解
宋 先儒熊 禾勿軒氏訓解
明 後學陳子龍臥子父訂定
周易上經
乾下 乾上
乾元亨利貞
初九潛龍勿用○九二見龍在田利見大人○九三君子終日乾乾夕惕若厲无咎○九

图一 《易经训解》卷端（日本国立公文书馆藏）

图二 《易经训解》《书经训解》内封（日本国立公文书馆藏）

谓“六经训释诸编”，见诸记载有《周易集疏》《尚书口义》《毛诗集疏》《三礼考异》《春秋论考》等，并无《五经训解》。是书至晚明始出，故疑其为书坊所伪托，而非熊勿轩旧作。

熊氏诚德堂

诚德堂熊清波，生平不详。万历二十四年丙申（1596），曾刻《新刻京本补遗通俗演义三国全传》二十卷。是书又题《新刻京本补遗汉接晋三国志全传》等。卷一卷端署“东原罗本贯中编次，书林诚德堂熊清波锲行”，卷末牌记镌“万历岁次丙申冬月/诚德堂熊清波锲行”（图一）。书前有《重刊杭州考正三国志传序》，言三国历史，司马光《资治通鉴》“以曹魏嗣汉为正统，以蜀、吴为僭国，是非颇谬”；而朱熹《资治通鉴纲目》“以蜀汉为正统，

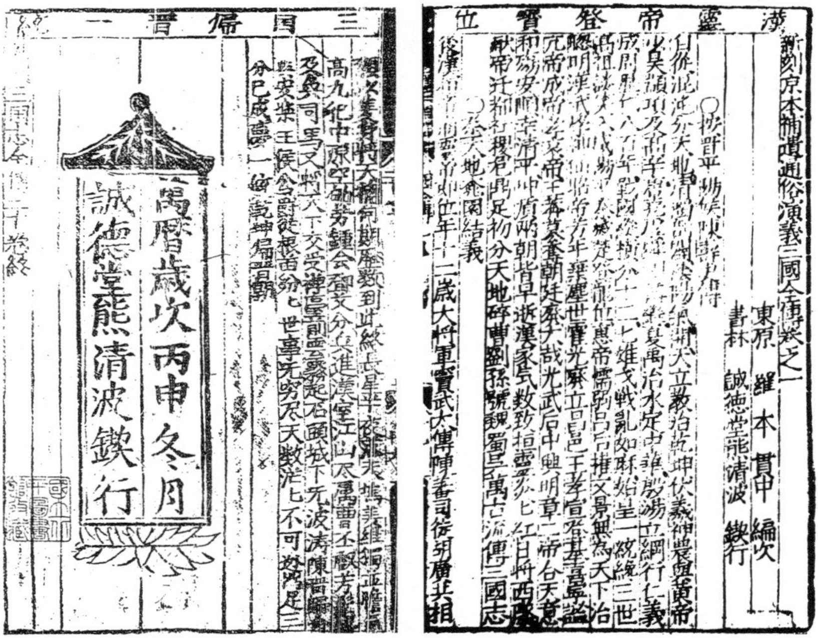
萬曆歲次丙申冬月
誠德堂熊清波鍥行

新刻京本補遺通俗演義三國全傳卷之一
東原羅本貫中編次
書林誠德堂熊清波鍥行

图一 《新刻京本补遗通俗演义三国全传》卷端、牌记（台北“故宫博物院”藏）

吴、魏为僭国，于人心正而天道明”。又言“罗贯中氏又编为通俗演义，使之明白易晓，而愚夫俗子，亦庶几知所讲读焉。但传刻既远，未免无讹。本堂敦请明贤，重加考正，刻传天下，盖亦与人为善之心也。收书君子，其尚识之”。该篇虽题为序，实乃书坊常见之刻书题识，不啻一篇广告语。序后刻图（题“桃源结义”）半叶，也是建阳刻本惯用手法。

是书存本有二。一藏日本御茶之水图书馆，即孙楷第《日本东京所见小说书目》著录之东京德富苏峰氏成篑堂藏本。一藏台北“故宫博物院”，原系北平图书馆旧藏，《三国志演义古版丛刊续辑》据胶卷影印。全书镌刻粗劣，又屡经刷印，版多漫漶，然“其中也保存了原本或早期版本文字的某些遗留”（岑桦《北平旧藏熊清波诚德堂刊本三国志全传》整理说明《三国志演义古版丛刊续辑》）。

万历三十七年（1609），诚德堂刻《新刻手谭秘局四谱真诀》四卷，日本国立公文书馆有藏本。

熊氏宏远堂

熊氏宏远堂主人，著名者有熊体忠。体忠字尔报，云滨乃其号。县学生。生平详见《潭阳熊氏宗谱》（见方彦寿《福建历代刻书家考略》第342页转录）。熊氏刻《屠先生评释谋野集》四卷，书后镌“闽庠生熊体忠荩卿甫校梓”一行（图一），可知荩卿亦其字号。又《潭阳熊氏宗谱》载其“辑有《四书大传》《书经久传》《书经鲸音》《玉堂纲鉴》《二经精解》《南华副墨》《遵生八笺》等集”，以上诸书，实为熊氏所刻梓，“辑”字并不是如今一

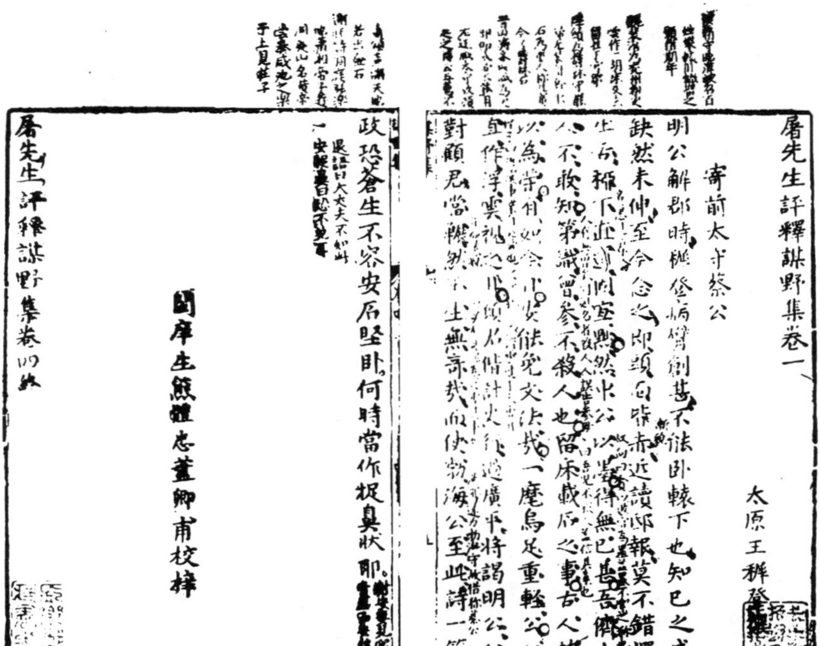
屠先生評釋諶野集卷四終

政恐蒼生不容安居堅卧何時當作捉臭狀耶

閩庠生熊體忠荩卿甫校梓

屠先生評釋諶野集卷一

寄前太守蔡公

太原王稱登

图一 《屠先生评释谋野集》卷端、牌记（中国国家图书馆藏）

般意义上的著作方式。盖因刻书乃属“贱业”，作传者故为儒生熊体忠曲讳若此。熊人霖撰余应虬墓志，描述余氏刻书职业，也是这种笔法，详见本书《余氏近圣居》。

宏远堂所刻书，最早存本为明万历七年（1579）刻《百家录粹》。书前有廉斋子序，言“书林曙野熊君，亟请之梓，遂索诸箧中而手授之”云云。卷六终有牌记，镌“万历岁次己卯/仲秋宏远堂刊”（图二）。熊曙野或乃宏远堂主人，不知与熊体忠有何关系。其他如日本山口大学图书馆藏《见闻搜玉》，卷端署“皇明赐进士第、南京户科给事中、前省事第一人、山阴高鹤纂辑，宏远堂熊氏重镌”，其坊主为谁则不详。而卷终牌记镌“明万历辛卯/夏函三馆雕”，是或为熊氏翻刻函三馆旧本；或版属函三馆，而熊

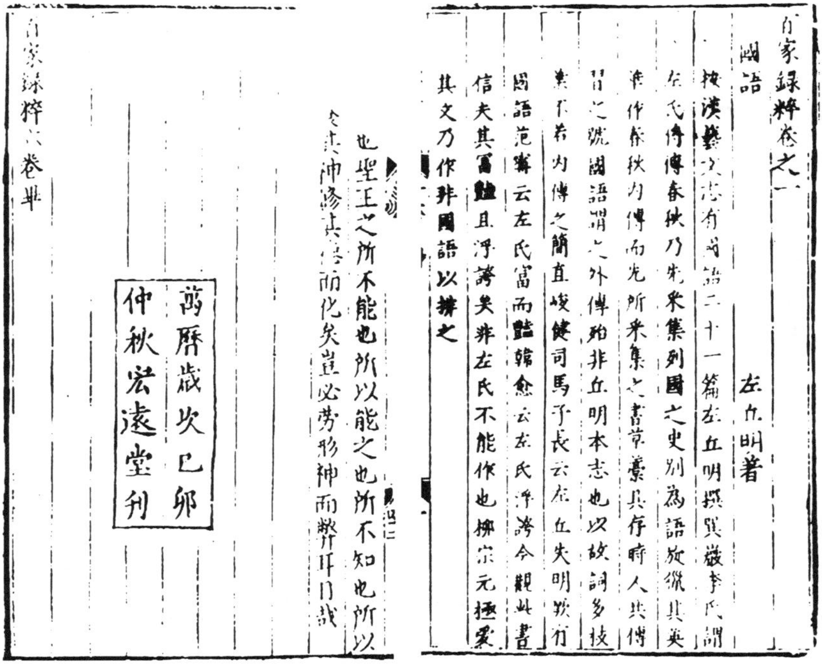

图二 《百家录粹》卷端、牌记（中国国家图书馆藏）

氏仅承刻承印而已。

熊体忠刻书，见有万历二十七年（1599）刻本《精刻编集阳宅真传秘诀》六卷。卷一卷端署“徽婺理田山人鹤松李邦祥编集，弟容宇应裕校正，男希圣、朝圣梓”；内封刻“潭庠士熊云滨谨依徽婺原板梓行”；书后牌记镌“万历己亥岁季春月/宏远堂熊云滨梓行”(图三）。书前李应裕序言“相与考校，付之梓人”云云，盖原为李氏所刻，或即熊氏所据之徽版。

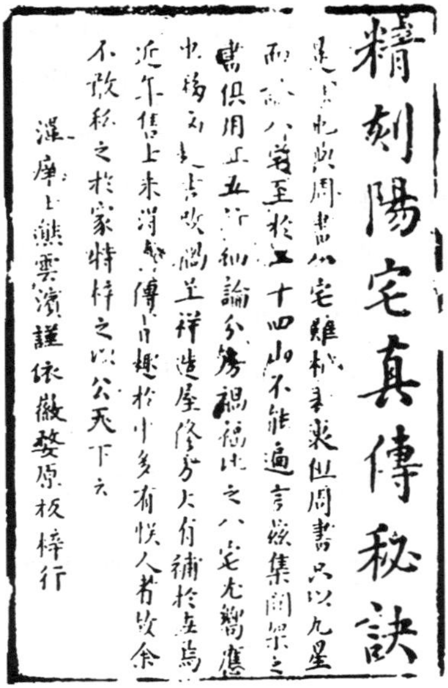
精刻陽宅真傳秘訣

潭庠士熊雲濱謹依徽婺原板梓行

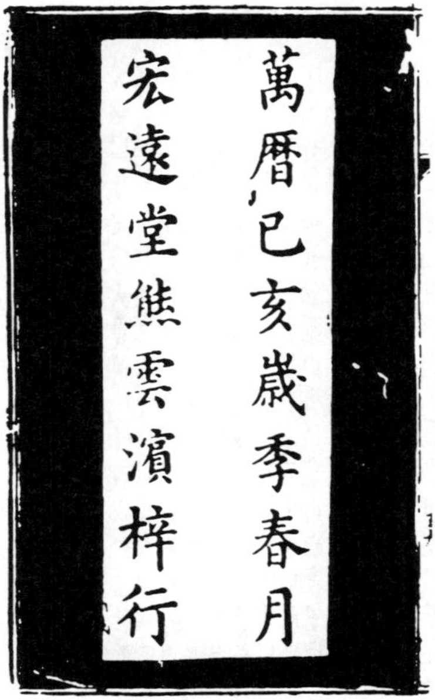
萬曆己亥歲季春月

宏遠堂熊雲濱梓行

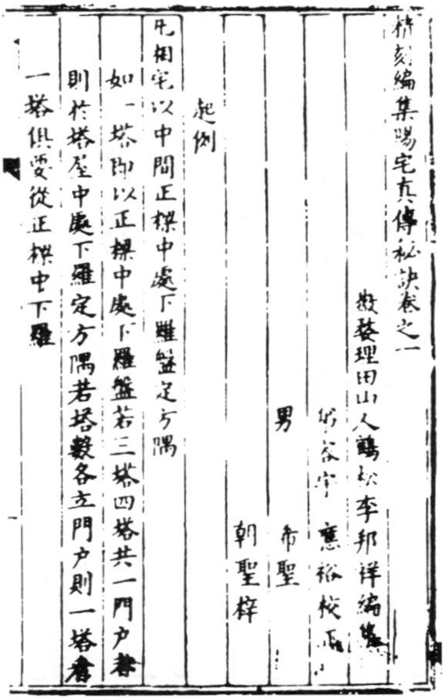
精刻編集陽宅真傳秘訣卷之一

徽婺理田山人鶴松李邦祥編集

弟容宇 應裕校正

男 希聖 朝聖梓

凡例

凡相宅以中間正樑中處下羅盤定方隅

如一塔則以正樑中處下羅盤若三塔四塔共一門户者

則於塔屋中處下羅定方隅若塔數各立門户則一塔者

一塔俱要從正樑中下羅

图三 《精刻编集阳宅真传秘诀》内封、卷端、牌记（中国国家图书馆藏）

又，万历间宏远堂刻本《史记评林》，卷终尾题后有牌记镌“宏远堂熊氏/增补绣梓行”两行（图四）。书前《史记正义序》后，镌“建阳后学云滨熊体忠/献刘朝箴仝梓”。或著录为熊体忠、刘朝箴刻本。是书又见著录有熊氏种德堂刻本，《史记正义序》后同镌“建阳后学云滨熊体忠/献刘朝箴仝梓”，卷终牌记则刻“种德堂熊氏/增补绣梓行”，熊体忠似亦为种德堂主人。其实不然。经比对首叶书影，二书实为同版，种德堂刷印在后，当是根据宏远堂本改题重印。

上引《潭阳熊氏宗谱》所载熊氏辑刊七书，根据诸家著录，

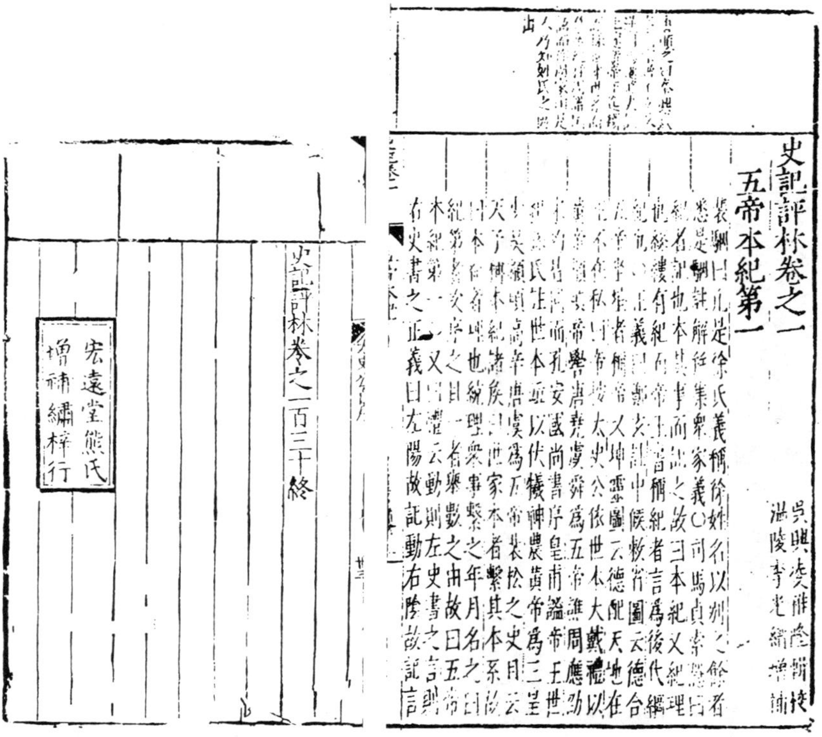

图四 《史记评林》卷端、牌记（安徽省徽州文化博物馆藏）

见存者仅《玉堂纲鉴》（题《鼎锲叶太史汇纂玉堂鉴纲》）、《二经精解》（题《玉堂校传如岗陈先生二经精解全编》）二种。《四书大传》，疑乃《四书火传》之讹，今有《鼎锲青螺郭先生阅发四书火传》二十卷，日本蓬左文库藏。《书经久传》，疑乃《书经火传》之讹，未见存。今存万历二十五年（1597）书林熊体忠刻本《易经火传》，题《鼎锲李先生易经火传新讲》。由此推测，或有“五经火传”，此其零种而已。宗谱未录者尚有多种，如万历二十一年（1593）刻本《新镌百家评林国语全编》二十一卷，万历二十三年刻本《新刊列仙降凡征应全编》二卷，万历三十五年（1607）刻本《刻刘太史汇选古今举业文弢注释评林》四卷，万历间刻本《地理参赞玄机仙婆集》十三卷，等等。

熊氏梅隐书堂

熊氏梅隐书堂，又作梅隐堂，为建阳坊肆。今仅见其刻印《东垣十书》一种，十书子目为：

《新刊东垣十书脉诀》一卷，宋崔嘉彦撰；

《新刊东垣十书汤液本草》二卷，元王好古撰；

《脾胃论》三卷，元李杲撰；

《新刊东垣十书内外伤辩》三卷，元李杲撰；

《新刊东垣先生兰室秘藏》三卷，元李杲撰；

《新刊东垣十书医经溯洄集》一卷，元王履撰；

《格致余论》一卷，元朱震亨撰；

《新刊东垣十书局方发挥》一卷，元朱震亨撰；

《东垣先生此事难知集》二卷，元李杲撰；

《新刊东垣十书外科精义》二卷，元齐德之撰。

书前无总序、目次。《脉诀》一书，半叶五行，行十字，四周双边，黑口，单鱼尾。其余各书行款均为半叶十行，行十七字，版式同。《汤液本草》目录终镌牌记“詹氏进贤书堂记/正德戊辰新刊行”二行。詹氏进贤书堂，又作进贤堂，参见本书《詹氏进贤堂》。正德戊辰，乃正德三年（1508）。《医经溯洄集》目录后有牌记刻“正德戊辰熊氏/梅隐书堂刊行”（图一），《局方发挥》卷终有牌记刻“正德戊辰鳌峰/熊氏梅隐堂刊”（图二）。全书版刻风格一致，当非拼凑之本。至于是否为詹氏、熊氏联合刊刻，或者谁刻谁印，则已难查考。

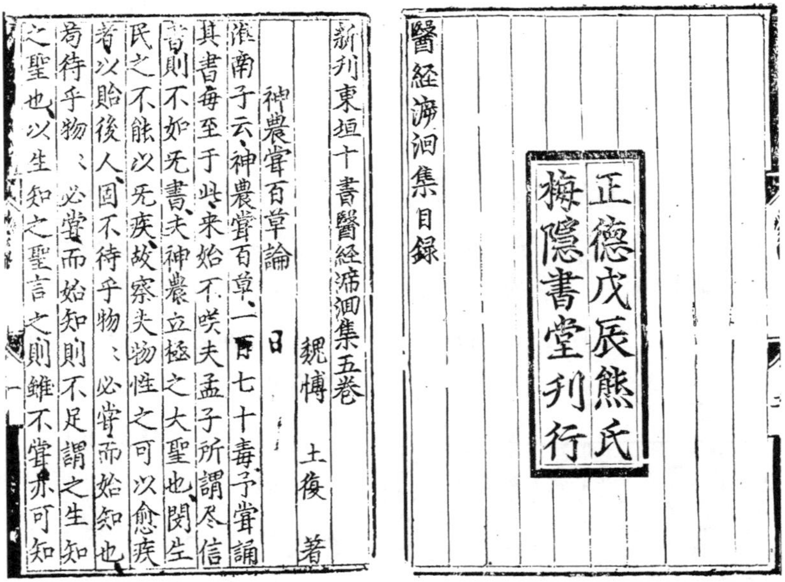
新刊東垣十書醫經溯洄集五卷
魏博　王履　著
神農嘗百草論
淮南子云神農嘗百草一日七十毒予嘗誦其書每至于此未始不嘆夫孟子所謂盡信書則不如無書夫神農立極之大聖也閔生民之不能以無疾故察夫物性之可以愈疾者以貽後人固不待乎物物必嘗而始知也苟待乎物物必嘗而始知則不足謂之生知之聖也以生知之聖言之則雖不嘗亦可知

醫經溯洄集目録
正德戊辰熊氏
梅隱書堂刊行

图一 《新刊东垣十书·医经溯洄集》牌记、卷端（日本国立公文书馆藏）

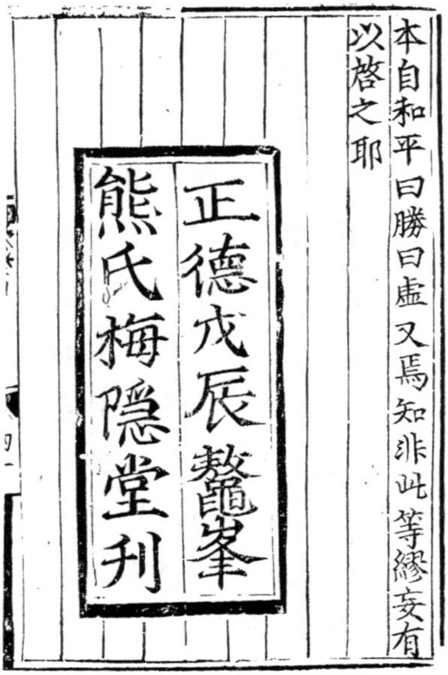
本自和平曰勝曰虚又焉知非此等繆妄有
以啓之耶
正德戊辰鼇峯
熊氏梅隱堂刊

图二 《新刊东垣十书·局方发挥》牌记（日本国立公文书馆藏）

熊氏雄飞馆

学界一般认为，熊飞乃雄飞馆主人，字希孟，号在渭，又号赤玉。种德堂书坊主熊成冶长子（参见方彦寿《福建历代刻书家考略》第339页）。崇祯间刊印《精镌合刻三国水浒全传》，一名《英雄谱》。是书为双截版，下栏刻《三国演义》，署“晋平阳陈寿史传，元东原罗贯中演义，明温陵李载贽批点”；上栏刻《水浒传》，署“钱塘施耐庵编辑”（图一）。卷前有图百幅（《三国》62叶，《水浒》38叶，均前图后赞），系著名刻工刘玉明所镌，极精美。内封刻“英雄谱”三大字，前署“名公批点合刻三国水浒全传”，并镌识语云：“语有之‘四美具，二难并’，言璧之贵合也。《三国》《水浒》二传，智勇忠义迭出不穷，而两刻不合，购者恨之。本馆上下其驷，判合其圭。回各为图，括画家之妙染；图各为论，搜翰苑之大乘。较雠精

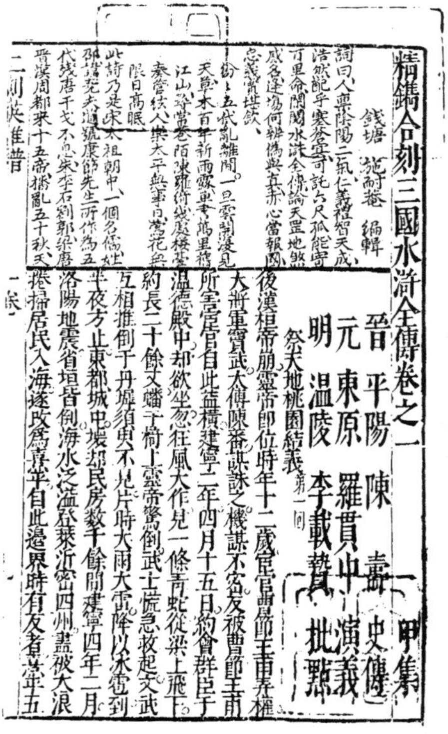

图一 《精镌合刻三国水浒全传》卷端（日本国立公文书馆藏）

工，楮墨致洁。诚耳目之奇玩，军国之秘宝也。识者珍之。雄飞馆主人识。”版框外横刻“二刻重订无讹”（图二）。既言“二刻”，则有“初刻”，初刻《英雄谱》，日本筑波大学附属图书馆等有藏本。

图二 《精镌合刻三国水浒全传》内封（日本国立公文书馆藏）

按，晚明建阳刊刻科考用书、日用类书等，大量使用两截版甚至三截版的版刻方式，提高书叶文字载量，降低刻印成本，从而更具价格优势。在雄飞馆刻印《英雄谱》之前，通俗小说的刊刻也多见两截版，但也仅仅是以上图下文的形式出现。将《三国演义》《水浒传》合刻为一书，不过是借鉴了举业书的版刻模式而已，但在众多建阳刻本小说中，无疑独树一帜。这一方面如雄飞馆主人所宣称的，方便了读者，从另一方面理解，何尝不是一种捆绑销售。卷前精美插图（图三），表明：精良刻印，建阳书坊非不能也，是不为也。这无疑跟他们的市场定位密切相关。

明末清初建阳刻书业的急剧衰落，研究者往往归结于书坊主的粗制滥造，从而丧失了市场份额，最终被江浙等地书坊所取代。但从雄飞馆《英雄谱》来看，即使到了明代末期，建阳书坊在出版

图三 《精镌合刻三国水浒全传》插图（日本国立公文书馆藏）

业中仍不乏创造性。尽管这种创造性不免流于形式，但用以“苟延残喘”，似乎尚可支撑相当长时间。笔者怀疑，这很可能不仅仅是一种市场行为，恐怕是因为外部强大力量突然介入，从而对整个行业产生毁灭性打击。

熊氏绣贤堂

熊氏绣贤堂，明末清初建阳书坊，曾刻印《新刻易经衷旨原本》。是书分上下双栏，下栏为《周易本义》四卷，上栏即是书。前有《周易本义字面辨疑》一卷。卷首题“新安汪士魁伯伦氏原辑，嘉禾熊志学鲁子氏参订，门人余应濬元微父、王路二极父同阅”（图一）。内封版框外横刻“校定六刻，无阙无讹”；内镌“嘉禾熊鲁子参订，易经衷旨原本，绣贤堂藏版”（图二），并识语（漫漶难辨）。熊志学（1605—1675），字鲁子，一字时敏，号郭詹。明末清初建阳书坊主。（参见方彦寿《福建历代刻书家考略》第362—363页）《潭阳熊氏宗谱》熊志学小传谓其“著述《四书心印》《易经衷旨》，广行于世”。道光《建阳县志》小传则言熊氏“著有《易经衷旨》《册府元龟序论》诸书”。所谓“著述”云云，并非指撰著，而是参订校阅等编辑，或如宏远堂熊体忠、近圣

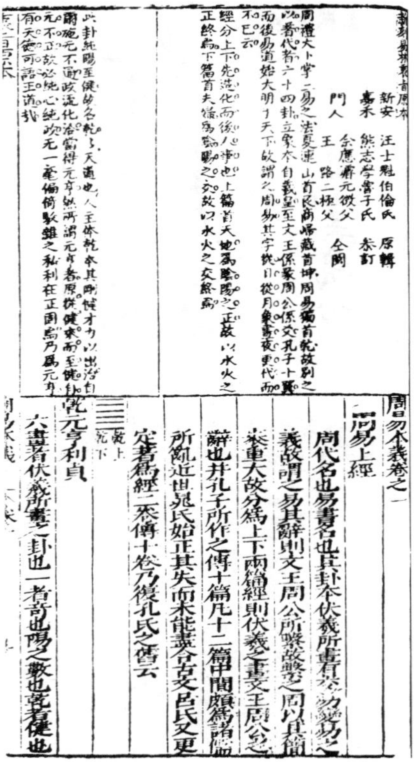
新刻易經衷旨原本
新安 汪士魁伯倫氏 原輯
嘉禾 熊志學魯子氏 參訂
門人 余應濬元微父 仝閱
王 路二極父

周易本義卷之一
周易上經
周代名也易書名也其卦本伏羲所畫有交易變易之義故謂之易其辭則文王周公所繫故繫之周以其簡袠重大故分爲上下兩篇經則伏羲之畫文王周公之辭也并孔子所作之傳十篇凡十二篇中間頗爲諸儒所亂近世晁氏始正其失而未能盡合古文呂氏又更定著爲經二卷傳十卷乃復孔氏之舊云
☰ 乾下乾上
乾元亨利貞
六畫者伏羲所畫之卦也一者奇也陽之數也乾者健也

图一 《新刻易经衷旨原本》卷端（日本国立公文书馆藏）

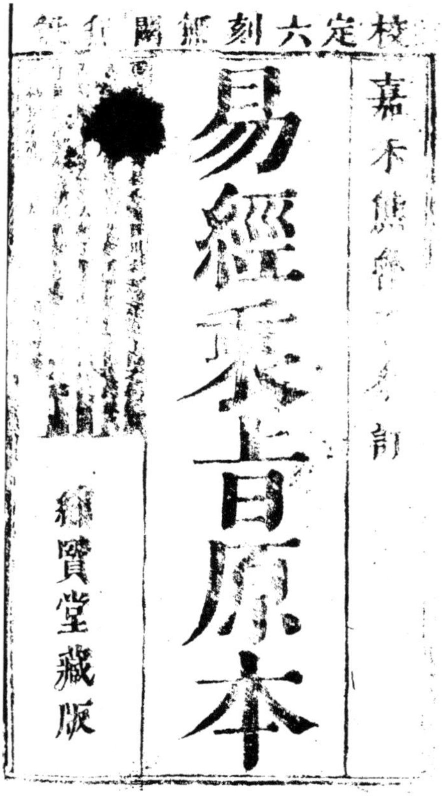

图二 《新刻易经衷旨原本》内封（日本国立公文书馆藏）

居孔应虬等笔法，乃指刊刻而言。如《易经衷旨》乃新安汪士魁所撰，是当时畅销的举业书，此外有明刻本题《再订易林衷旨定本》，又有明末清初化玉斋刻本题《易经衷旨说统大全合纂》等。是书题熊志学参订，当是熊氏在汪士魁旧本基础上删订增补，甚或曾予刊行。内封题“校订六刻”云云，而终为绣贤堂所印行。

绣贤堂有主人曰熊孔衢，曾刻明顾充撰《历朝捷录》七卷，现仅存日本据熊氏原本之重刊本。又《中国古籍善本书目》等著录《文苑汇隽》二十四卷，明孙丕显辑，明万历三十六年（1608）绣贤堂刻本。

熊氏雨钱馆

熊氏雨钱馆，晚明建阳书坊。崇祯元年（1628）曾刻《新刊朱师韦先生家秘医学新知全书》十一卷。是书卷一卷端署“古闽沧洲师韦朱朝槐元夫父辑、书林公升熊超元玉父刊”；内封镌“朱师韦先生家传，医学新知，雨钱馆发兑”；卷十一末刻“雨钱馆梓行”一行（图一）。熊超当即雨钱馆主人，根据卷端题署，字元玉，号公升。其余不详。

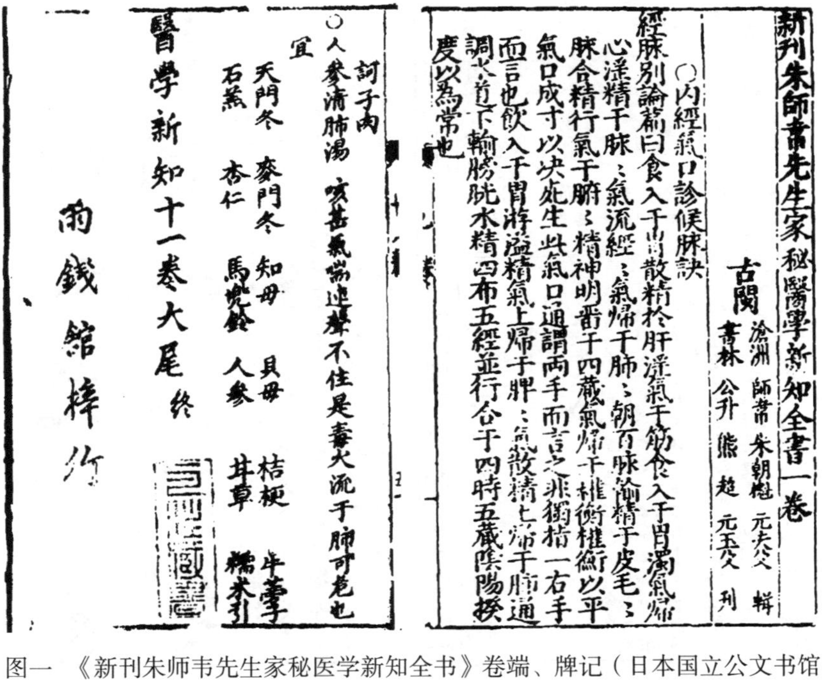
新刊朱師韋先生家秘醫學新知全書一卷
古閩 滄洲 師韋 朱朝槐 元夫父 輯
書林 公升 熊 超 元玉父 刊
○內經氣口診候脉訣
經脉別論篇曰食入于胃散精於肝淫氣于筋食入于胃濁氣歸心淫精于脉脉氣流經經氣歸于肺肺朝百脉輸精于皮毛毛脉合精行氣于腑腑精神明留于四藏氣歸于權衡權衡以平氣口成寸以決死生此氣口通謂兩手而言之非獨指一右手而言也飲入于胃游溢精氣上歸于脾脾氣散精上歸于肺通調水道下輸膀胱水精四布五經並行合于四時五藏陰陽揆度以為常也

訶子肉
○人參清肺湯 咳甚氣喘連聲不住是毒火流于肺可苞也
宜 天門冬 麥門冬 知母 貝母 桔梗 牛蒡子
石羔 杏仁 馬兜鈴 人參 甘草 糯米引
醫學新知十一卷大尾 終
雨錢館梓行

图一 《新刊朱师韦先生家秘医学新知全书》卷端、牌记（日本国立公文书馆藏，《日本现存中国稀觏古医籍丛书》影印）

崇祯间，雨钱馆又刻有《莆曾太史汇纂鳌头琢玉杂字》三卷首一卷。首卷题“新锲曾太史汇纂褶启联句四六婚书祭文摘锦上卷大全”；卷上题“新锲曾太史汇纂素翁启蒙琢玉鳌头云笺上卷大全”，署“太史喬云曾楚卿较”；卷中、卷下均题“新锲曾太史汇纂素翁启蒙琢玉鳌头杂字”；内封大字镌“莆曾太史汇纂/鳌头琢玉杂字”，并刻雨钱馆主人识语，谓“剖讹辨舛，字字堕鲛人之珠；诠释类编，人人羡尼山之玉”云云（图二）。书前有周延儒（1593—1643）《曾太史杂字琢玉序》，云：“太史曾先生读书中秘，于国牒掌故，无献不窥，至于蒲邦之俚韵字句，必求其叶韵而谐声，所谓丰肥而色泽均焉者。”然而是书乃坊间之日用杂书，恐

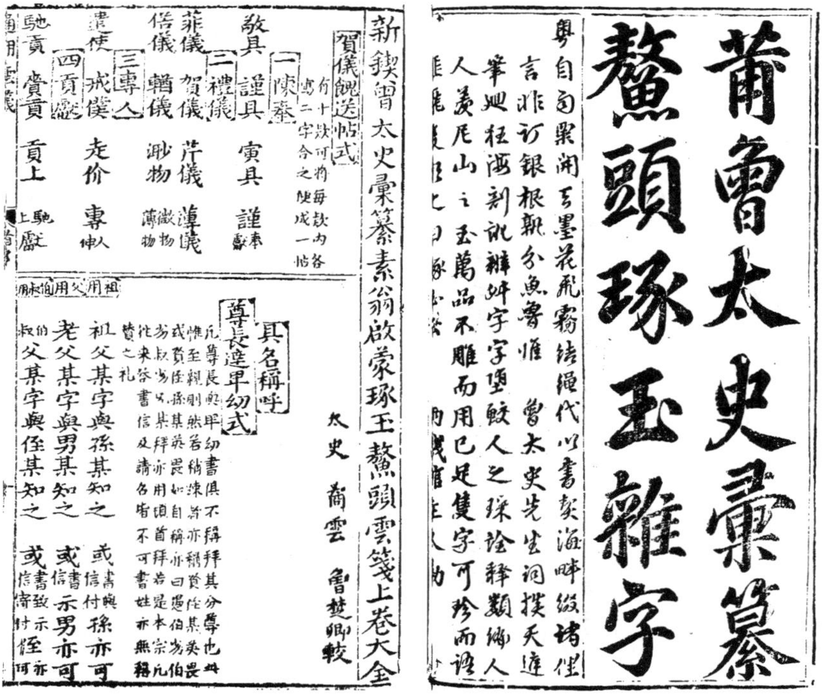

图二 《莆曾太史汇纂鳌头琢玉杂字》内封、卷端（日本国立公文书馆藏）

非曾楚卿所汇纂。卷首版分三栏，上栏书启，中栏联对，下栏婚书祭文等，皆切于日用。卷上题“云笺”，版分双栏，集各种常用帖式及具名称谓。惟卷中、卷下之中栏，才是所谓“杂字”释义。曾楚卿乃万历四十一年（1613）三甲进士，而作序之周延儒则是该榜状元，书坊假托名人，可谓挖空心思。

熊氏刻书，又尝题“雨钱世家”，盖皆本建阳“忠孝雨钱公”熊衮葬父故事。如中国国家图书馆藏《新锲益府藏板从姑修禊一线天会奕通玄谱》四卷，卷一卷端署“益藩仙源道人会编，书林雨钱世家绣梓”（图三）。书前有“益藩仙源道人”序，署“龙飞万历己酉岁春王正月”，内有“付剞劂氏”等语，大概刻于万历三十七年己酉（1609），是为熊氏所刻无疑，然坊主为谁则不详。万历二十五年（1597），宏远堂熊体忠亦曾以“雨钱世家”名号刻书行世，现存《鼎锲李先生易经火传新讲》七卷，南京大学图书馆、日本蓬左文库等有藏本。又，北京大学图书馆有明末雨钱世家刻本《历朝纲鉴辑要》二十卷，明张镶撰。

新鍥益府藏板從姑脩禊一線天會奕通玄譜 一卷
益藩 仙源道人 會編
書林 雨錢世家 繡梓
●原奕論 皮日休
問奕之原於或人或人曰堯教丹朱征丹朱作爲是信固有道焉皮子曰夫奕爲藝
也彼謀既失我謀先之我智既虧彼智乘之害也欲利其內必先攻外欲取其遠必
先攻近詐也勝之勢不城池而金湯焉負之勢不兵甲而奔北焉勝不讓負負不讓
勝爭也存此亡彼存彼失此如蘇秦之合從陳軫之遊說僞也若然者不害則敗不

图三 《新锲益府藏板从姑修禊一线天会奕通玄谱》卷端（中国国家图书馆藏）

熊氏中和堂

熊氏中和堂，有研究者以为是熊宗立书坊堂号。熊宗立，字道宗，号道轩，又号勿听子。明正统至成化间建阳著名医家，“通阴阳医卜之术，注解《天玄》《雪心》二赋，《金精鳌极》《难经》《脉经》《药性赋补遗》及集《妇人良方》等书行于世”（嘉靖《建阳县志》卷十六本传）。方彦寿认为，熊宗立少年时曾向建阳刻书名家刘剡学习校刊书籍，于是成了专刻医经典籍的刻书家，并谓其以“鳌峰熊宗立”“熊氏种德堂”“熊氏中和堂”等名号刻书20多种（详《增订建阳刻书史》第302页）。笔者对此说持怀疑的态度，详见本书《熊氏种德堂》。日本国立公文书馆藏《新刊勿听子俗解八十一难经》六卷首一卷（子021–0010），虽未被方彦寿列入“20多种”当中，其为熊氏中和堂所刻殆无疑，其为熊宗立刊行则未必。

书前有熊宗立序，署“正统戊午春正人日道轩敬识”，言《难经》一书，“注家相踵，繁简醇疵，或有遗憾。予遂从其俗解，间有是与不是，望高明君子订而正之，使初学蒙士或有取焉”云云，不及刊刻事。目录叶题“新编俗解八十一难经图要目录”，署“鳌峰勿听子熊宗立纂图”。卷一卷端署“卢国秦越人著述，鳌峰勿听子熊宗立俗解”；内封横题“中和书堂”四字，中间大字镌“勿听子俗解/八十一难经”，左右镌联对云：“经明素问疑难意，词发灵枢隐秘文。”（图一）目录后有牌记，镌“成化壬辰孟春良旦/鳌峰熊氏中和堂刊”两行（图二）。“鳌峰熊氏”显然不能等同于鳌峰熊宗立，正如京兆刘氏、新安余氏，只与姓氏有

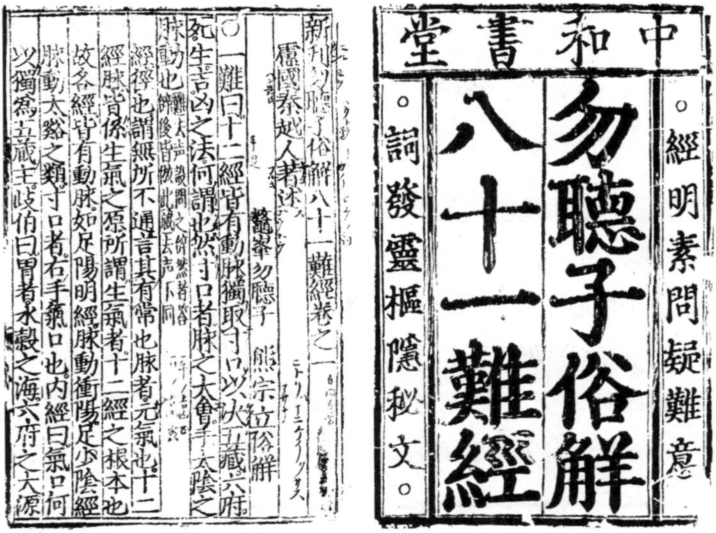

图一 《新刊勿听子俗解八十一难经》内封、卷端（日本国立公文书馆藏）

关，而不是特指某人。又，日本国立公文书馆藏《新刊勿听子俗解脉诀大全》六卷图一卷提要一卷（编号：子022-0012），与该本相校，行款版式相同，纸张墨色、字体相近，当是一时所刻。

此外，根据诸家著录，熊氏中和堂现存刻本尚有《袖珍方》四卷，明李恒撰，明成化九年（1473）刻本，日本武田科学振兴财团杏雨书屋藏；《活幼全书》八卷附一卷，明钱大用撰，明弘治八年（1495）刻本，中国中医科学院藏。

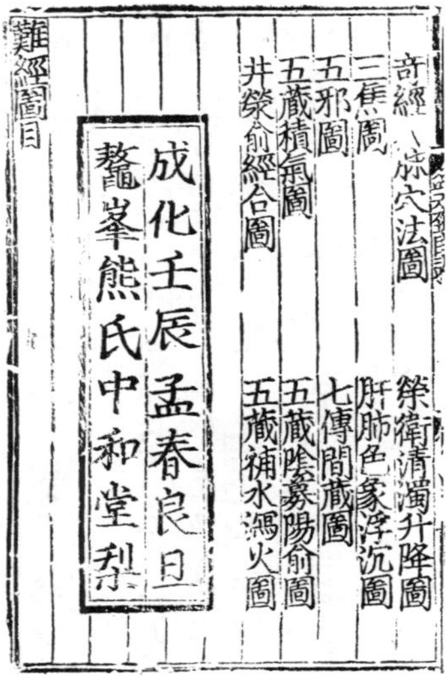

图二 《新刊勿听子俗解八十一难经》牌记（日本国立公文书馆藏）

熊氏忠正堂

熊氏忠正堂，是明代后期建阳较为著名的书坊，知名书坊主有熊龙峰、熊佛贵。龙峰、佛贵二人关系不详。

万历间熊龙峰曾刻《重刻元本题评音释西厢记》二卷。卷上卷端署“上饶余泸东校正，书林熊龙峰绣梓”；内封镌“重锲出像音释/西厢评林大全”大字二行，中间镌“庚寅春旦忠正堂熊龙峰锓”（图一）；卷下终有莲座荷盖牌记，刻“万历壬辰岁孟春月/

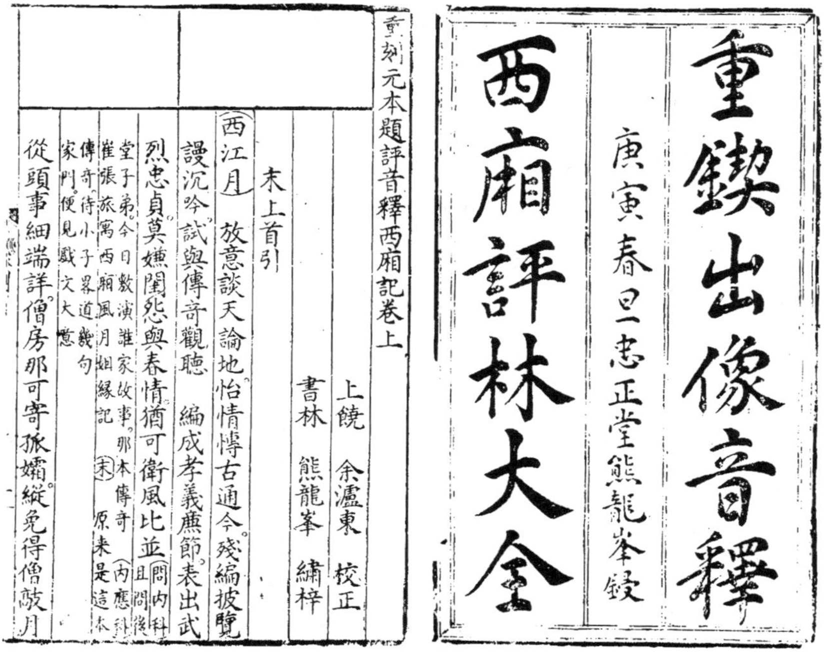
重鍥出像音釋
庚寅春旦忠正堂熊龍峰鋟
西廂評林大全

重刻元本題評音釋西廂記卷上
上饒 余瀘東 校正
書林 熊龍峯 繡梓
末上首引
（西江月）放意談天論地，怡情博古通今。殘編披覽謾沉吟，試與傳奇觀聽。編成孝義廉節，表出武烈忠貞。莫嫌閨怨與春情，猶可衛風比並。
從頭事細端詳，僧房那可寄孤孀，縱免得僧敲月

图一 熊龙峰刻本《重刻元本题评音释西厢记》内封、卷端（日本国立公文书馆藏）

忠正堂熊龙峰梓行”（图二）。书前有程巨源《崔氏春秋序》，末署“万历上章执徐之岁如月哉生明”，即万历八年庚辰（1580）二月初作。熊氏刻本内封作万历十八年庚寅（1590）镘，卷终牌记作万历二十年壬辰（1592）梓行，全书书版不及200块，当不至于需要花费两年时间来刊刻，或一为刊刻时间，一为刷印时间。一般来说，内封因不与正文连属，方便撤换，常常是刷印时所附入。然而此本内封题署时间在前，牌记在后，殊不可解。该书建阳书坊另有刘龙田刻本，卷首题“上饶余泸东校正，书林刘龙田绣梓”，卷终牌记刻“乔山堂刘龙田梓”。刘氏本大约也是刻于万历年间。《西厢记》一书，或许在程巨源撰序的万历八年以后较长时期，建阳书坊争相刊刻，而熊龙峰忠正堂亦多次刊印，且于出版信息随意改题以作新版，导致前后不一。

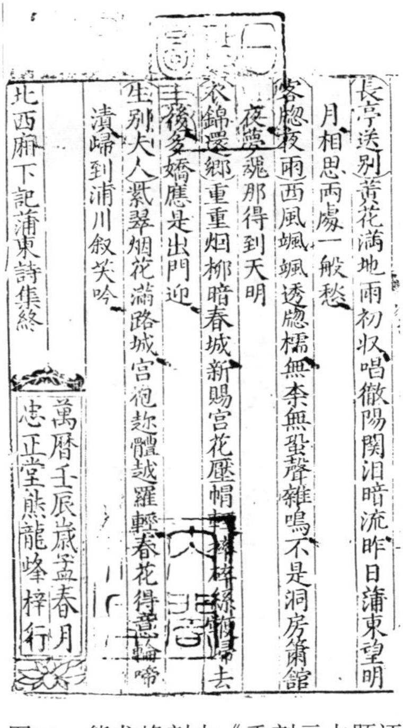
長亭送別黃花滿地雨初收唱徹陽關淚暗流昨日蒲東望明
月相思兩處一般愁
北西廂下記蒲東詩集終
萬曆壬辰歲孟春月
忠正堂熊龍峰梓行

图二　熊龙峰刻本《重刻元本题评音释西厢记》牌记（日本国立公文书馆藏）

熊龙峰忠正堂又曾刻《新刊出像天妃济世出身传》二卷。卷上卷端署“南州散人吴还初编，昌江逸士余德孚校，潭邑书林熊龙峰梓”；卷终牌记刻“万历新春之岁忠/正堂熊氏龙峰行”（图三）。该书仅日本东京大学东洋文化研究所藏孤本一帙，有缺叶，无序跋。“万历新春之岁”不详具体是哪一年，是书为万历间所刻，殆无疑议。又日本国立公文书馆藏孤本《张生彩鸾灯传》，

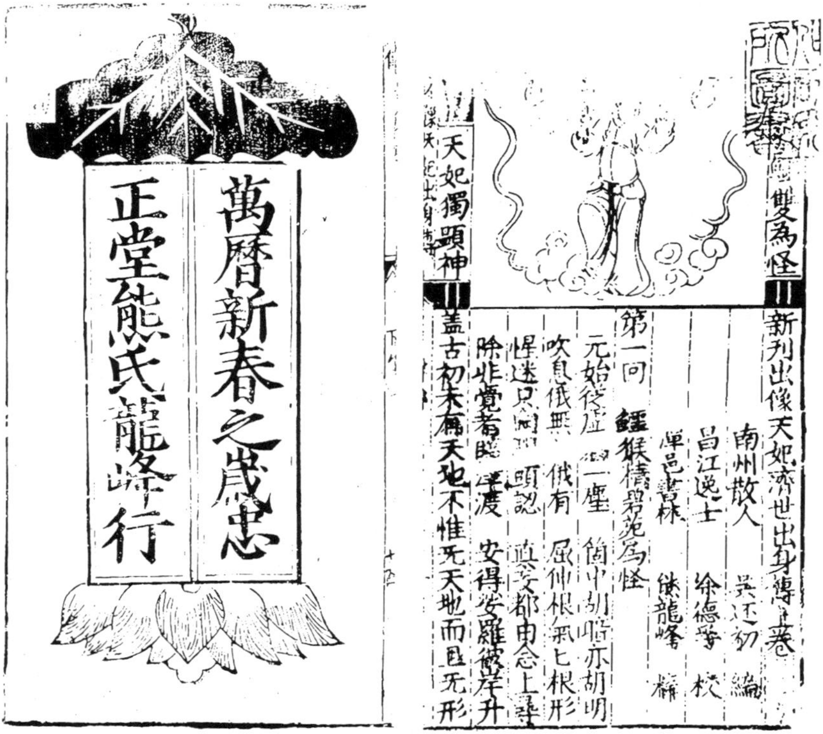

图三 《新刊出像天妃济世出身传》卷端、牌记（日本东京大学东洋文化研究所藏）

卷首题“熊龙峰刊行”（图四），与该馆所藏《苏长公章台柳传》《冯伯玉风月相思小说》《孔淑芳双鱼扇坠传》纸张、行款、版式、开本一致，学界一般认为同是熊氏所刻，遂以《熊龙峰四种小说》整理出版（如1958年上海古籍出版社排印本、《古本小说集成》影印本）。忠正堂又刻明杨慎撰《新锲杨状元汇选艺林伐山》四卷，河北大学图书馆藏。

忠正堂又一主人熊佛贵，生平不详，与熊龙峰当是同时代人。其所刻书，有万历三十一年（1603）《新锲音释评林演义合相三国志史传》二十卷。是书又题《新刻京本按鉴合像三国演义》等，仅见日本叡山文库藏孤本一帙，缺卷六至卷十，《三国志演义古版丛刊续辑》据以影印。书前有万历三十一年癸卯邓以诚《题三国志弁言》，但未言及刊刻事。卷一卷端题“翰林九我李廷机校正，书林东涧熊佛贵梓行”；卷二十末有莲座荷盖牌记，镌“大明万历癸卯年春月/书林忠正堂熊东涧梓”（图五）。李廷机（1542—1616），号九我，“东涧”或为熊佛贵之号。

此外，《中国古籍善本书目》著录《新刻皇明草对》一卷，明李廷机撰，明刘国猷辑，明万历间忠正堂刻本，安徽省图书馆藏。

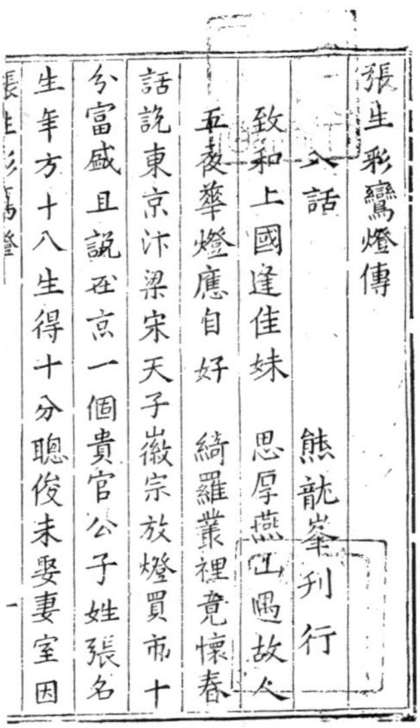
張生彩鸞燈傳
入話　熊龍峯刊行
致和上國逢佳妹　思厚燕山遇故人
五夜華燈應自好　綺羅叢裡竟懷春
話說東京汴梁宋天子徽宗放燈買市十
分富盛且說在京一個貴官公子姓張名
生年方十八生得十分聰俊未娶妻室因

图四　《张生彩鸾灯传》卷端
（日本国立公文书馆藏）

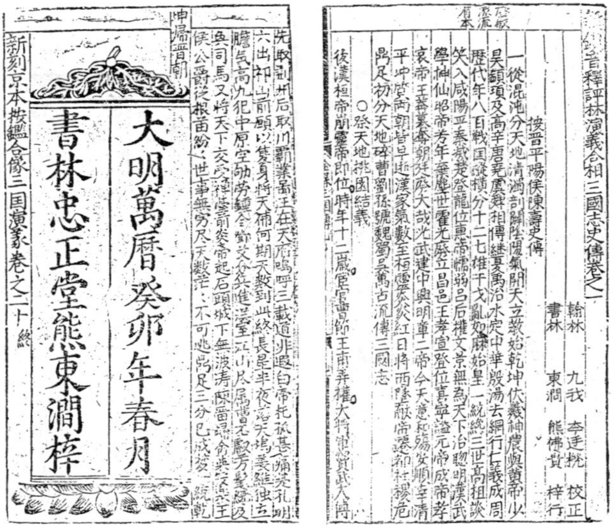
新鍥音釋評林演義合相三國志史傳卷之一
按晉平陽侯陳壽史傳
翰林　九我　李廷機　校正
書林　東澗　熊佛貴　梓行

新刻京本按鑑合像三國演義卷之二十終
大明萬曆癸卯年春月
書林忠正堂熊東澗梓

图五　《新锲音释评林演义合相三国志史传》卷端、牌记
（日本叡山文库藏，《三国志演义古版丛刊续辑》影印）

熊氏种德堂

熊氏种德堂，亦作种德书堂，是明代建阳著名书肆之一。明代前期，种德堂所刻书现存者多为医书，书坊主名讳不详。如明天顺七年（1463）刻《新刊河间刘守真伤寒直格》三卷《后集》一卷《续集》一卷《别集》一卷，“序后有‘临川葛雍校正，建安熊氏刊行’木记。又目录首题云：‘《伤寒方论》自汉长沙张仲景之后，惟前金河间刘守真深究厥旨，著为《伤寒直格》一书，诚有益于世。今求到江北善本，乃临川葛仲穆编校。敬刻梓行，嘉与天下卫生君子共之。岁次癸未仲冬，熊氏种德堂刊行。’”（《图书寮

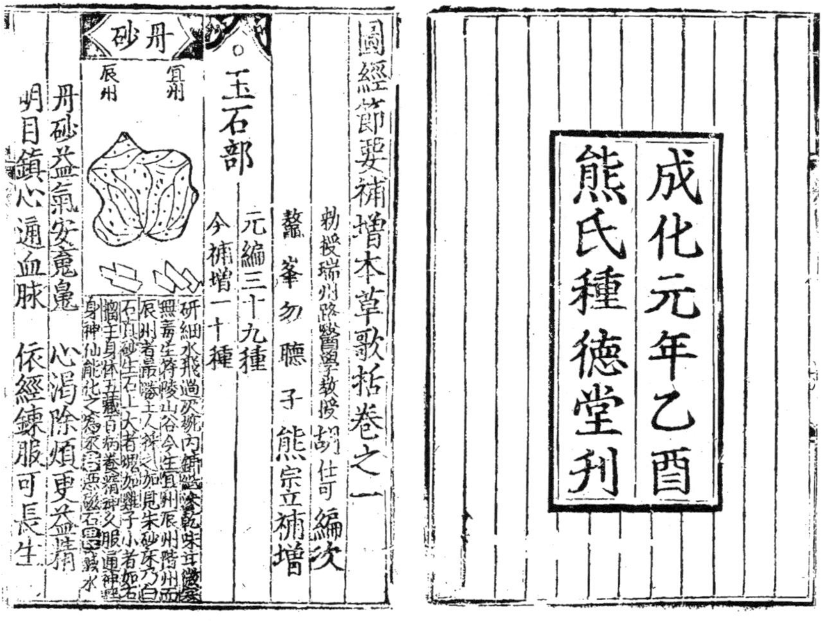

图一 《图经节要补增本草歌括》牌记、卷端（日本国立公文书馆藏）

汉籍善本书目》卷三16b、17a）成化元年（1465），刻《图经节要补增本草歌括》八卷，目录后牌记刻“成化元年乙酉/熊氏种德堂刊”（图一）。成化二年刻《太平惠民和剂局方》十卷附《指南总论》三卷《图经本草药性总论》一卷，目录后牌记刻“成化二年丙戌孟冬/鳌峰熊氏种德堂刊”。成化三年刻《新刊名方类证医书大全》二十四卷，目录后有牌记刻“成化三年丁亥/熊氏种德堂刊”（图二），日本大永八年（1528）泉南阿佐井野宗瑞有重刻本。正德四年（1509），刻《注解伤寒论》十卷，卷末牌记镌“正德己巳仲春月/熊氏种德书堂刊”。

方彦寿认为，以上正德以前各书，均为建阳医家熊宗立所刊刻，且熊宗立以“鳌峰熊宗立”“熊氏种德堂”“熊氏中和堂”等名号刻书20多种（《增订建阳刻书史》第302页）。这20多种建本，笔者所经眼者，熊宗立均以著者身份见于卷端或书前序言等，而未见其作为刊刻者身份与种德堂、中和堂等相关联。如《新刊名方类证医书大全》一书，书前原有正统十一年（1446）自序，云：“书成，藏于家塾，以供自治之需，非敢谓之当也。坊中好事者，固请梓行，与众共之。余不能已，因述其梗概，题诸篇端云。”据此，《新刊名方类证医书大全》有正统十一年

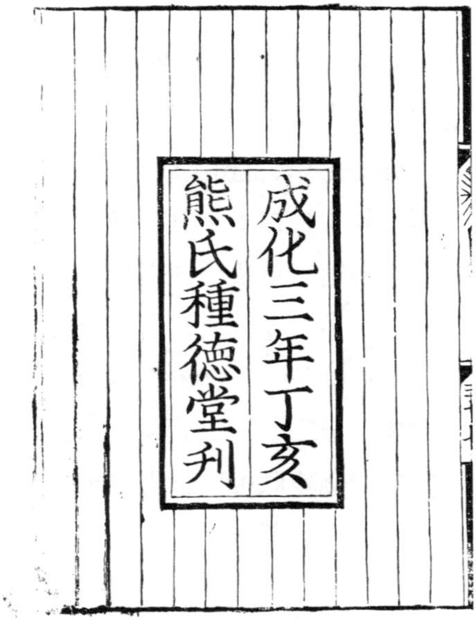

图二　和刻本《新编名方类证医书大全》牌记（日本国立国会图书馆藏）

前后之初刻本，且并非熊宗立所刊。现存成化三年熊氏种德堂刻本，也不可能是熊宗立刻印。熊宗立若为刻书家，岂有将初刻交由其他书坊出版，而自己却在二十余年后重刻之道理？又，《增订建阳刻书史》第304页著录“成化五年（1469）刻宋陈文中撰、熊宗立类证《类证陈氏小儿痘疹方论》二卷。目录后有‘成化己丑熊宗立种德堂刊行’牌记”。亦不知其所据。《类证陈氏小儿痘疹方论》，根据诸家著录，现存有明正德三年（1508）陈氏存德堂刻本及日本元禄六年（1693）重刊本、日本宽政五年（1793）抄本、日本天保十三年（1842）据成化五年刻本抄本等。森立之谓“京师荻野氏藏成化刊本，系东福寺玉峰和尚旧藏”，今不知存否。其传抄本“目录后有‘成化己丑熊氏种德堂刊行’记”（详《经籍访古志补遗》，上海古籍出版社2017年，第361、362页），亦不见熊宗立名讳。

有明一代，熊氏种德堂刻书，现存六十余种，明万历间熊成冶刻本几占其半。熊成冶，又常作熊成治，号冲宇。熊宗立五世孙（方彦寿《增订建阳刻书史》第346页）。其所刻书，四部皆备。万历元年（1573），刻《新刻金陵原板易经开心正解》六卷，中国国家图书馆、重庆市图书馆有藏本。又有《新刻金陵原板书经开心正解》六卷，卷一卷端署“金陵原板、养蒙正印，闽建邑书林冲宇熊成冶重梓”。《新刻金陵原板诗经开心正解》七卷首一卷，卷一卷端署“金陵原板、养蒙正印，闽建邑书林冲宇熊成冶重梓”；内封横刻“金陵原板”，大字镌“诗经开心正解”；并刊识语：“刻首卷便蒙各色等考实；上层采摘，新破旧者不载；次层字训，明白昭若日星；下层句解，发明简要新微；前后校正，绝无只字差讹。”署“种德堂熊冲宇重梓”。（图三）以上三书，当是“五经开心正解”之零种，可惜《礼记》《春秋》二种未见传本。

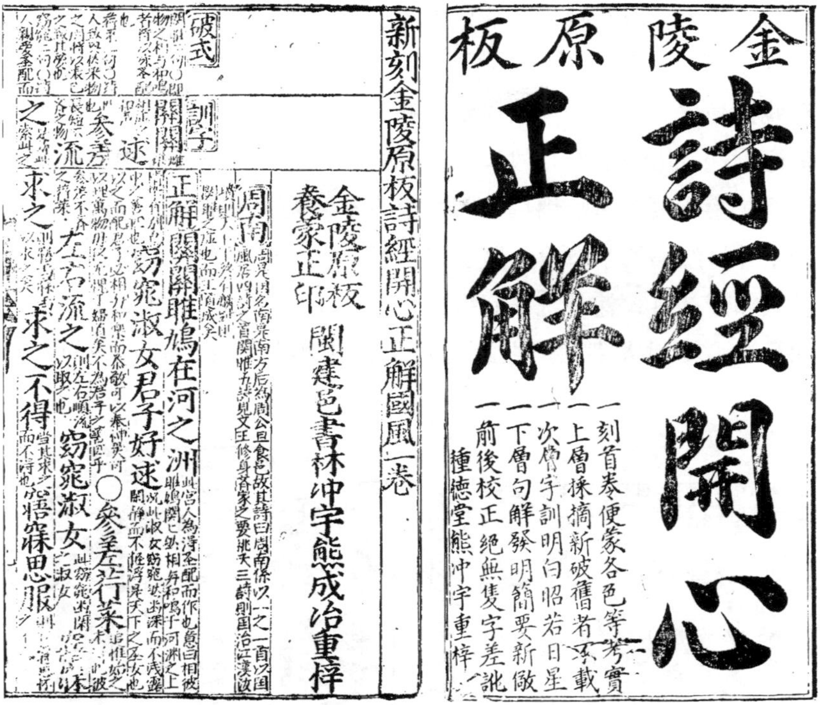

图三 《新刻金陵原板诗经开心正解》内封、卷端（日本国立公文书馆藏）

熊冲宇刻书中，有所谓“熊氏种德堂的特有标识”八卦图（方彦寿《增订建阳刻书史》第349页）。笔者所见有二，史部、子部书籍各一：《镌紫溪苏先生会纂历朝纪要旨南纲鉴》二十卷首一卷，卷一卷端署“紫溪苏濬编，九我李廷机纂，台山叶向高校，冲宇熊成冶梓”；内封大字镌“锓紫溪苏先生/标题纲鉴纪要”两行，中间八卦图，图上横刻“种德堂”三字，图下小字刻识语，云：“《纲鉴》一书，坊间混刻多矣。其间纲目不备，旨意不详，实乃［发蒙之病也］。下今紫溪苏先生留意删补，《纲鉴》全备，标题旨意精详，以为举业一助云。命本堂楷书精梓，一字无讹，四方君子买者，玉石辨焉，请认种德堂为记。万历壬子岁秋月穀旦，熊冲宇谨白。”（图四）美国哈佛大学哈佛燕京图书馆藏本识语原有残损，据《中国善本书提要》补。美国国会图书馆藏本，卷末有牌记刻“万历新岁春月穀旦熊冲宇梓”（详见王重民《中国善本书提要》第99页），哈佛燕京图书馆藏本缺失。子部《鼎镌洪武元韵勘正补订经书切字海篇玉鉴》二十卷，卷一卷端署“京南齐郡士台鼎武纬子补订，翰林院编修缑山王衡勘正，闽建邑书林冲宇熊成冶刊行”；内封大字刻“洪武元韵/海篇玉鉴”篆文两行，中间八卦

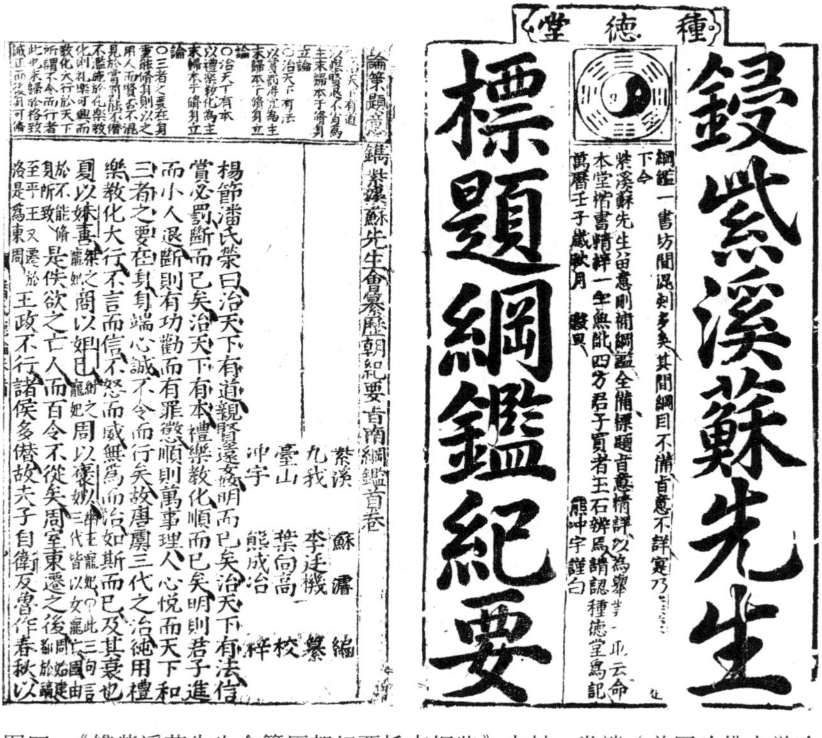

图四 《镌紫溪苏先生会纂历朝纪要旨南纲鉴》内封、卷端（美国哈佛大学哈佛燕京图书馆藏）

图，下镌“建邑书林熊冲宇刊行”，版框外横刻“种德堂”三字（图五）。卷二十末有莲座荷盖牌记，刻“万历新春岁艺/林熊冲宇绣梓”。此外，熊冲宇刻书亦见题“鳌峰世家”。如佚名辑《新刊指南台司袁天罡先生五星三命大全》四卷，卷一卷端署“潭阳鳌峰世家梓”，卷末莲座荷盖牌记镌“建邑书林种德/堂熊冲宇梓行”（图六）。

根据诸家著录，熊冲宇刊刻集部书籍，有《杜律选注》六卷、《唐诗正声》二十二卷、《锓顾太史续选诸子史汉国策举业玄珠》

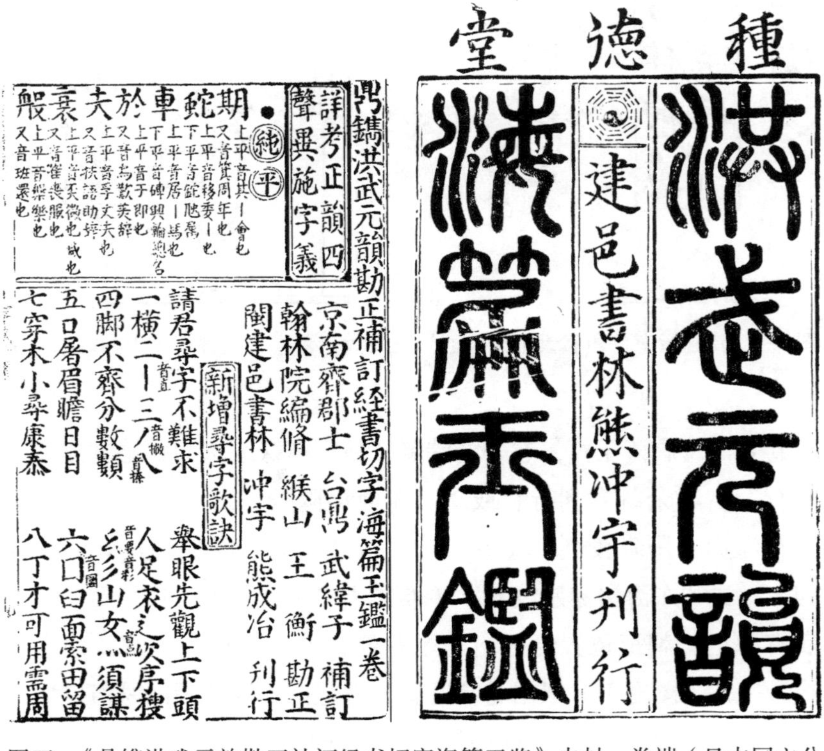
種德堂

洪武元韻

海篇玉鑑

建邑書林熊冲宇刊行

鼎鐫洪武元韻勘正補訂經書切字海篇玉鑑一卷

京南齋郡士 台鳴 武緯子 補訂

翰林院編脩 緱山 王 衡 勘正

閩建邑書林 冲宇 熊成冶 刊行

詳考正韻四聲異施字義

純平

期 鮀 車 於 夫 衰 般

新增尋字歌訣

請君尋字不難求 擧眼先觀上下頭

一橫二丨三丿乀 人足衣辶次序搜

四脚不齊分數類 彡彡山女灬須謀

五口尸眉瞻日目 六口臼面索田留

七穿木小尋康泰 八丁才可用需周

图五 《鼎镌洪武元韵勘正补订经书切字海篇玉鉴》内封、卷端（日本国立公文书馆藏）

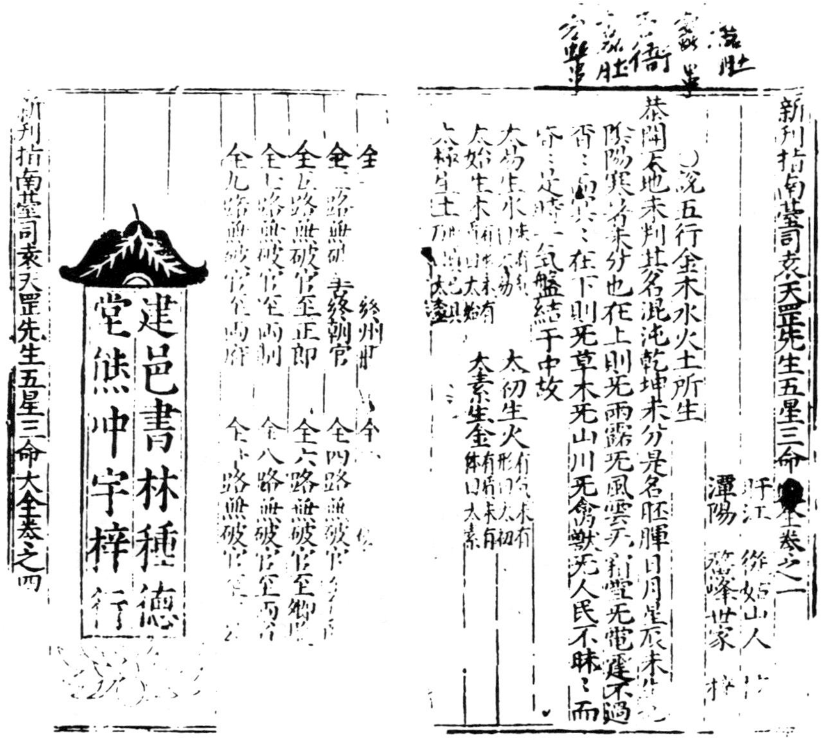
新刊指南臺司袁天罡先生五星三命大全卷之四

建邑書林種德堂熊冲宇梓行

新刊指南臺司袁天罡先生五星三命大全卷之一

一說五行金木水火土所生

图六 《新刊指南台司袁天罡先生五星三命大全》卷端、牌记（中国国家图书馆藏）

三卷等。《唐诗正声》卷一卷端署“新宁高棅编选，种德堂熊冲宇刊行”，其余各卷刊行者或署“东海屠隆校刊”（卷二等），或“东海赤水屠隆校刊”（卷三），或“东海屠隆长卿重刊”（卷四），或“东海屠赤水校刊”（卷二十二），颇不一致。卷二十二后有牌记，牌记位置恰好当是尾题处，镌“书林种德堂熊冲宇刊行”一行（图七）。根据卷端题署、牌记位置以及版面风格推测，该版似非熊氏原刊，而是根据旧版挖改重印。

熊冲宇之外，尚有熊振宇也以种德堂刻书行世。熊振宇，生

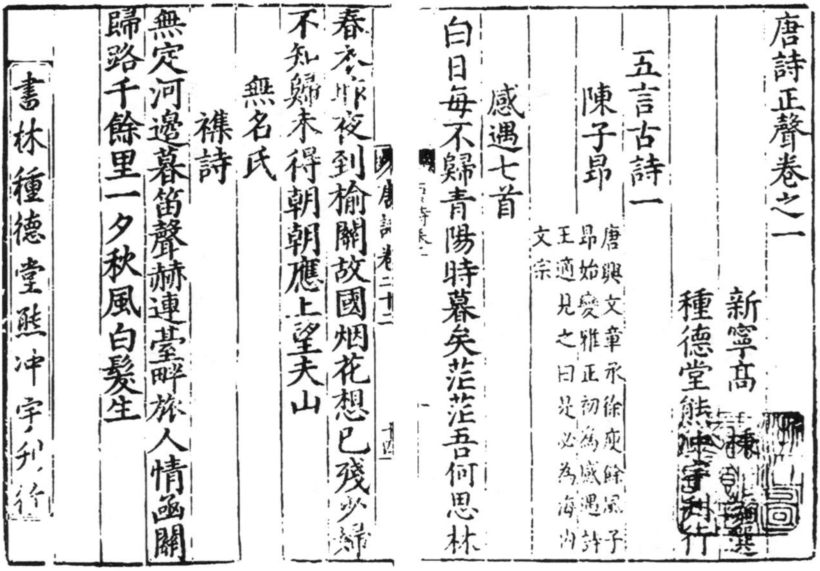
唐詩正聲卷之一
新寧高棅選
種德堂熊冲宇刊行
五言古詩一
陳子昂
唐興文章承徐庾餘風子昂始變雅正初為感遇詩王適見之曰是必為海內文宗
感遇七首
白日每不歸青陽時暮矣茫茫吾何思林
春衣非夜到榆關故國烟花想已殘少婦
不知歸未得朝朝應上望夫山
無名氏
襍詩
無定河邊暮笛聲赫連臺畔旅人情函關
歸路千餘里一夕秋風白髮生
書林種德堂熊冲宇刊行

图七 《唐诗正声》卷端、牌记（浙江图书馆藏）

平不详，当是熊冲宇兄弟行。万历三十七年（1609），熊振宇以种德堂刻明施凤来辑注《新刻施会元辑注国朝名文英华》十一卷，江西省图书馆、镇江市图书馆藏，《中国古籍善本书目》著录。同年刻明屠隆撰、明俞启相辑《新锲屠先生编选依韵萃璧故事》五卷，日本国立国会图书馆藏，《日本国立国会图书馆藏书目录》著录。《藏园订补郘亭知见传本书目》著录，宋蔡沈撰《书集传》六卷，亦有熊振宇刻本，今不知藏所。又，美国哈佛大学哈佛燕京图书馆藏万历间建阳刘大易刻本《新锲台阁校正注释补遗古文大全》八卷，卷一卷端署“潭邑龙田刘大易绣梓”，卷末牌记刊“飞龙万历新岁/穀旦刘龙田梓”。而内封抄配“注释心鉴/古文大全”大字两行，中间“书林熊振宇梓”，版框外横题“种德堂”三字（图八）。是必有据。其所据底本，当是刘氏刻种德堂熊振宇印本。

万历间种德堂主人另有熊云吾者，曾刻《新镌注释里居通用合璧文翰》二卷。卷端署“东海赤水屠隆编选，闽海紫岳俞启相校正，建邑书林熊荣吾梓行”；卷二末有莲座荷盖牌记，镌“书林种德堂熊/氏云吾绣梓行”（图九）。据此题署，若非刻书者故弄玄虚，熊荣吾与熊云吾应是二人，当是兄弟行，或共同经营种德堂，故一题署于卷端，一镌刻于卷末。又，种德堂熊云吾，与鳌峰堂熊正吾，也当是兄弟行。参见本书《熊氏鳌峰堂》。

此外，明末熊省南、熊建山、熊玉屏、熊秉宸等人均曾以种德堂刻书行世。如万历二十九年（1601）熊省南刻本《精摘古史粹语举业前茅》五卷，明杨九经辑，上海图书馆藏；天启六年（1626）熊建山刻本《鼎刻杨先生注释孔圣家语》五卷首一卷，明杨守勤撰，教育科学院藏；万历间熊玉屏刻本《新镌京板全补源流引蒙发明附凤对类》二十四卷，日本东京大学综合图书馆藏书林余鹤鸣后印本；熊秉宸刻本《新刻皇明司台历法立福通书大全》

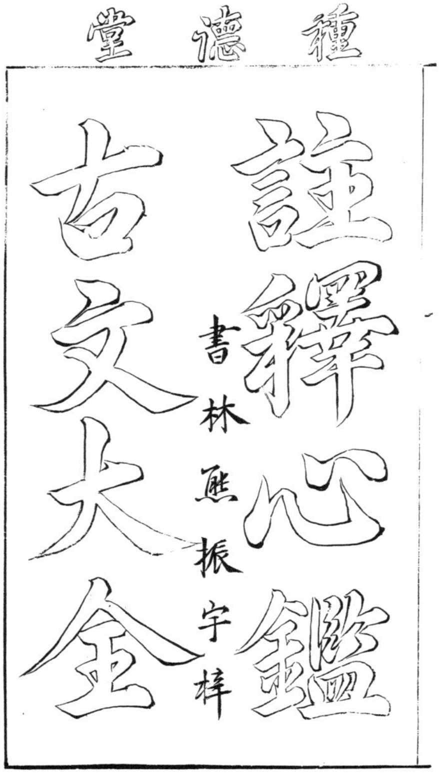

图八 《新锲台阁校正注释补遗古文大全》抄配内封（美国哈佛大学哈佛燕京图书馆藏）

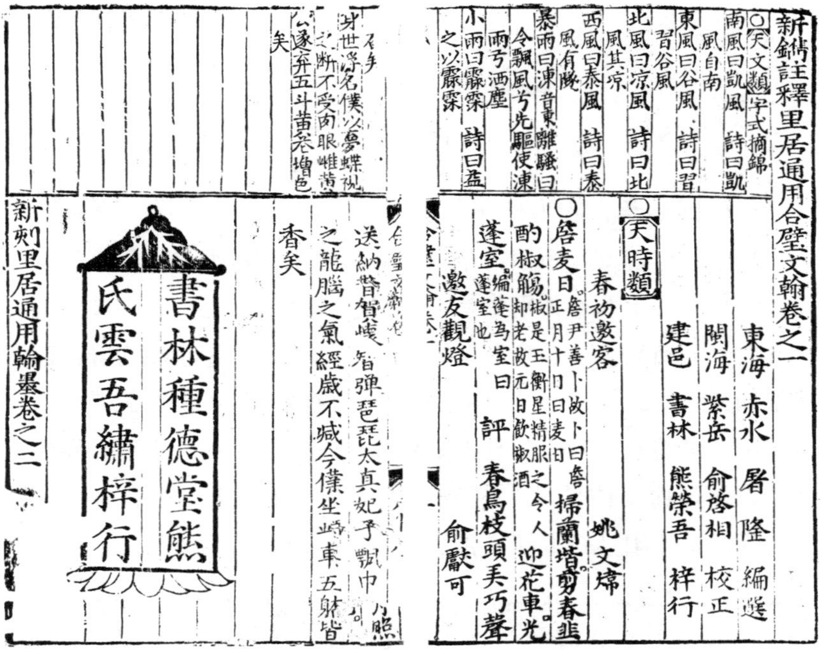

图九　《新镌注释里居通用合璧文翰》卷端、牌记（美国哈佛大学哈佛燕京图书馆藏）

十四卷，日本国立国会图书馆藏全帙，山东省图书馆藏卷十一至卷十四。

杨氏归仁斋

杨氏归仁斋，或为杨归仁所创。杨归仁生平不详。嘉靖四十年（1561），曾刻《新编古今事文类聚前集》六十卷《后集》五十卷《续集》二十八卷《别集》三十二卷《新集》三十六卷《外集》十五卷。《前集》《后集》《续集》《别集》首卷卷端均署“建安祝穆和父编集，知建阳县事南海邹可张订刻”；《新集》署“南江富大用时可编集，知建阳县事南海邹可张订刻”；《外集》终牌记镌“嘉靖辛酉岁仲夏/书林杨归仁重梓”（图一）。由此可见，是书实际乃是建阳县知事邹可张主持刊行，由书坊主杨归仁承刻。此

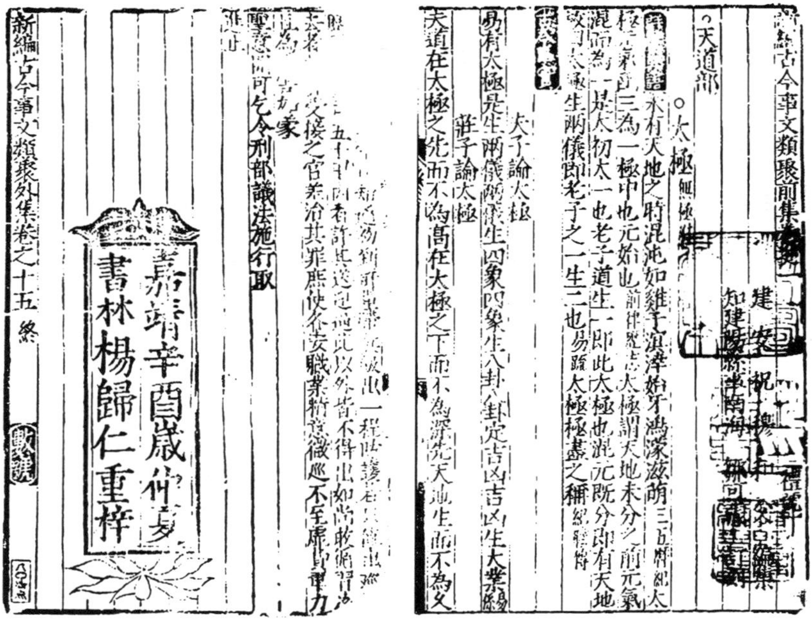

图一 杨归仁刻本《新编古今事文类聚》卷端、牌记（浙江图书馆藏）

书后有万历三十五年（1607）书林刘双松安正堂重修本，《外集》卷末牌记重刻，题“万历岁次丁未季冬月/书林安正堂刘双松梓”（图二）。浙江图书馆藏本，书中“尚有其他不同时期之修版”（浙江图书馆普查说明），旧时书贾将“万历”二字割去，手书“成化”二字补之，假冒作成化二十三年（1487）刻本。

早在嘉靖三十六年（1557），杨氏已以归仁斋堂号刻行《新编事文类聚翰墨大全》一百三十四卷。卷末牌记刻“嘉靖丁巳清白堂/杨氏归仁斋新刊”（图三）。据此，归仁斋或为杨氏清白堂的分支机构。今中国国家图书馆藏明万历三十九年（1611）安正堂重修本，内封刻“安正堂梓”，镌识语云：“旧刻《翰墨全书》，流行天下，永利世用，然皆支离陈腐，盖出于一时腐儒之所僭改，非刘氏之正宗也。本堂常有余憾，仍求诸选部古冲李先生门

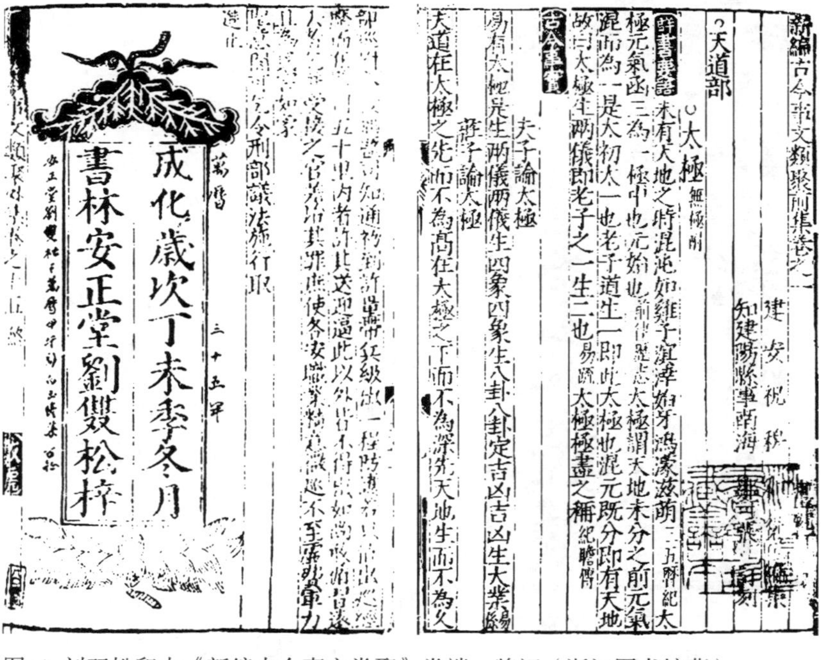

图二 刘双松印本《新编古今事文类聚》卷端、牌记（浙江图书馆藏）

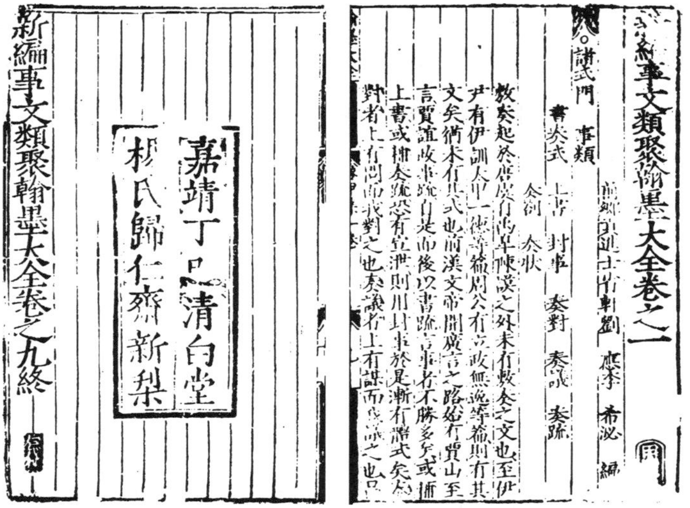

图三 《新编事文类聚翰墨大全》卷端、牌记（中国国家图书馆藏）

图四 《新编事文类聚翰墨大全》内封（中国国家图书馆藏）

下珍藏古本，分门别类，该洽贞详，甚足以备游戏文墨者之观。比之前刻，大径庭也。谨重梓之，四方尚鉴焉。”并刊“万历辛亥岁孟夏月，重新整补好纸板，每部价银壹两正”两行。（图四）

嘉靖三十八年（1559），杨氏归仁斋刻《大明一统志》九十卷。书前《奉敕修大明一统志官员职名》后有牌记，镌“皇明嘉靖己未/归仁斋重刊行”（图五）；卷九十尾题前另有牌记镌“大明嘉靖己未孟秋吉旦/书林杨氏归仁斋重梓”。另有卷九十末牌记镌“万历戊子孟秋/归仁斋杨氏刊”者

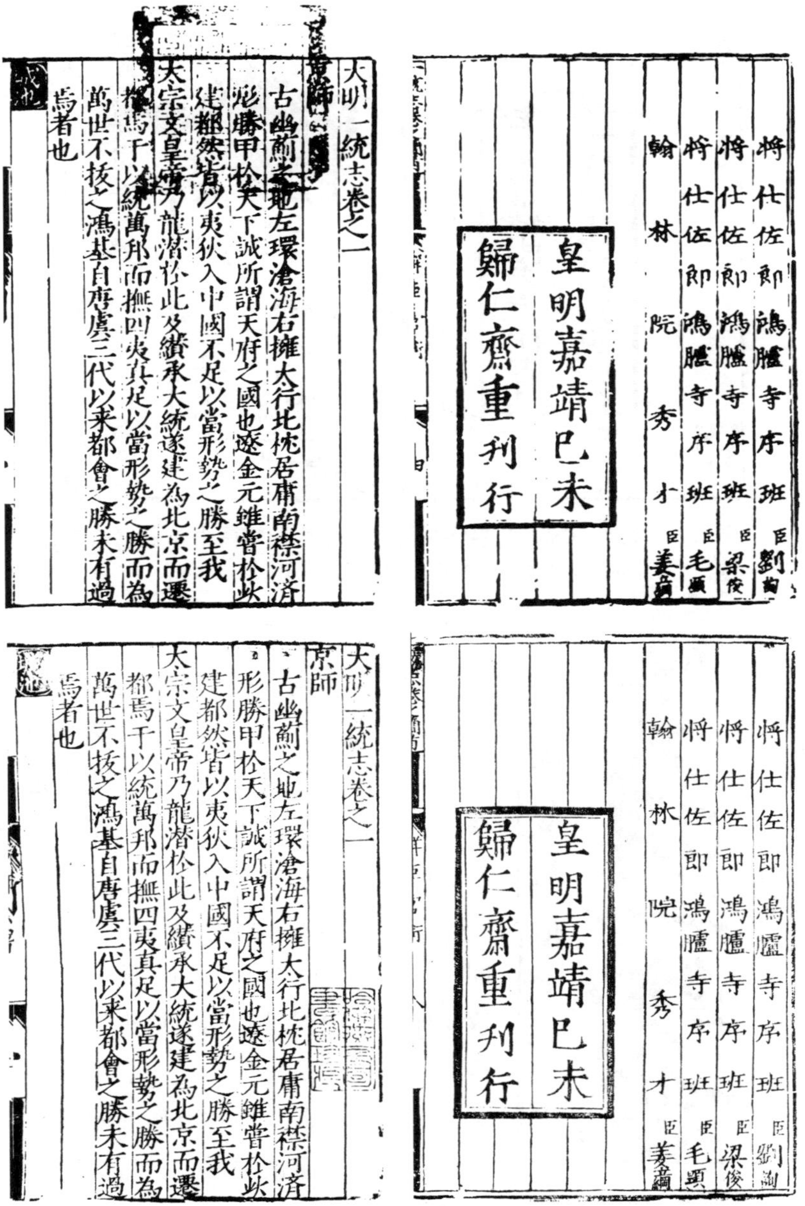
將仕佐郎鴻臚寺序班臣劉
將仕佐郎鴻臚寺序班臣梁俊
將仕佐郎鴻臚寺序班臣毛顯
翰林院秀才臣姜

皇明嘉靖己未
歸仁齋重刊行

大明一統志卷之一
京師
古幽薊之地左環滄海右擁太行北枕居庸南襟河濟
形勝甲於天下誠所謂天府之國也遼金元雖嘗於此
建都然皆以夷狄入中國不足以當形勢之勝至我
太宗文皇帝乃龍潛於此及纘承大統遂建為北京而遷
都焉于以統萬邦而撫四夷真足以當形勢之勝而為
萬世不拔之鴻基自唐虞三代以來都會之勝未有過
焉者也

图五 《大明一统志》书前牌记、卷端（上中国国家图书馆藏嘉靖刻本；下美国哈佛大学哈佛燕京图书馆藏万历重修本）

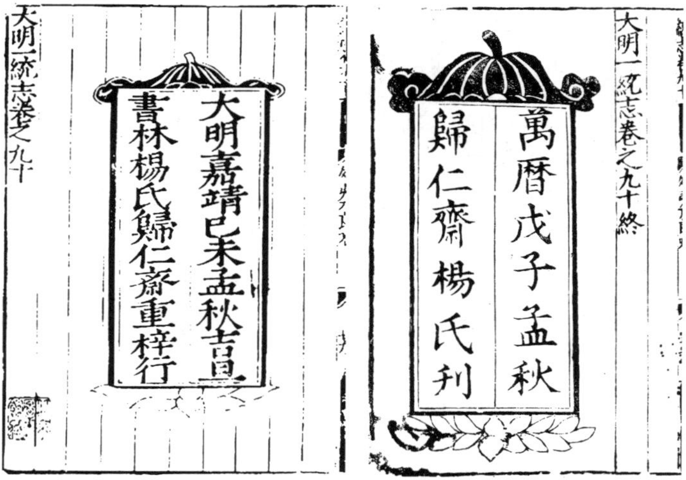

图六　《大明一统志》卷终牌记（左中国国家图书馆藏嘉靖刻本，右美国哈佛大学哈佛燕京图书馆藏万历重修本）

图七　刘双松印本《大明一统志》内封（美国哈佛大学哈佛燕京图书馆藏）

（图六），或著录作明万历十六年（1588）归仁斋杨氏刻本。王重民曾持以比对嘉靖本，认为“间有补刻之版，然十之九乃为嘉靖间原版也。此当是万历十六年就嘉靖二（三）十八年原版修补重印本”。重修本书前《奉敕修大明一统志官员职名》牌记内容虽与嘉靖本同，字体则异，当是新刊。此后又有刘双松印本，内封镌“刘双松重梓”，并钤“安正堂刘双松记”（图七）。以上杨氏三书的书版，当在万历间归刘双松安正堂，刘氏所谓“梓”“重梓”，只是修补重印罢了。

大约万历年间，杨氏归仁斋书版还

发生过另一起转让。嘉靖四十年（1561），杨氏刻《西山先生真文忠公文章正宗》二十六卷，卷终有牌记镌“皇明辛酉仲夏/归仁斋重新刊”。今浙江图书馆藏本有内封刊“唐荆川先生评点/镌真西山先/生文章正宗/潭阳刘志千梓行”（图八）。瞿冕良《中国古籍版刻辞典》“归仁斋”条，认为归仁斋为明嘉靖潭阳人刘志千的室名。实误。归仁斋为杨氏堂号，而非刘氏。此书当是杨氏书版转归刘志千，如《新编古今事文类聚》《大明一统志》之归于刘双松。至于“梓行”云云，亦不过是印行而已。此后，该书版片再次转手，流入杭州书坊。

此外，明嘉靖间杨氏归仁斋刻本，现存另有嘉靖三十九年（1560）刻《通鉴纲目全书》一百九卷（《资治通鉴纲目》五十九卷首一卷，《资治通鉴纲目前编》十八卷《举要》三卷《外纪》一卷，《续资治通鉴纲目》二十七卷）；嘉靖四十年刻《新刊性理集要》八卷；嘉靖四十三年（1564）刻《三苏先生文集》七十卷。以上各书大多卷帙宏富，短短数年间刻就，杨氏归仁斋应该是实力较为雄厚的坊肆。到万历年间，不知何故书版纷纷转归建阳刘氏、余氏两大刻书家族。至于书版流出杨家的时间，或许不早于重修《大明一统志》之万历十六年（1588）。在此之前，杨氏归仁斋仍有刻本行世，之后则未见。如隆庆二年（1568），书林归仁斋杨员刻《新刊古本大字合并纲鉴大成》四十六卷，明唐顺之辑，山西省图书馆藏，《中国古籍善本书目》著录。卷终牌记镌“隆庆戊辰孟秋归仁斋杨氏梓”（古籍普查平台著录）。杨员或为杨仁斋的后人。万历初，归仁斋杨先春刻印《重修政和经史证类备用本草》三十卷，书前晦明轩识语后有牌记镌“大明万历戊寅岁冬/至吉旦归仁斋重刊”，卷终牌记刻“龙飞万历己卯/春月杨先春新

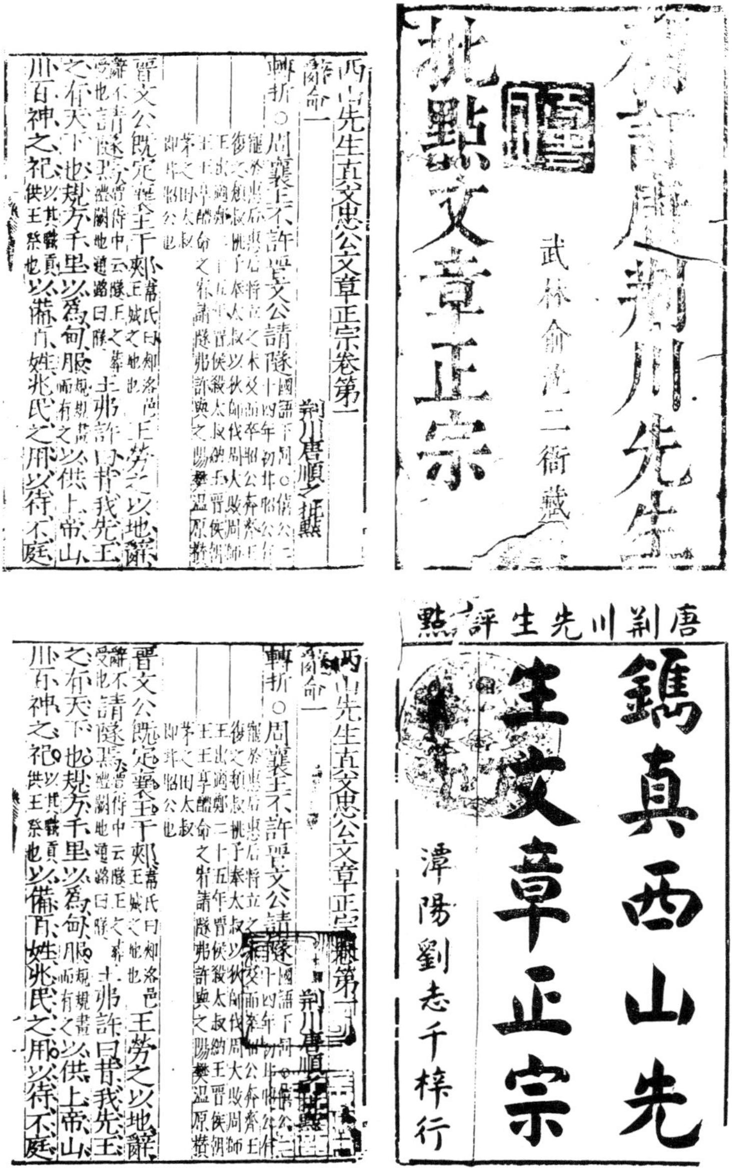

图八 《西山先生真文忠公文章正宗》内封、卷端（上日本国立公文书馆藏武林印本，下浙江图书馆藏刘志千印本）

梓”（图九）。据此知是书乃万历六年（1578）冬至发刻，次年春刻竣。全书共有1400余块版片，其中文字60余万，附图1700多幅，不数月而成，于此可窥见杨氏归仁斋经营规模与刻书效率之一斑。

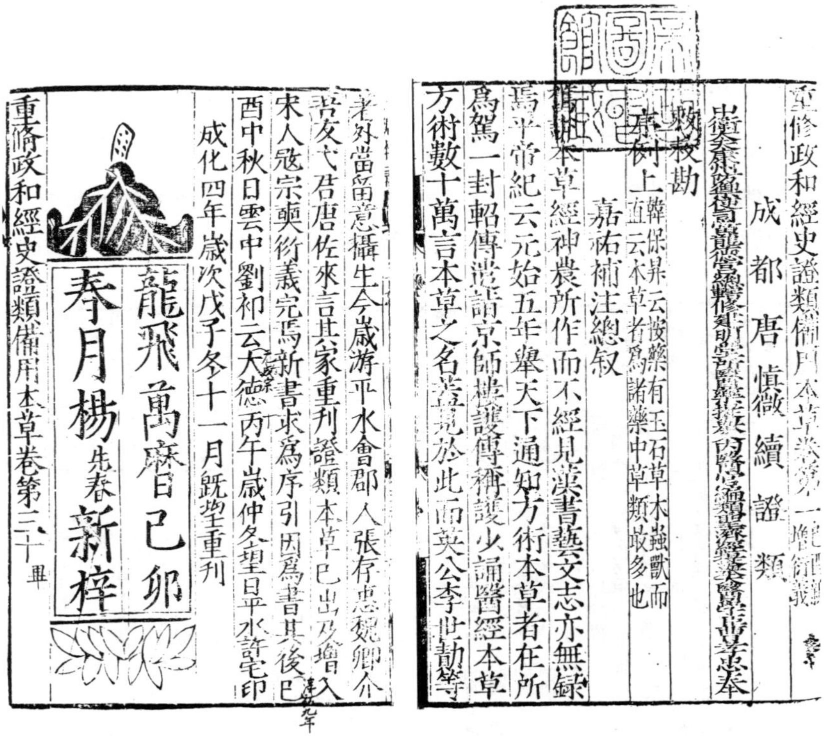

图九　《重修政和经史证类备用本草》卷端、卷终牌记（日本国立国会图书馆藏）

杨氏闽斋堂

杨氏闽斋堂，明末杨居谦经营的书坊。杨居谦，字懋卿，与杨居广帝卿、杨居理道卿等人为兄弟行。闽斋堂，或因杨闽斋而设立。杨闽斋，名春元，乃杨氏清白堂主人之一，详见本书《杨氏清白堂》。或以为杨居谦乃杨春元子嗣，惜无明证。

闽斋堂刻书，今仅见崇祯四年（1631）刻本《新刻增补批评全像西游记》二十卷。卷端或题“闽斋堂杨居谦校梓”（卷一），或题

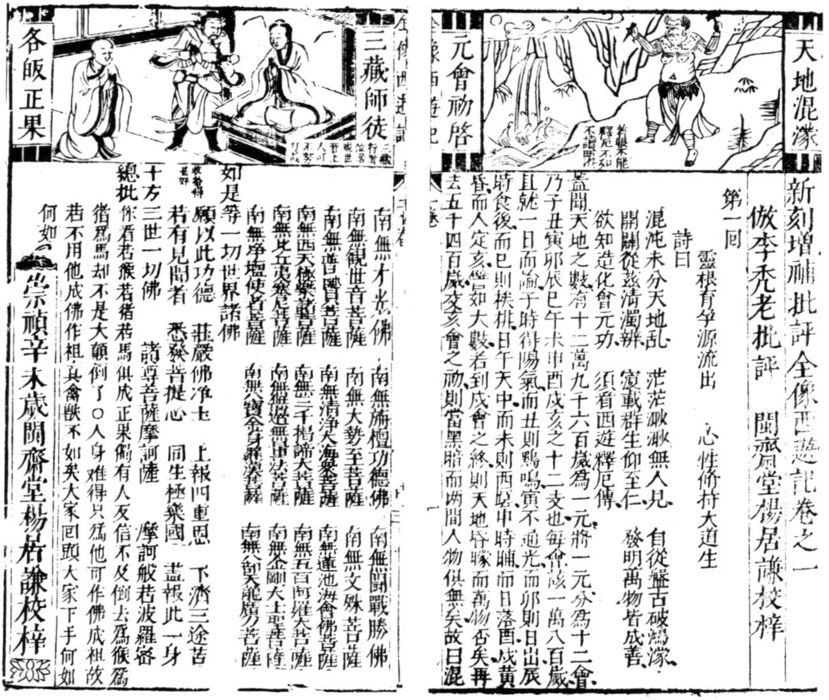

图一 《新刻增补批评全像西游记》卷端、牌记（日本庆应义塾大学图书馆藏）

“闽斋堂杨懋卿校梓”（卷二）；书前《批点西游记序》后有“闽斋堂杨氏居谦校梓”木刻钤章；卷末有莲座荷盖牌记镌“崇祯辛未岁闽斋杨居谦校梓”（图一）。

杨居谦另有刻本多种，不署堂号，且多以字行。诸家著录有：

《东垣十书》（《脉诀》一卷，宋崔嘉彦撰；《局方发挥》一卷，元朱震亨撰；《脾胃论》四卷，金李杲撰；《内外伤辨惑论》二卷，金李杲撰；《格致余论》二卷，元朱震亨撰；《汤液本草》六卷，元王好古撰；《此事难知》四卷，金李杲撰；《兰室秘藏》六卷，金李杲撰；《溯洄集》二卷，元王履撰；《外科精义》四卷，元齐德之撰），明书林杨懋卿刻本，北京大学图书馆、中国科学院图书馆、北京市文物局、日本龙谷大学大宫图书馆等藏。

《产宝百问》五卷，题元朱震亨撰，明王肯堂订正，明书林杨懋卿刻本，中国中医科学院图书馆、浠水县博物馆藏。

《东垣十书》，日人曾据杨氏本重刻，内封镌“王宇泰先生订正”“《东垣十书》”及其子目，署“书林杨懋卿梓行”（图二）。

又《日藏汉籍善本书录》著录《澹宁居家传幼学四书篇壁连城解》，明马世奇撰，明崇祯十二年（1639）复古斋杨懋卿刻本。复古斋杨氏，不知是否即建阳书坊主杨居谦。

图二　和刻本《东垣十书》内封（日本早稻田大学图书馆藏）

杨氏清白堂

明代建阳杨氏清白堂刻书，已知最早为嘉靖三十一年（1552）刻本《新刊大宋演义中兴英烈传》八卷附《会纂宋岳鄂武穆王精忠录后集》三卷。《新刊大宋演义中兴英烈传》，卷二又题作“新刊大宋中兴通俗演义”。卷一卷端署“鳌峰熊大木编辑，书林清白堂刊”；卷八末牌记镌“嘉靖壬子孟冬/杨氏清江堂刊”（图一）。《会纂宋岳鄂武穆王精忠录后集》卷首署“赐进士巡按浙江监察御史海阳李春芳编辑，书林杨氏清白堂梓行”；卷三末牌记则刻“嘉

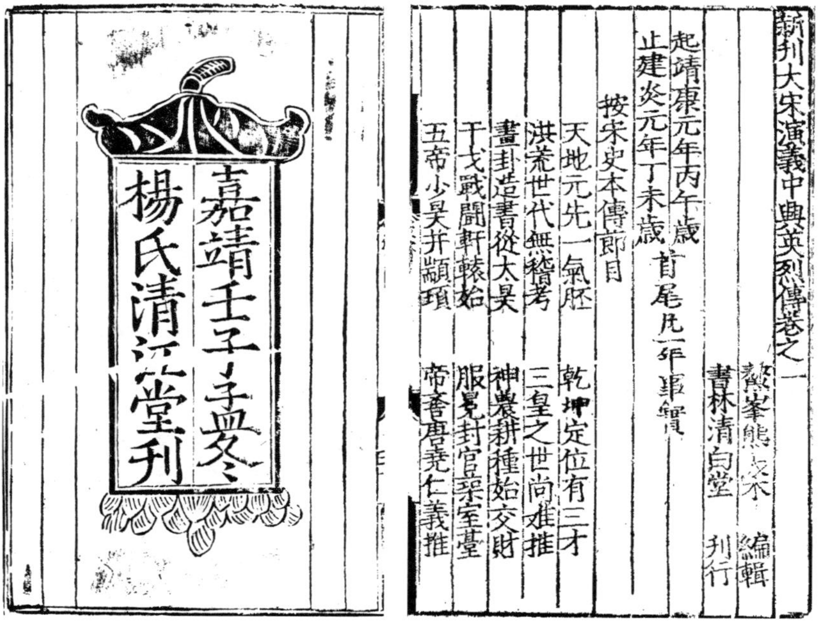
新刊大宋演義中興英烈傳卷之一
鰲峯熊大木 編輯
書林清白堂 刊行
起靖康元年丙午歲
止建炎元年丁未歲 首尾凡一年事實
按宋史本傳節目
天地元先一氣胚 乾坤定位有三才
洪荒世代無稽考 三皇之世尚难推
書卦造書從太昊 神農耕種始交財
干戈戰鬪軒轅始 服冕封官築室臺
五帝少昊并顓頊 帝嚳唐堯仁義推

嘉靖壬子孟冬
楊氏清江堂刊

图一　《新刊大宋演义中兴英烈传》卷端、牌记（日本国立公文书馆藏）

靖壬子年秋/清白堂新梓行”（图二）。清白堂与清江堂的关系，殊难解。有研究者怀疑，二者为一家书坊（《古本小说丛刊》整理前言）。笔者认为还有另外两种可能：一是清白堂与清江堂联手刻印；一是清白堂在是年秋季刻成，数月之后清江堂据以重印，将牌记改题为自家堂号。

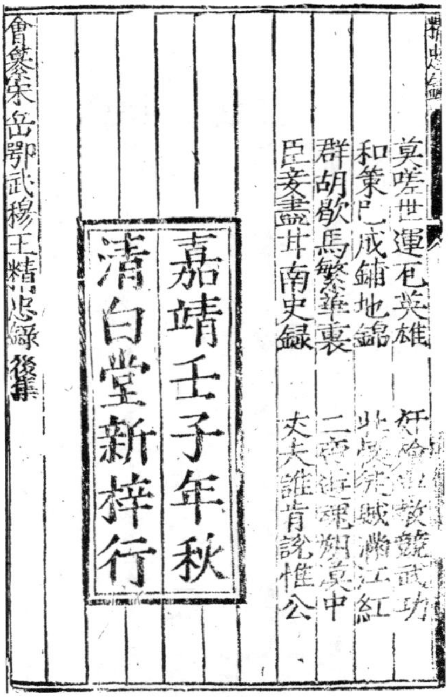

图二 《会纂宋岳鄂武穆王精忠录后集》牌记（日本国立公文书馆藏）

建阳刻本确署清白堂者，现存不到20种。其主人知名者则有杨钦斋、杨闽斋（春元）、杨丽泉、杨新泉、杨美生、杨璧卿等。以上诸人所刻书，不全署清白堂，如杨丽泉另有四知馆，合计尚存近30种。

杨钦斋，名不详。万历三十八年（1610），刻《新刻全补士民备览便用文林汇锦万书渊海》三十七卷，日本尊经阁文库藏。杨钦斋清白堂刻书，现存仅此一见。杨钦斋所刻书，另存有数种：万历十七年（1589）刻本《重刻四书续补便蒙解注》六卷，卷六末有牌记，镌“万历己丑岁仲春/［书］林杨钦斋重梓”。内封横镌“五刻”，右署“徐笔峒先生著”，中题“四书删补解注”，左有识语云：“徐笔峒先生著《诗经删补》，盛行海内，为葩坛指南久矣。若四子书，可无删补，嘉惠来学？爰是复著兹编，删烦补遗，上载精旨，旁列要训，名曰删注，实以翼注，可与《诗经》并垂不

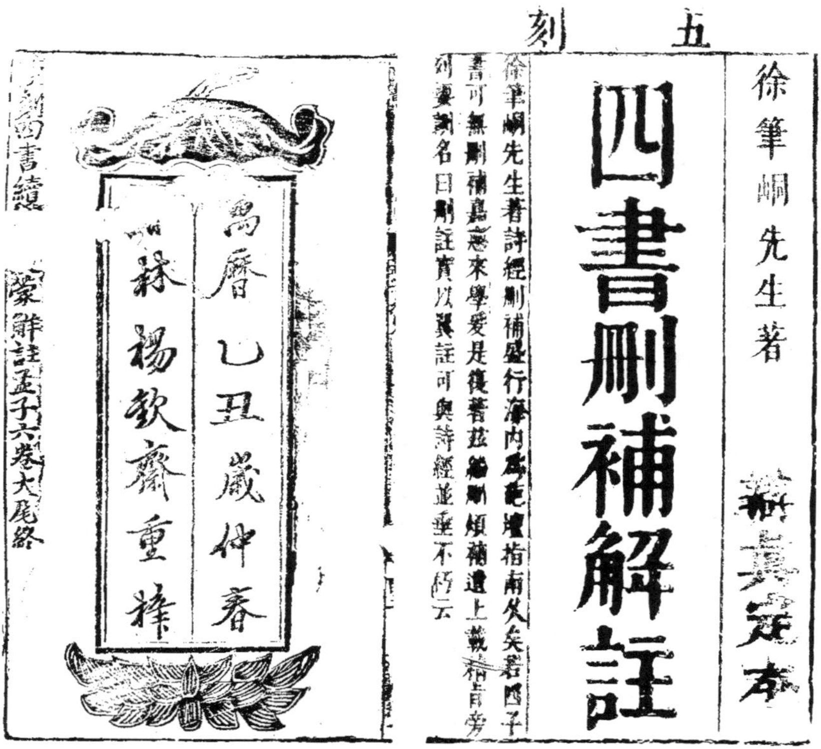

图三　《重刻四书续补便蒙解注》内封、牌记（日本国立公文书馆藏）

朽云。”（图三）万历三十二年（1604），刻《新锓万轴楼选删补天下捷用诸书博览》三十七卷，明承明甫辑，日本国立公文书馆存卷一至卷二十一、卷二十八至卷三十七。又《中国古籍总目》著录《周易本义》四卷附《易图》一卷《卦歌》一卷《筮仪》一卷《五赞》一卷，宋朱熹撰，清书林杨钦斋刻本，南京图书馆藏。按，杨钦斋刻书，主要集中于万历年间，是书当亦是明刻本。

杨闽斋，名春元，当是杨钦斋兄弟行。万历间刻《鼎镌京本全像西游记》二十卷。卷一卷端署“华阳洞天主人校，闽书林杨闽斋梓”，卷二署“华阳洞天主人校，清白堂杨闽斋梓”。内封上图下文，文刻“新镌全像/西游记传”大字二行，中间“书林杨闽斋梓行”一行（图四）。杨闽斋清白堂刻书亦仅此一种。其他如：万历三十三年（1605）刻《新刻毛先生家学的传礼记会通集注》七卷，卷一卷端署“书林闽斋杨春元梓行”，卷终牌记刻“□□乙巳季秋穀旦/□□书林杨闽斋梓”（图五）。根据杨氏刻书行实推测，残损四字或为“万历”“建邑”。万历三十八年（1610）刻《重刻京本通俗演义按鉴三国志传》二十卷，卷一卷端署“明闽斋杨起元校梓”，卷终牌记镌“万历庚戌岁孟秋月/闽建书林杨闽斋梓”。万历间印行《春秋左传杜林合注》五十卷首一卷，内封横刻“湖州原

图四　《鼎镌京本全像西游记》内封、卷端（日本国立公文书馆藏）

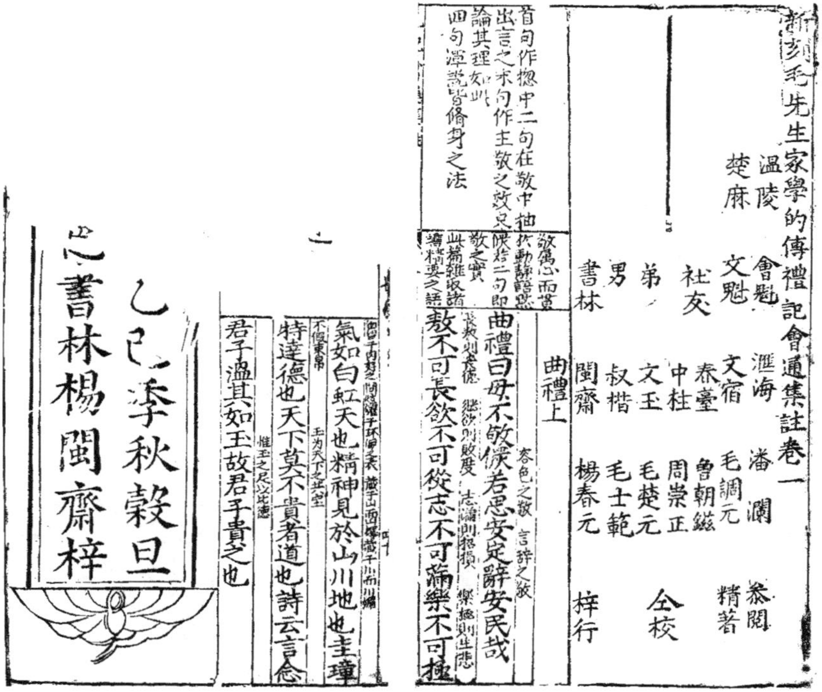

图五 《新刻毛先生家学的传礼记会通集注》卷端、牌记（日本国立公文书馆藏）

板”，大字镌“锓新春秋左/传杜林合注”二行，中间“潭城书林杨闽斋重梓”（图六）。此外又刻《重锓合并评注我朝元朝捷录》二十二卷（《新编屠仪部编纂皇明捷录》十四卷，题明屠隆撰；《新刻校正纂辑评林元朝捷录》八卷，明张四知撰），中国人民大学图书馆藏，《中国古籍善本书目》著录。

杨丽泉清白堂刻书，亦仅一见。大约万历间，刊行《新刻全像达摩出身传灯传》四卷。是书又题作《新锲全像达摩出身传灯传》（卷二）、《新刻达摩传灯传》（卷四）等。卷一卷端署“□□书林丽泉杨氏梓行”，卷二署“书林清白堂杨丽泉梓行”，卷三署

图六　《春秋左传杜林合注》内封（日本国立公文书馆藏）

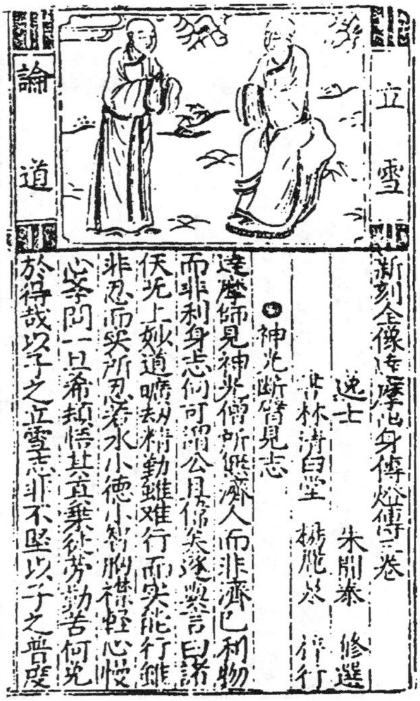

图七　《新刻全像达摩出身传灯传》卷三卷端（爱知大学图书馆藏，《古本小说集成》影印

“逸士朱开泰修选，书林清白堂杨丽泉梓行”（图七），而卷四则不具名。杨丽泉又以四知馆刻书行世。万历三十七年（1609）刻明黄惟亮辑《太医院增补捷法医林统要外科方论大全》四卷，万历间刻明鲁伯嗣撰《婴童百问》十卷、唐吕岩撰《纯阳吕真人文集》八卷等。

杨丽泉之兄弟行杨新泉，万历十六年（1588）以清白堂名号刻《评林新锲甔甀洞稿文类》二十卷《诗集》六卷，明吴国伦撰，明王世贞评，复旦大学图书馆、湖北省图书馆、日本蓬左文库、静嘉堂文库等藏。又“日本所藏中文古籍数据库”著录《古今名喻》

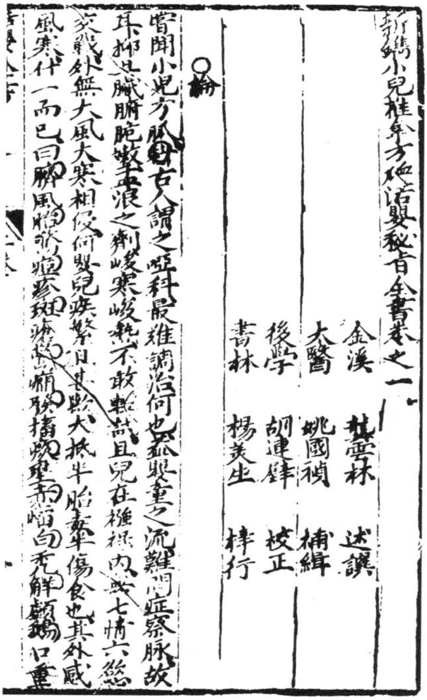

图八 《新镌小儿推拿方脉活婴秘旨全书》卷端（台湾“中央图书馆”藏）

八卷，明吴仕斯辑，明万历六年（1578）建邑书林杨新泉刻本，日本大阪市立图书馆藏。

又有杨美生亦以清白堂名号刻书。中国国家图书馆藏《新刻注释故事白眉》八卷，明许以忠辑，明陈仁锡选，明书林杨美生清白堂刻本。杨美生曾刻《新刻按鉴演义全像三国英雄志传》二十卷，孙楷第《中国通俗小说书目》著录，今存清嘉庆间翻刻本。又刻《新镌小儿推拿方脉活婴秘旨全书》三卷，明龚廷贤撰，明姚国祯补辑，台湾“中央图书馆”藏（图八）。

崇祯三年（1630），杨璧卿清白堂刊《重刻翰林校正少微通鉴大全》二十卷首二卷。卷一卷端题“京兆慎独斋流弘毅古本，赐进士第翰林院编修直隶毗陵荆川唐顺之删定，赐进士第福建按察司廉使慈溪郧西张谦厘正”。书前有《翰林校正通鉴大全序》，署“崇祯三年仲冬穀旦，书林清白堂杨璧卿识”，并木刻“清白堂”阳文方印。（图九）内封大字镌“合刻少微资治通鉴大全”，并刻识语云：“涑水之于《通鉴》也，集众家之长，搜中秘之备，但其简帙浩繁，学者每有望洋之叹。少微先生阐微撮要，已为史家要书。陈明卿先生取而重订之，纪载之事愈详，翼经之义愈著，诚古今指南，岂管中一班。清白堂藏版。”（图十）大约同时，杨璧卿又刻

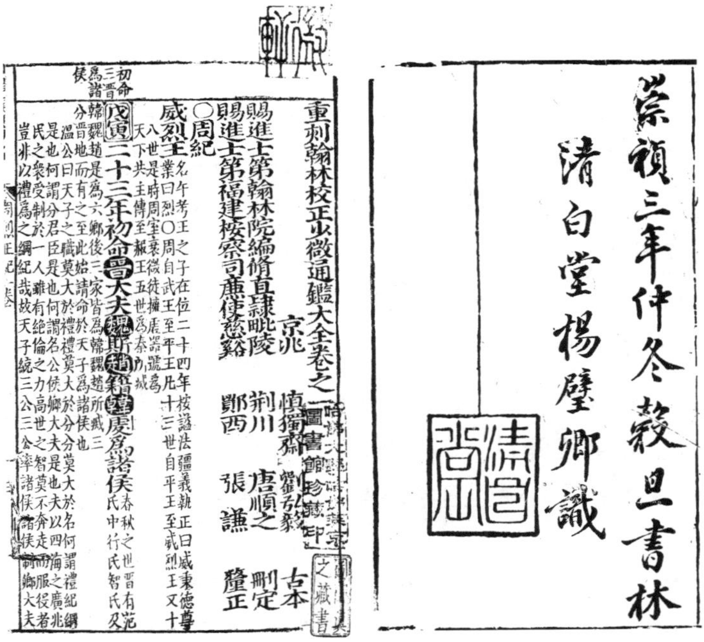

图九 《重刻翰林校正少微通鉴大全》牌记、卷端（美国哈佛大学哈佛燕京图书馆藏）

图十 《重刻翰林校正少微通鉴大全》内封（美国哈佛大学哈佛燕京图书馆藏）

《重刻翰林校正资治通鉴大全》二十卷。卷一卷端署“赐进士第翰林院编修直隶毗陵荆川唐顺之删定，赐进士第福建按察司廉使慈溪鄮西张谦厘正，书林杨璧卿刊行”；卷二十终牌记镌“闽建邑书林杨/氏璧卿重梓行”（图十一）。

此外，“日本所藏中文古籍数据库”著录《四书趋庭讲义会编》十七卷，明申绍芳撰，明万历四十五年（1617）金陵书林清白堂杨日际刻本，日本蓬左文库藏。杨日际，或为建阳杨氏清白堂后人，在金陵开设坊肆。杨日际另刻有明郭伟辑、明项煜校《新镌评注诸子宝藏》□卷，青海省图书馆藏。

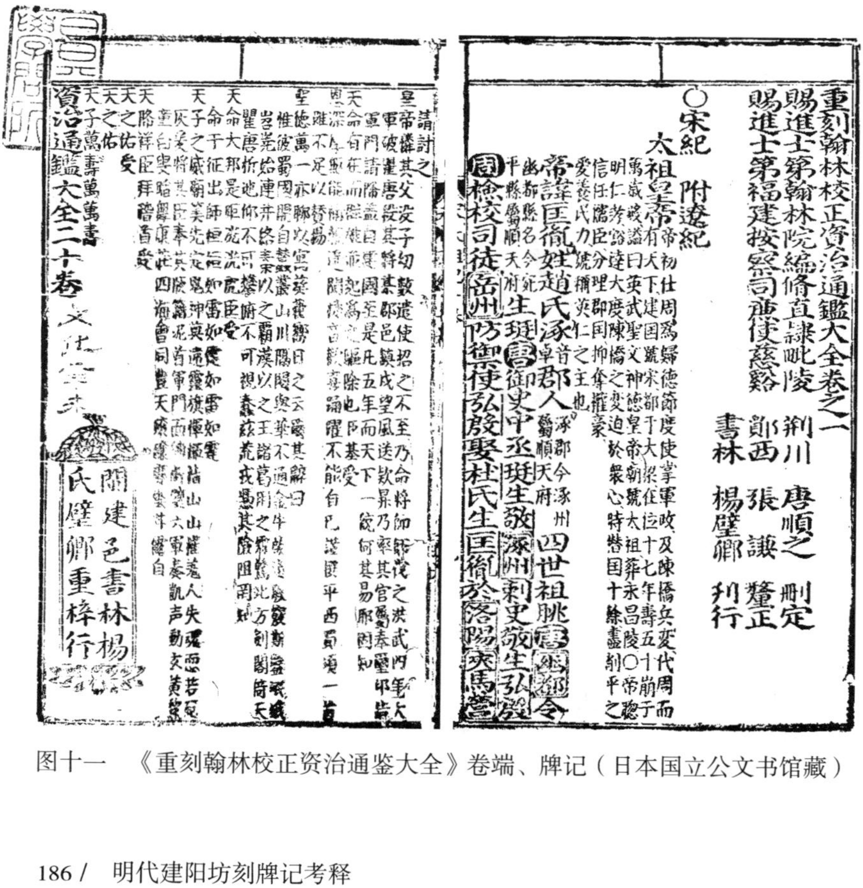

图十一　《重刻翰林校正资治通鉴大全》卷端、牌记（日本国立公文书馆藏）

杨氏清江堂

杨氏清江堂，又作清江书堂。叶德辉认为清江堂刻书或始于元代，《书林清话》卷四《元时书坊刻书之盛》将之列入其中，然而理由不足采信，方彦寿已辨之（详《增订建阳刻书史》第299页）。今所知见有确切纪年的杨氏清江堂刻书，最早为永乐十二年（1414）刻《集千家注批点杜工部诗》二十卷。书前有元大德七年（1303）刘将序，后有“永乐太岁甲午清江书堂新刊”木记两行。（详严绍璗《日藏汉籍善本书录》第1441页）此后，宣德、弘治、正德、嘉靖、万历等朝，杨氏清江堂均有刻本传世，尤以嘉靖间为多，而书坊主则概莫能详。

宣德六年（1431），清江书堂刻《广韵》五卷，又刻《大广益会玉篇》三十卷《玉篇广韵指南》一卷。《广韵》，宋陈彭年等奉敕撰，前有《陈州司马孙愐唐韵序》，序后有牌记刻“宣德辛亥孟冬/清江书堂新刊”两行（图一）。《大广益会玉篇》，南朝梁顾野王撰，唐孙强增字，宋陈彭年等重修。《玉篇广韵指南》末有牌记，亦刻有“宣德辛亥孟冬/清江书堂新刊”两行（图二）。

弘治间，清江堂刻书尚存数种。如弘治四年（1491）刻《云樵草书集法》二卷附《圣贤道释四赞》一卷，明胡琰辑，重庆图书馆藏；弘治十年（1497）刻《增修附注资治通鉴节要续编大全》三十卷，明张光启订正，明刘剡编辑，明刘弘毅释义，北京大学图书馆、华东师范大学图书馆藏。又曾两刻明李恒撰《袖珍方》四卷。弘治五年（1492）刻本，题《新刊袖珍方》，书后有牌记，镌“皇明弘治壬子仲春/杨氏清江书堂重刊”。弘治十六年（1503）

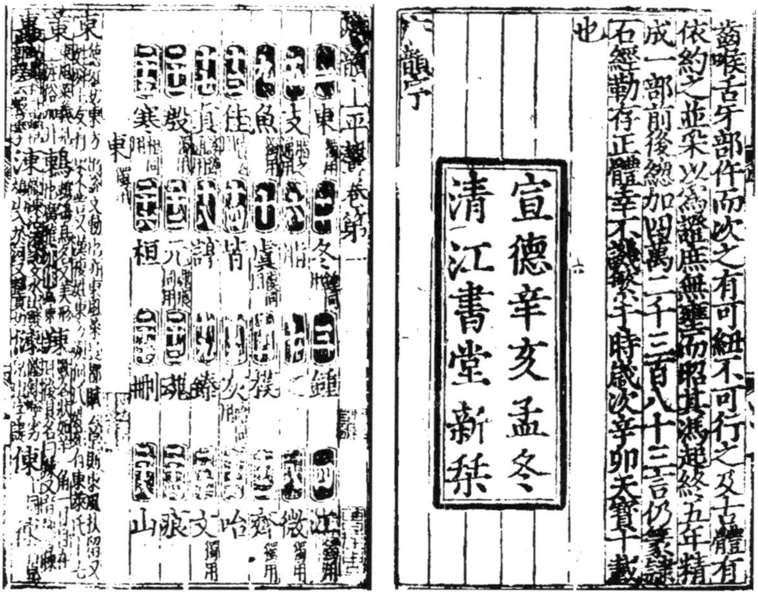

齒喉舌牙部件而次之有可紐不可行之及古體有
依約之並采以為證庶無壅而昭其憑起終五年精
成一部前後總加四萬二千三百八十三言仍篆隸
石經勒存正體幸不墜於今時歲次辛卯天寶十載
也

宣德辛亥孟冬
清江書堂新栞

图一　《广韵》牌记、卷端（中国国家图书馆藏）

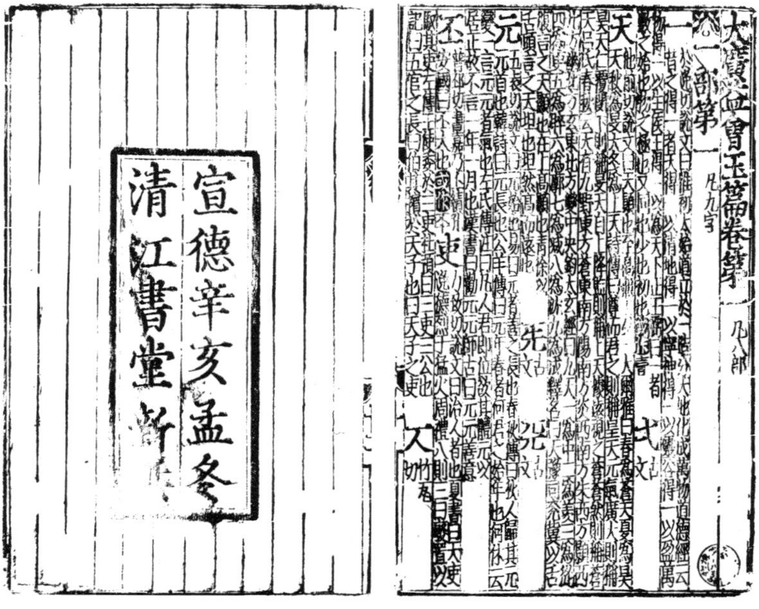

大廣益會玉篇卷第一　凡九部

宣德辛亥孟冬
清江書堂新栞

图二　《大广益会玉篇》卷端、牌记（日本国立国会图书馆藏）

刻本，题《魁本袖珍方大全》。书前有洪武二十四年（1391）《魁本青囊杂纂袖珍方大全序》，序后牌记镌“弘治癸亥仲春吉旦/清江书堂校正新刊”（图三）；卷四末牌记刻“皇明弘治甲子仲春/罗氏集贤书堂新刊”。当是弘治十六年癸亥清江书堂刻十七年甲子罗氏集贤书堂印本。是书清江书堂于正德二年（1507）、嘉靖十八年（1539）又多次重刊。此外，弘治十六年刻《四书集注大全》三十八卷，是书本已佚，现存日本宽永重刻本。其中《论语集注序说》末有牌记，刻“弘治癸丑仲秋/清江书堂新刊”（图四）。

正德元年，清江堂刻《续资治通鉴纲目》二十七卷，明商辂等撰，明周礼发明，明张时泰广义，复旦大学图书馆藏。卷二十七

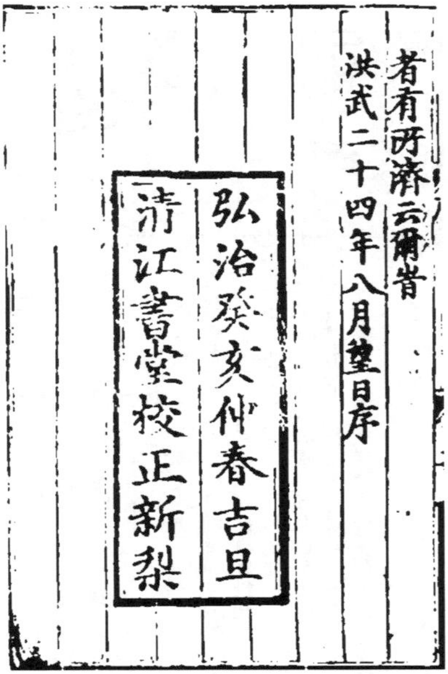

图三　《魁本青囊杂纂袖珍方大全》牌记（日本大阪府立图书馆藏，《海外中医珍善本古籍丛刊》影印）

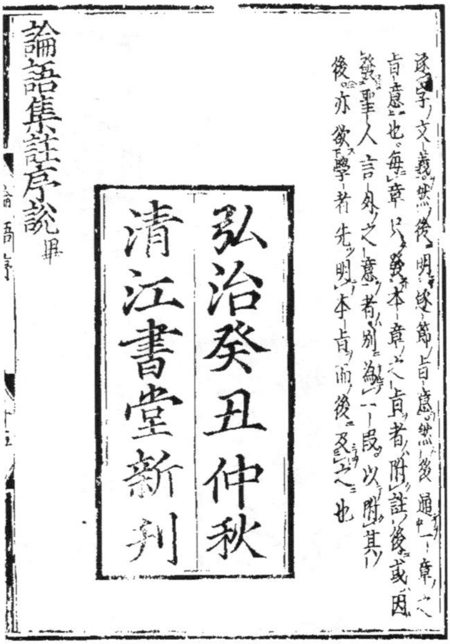

图四　和刻本《四书集注大全》牌记（日本国立公文书馆藏）

末有牌记，镌“龙集丙寅年孟/秋月清江堂刊”。六年（1511），清江书堂刻《新增补相剪灯新话大全》四卷附录一卷、《新增全相湖海新奇剪灯余话大全》四卷。《新增补相剪灯新话大全》卷一卷端署“古杭山阳瞿祐宗吉编著，清江书堂杨氏重校刊行，书林正己詹吾孟简图相”；卷四末牌记镌“正德辛未孟秋/杨氏清江堂刊”（图五）。附录卷端署“古杭瞿佑宗吉编著，建阳县知县张光启校正”。《新增全相湖海新奇剪灯余话大全》卷一卷端署“广西左布政使庐陵李昌祺编撰，翰林院庶吉士文江刘子钦订定，上杭县知县盱江张光启校刊，建阳县县丞何景春同校绣行”（图六）。二书前均有内封，上图下文，图上均横刻“清江书堂”，图下《新增补相剪灯新话大全》刻“重增附录/剪灯新话”大字二行，中间

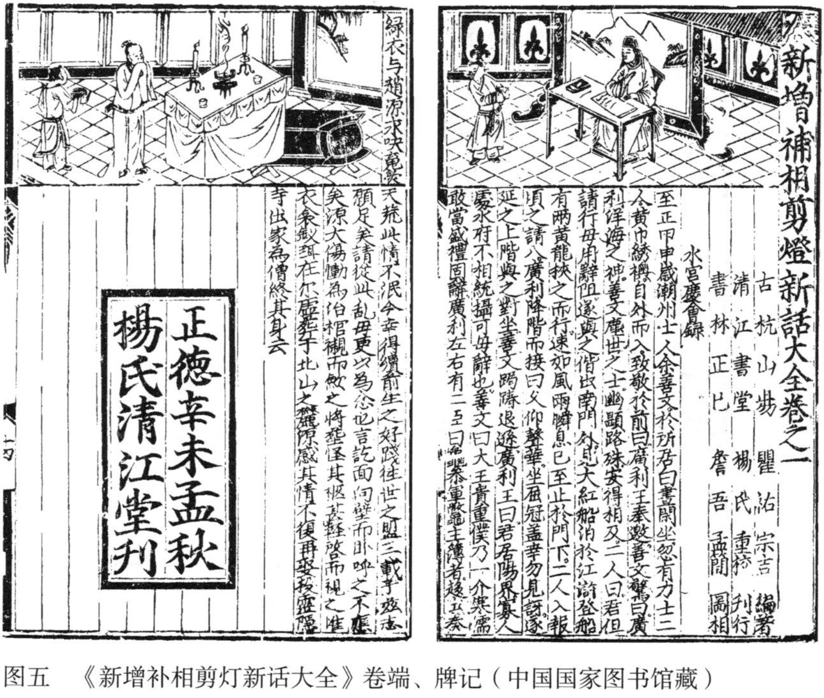

图五　《新增补相剪灯新话大全》卷端、牌记（中国国家图书馆藏）

“湖”“海”二字，左右刻联语曰“编成神异新奇事，敦尚人伦结义□”；《新增全相湖海新奇剪灯余话大全》刻“续还魂记/剪灯余话”大字二行，中间“渊”“谈”二字，左右刻联对曰“搜怪异张施之迹，究神仙幻变之机”（图七）。正德十二年（1517），刻《周易传义大全》二十四卷，有嘉靖四年（1525）重修本，今存临海市博物馆。

新增全相湖海新奇剪燈餘話大全卷之一

廣西左布政使廬陵李　昌祺　編撰
翰林院庶吉士文江劉　子欽　訂定
上杭縣知縣盱江張　光啓　校刊
建陽縣縣丞　何景春　同校　繡行
長安夜行録
洪武初湯公銘之与文公原吉俱以老成練達峯間淵源政事文章推重當代未幾而秦邸之国湯公拜右輔文公拜左輔隨從以行時天下太平人物繁庶関中又漢唐故都遺跡俱在二公道翊之暇惟從容於詩酒中臨眺於山川訪古尋幽未嘗相舍一日文公謂湯公曰漢代諸陵盡在於此吾徒幸無案牘之勞且有休退之日登高能賦此其時乎府僚洛陽巫馬期仁對曰長陵安陵陽陵平陵皆在渭北咸陽原上高十二丈百二十七步惟茂陵在興平縣東北十七里高十四丈百四十步其形

图六　《新增全相湖海新奇剪灯余话大全》卷端（中国国家图书馆藏）

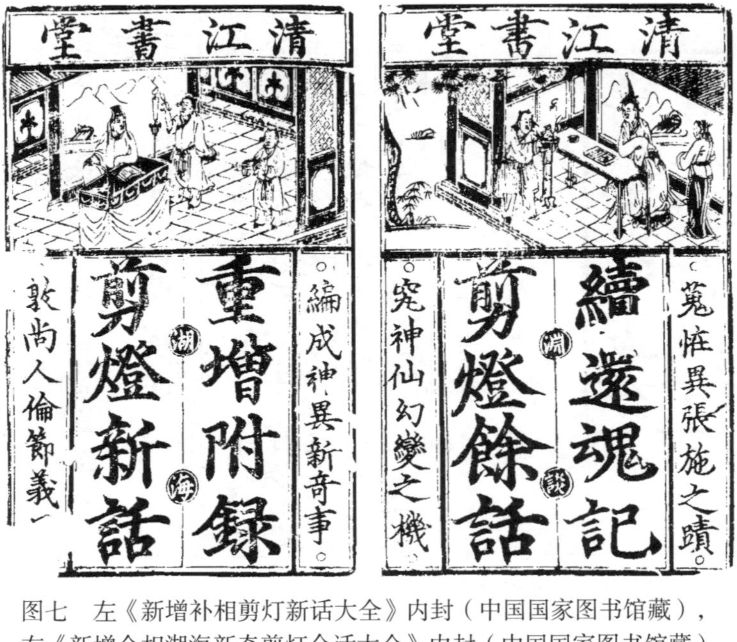

图七　左《新增补相剪灯新话大全》内封（中国国家图书馆藏），右《新增全相湖海新奇剪灯余话大全》内封（中国国家图书馆藏）

嘉靖间，清江堂刻书尚存十余种，以史部、子部书为多。如嘉靖十年（1531），刻《新刊紫阳朱子纲目大全》五十九卷，卷端署“书林杨氏清江书堂校刊”，卷五十九终有莲座荷盖牌记镌“龙集辛卯年仲春/清江堂校正新刊”。同年刻《续编资治宋元纲目大全》二十七卷，明商辂等撰，北京大学图书馆、上海图书馆藏。十四年（1535）刻《资治通鉴纲目前编》十八卷《举要》三卷《外纪》一卷，《外纪》卷端署“书林清江堂刊行”，中国科学院图书馆、浙江图书馆等均有藏本。十五年刻《新刊资治通鉴汉唐纲目经史品藻》十二卷《宋元纲目经史品藻》五卷。《宋元纲目经史品藻》卷终有牌记，镌“龙集丙申孟春/清江堂新刊行”（图八）。

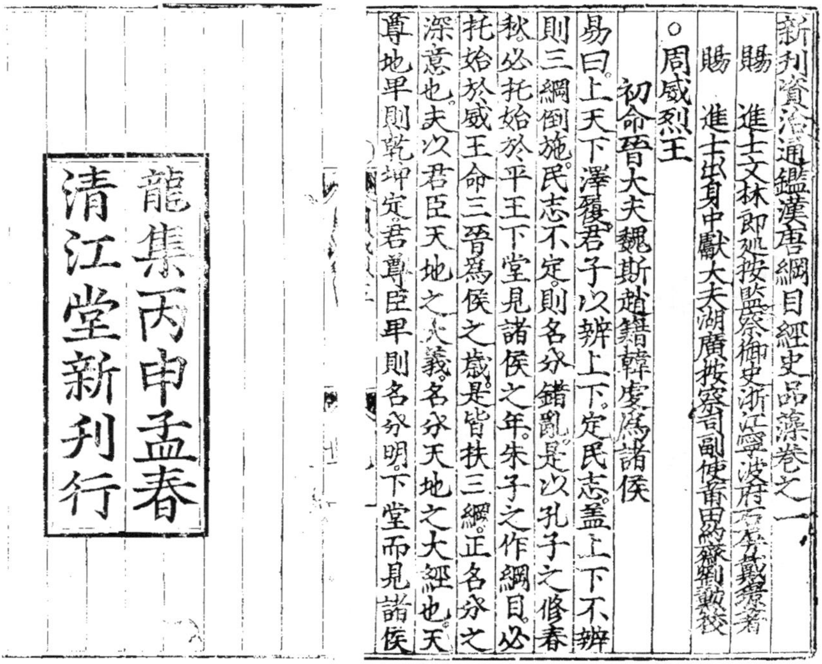
龍集丙申孟春
清江堂新刊行

新刊資治通鑑漢唐綱目經史品藻卷之一
賜進士文林郎巡按監察御史浙江寧波府[illegible]戴璟著
賜進士出身中憲大夫湖廣按察司副使[illegible]較
○周威烈王
初命晉大夫魏斯趙籍韓虔爲諸侯
易曰上天下澤履君子以辨上下定民志蓋上下不辨則三綱倒施民志不定則名分錯亂是以孔子之修春秋必托始於平王下堂見諸侯之年朱子之作綱目必托始於威王命三晉爲侯之歲是皆扶三綱正名分之深意也夫以君臣天地之大義名分天地之大經也天尊地卑則乾坤定君尊臣卑則名分明下堂而見諸侯

图八　《新刊资治通鉴汉唐纲目经史品藻》卷端、《宋元纲目经史品藻》牌记（日本国立公文书馆藏）

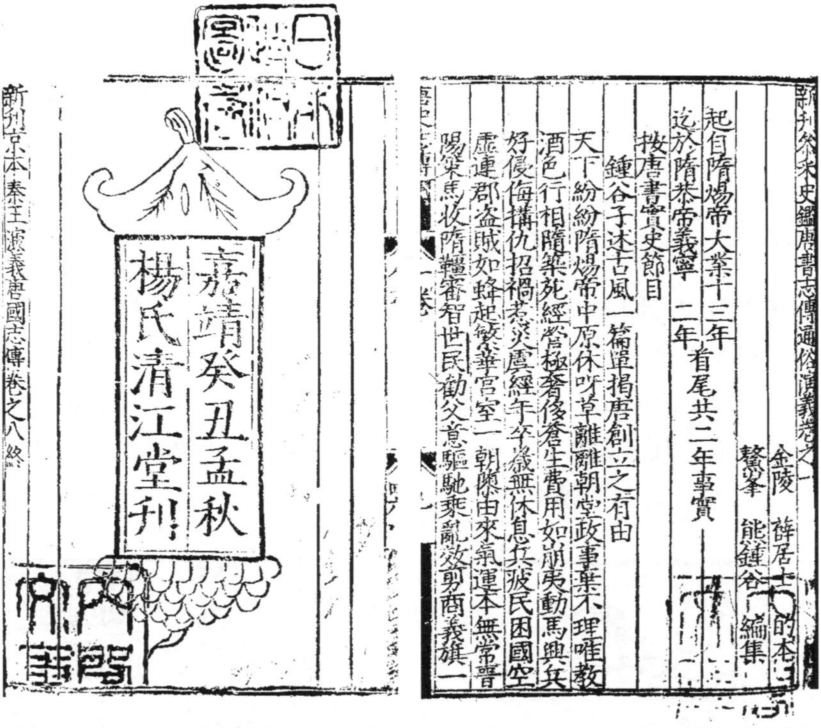
新刊京本秦王演義唐國志傳卷之八終

嘉靖癸丑孟秋
楊氏清江堂刊

新刊參采史鑑唐書志傳通俗演義卷之一
金陵 薛居士的本
鼇峯 熊鍾谷 編集
起自隋煬帝大業十三年
迄於隋恭帝義寧二年首尾共二年事實
按唐書實史節目
鍾谷子述古風一篇單揭唐創立之有由
天下紛紛隋煬帝中原休呀草離離朝堂政事棄不理嗟教
酒色行相隨築死經營極奢侈蒼生費用如崩夷動馬興兵
好侵侮構仇招禍惹災虞經年卒歲無休息兵疲民困國空
虛連郡盜賊如蜂起焚華宮室一朝除由來氣運本無常晉
陽案馬收隋韁審智世民勸父意驅馳乘亂效剪商義旗一

图九 《新刊参采史鉴唐书志传通俗演义》卷端、牌记（日本国立公文书馆藏）

三十一年（1552）刻《新刊大宋演义中兴英烈传》八卷（参见本书《杨氏清白堂》）。三十二年刻《新刊参采史鉴唐书志传通俗演义》八卷。书前有《唐书演义序》，署“龙飞癸丑年仲秋朔旦，江南散人李大年识，书林杨氏清江堂刊”；卷八后有牌记，镌“嘉靖癸丑孟秋/杨氏清江堂刊”（图九）。

嘉靖以后，清江堂刻书极为少见，见诸著录者仅万历三年（1575）刻《新刊图像人相编》十二卷，日本国立公文书馆藏。是书中国国家图书馆藏一明刻本，可惜多有缺叶（如卷一第六叶前尽佚，卷六第六叶下亦缺失），不详何人何时所刊。审其风格，殆为明代后期建阳刻本无疑，是否即万历三年清江堂刻本，待访日本国立公文书馆藏本比对便知。

杨氏守仁斋

杨氏守仁斋主人杨鸣鹍，字发吾，明代后期建阳书坊主。其刻书主要在万历间。万历九年（1581），曾与余象斗合刻明蔡彦振辑《新锲纂补名公四书披云新说》六卷，今存日本国立国会图书馆。万历二十四年（1596），与詹圣谟合刻《新镌皇明大家总意正新录》六卷，凡《大学》一卷、《中庸》一卷、《论语》二卷、《孟子》二卷。是书又题作“新锲皇明百大家总意四书正新录”（卷

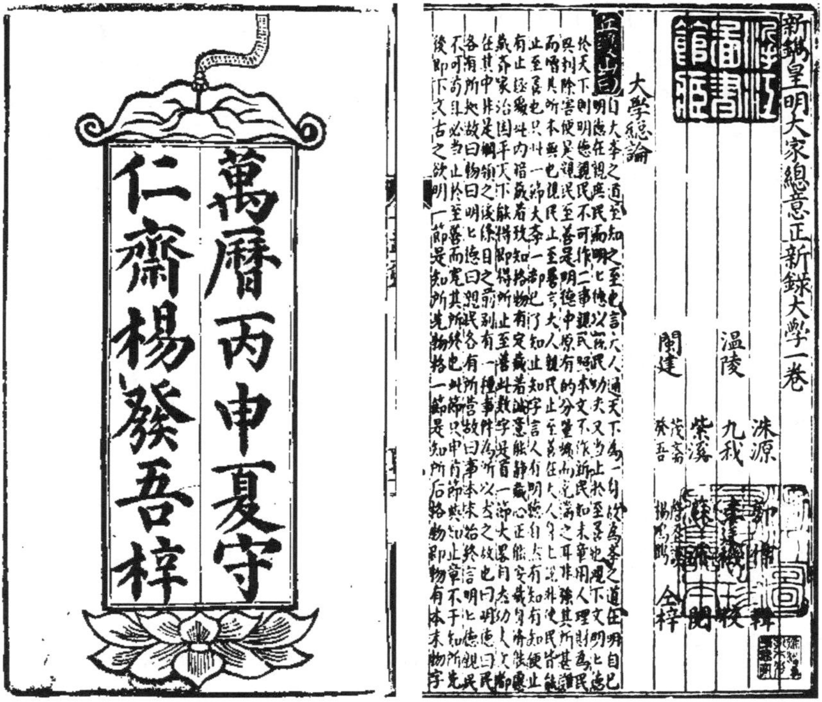

图一　《新镌皇明大家总意正新录》卷端、牌记（浙江图书馆藏）

二）、“新锲皇明百大家总意正新录”（卷三）。书前附《皇明大家姓氏并书目》一卷。卷一卷端署“温陵洙源郭伟辑、九我李廷机校、紫溪苏濬阅，闽建茂斋詹圣谟、发吾杨鸣鹍同梓”；卷二、卷六刻书者仅署“书林发吾杨鸣鹍梓”，不及詹圣谟；卷终有莲座荷盖牌记，镌“万历丙申夏守/仁斋杨发吾梓”（图一）。

万历三十一年（1603），杨鸣鹍刻《新锓历史一览》六卷，明徐奋鹏撰，日本国立国会图书馆藏，《日本国立国会图书馆藏书目录》著录。又曾刻《周易本义删补便蒙解注》三卷《图说》一卷。卷一卷端署“庐陵郭青螺精著，盱江梅惟和校正，书坊杨发吾重刊”；内封大字镌“刻郭青螺删补/周易便蒙解注”二行，中间“杨发吾梓行”（图二）。按，是书乃涵真子李太素所作，书

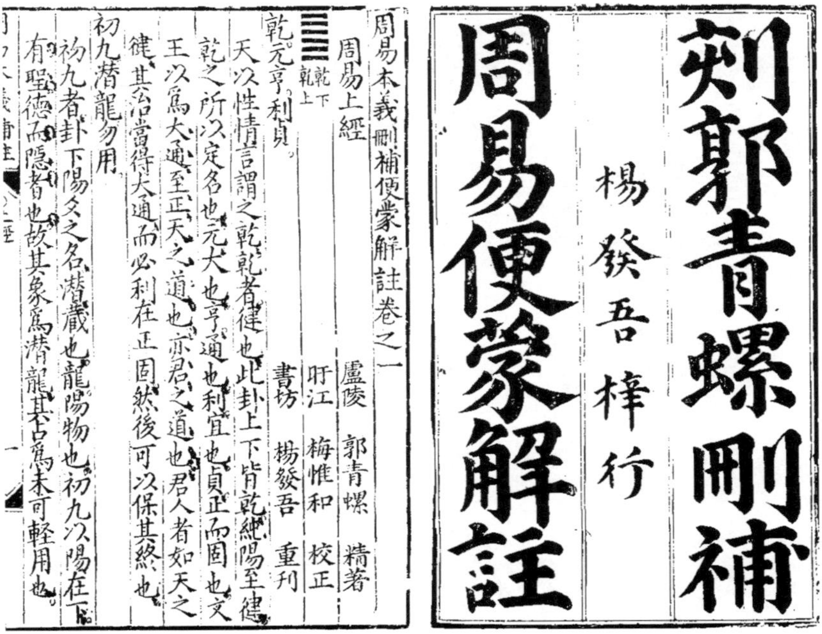
刻郭青螺刪補
楊發吾梓行
周易便蒙解註

周易本義刪補便蒙解註卷之一
周易上經　廬陵　郭青螺　精著
盱江　梅惟和　校正
書坊　楊發吾　重刊
乾下乾上
乾元亨利貞。
天以性情言謂之乾乾者健也此卦上下皆乾純陽至健
乾之所以定名也元大也亨通也利宜也貞正而固也文
王以爲大通至正天之道也亦君之道也君人者如天之
健其治當得大通而必利在正固然後可以保其終也
初九潛龍勿用
初九者卦下陽爻之名潛藏也龍陽物也初九以陽在下
有聖德而隱者也故其象爲潛龍其占爲未可輕用也

图二　《周易本义删补便蒙解注》内封、卷端（日本国立公文书馆藏）

前诸序已详言之，如万历二十三年（1595）八月佚名之《刻周易本义删补便蒙解注叙》，言："（涵真子）未几作《本义补》若干卷，学官士大夫争相爱慕，而为剞劂谋。"又，万历二十三年十月李应春《锲周易本义删补便蒙》序云："涵真子通五经，尤精于《易》与《春秋》。尝著《春秋衍义》行于世，顾隐其名，殆暗修之士也。"又云："适书贾过余，余遂偕诸君子谋寿诸梓。固命之曰：无讳其名，若梓《春秋》者然。"而卷端及内封署"郭青螺精著""郭青螺删补"云云，乃书坊伪托郭青螺（子章）。该书初刻当在万历二十三年冬，"书坊杨发吾重刊"者则不早于此时。

杨氏四知馆

杨氏四知馆刻书，见存约十种，主要为明代后期刊本。其主人有杨丽泉、杨轸飞、杨祥吾等。

杨丽泉曾以清白堂名号刻书，参见本书《杨氏清白堂》。万历三十七年（1609），杨丽泉以四知馆名号刻印《太医院增补捷法医林统要外科方论大全》四卷。是书又题“新刊医林统要捷法通玄方论”（卷二、卷三）、“新刊医林统要秘传海上仙方通玄论”（卷四）。卷一卷端署“四知馆杨丽泉绣梓”，卷二至卷四则署“新安

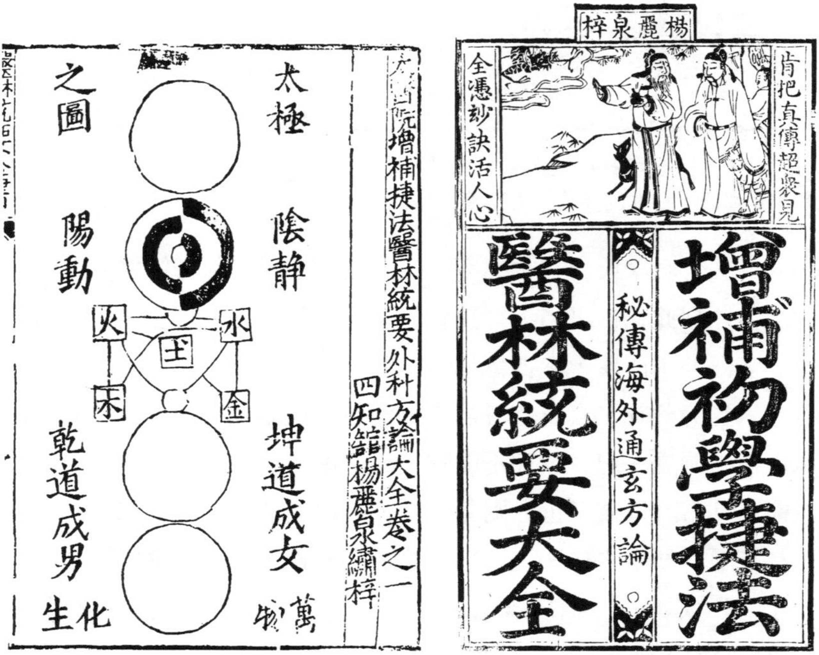

图一　《太医院增补捷法医林统要外科方论大全》内封、卷端（日本国立公文书馆藏）

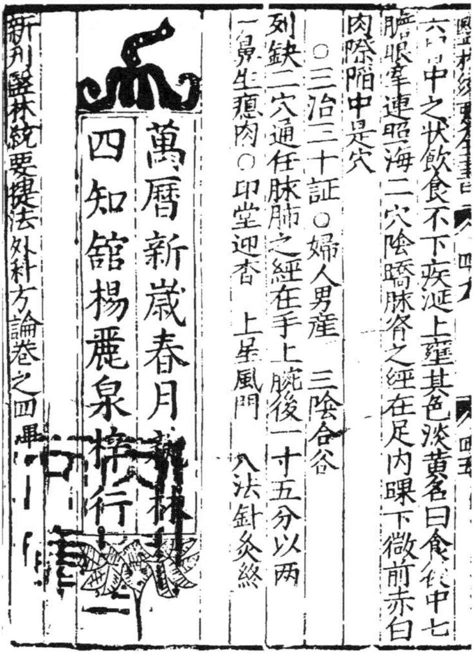

图二　《太医院增补捷法医林统要外科方论大全》牌记（日本国立公文书馆藏）

休邑西丘黄惟亮识”。书前内封分上下双栏，上栏刻图，并刻联对“肯把真传超众见，全凭妙诀活人心”；下栏大字镌“增补初学捷法/医林统要大全”，中间“秘传海外通玄方论”；版框上横刻“杨丽泉梓”（图一）。卷四末有牌记，镌“万历新岁春月艺林/四知馆杨丽泉梓行”（图二）。

按，书前有《锓医林统要序》，署“万历己酉（1609）冬毂旦，潭城四知馆杨丽泉识”。序云“独竹轩李氏，杏林标芬，橘井流芳，撰一部《统要》，珍而席之”。据此，该书当为“独竹轩李氏”所著，然与卷二等署名不合。《海外中医珍善本古籍丛刊提要》认为，杨序不可信，卷一之首题署当为剜补，真正作者当为黄惟亮。杨丽泉序又云：“其间论脉论症，洞见一垣，叔和不能赞一辞；论药论方，回春万病，奉仙岂能高其右。以之济世，则尧天舜日；以之传后，则商霖周泽。洵医林统要，幼学之捷法也。敬而梓之，若轸恒心，以覃恻隐之万一云尔。”实不啻一篇广告语。此外，杨丽泉四知馆刻本尚有明刻《婴童百问》十卷，明鲁伯嗣撰，南京图书馆藏；万历间刻《纯阳吕真人文集》八卷，唐吕岩撰，日本东京都立中央图书馆藏。

杨轸飞，生平不详。明末曾重印余元长刻《三刻太医院补注妇人良方大全》二十四卷。《妇人良方大全》，建阳书坊屡次刊印。如萃庆堂余彰德刻有《太医院校注妇人良方大全》，其后裔余元长（参见本书《余氏尊古堂》）刻本则题《三刻太医院补注妇人良方大全》，而前此当有“二刻”。该本卷端署“临川良甫陈自明编辑，古吴立斋薛己补注，书林公仁余元长重订”，内封镌“太医院薛立斋先生补注，妇人良方，四知馆杨轸飞梓”（图三）。比对日本早稻田大学图书馆藏余元长刻本，该本与之同版，刷印稍后。可见内封题“四知馆杨轸飞梓”，实乃四知馆杨轸飞重印而已。

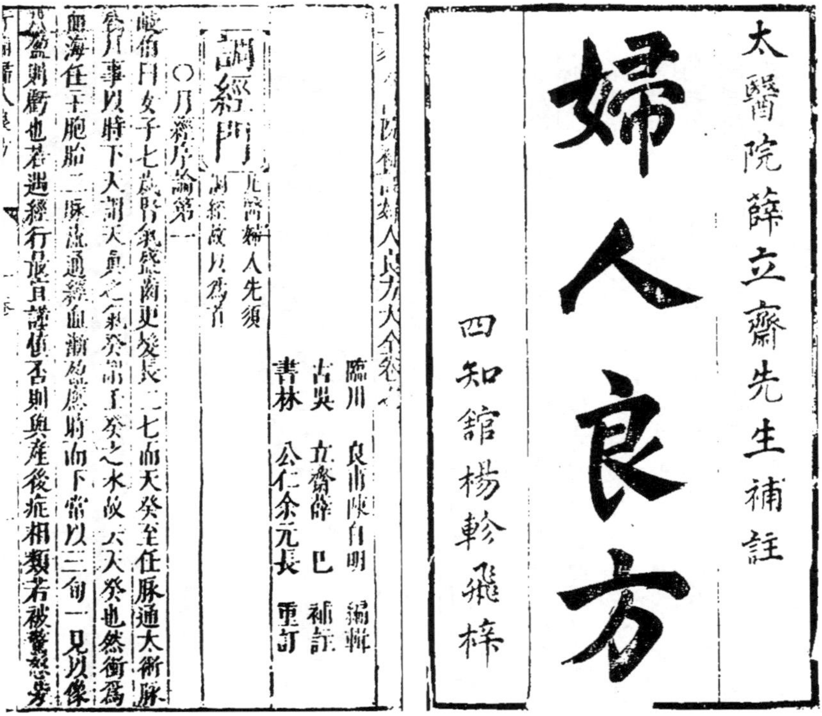
太醫院薛立齋先生補註

婦人良方

四知館楊軫飛梓

婦人良方大全卷之一

臨川 良甫陳自明 編輯

古吳 立齋薛 己 補註

書林 公仁余元長 重訂

調經門 凡醫婦人先須調經故以爲首

○月經序論第一

岐伯曰女子七歲腎氣盛齒更髮長二七而天癸至任脉通太衝脉盛月事以時下天癸者謂天真之氣降壬癸之水故云天癸也然衝爲血海任主胞胎二脉流通經血漸盈應時而下常以三旬一見以像月盈則虧也若遇經行最宜謹慎否則與產後症相類若被驚怒勞

图三　《三刻太医院补注妇人良方大全》内封、卷端（浙江图书馆藏）

又有杨祥吾，以四知馆名号重印刘氏日新堂刻《新编鸿飞集论眼科》。杨祥吾生平不详，当为杨发吾（鸣鹍）兄弟行。《新编鸿飞集论眼科》一卷，明胡廷用辑。原为嘉靖三十五年（1556）刘氏日新堂刻本，书前有《鸿飞集论序》，末署“时嘉靖丙辰岁孟秋月吉旦，浙江南渊胡廷用编集，书林刘氏日新书堂刊”。卷端题“新编鸿飞集论眼科”，“新”字上空二字。一般题名均顶格刻，此处或经挖改。署“浙江胡氏南渊编集，书林刘氏日新堂刊行”，而内封则镌“太医院传七十/二症明目仙方”大字二行，中间“四知馆杨祥吾梓”（图四）。全书多漫漶，当是明代后期四知馆杨祥吾据嘉靖三十五年刘氏日新堂旧版重印者。

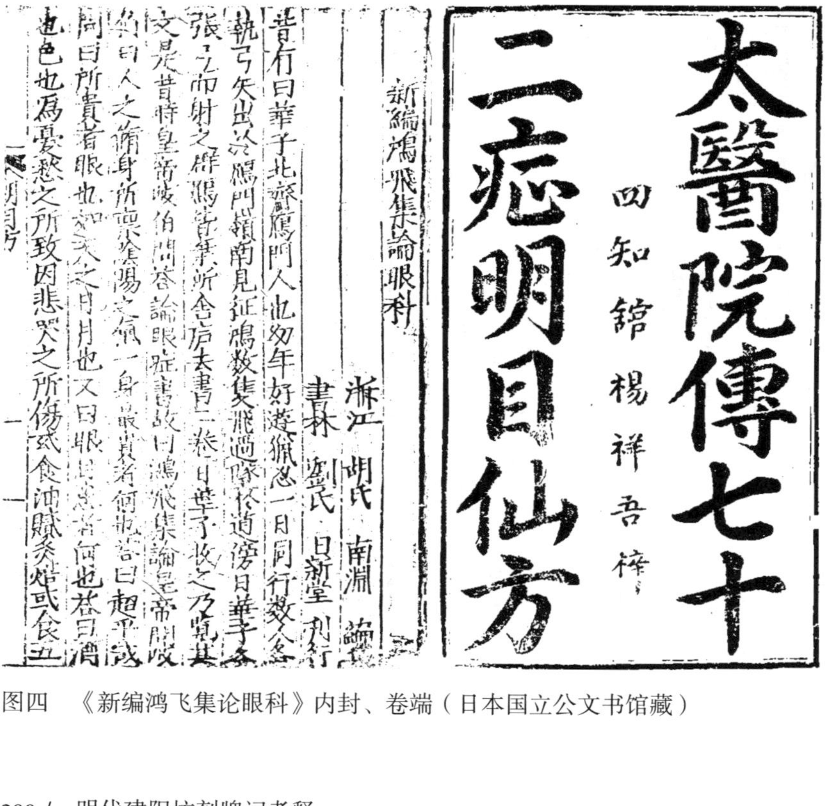
太醫院傳七十
二症明目仙方
四知館楊祥吾梓

新編鴻飛集論眼科
浙江 胡氏 南淵 編集
書林 劉氏 日新堂 刊行

图四　《新编鸿飞集论眼科》内封、卷端（日本国立公文书馆藏）

四知馆又曾印万历三十二年（1604）同仁斋杨春荣刻《新刻秘传眼科七十二症全书》。卷一卷端题“新刻秘传眼科七十二证全书”，署“武夷精眼科后学晴峰袁学渊辑著，潭城书林同仁斋泰斋杨春荣绣梓”；卷六末刻有“甲辰之冬书林杨泰斋绣梓”一行；而内封则镌“太医院秘传，七十二症眼科，四知馆梓行”，并钤“蕴古堂印”（图五）。所谓“梓行”，实乃四知馆据杨氏旧版重印而已。主事者不知是否为曾印行《新编鸿飞集论眼科》的杨祥吾。

四知馆刻印书籍，另有：《重刻补遗秘传痘疹全婴金镜录》三卷，明翁仲仁辑著，明陆道元补遗，明陆道光参补，首一卷《重刻小儿杂症秘传便蒙捷法》，明陆金校集，中国国家图书馆藏（图

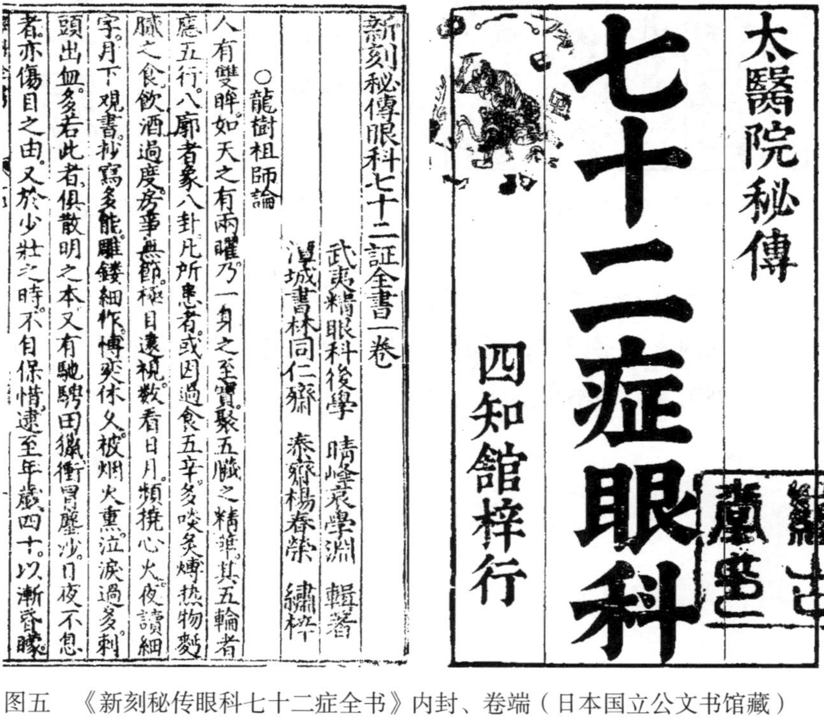
新刻秘傳眼科七十二證全書一卷
武夷精眼科後學　晴峰袁學淵　輯著
潭城書林同仁齋　泰齋楊春榮　繡梓
○龍樹祖師論
人有雙眸如天之有兩曜乃一身之至寶聚五臟之精華其五輪者
應五行八廓者象八卦凡所患者或因過食五辛多喫炙煿热物麫
臟之食飲酒過度房事無節極目遠視数看日月頻挠心火夜讀細
字月下观書抄寫多能雕鏤細作博奕休久被烟火熏泣淚過多刺
頭出血多若此者俱散明之本又有馳騁田獵衝冒塵沙日夜不息
者亦傷目之由又於少壯之時不自保惜逮至年歲四十以漸昏矇

太醫院秘傳
七十二症眼科
四知館梓行
蘊古堂印

图五　《新刻秘传眼科七十二症全书》内封、卷端（日本国立公文书馆藏）

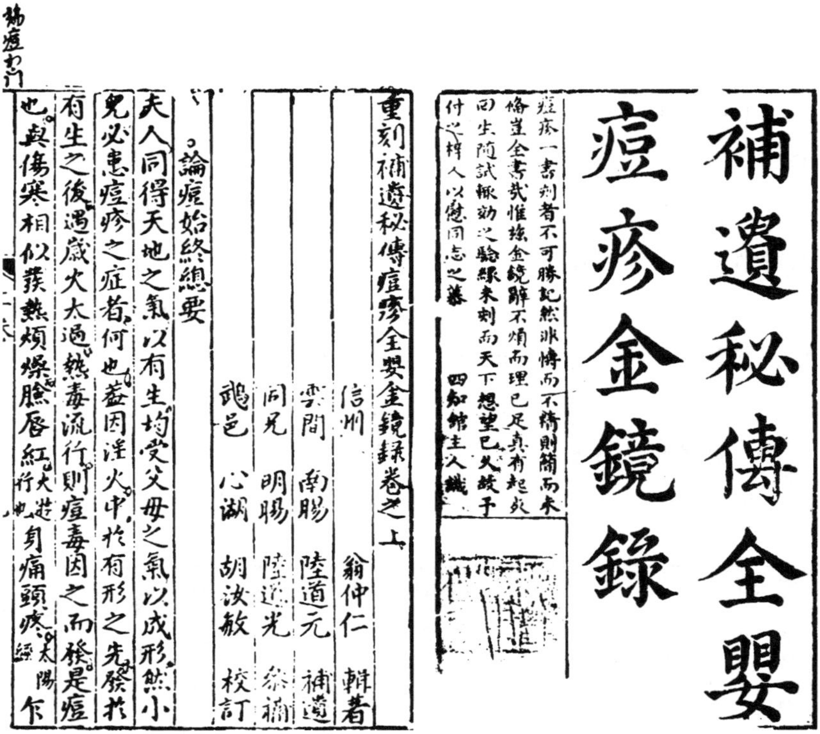

補遺秘傳全嬰
痘疹金鏡錄

痘疹一書刻者不可勝記然非博而不精則簡而未備豈全書哉惟豫金鏡辭不煩而理已足真有起死回生隨試輒効之驗緣未刻而天下想望已久鼓予付之梓人以慰同志之懷

四知館主人識

重刻補遺秘傳痘疹全嬰金鏡錄卷之上

信州 翁仲仁 輯著

雲間 南陽 陸道元 補遺

同兄 明暘 陸道光 參補

鵝邑 心湖 胡汝敏 校訂

論痘始終總要

夫人同得天地之氣以有生均受父母之氣以成形然小兒必患痘疹之症者何也蓋因淫火中於有形之先發於有生之後遇歲火太過熱毒流行則痘毒因之而發是痘也與傷寒相似發熱煩燥臉唇紅身痛頭疼

图六　《重刻补遗秘传痘疹全婴金镜录》内封、卷端（中国国家图书馆藏）

六）；《锺伯敬先生批评水浒传》一百卷，明施耐庵撰，明罗本撰，法国国家图书馆藏；《纂刻醒睡编》九卷，明叶如璧辑，美国国会图书馆藏，均不详书坊主为谁。

杨氏同仁斋

杨氏同仁斋，明万历间杨春荣书坊堂号。杨春荣，字泰斋，当是杨春元（字闽斋）兄弟行。万历三十二年（1604），刻明哀学渊辑著《新刻秘传眼科七十二症全书》六卷，又题《新锲眼科全书》。卷一卷端署“武夷精眼科后学晴峰哀学渊辑著，潭城书林同仁斋泰斋杨春荣绣梓”，卷六末刻“甲辰之冬书林杨泰斋绣梓”一行（图一）。今存四知馆印本，内封镌“太医院秘传，七十二症眼科，四知馆梓行”。（参见本书《杨氏四知馆》）有日本贞享五年（1688）重刻本，题《秘传眼科全书》。

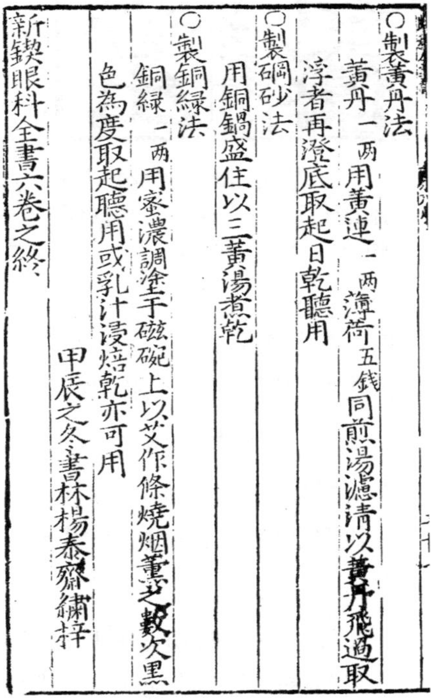
○製黄丹法
黄丹一两 用黄連一两 薄荷五錢 同煎湯濾清以黄丹飛過取
浮者再澄底取起日乾聽用
○製硇砂法
用銅鍋盛住以三黄湯煮乾
○製銅緑法
銅緑一两 用蜜濃調塗于磁碗上以艾作條燒烟薰之數次黑
色為度取起聽用或乳汁浸焙乾亦可用
甲辰之冬書林楊泰齋繡梓
新鍥眼科全書六卷之終

图一　《新刻秘传眼科七十二症全书》刊记（日本国立公文书馆藏）

杨春荣曾刻《新锲全相南海观世音菩萨出身修行传》四卷，现存伦敦英国博物院图书馆，系孤本。《古本小说集成》《古本小说丛刊》均据以影印。卷一卷端署“南州西大午辰走人订著，羊城冲怀朱鼎臣编辑，潭城泰斋杨春荣绣梓”。内封上图下文，文镌“全像观音出/身南游记传”大字二行，中间“书林焕文堂刊行”（图二）。《古本小说

图二 《新锲全相南海观世音菩萨出身修行传》内封（伦敦英国博物院图书馆藏，《古本小说丛刊》影印）

集成》整理前言著录该书为“明焕文堂刊本”，并根据其行款、版式特征与明万历间福建书坊刻本《鼎锲全相唐三藏西游传》《新刊八仙出处东游记》《刊北方真武祖师玄天上帝出身志传》《刻全像五显灵官大帝华光天王传》“全同”，推测“此书为明万历间闽刻本当无问题”。《古本小说丛刊》整理前言著录作“明焕文堂杨春荣刊本”，并有按语云：“《海刚峰先生居官公案传》万卷楼刊本有焕文堂重印本，与此焕文堂当为同一书坊。”但根据卷端及内封版刻信息，是书版本当著录为“明潭城杨春荣刻书林焕文堂印本”。潭城，系建阳之别称，建阳刻本卷端题署中屡见。《古本小说集成》《古本小说丛刊》均将“潭”字误读作“浑”，以致多方考证方得出此乃建阳刻本的结论。又，杨春荣之书坊号同仁斋，而非焕文堂。刊刻《海刚峰先生居官公案传》之万卷楼乃金陵名肆，重印者焕文堂是否与重印《新锲全相南海观世音菩萨出身修行传》之焕文堂为同一书坊，实在大有可疑。

此外，万历间杨氏同仁斋刻有“旁训便读”系列书籍，今存《新锲郑孩如先生精选国语旁训便读》二卷，《新锲郑孩如先生精选战国策旁训便读》四卷，《新锲郑孩如先生精选左传旁训便读》四卷，《新锲郑孩如先生精选史记旁训便读》八卷，《新锲郑孩如先生精选先秦两汉旁训便读》六卷等。卷端署“温陵垓如子郑维岳旁训、鞭孩子杨九经订梓”。或著录为明温陵杨九经刻本。据此著录，杨九经乃温陵（今泉州）人。其所撰《叙文公家礼正衡》，署“温陵杨九经言”（《重刻申阁老校正朱文公家礼正衡》卷首），亦以温陵为里籍。然明末刻本《新锲陈明卿先生增定鉴要纲目》，书前有《刻鉴要纲目凡例》，后署“潭阳杨九经行之父识”。据此则杨九经当是建阳人，“行之”乃其字号。以上诸书，从行款版式、字体风格等看，当是同一家书坊所刻。《新锲郑孩如先生精选战国策旁训便读》卷终存有牌记，镌“万历庚子孟秋/同仁斋杨氏梓”（图三），则以上诸书当为杨氏同仁斋所刊行。杨九经，或为同仁斋主人，或与同仁斋有较大关系。

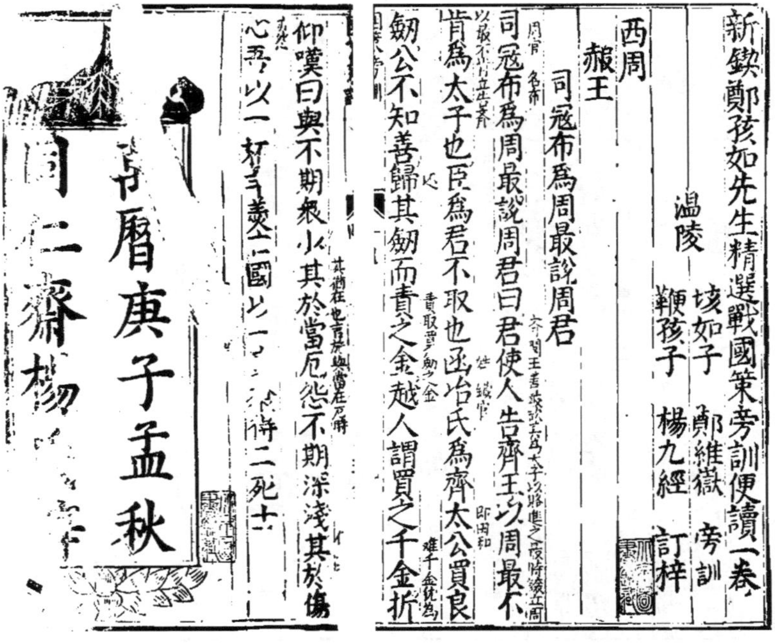
新鍥鄭孩如先生精選戰國策旁訓便讀一卷
溫陵 垓如子 鄭維嶽 旁訓
鞭孩子 楊九經 訂梓
西周
赧王
司寇布爲周最說周君
司寇布爲周最說周君曰君使人告齊王以周最不
肯爲太子也臣爲君不取也函冶氏爲齊太公買良
劍公不知善歸其劍而責之金越人謂買之千金折
仰嘆曰與不期衆少其於當厄怨不期深淺其於傷
心吾以一杯羊羹亡國
曆庚子孟秋
同仁齋楊

图三 《新锲郑孩如先生精选战国策旁训便读》卷端、牌记（中国国家图书馆藏）

杨氏友花居

日本国立公文书馆藏《艾千子先生手著四书发慧捷解》十三卷，卷端刻“友花居较梓”，内封镌“友花居杨道卿较梓”（图一），无刻书年月，多著录作明友花居刻本。前有《四书发慧捷解小引》，署“东汝千子艾南英书”，云：“是解成，客谓予曰：‘聪明人所自有，何假言诠而传？子欲发之，不已妄耶，又孰为捷

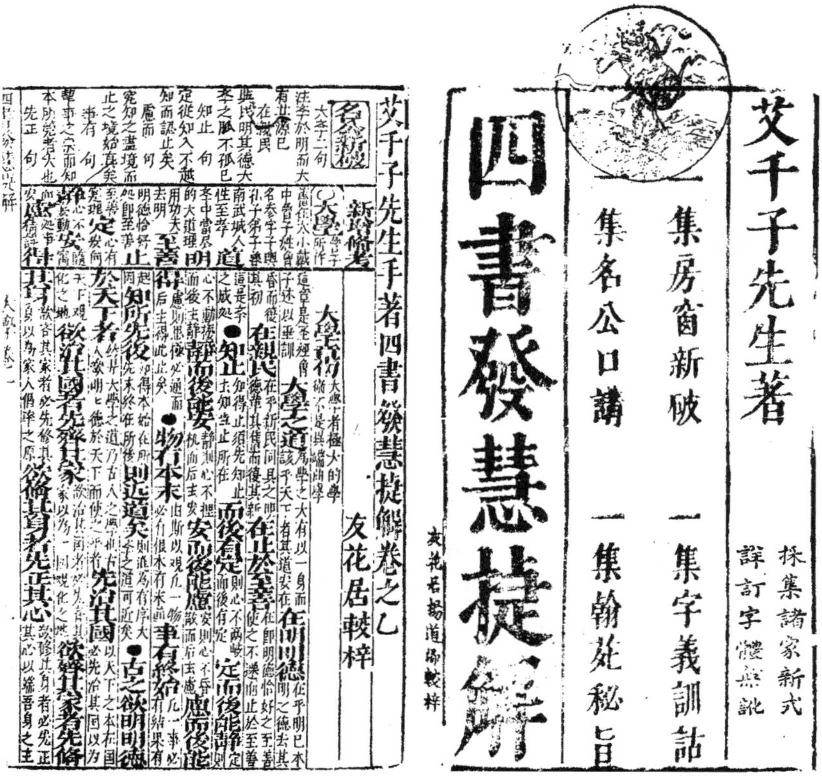
艾千子先生著
集房窗新破
集名公口講
四書發慧捷解
集字義訓詁
集翰苑秘旨
採集諸家新式
詳訂字體無訛
友花居楊道卿較梓

艾千子先生手著四書發慧捷解卷之乙
友花居較梓

图一　《艾千子先生手著四书发慧捷解》内封、卷端（日本国立公文书馆藏）

也？’予曰：‘天下惟慧心人方解读书，亦惟读书最益人灵慧。是解从慧获，复慧从解生，第繁冗破裂，则初学厌苦难从。今为之片语中肯，只字印心，所谓要言不烦，非欤？其以发人心之慧，曷捷如斯，夫岂谬妄哉？’”次署“友花居识”《凡例》五则，尽是广告语，移录如下：

一、口讲，坊刻积套相仍，说既腐烂，解复糊涂。此刻字字金针，语语新畅。拈花既示，顽石亦点。

一、破题，使蒙童诵习效法。坊刻滥抄庸本，附会成事。此刻非名公房窗新破不录，读者鉴之。

一、训诂，以字代字，使初学易晓，最难剖析。此刻呕尽苦心立说，作者不啻面命，读者必应首肯。

一、《学》《庸》章句，坊刻尽行抹去，今复补出，方称全璧。

一、订讹，尤初学首务。坊刻诸本，尽付庸手，差讹满纸。此刻较经数次，一字无错，读者能辨。

按，明崇祯十七年（1644）建阳余元熹刻本《册府元龟序论》，书前开列“册府元龟序论姓氏”数十人，分别载姓名、字号、籍贯。其中参阅者有“杨居理道卿（建阳）”，当是刊刻该书之友花居主人：杨姓，名居理，字道卿，明末清初建阳人。根据姓名字号，另有多人或为杨氏兄弟行，时见有撰著、刻本传世，并列举于此：杨居谦懋卿（建阳），杨居敬简卿（建宁），杨居广帝卿（建阳）。

叶氏葆和堂

葆和堂叶天熹，字会廷，明万历间建阳书坊主。万历二十四年（1596），叶氏刻《翰林重考字义韵律大板海篇心镜》二十卷首一卷，中国国家图书馆、北京大学图书馆、中国科学院图书馆、南京图书馆、日本国立国会图书馆、日本国立公文书馆、日本东京大学图书馆、日本东京都立图书馆、美国哈佛大学哈佛燕京图书馆等均有藏本。卷一卷端署："庶吉士喜闻刘孔当重订，安福净吾彭应起校录，书林会廷叶天熹锓行"；卷终牌记镌"万历丙申岁太/吕月叶会廷梓"（图一）。书分双栏，上下栏各分门别类析字释义。

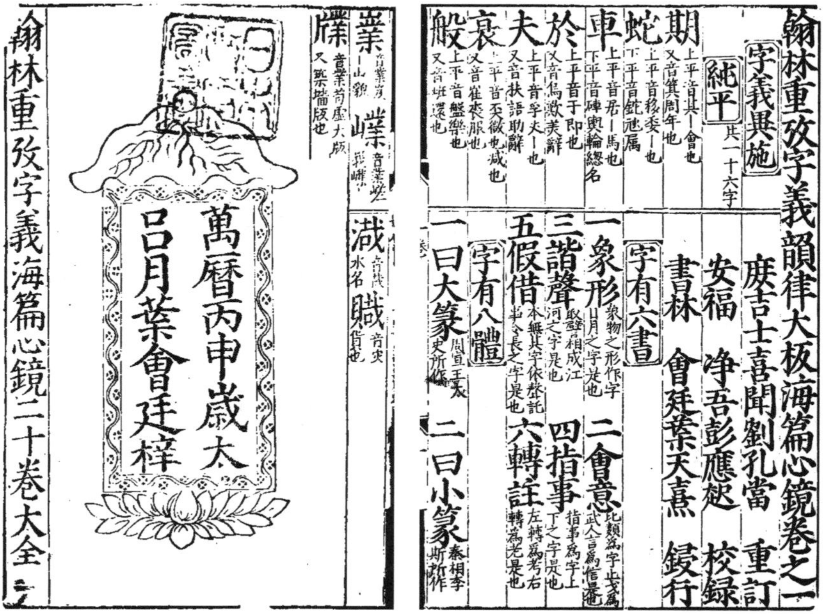

图一 《翰林重考字义韵律大板海篇心镜》卷端、牌记（日本国立公文书馆藏）

前有何鹿门《题海篇心镜引》、刘孔当《海篇心镜序》。刘孔当序言“乙未冬书成，余托邻姻彭君净吾复加参阅，付剞劂氏，广布海内，以正蒙求，而为蔡鉴”云云，显系伪托。刘孔当乃万历二十年（1592）进士，不过数年，书坊遂以其名号增价，不可谓不迅捷。此种书籍，建阳书坊刻本现存不下十种，如题明叶向高撰《新锲阁老台山叶先生订释龙头切韵海篇星镜》（书林杨春时刻本）、题李廷机辑《镌玉堂厘正龙头字林备考韵海全书》（书林刘朝琯刻本）、题吴亮辑《锓五车字义六合备考四明海篇》（王氏三槐堂刻本），题曾六德辑《鼎刻台阁考正遵古韵律海篇大成》（刘氏乔山堂刻本）等均是。

万历间，叶天熹曾刻《新刻古今玄屑》八卷，今日本国立公文书馆、日本东京大学东洋文化研究所均有藏本。卷一卷端署“宛陵无欲王家佐选评，秣陵竹潭周宗孔、少冈龚尧惠仝梓”；卷终牌记镌“建邑书林葆和/堂叶会廷梓行”（图二）。按，美国哈佛大学哈佛燕京图书馆藏万历二十三年（1595）冬金陵周氏嘉宾堂刻本《新刻古今玄屑》八卷，经比对，二书卷端题署相同，行款版式相同（半叶九行二十字，四周单边，白口，单鱼尾，眉上镌评），然字体稍

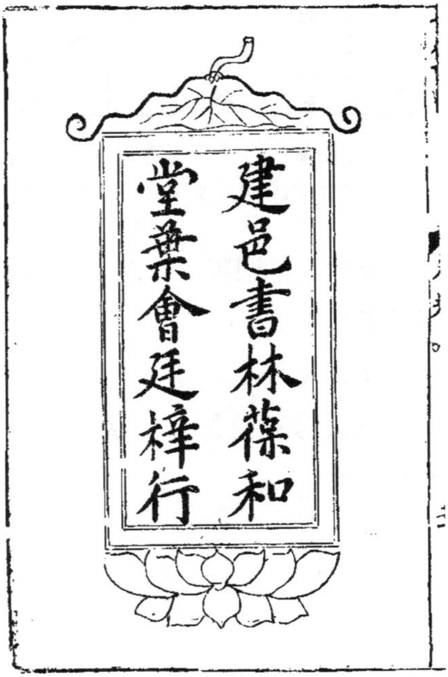

图二　《新刻古今玄屑》牌记（日本国立公文书馆藏）

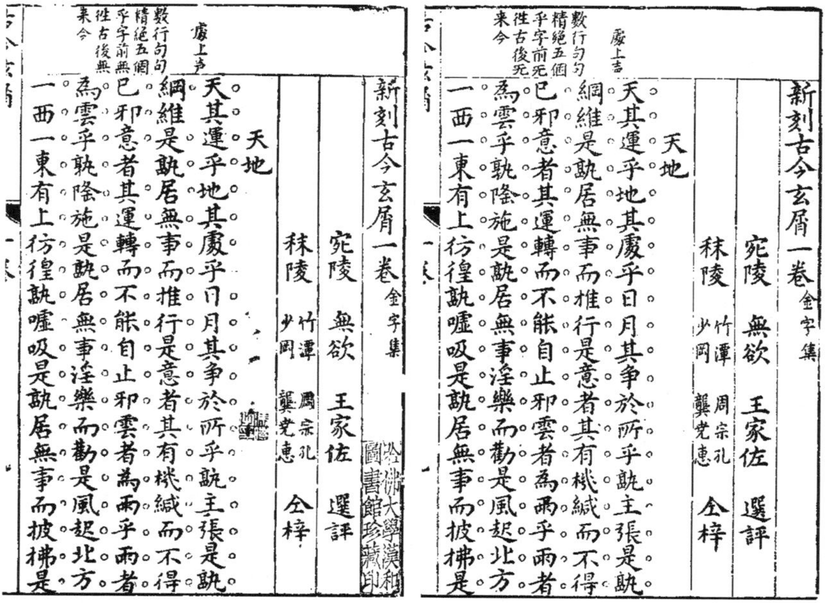

新刻古今玄屑一卷 金字集
宛陵 無欲 王家佐 選評
秣陵 竹潭 周宗孔 全梓
少岡 龔党惠
處上声
數行句句精絕五個乎字前無往古後無來今
天地
天其運乎地其處乎日月其爭於所乎孰主張是孰
綱維是孰居無事而推行是意者其有機緘而不得
已耶意者其運轉而不能自止耶雲者為雨乎雨者
為雲乎孰隆施是孰居無事淫樂而勸是風起北方
一西一東有上彷徨孰噓吸是孰居無事而披拂是

图三　《新刻古今玄屑》卷端（左美国哈佛大学哈佛燕京图书馆藏周氏嘉宾堂刻本，右日本国立公文书馆藏叶氏葆和堂刻本）

异，显然不是同版。（图三）是书乃据周氏刻本翻刻，刊刻时间当不早于当年。

又，《日本国立国会图书馆汉籍目录》著录《建邑书林南阳郡鼎镌会海对类》二十卷，明吴望撰，明万历二十五年葆和堂序刻本。

叶氏广勤堂

叶氏广勤堂，亦作广勤书堂，现存元、明两代刻本近二十种。元代及明初刻书，多用“广勤书堂”。如元天历三年（1330）刻本《新刊王氏脉经》十卷，序后有广勤书堂识语；至顺三年（1332）刻本《增广事联诗学大成》三十卷，目录后有“至顺壬申仲秋/广勤书堂重刊”牌记。元末，广勤书堂又曾于元皇庆元年（1312）建安余志安勤有堂刻本《集千家注分类杜工部诗》二十五卷基础上，增刻文集二卷，《杜工部序传碑铭》后有“广勤书堂新刊”牌记。

入明以后，广勤堂刻书有确切时间记载的，有永乐四年

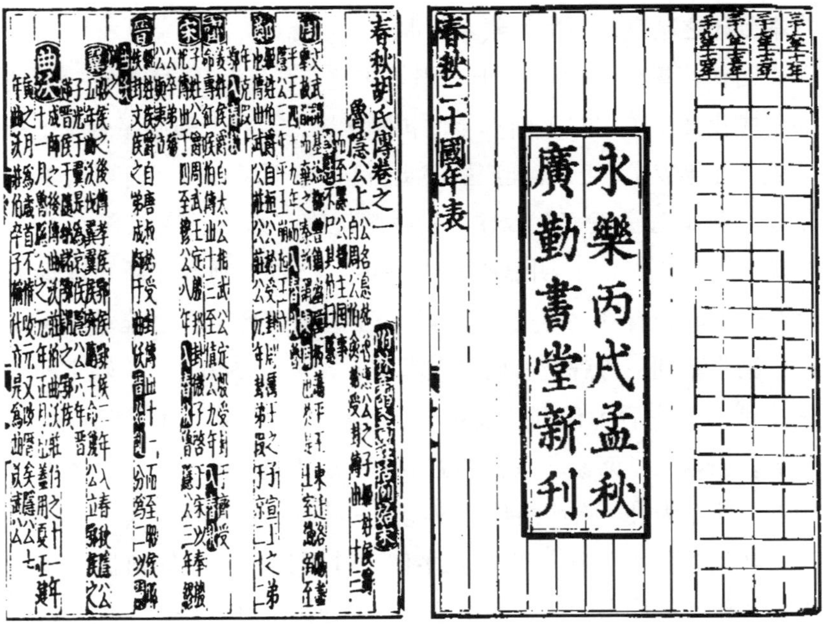

图一 《春秋胡氏传》牌记、卷端（中国国家图书馆藏）

（1406）刻本《春秋胡氏传》三十卷。是书今仅见中国国家图书馆藏残帙，存卷一至卷三。书前《春秋二十国年表》终有牌记，镌“永乐丙戌孟秋/广勤书堂新刊”（图一）。

明初广勤书堂刻本，延续元刻风格，常被误以为宋元旧本。如明永乐十四年（1416）刻本《大广益会玉篇》三十卷，日本武田科学振兴财团杏雨书屋藏本有内藤湖南跋语，云：“此书旧藏者题为宋本，余按其板式不似宋椠，因改为元版，然实无确据也。冈井博士慎吾云，其分卷与前田侯尊经阁文库所藏五山旧影永乐甲午广勤书堂本同。此本殆即永乐刊也。”（转引自严绍璗《日藏汉籍善本书录》第271页）又如，明正统十二年（1447）叶景达广勤书堂刻本《针灸资生经》七卷，浙江图书馆藏本前有清道光二十六年（1846）姚衡跋，云“此为宋椠，盖麻沙本也”。由此可见广勤书堂本刻印之精良，历来为藏家所重。

明代广勤堂刻书，多未标识坊主之名。前文列举之外，其他如明成化九年（1473）刻本《重刊埤雅》二十卷，陆宰序后牌记镌“成化九年岁次癸巳/叶氏广勤书堂新刊”；明嘉靖十八年（1539）刻本《新编医经正宗》八卷，卷终牌记镌“嘉靖己亥孟夏/广勤书堂新刊”（图二）；明嘉靖三十一年（1552）刻本《新刊性理大全》七十卷，有“嘉靖壬子年叶氏广勤堂校正重刊”“嘉靖壬子孟秋广勤堂新刊”等牌记。而早在嘉靖十九年（1540），广勤堂即已刻梓是书，序后牌记刻“嘉靖十九年叶氏广勤堂校正重刊”（图三）。该本未见诸家著录，参见本书《詹氏进贤堂》。以上各书，均不详坊主为谁。有明一代，仅能考知叶景达、叶材二人。

叶景达，名添德。研究者多作“叶景逵”，不知何据。杨荣曾为其作《三峰书舍赋》，小序云：“建阳书林叶添德景达氏，自其大父荣轩父彦龄，世以诗书为业。尝作室以贮古今书版，日积月

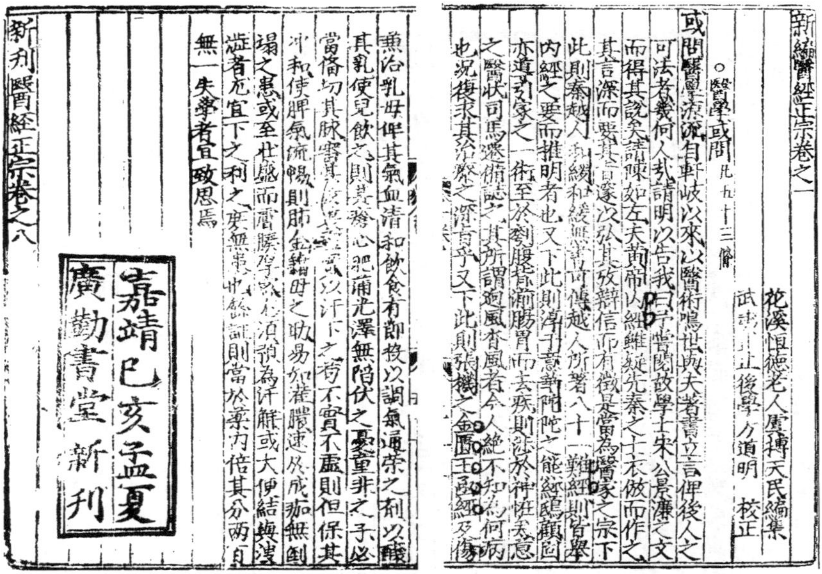

新編醫經正宗卷之一
花溪恒德老人虞摶天民編集
武林□江後學方道明　校正
○醫學或問凡五十三條

新刊醫經正宗卷之八

嘉靖己亥孟夏
廣勤書堂新刊

图二　《新编医经正宗》卷端、牌记（日本国立公文书馆藏）

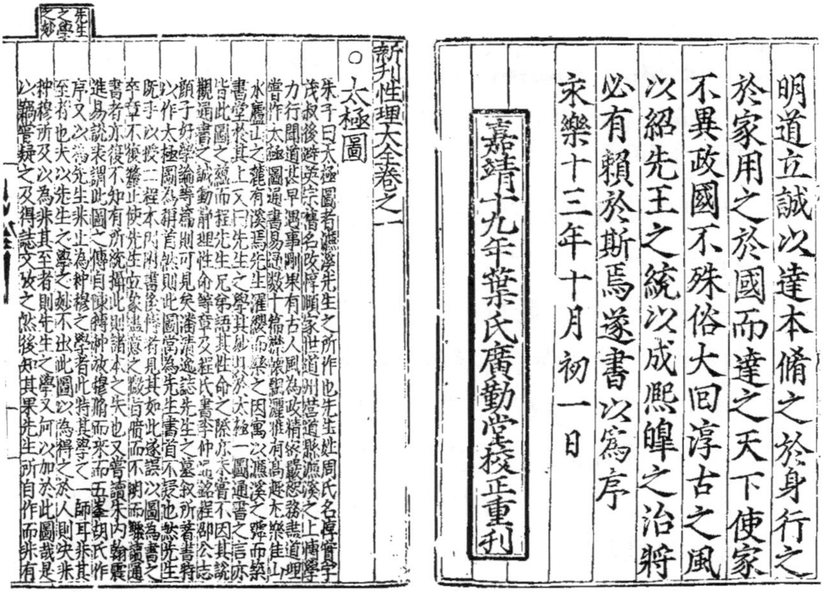

明道立誠以達本脩之於身行之
於家用之於國而達之天下使家
不異政國不殊俗大回淳古之風
以紹先王之統以成熙皡之治將
必有賴於斯焉遂書以爲序
永樂十三年十月初一日

嘉靖十九年葉氏廣勤堂校正重刊

新刊性理大全卷之一
○太極圖

图三　《新刊性理大全》牌记、卷端（日本国立公文书馆藏）

增，栋宇充牣。凡四方有所购求者，皆乐然应之，由是缙绅大夫莫不称誉其贤。”又云：“景达之意，其于群书不惟锓梓，以广其传，而将欲俾其子孙耳濡目染无非道德之懿，口诵心惟莫匪仁义之说。”（《杨文敏公集》卷八，明正德十年刻本）盖非一般射利者。

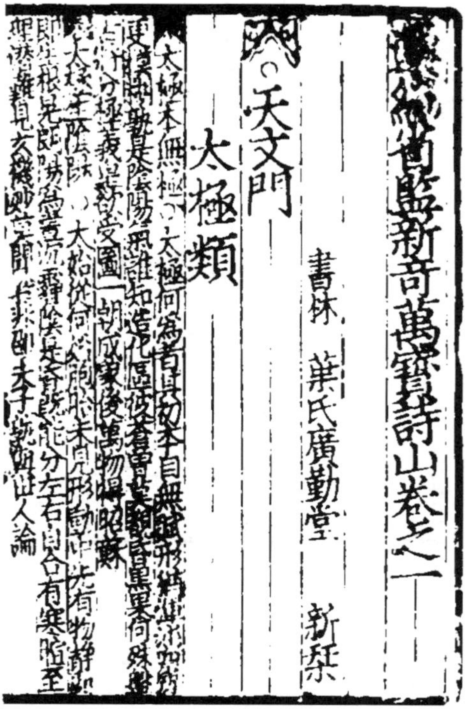
選編省監新奇萬寶詩山卷之一
書林 葉氏廣勤堂 新栞
天文門
太極類

图四　《选编省监新奇万宝诗山》卷端（日本米泽市立图书馆藏）

明宣德四年（1429），叶景达刻《选编省监新奇万宝诗山》三十八卷，卷端刻“书林叶氏广勤堂新刊”（图四）。书前有莆阳余性初序，云：“书林三峰叶景达氏，掇拾类聚绣梓，以传于世，目之曰《万宝诗山》，俾后学者有所矜式，其用心亦弘矣。梓成携以示余，因属余叙。”署“宣德四年著雍作噩岁重九日”。该本清人陆心源曾误以为宋刻。《仪顾堂续跋》卷十四《宋麻沙本万宝诗山跋》云：“前有雍作噩岁重九日余性初叙”，“《尔雅》太岁在戊曰著雍，在酉曰作噩，戊与酉不相值，非戊戌即己酉之讹，盖理宗淳祐末年刊本也”。按，陆心源推断此为宋理宗淳祐末年刊本，显误。然有关太岁纪年的推断则甚是。宣德四年，岁在己酉，太岁当作屠维作噩，而非著雍作噩。原刻“著雍”或为手民所误，盖与“屠维”形近故也。而陆氏藏本（今藏日本静嘉堂文库）或为书贾撕毁“宣德四年著”五字，以充宋元旧本。

明正统九年（1444），广勤堂刻《太平惠民和剂局方》十卷附《指南总论》三卷《图经本草药性总论》一卷，日本宫内厅书陵部有藏本，《海外中医珍善本古籍丛刊》据以影印。卷一尾题前有牌记，镌“正统甲子良月吉日/三峰叶氏广勤堂刊”（图五）。因内封镌“清江书堂”，或著录作明正统九年叶三峰广勤堂重刊元清江书堂本。笔者以为，“三峰叶氏”似不宜作“叶三峰”，进而将“叶三峰”等同于叶景逵（达）。该书实无明证即叶景达所刊行，当著录为明正统九年叶氏广勤堂刻清江书堂印本。

明代后期，书林叶材亦以广勤堂名号刻书行世。中国国家图

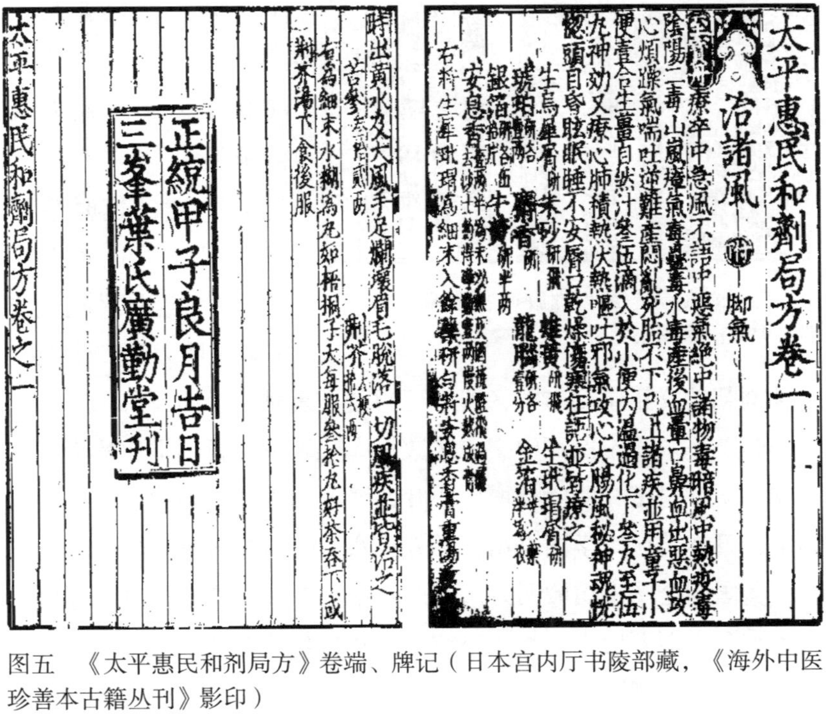
太平惠民和劑局方卷之一

治諸風 附 脚氣

至寶丹 療卒中急風不語中惡氣絕中諸物毒暗風中熱疫毒陰陽二毒山嵐瘴氣毒蠱毒水毒產後血暈口鼻血出惡血攻心煩躁氣喘吐逆難產悶亂死胎不下已上諸疾並用童子小便壹合生薑自然汁叄伍滴入於小便內溫過化下叄丸至伍丸神効又療心肺積熱伏熱嘔吐邪氣攻心大腸風秘神魂恍惚頭目昏眩眠睡不安唇口乾燥傷寒狂語並皆療之

時出黃水及大風手足癱瘓眉毛脫落一切風疾並皆治之

右爲細末水糊爲丸如梧桐子大每服叄拾丸好茶吞下或荊芥湯下食後服

正統甲子良月吉日
三峯葉氏廣勤堂刊

太平惠民和劑局方卷之一

图五　《太平惠民和剂局方》卷端、牌记（日本宫内厅书陵部藏，《海外中医珍善本古籍丛刊》影印）

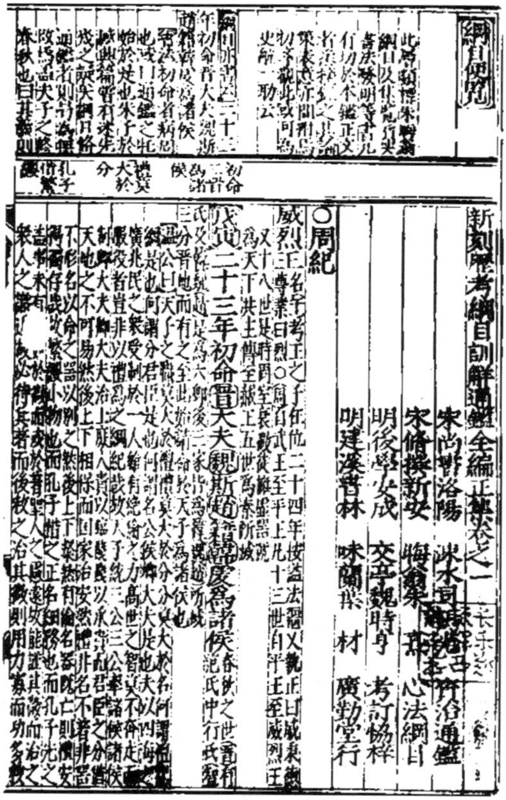
新刻歷考綱目訓解通鑑全編正集卷之一

宋尚書洛陽涑水司馬光資治通鑑

宋修撰新安晦翁朱熹心法綱目

明後學安成交亭魏時亨考訂協梓

明建溪書林味蘭葉材廣勤堂行

○周紀

戊寅二十三年初命晉大夫魏斯趙籍韓虔為諸侯

图六 《新刻历考纲目训解通鉴全编正集》卷端（中国国家图书馆藏）

书馆藏《新刻历考纲目训解通鉴全编正集》二十卷《续集》□□卷（存《正集》一至六、十至二十、《续集》六至十五），卷一卷端署“宋尚书洛阳涑水司马光资治通鉴，宋修撰新安晦翁朱熹心法纲目，明后学安成交亭魏时亨考订协梓，明建溪书林味兰叶材广勤堂梓”（图六）。“味兰”，或其字。根据版刻风格推测，当是万历间刻本。又，魏时亨尝序《锲王氏秘传图注八十一难经评林捷径统宗》（明万历二十七年书林刘朝琯安正堂刻本），署“万历己亥夏月”，即万历二十七年（1599）。“日本所藏中文古籍数据库”著录《新刻举业精华存》四卷，明叶材编，明叶林增，明叶如璧删，明叶常春考，明万历间刻本，日本茨城大学图书馆存卷五至八。叶如璧另有《醒睡编》九卷，美国国会图书馆藏明万历间四知馆刻本，书前自序署“万历丁亥冬季”，即万历十五年（1587）。叶材与叶如璧、魏时亨同为万历间人，与该书版刻风格恰好印证。

叶氏源泰堂

源泰堂主人叶氏双桥者，生平不详。万历九年辛巳（1581），刻《新刻翰林批选东莱吕先生左氏博议句解》十二卷，仅中国国家图书馆见存。该藏本前有缺叶，目录首题“新刊东莱吕先生博议”。全书分仁义礼智四集，每集三卷，每卷节选《左传》名篇六到九篇不等，备注“出处”，注明“主意”，并随文训释。卷一卷端署“翰林院学士南畿昆湖瞿景淳选粹，翰林院学士两浙元峰袁炜

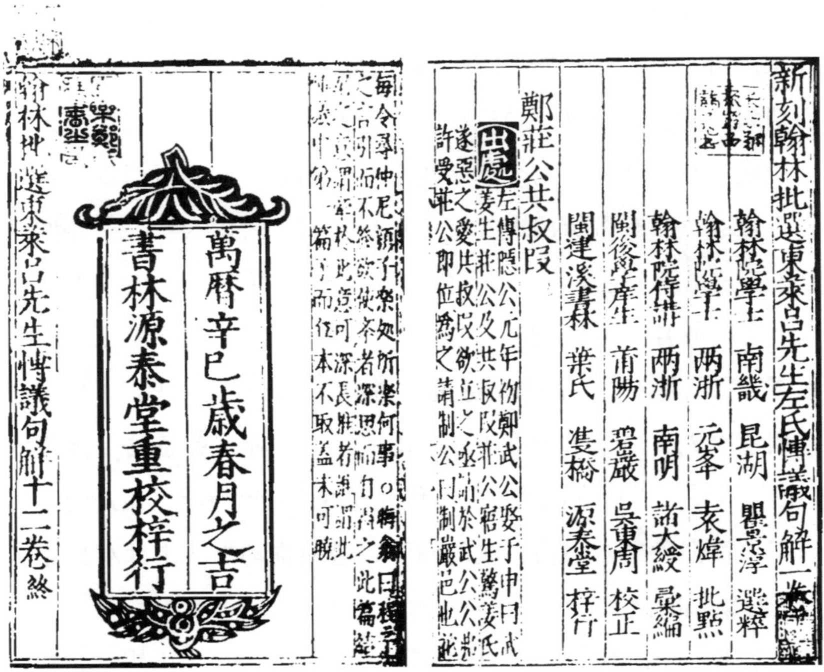
新刻翰林批選東萊呂先生左氏博議句解卷一
翰林院學士 南畿 昆湖 瞿景淳 選粹
翰林院學士 兩浙 元峯 袁煒 批點
翰林院侍講 兩浙 南明 諸大綬 彙編
閩後學生 莆陽 碧巖 吳東周 校正
閩建溪書林 葉氏 雙橋 源泰堂 梓行
鄭莊公共叔段
萬曆辛巳歲春月之吉
書林源泰堂重校梓行
新刻翰林批選東萊呂先生博議句解十二卷終

图一　《新刻翰林批选东莱吕先生左氏博议句解》卷端、牌记（中国国家图书馆藏）

批点，翰林院侍讲两浙南明诸大绶汇编，闽后学庠生莆阳碧岩吴东周校正，闽建溪书林叶氏双桥源泰堂梓行”；卷十二尾题前有牌记镌“万历辛巳岁春月之吉/书林源泰堂重校梓行”（图一）。按，吕祖谦《左氏博议》原有二十五卷，凡一百六十八篇。因其文辞乃“举子所以资课试者”（吕氏自序），流行极广，明代坊刻选本，即有十二卷、八卷、六卷、四卷等多寡之不同。是书谓瞿景淳选粹、袁炜批点、诸大绶汇编云云，当为书坊假托。

万历末年，源泰堂尝印行黄仁溥《新刻皇明经世要略》五卷。黄仁溥，字元叔，建阳县庠生。是书集张位、许国、杨元祥等数十人及作者自撰有关边务文章一百五十余篇，始刻于万历三十八年庚戌（1610），万历四十年刻竣。黄氏自序云：“岁庚戌，剞劂氏闻而请焉，则又补葺其一二以授之。”万历四十年邓以浩序亦云：“庚戌已付剞劂氏，而今秋始竣事。”然是时所刊行似仅三卷。卷五目录页后有万历四十二年（1614）黄仁溥识云：“《经世要略》，前已刻三卷矣。兹又刻附集四、五卷者何？曰：为举业二三场设也。书名‘经世’矣，又并及举业者何？曰：四方购书者，责书贾以二三场未备，而书贾遂责之剞劂氏，剞劂氏又求备于余也。余用铨次先正诸作数十篇于左，即经世、举业无弗备矣。读者谅之。”（图二）这则识语不仅交代五卷本的刊刻情况，还提到读者的需求反馈到经营书籍买卖的商贩，进而推动书坊主针对具体作者进行组稿的情况，颇具史料价值。

是书今存各本中，美国国会图书馆所藏较上海图书馆、北京大学图书馆、美国哈佛大学哈佛燕京图书馆藏本清晰，盖刷印在前。

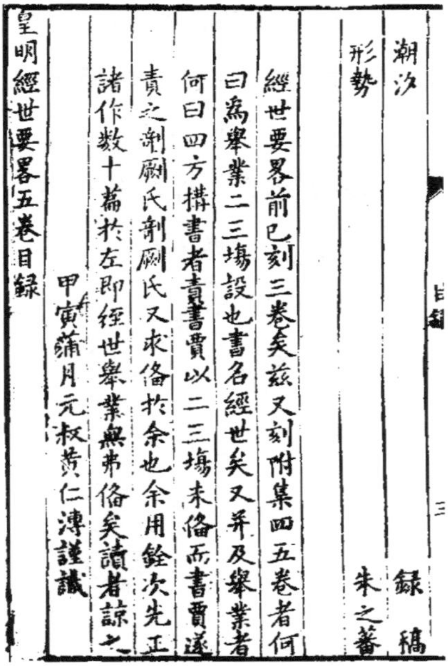
潮汐　錄稿
形勢　朱之蕃
經世要畧前已刻三卷矣茲又刻附集四五卷者何
曰爲舉業二三塲設也書名經世矣又弁及舉業者
何曰四方搆書者責書賈以二三塲未備而書賈遂
責之剞劂氏剞劂氏又求備於余也余用銓次先正
諸作数十篇於左即經世舉業與弗備矣讀者諒之
甲寅蒲月元叔黄仁溥謹識
皇明經世要畧五卷目録

图二　《新刻皇明经世要略》黄仁溥识语（美国国会图书馆藏）

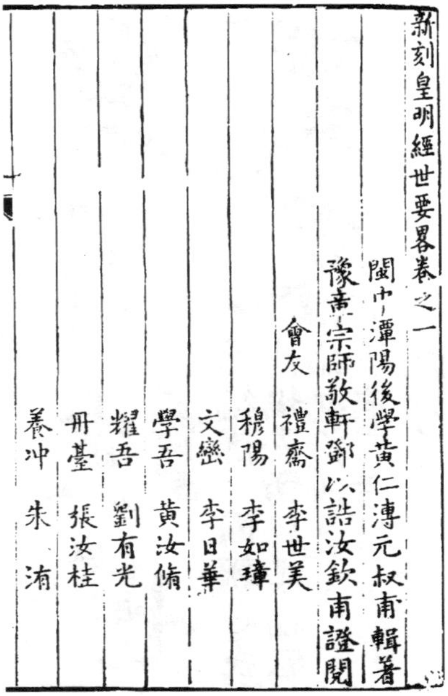
新刻皇明經世要畧卷之一
閩中潭陽後學黄仁溥元叔甫輯著
豫章宗師敬軒鄧以誥汝欽甫證閱
會友　禮齋　李世美
穆陽　李如璋
文巒　李日華
學吾　黄汝脩
耀吾　劉有光
丹臺　張汝桂
養冲　朱洧

图三　《新刻皇明经世要略》卷端（美国国会图书馆藏）

卷一卷端署："闽中潭阳后学黄仁溥元叔甫辑著，豫章宗师敬轩邓以诰汝钦甫证阅，会友礼斋李世美、穆阳李如璋、文峦李日华、学吾黄汝修、耀吾刘有光、丹台张汝桂、养冲朱洧、觉予李尚伊、凤楼黄云龙、含光张其显、抱真张其灿、元玉张其藻、献嘉张其猷、孙廷熺、廷燿、廷煐同校，书林□□□□□□□。"（图三）其余各卷卷端开列校者多寡或有不同，而"书林"以下则同尽铲去。以致刊刻者已不可考，其为建阳本地书坊当无问题。上海图书馆、北京大学图书馆藏本前有内封，镌书坊识语云："此编系国朝边戎、武场要务，皆硕辅宏论也。初刻自本堂，买者须认源泰为记。"

皇明經世要畧

此編係　國朝遴戎武場要務皆碩輔宏論也初刻自本堂買者須認源泰號記

图四　《新刻皇明经世要略》内封（上海图书馆藏，《四库禁毁书丛刊补编》影印）

（图四）源泰当是堂号，或即叶氏源泰堂。而既然为“初刻”，何以将卷端旧署刊刻者姓名、堂号等信息剜挖殆尽？显然不可信。著录为明建阳刻源泰堂印本可能更为准确。

叶氏作德堂

叶氏作德堂，刻书主要在明代中后期，知名书坊主有叶秀、叶涧泉、叶仪廷等人，现存刻本十余种。

叶秀字或号静斋，嘉靖间人。曾刻《玉机微义》五十卷，明徐用诚辑，明刘纯续辑。卷一署“书林静斋叶秀校刊”，卷末莲座荷盖牌记镌“皇明己亥冬月/书林作德堂刊”（图一）。审其版刻风格，当是嘉靖间建阳刻本，“皇明己亥”当是嘉靖十八年（1539）。叶秀又曾刻《新刊三丰张真人神速万应方》四卷。日本元禄三年（1690），日人曾据以抄存，今藏日本东京国家博物馆。

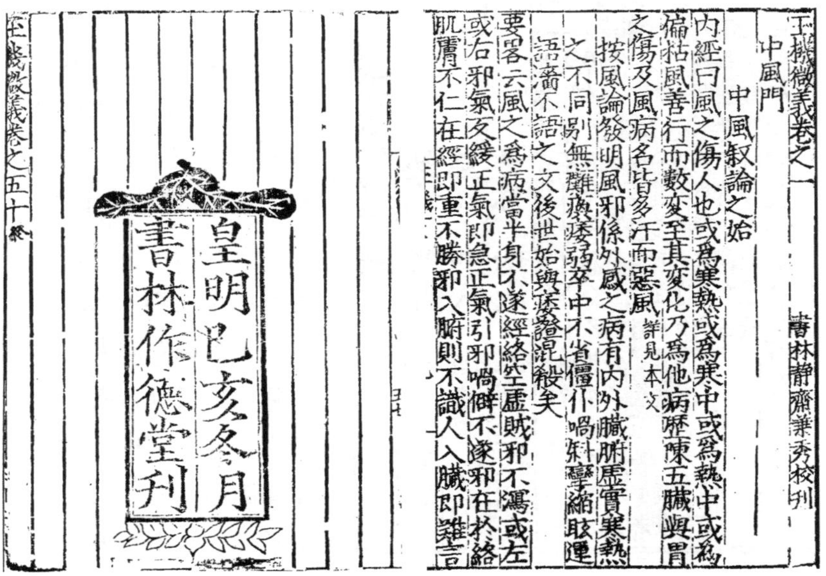
玉機微義卷之五十終

皇明己亥冬月
書林作德堂刊

玉機微義卷之一　書林靜齋葉秀校刊

中風門

中風叙論之始

内經曰風之傷人也或爲寒熱或爲寒中或爲熱中或爲
偏枯風善行而數變至其變化乃爲他病歷陳五臟與胃
之傷及風病名皆多汗而惡風詳見本文
按風論發明風邪係外感之病有内外臟腑虛實寒熱
之不同别無癱瘓痿弱卒中不省僵仆喎斜攣縮眩運
語澁不語之文後世始與痿證混殺矣
要畧云風之爲病當半身不遂經絡空虛賊邪不瀉或左
或右邪氣反緩正氣即急正氣引邪喎僻不遂邪在於絡
肌膚不仁在經即重不勝邪入腑則不識人入臟即難言

图一　《玉机微义》卷端、牌记（日本国立公文书馆藏）

卷端署“容山探玄子孙天仁集，书林作德堂叶静斋刊”。“书林作德堂叶静斋”，与“书林静斋叶秀”显系同一人。

根据诸家著录，叶氏作德堂嘉靖间刻本另有：嘉靖十二年（1533）刻本《性理大全书》七十卷，明胡广等撰，南京大学图书馆藏；嘉靖十五年刻本《周易传义大全》二十四卷《图说》一卷《纲领》一卷，明胡广等奉敕纂，南京图书馆藏（卷二十三至卷二十四配另一明刻本）；嘉靖二十四年（1545）刻本《活幼口议》二十卷，元曾世荣撰，中国中医科学院图书馆藏；嘉靖二十五年刻本《京本玉海精粹》二十二卷，明林文俊辑，山东省图书馆、首都图书馆藏。又有《晦庵先生家礼集说》十二卷，明冯善撰，日本国立公文书馆藏，卷端署“锡山后学冯善集说，望江门人何永康阅次，书林叶氏作德堂校刊”（图二）。观其版刻，似当是明代中期刻本。有确切纪年者，最晚为万历十七年（1589）刻本《锲御制新颁大明律例注释招拟折狱指南》十八卷首一卷，日本蓬左文库、阳明文库、东京大学文学部汉籍中心等藏。以上各书不详书坊主之名，嘉靖至万历间，或已数易

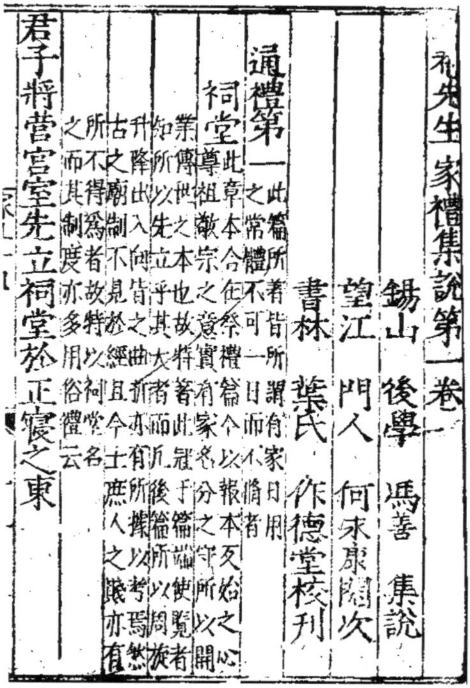
晦庵先生家禮集說第一卷
錫山後學馮善集說
望江門人何永康閱次
書林葉氏作德堂校刊
通禮第一
祠堂
君子將營宮室先立祠堂於正寢之東

图二 《晦庵先生家礼集说》卷端（日本国立公文书馆藏）

其人。

不详刻书年月者有：明刻本《事类赋》三十卷，宋吴淑撰并注，北京大学图书馆、广西师范大学图书馆藏；明叶涧泉刻本《新刊经验治痘活法》五卷，明程鸣元撰，上海图书馆藏；明叶仪廷刻本《新刻八代文宗评注》八卷，明袁黄辑、明程子侃评、明刘宣化注，南京大学图书馆藏。

又，作德堂叶仪廷，或是万历间葆和堂叶会廷之兄弟行。叶会廷，名天熹，曾刻《翰林重考字义韵律大板海篇心镜》二十卷等，参见本书《叶氏葆和堂》。

余氏萃庆堂

余氏萃庆堂，是明代后期建阳非常著名的坊肆，现存有刻本近50种。万历间萃庆堂主人余彰德，字以成，号泗泉，是另一著名书坊主余象斗的堂兄。余彰德有子三人，季子余应虬另立门户，有近圣居等堂号，详见本书《余氏近圣居》。萃庆堂在余彰德身后，当为长子、次子及其后嗣所继承。限于史料，仅知余元长、余昌宗曾以萃庆堂名号刻书行世。

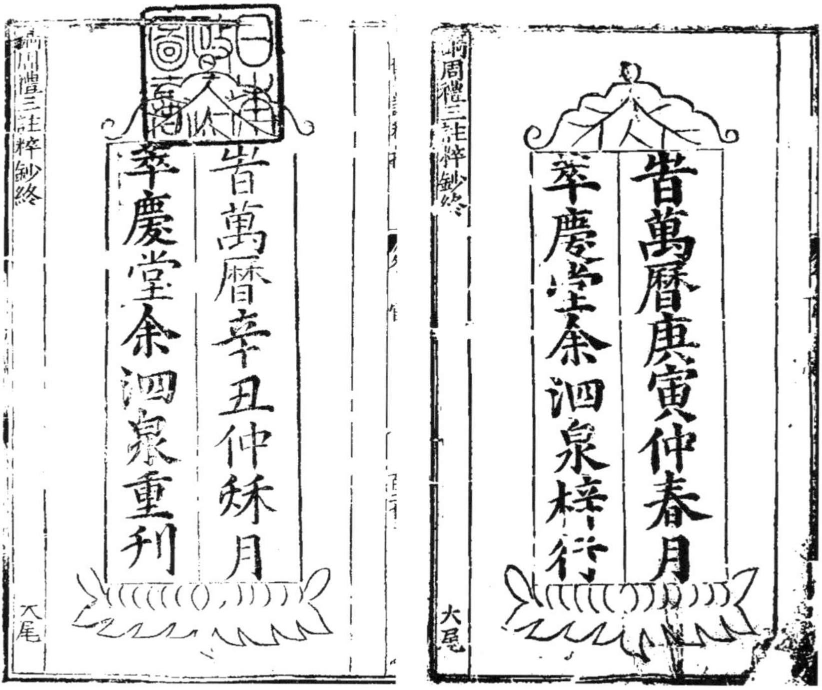

图一　《六经三注粹抄》牌记（左万历二十九年刻本，日本国立公文书馆藏；右万历十八年刻本，浙江图书馆藏）

余彰德刻书，现存有40多种，四部皆备，下文择要列举一二。

《六经三注粹抄》六卷，凡《易经》《书经》《诗经》《周礼》《礼记》《春秋》各一卷。是书萃庆堂曾二刻：一为万历十八年庚寅（1590）刻本，卷终牌记镌“时万历庚寅仲春月/萃庆堂余泗泉梓行”；一为万历二十九年辛丑（1601）刻本，卷终牌记刻“时万历辛丑仲秋月/萃庆堂余泗泉重刊”（图一）。《易经三注粹抄》卷端均署“晋江和斋许顺义时制甫注抄，建阳泗泉余彰德以成甫绣梓”。二书行款版式相同，字体相近，然经比对，确不同版（图二）。而万历二十九年本内封则是据万历十八年旧版刷印，大字刻“镌音释六经三注粹抄”，小字注“《周易》《毛诗》《尚

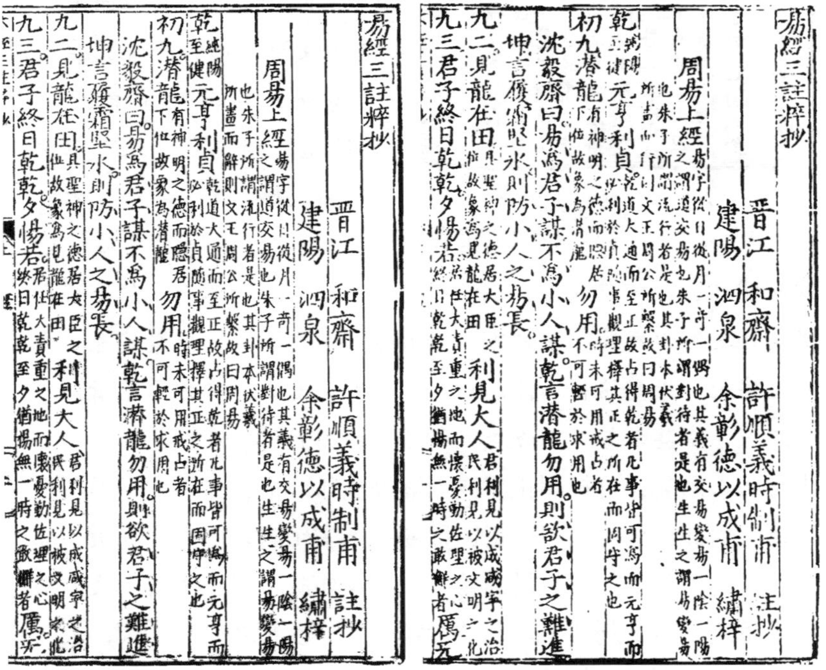

图二　《易经三注粹抄》卷端（左万历二十九年刻本，日本国立公文书馆藏；右万历十八年刻本，浙江图书馆藏）

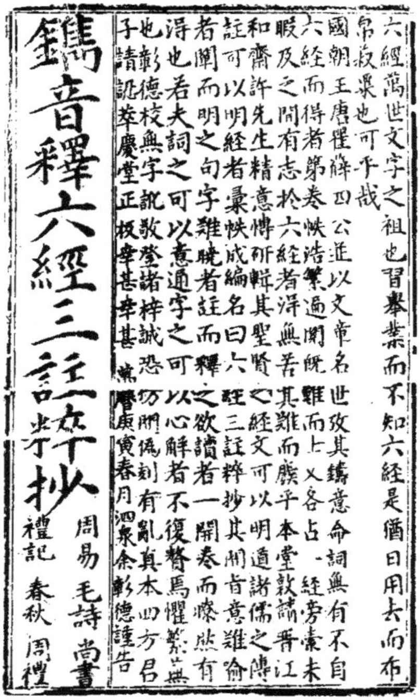

鐫音釋六經三註粹抄

周易 毛詩 尚書

禮記 春秋 周禮

六經萬世文字之祖也習舉業而不知六經是猶日用去而布帛菽粟也可乎哉國朝王唐瞿薛四公並以文章名世攷其鑄意命詞無有不自六經而得者第卷帙浩繁遍閱既難而士又各占一經旁素未暇及之間有志於六經者得無苦其難而廢乎本堂敦請晉江和齋許先生精意博研輯其聖賢之經文可以明道諸儒之傳註可以明經者彙帙成編名曰六經三註粹抄其間旨意難喻者闡而明之句字難曉者註而釋之欲讀者一開卷而了然有得也若夫詞之可以意通字之可以心解者不復贅焉懼繁蕪也彰德校無字訛敬登諸梓誠恐坊間偽刻有亂真本四方君子請認萃慶堂正板幸甚幸甚萬曆庚寅春月泗泉余彰德謹告

图三 《六经三注粹抄》内封（万历二十九年刻本，日本国立公文书馆藏）

书》《礼记》《春秋》《周礼》”，并识语云（图三）：

六经，万世文字之祖也。习举业而不知六经，是犹日用去而布帛菽粟也。可乎哉？国朝王、唐、瞿、薛四公，并以文章名世。考其铸意命词，无有不自六经而得者。第卷帙浩繁，遍阅既难，而士又各占一经，旁素未暇及之。间有志于六经者，得无苦其难而废乎？本堂敦请晋江和斋许先生，精意博研，辑其圣贤之经文可以明道、诸儒之传注可以明经者，汇帙成编，名曰《六经三注粹抄》。其间旨意难喻者，阐而明之；句字难晓者，注而释之，欲读者一开卷而了然有得也。若夫词之可以意通，字之可以心解者，不复赘焉，惧繁芜也。彰德校无字讹，敬登诸梓。诚恐坊间伪刻有乱真本，四方君子请认萃庆堂正板。幸甚幸甚。万历庚寅春月，泗泉余彰德谨告。

内封版多断裂，可推测正文或因屡经刷印而损毁严重，不得不重刻以行，由此也可见该书的畅销程度：十来年内余氏两次刻版，加上“坊间伪刻”，印行数量当较多。不仅如此，明末清初，又有根据余氏萃庆堂本重刻者。首题“六经三注粹抄卷之一”（按，余氏原本则是各经题端，如题“易经三注粹抄”，不著录卷次），署“晋江和斋许顺义时制甫注抄，建阳泗泉余彰德以成甫原梓”；内封镌

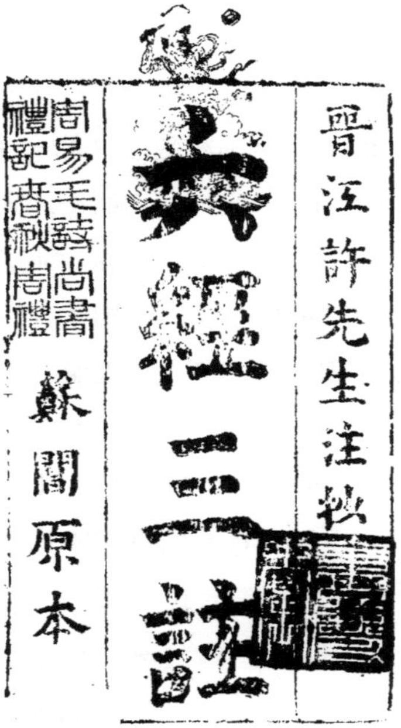

图四　《六经三注粹抄》内封（明末清初重刻本，日本国立公文书馆藏）

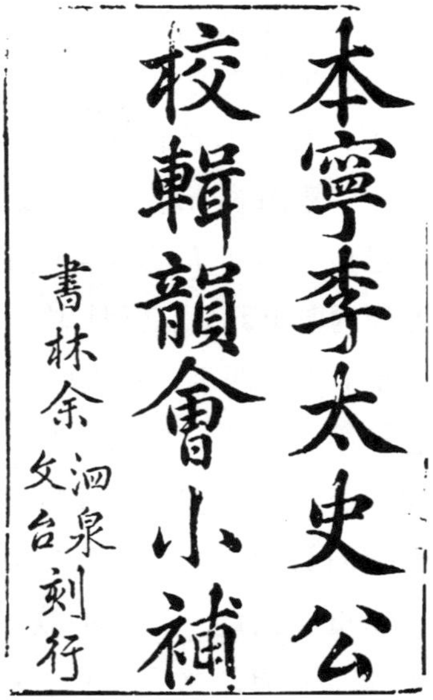

图五　《古今韵会举要小补》内封（日本京都大学人文研究所藏）

“晋江许先生注抄，六经三注，苏阊原本”；钤“萃庆堂”白文章及六经细目朱文印（图四）。是书行款虽与萃庆堂原本相同，版式则改四周双边为四周单边，字体相去甚远。

余彰德不仅自家大量刊版，同时也和其他书坊开展合作，共同刻印书籍。万历三十四年（1606），余彰德与堂弟余象斗，接受建阳知县周士显委托，刊行明方日升编辑《古今韵会举要小补》三十卷。周士显，字思皇，湖北京山人。万历二十九年（1601）进士，万历三十一年至三十五年任建阳知县。任上取《古今韵会举要小补》，“为梓于建阳，行之以俟博学好古者考焉”（周士显《韵会小补引》）。凡例署“永嘉方日升子谦编辑，云杜李维桢本宁校正”。卷三十末镌“书林余彰德、余象斗同刻”；内封刻“本宁李太史公/校辑韵会小补”，并署“书林余泗泉、文台刻行”（图五）。按，书前袁昌祚《韵会小补后叙》、王光蕴《韵会小补题辞》、周士显《韵会小补引》、李维桢《韵会小补叙》《韵会小补再叙》，言成书及刊刻经过甚为详悉。其中李维桢《韵会小补再叙》言“建阳故书肆，妇人女子咸工剞劂”，可见建阳刻书业之发达，已成当时士人的普遍认识。是书后有重修本。原周士显序署“万历丙午上元日，云杜周士显书于建阳之日涉园”，重修本仅存“周士显书”四字，其余均挖去。或为周氏离任之后，书坊所为。且卷一第一、二叶乃系重刻，原单鱼尾改为无鱼尾，版心上原刻“韵会小补”，重修本仅题“韵会”二字。笔者见重修本印本有二：一内封刻“方子谦先生订，韵会小补，三台馆藏板”，并钤“本馆重加较订，一字不敢存讹”朱文印；一内封刻“李本宁先生/辑韵会小补”大字二行，中间“本衙藏板”，并钤印如前（图

图六　重修本《古今韵会举要小补》内封（左美国哈佛大学哈佛燕京图书馆藏，右福建师范大学图书馆藏）

六）。三台馆乃余象斗堂号，二种印本钤盖印章相同，重修刷印有可能同是余象斗所为。

无独有偶，余彰德又曾与熊体信、叶正华同刊《汉书评林》一百卷。《史记评林》《汉书评林》二书，明凌稚隆辑。凌氏刊行之后，建阳不久即以重刊。《史记评林》有熊氏宏远堂刻本及熊氏种德堂印本（参见本书《熊氏宏远堂》），《汉书评林》则见余氏等刻本。该书卷终刻“后学熊体信、叶正华，书户余彰德仝刊”（图七）。熊体信，或为宏远堂主人熊体忠之兄弟行。叶正华仅此一见，生平不详。熊氏、叶氏二人前缀以“后学”，乃是读书人的身份，或有功名在身，而余彰德乃是“书户”身份，当是于官府注

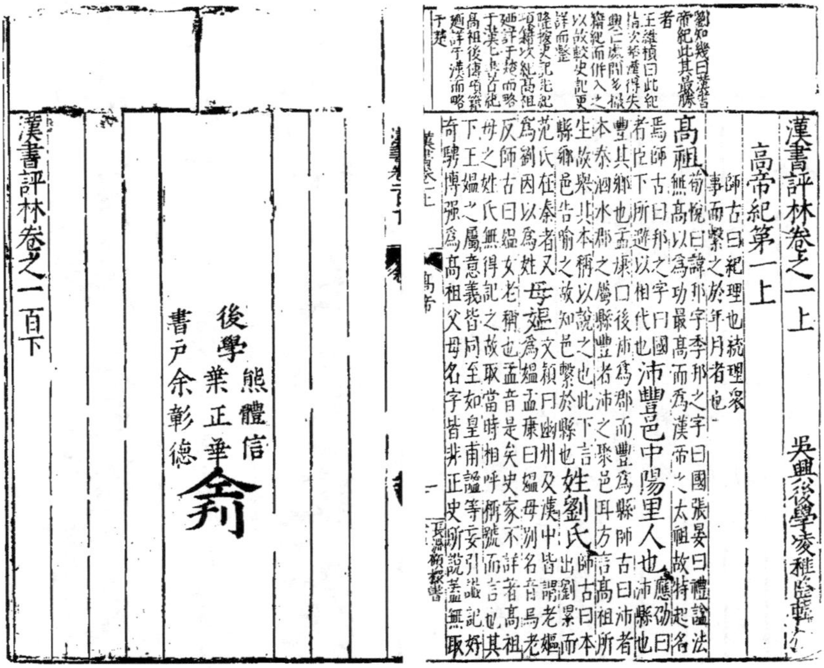

图七　《汉书评林》卷端、牌记（日本国立公文书馆藏）

册在案。明代中期慎独斋刘弘毅刻书，亦常署“书户”。其接受建阳知县区玉委托刊刻《群书考索》一书，即可抵徭役一年（详见本书《刘氏慎独斋》）。正因有此等官方背景，刘氏慎独斋的规模远非一般的坊肆所能比肩。与刘氏慎独斋相较，余彰德萃庆堂规模虽难以匹敌，但在明代后期，其刻书品种之繁富，部帙之浩繁，却也超过大部分书坊。

余彰德身后，萃庆堂主人见有余元长、余昌宗二人。余元长，字仁公。余氏同时是尊古堂主人（参见本书《余氏尊古堂》）。今见其以萃庆堂名号刻印《正续百将传》一种。是书原为万历十七年（1589）金陵周曰校刻本。万历二十一年（1593），余氏萃庆堂予

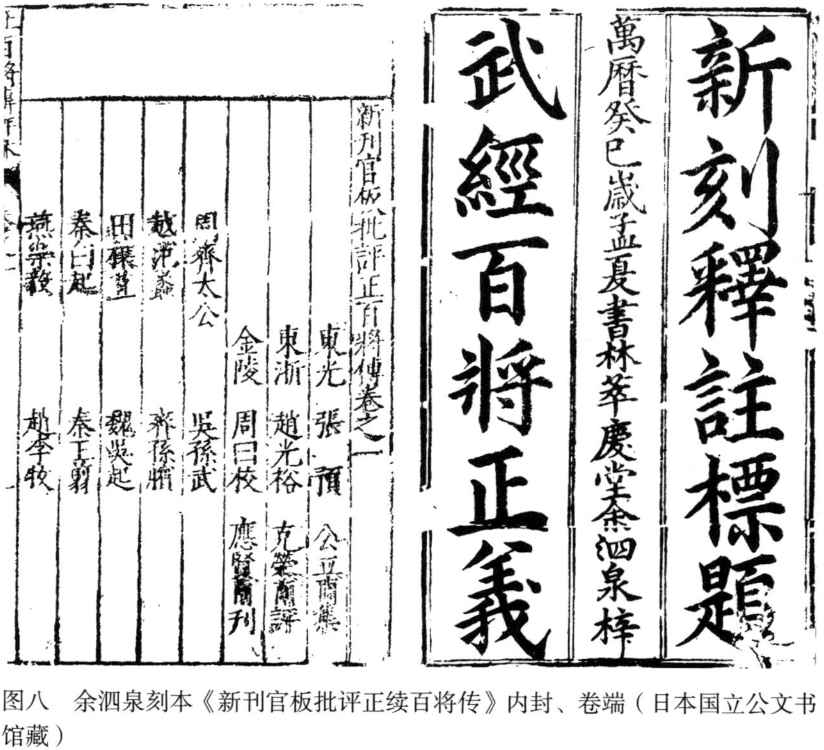

图八　余泗泉刻本《新刊官板批评正续百将传》内封、卷端（日本国立公文书馆藏）

以重刊，题《新刊官板批评正百将传》十卷《续百将传》四卷。《正传》卷一卷端署“东光张预公立甫集，东浙赵光裕克荣甫评，金陵周曰校应贤甫刊”；《续传》署“盱江何乔新编集，东浙赵光裕批评，金陵周曰校刊行”；内封刻“新刻释注标题/武经百将正义”大字二行，中间“万历癸巳岁孟夏书林萃庆堂余泗泉梓”（图八）。余元长本，卷端题署，改周曰校一行分别为“潭阳余元长仁公甫订”“潭阳余元长订刊”；内封框外横刻“注释批点”，内镌“标题武经正义/百将全传评林”大字二行，中间“萃庆堂余仁公重订梓”，并钤识语（图九）。

余彰德季子余应虬，有子三人，均为“昌”字辈（详见本书

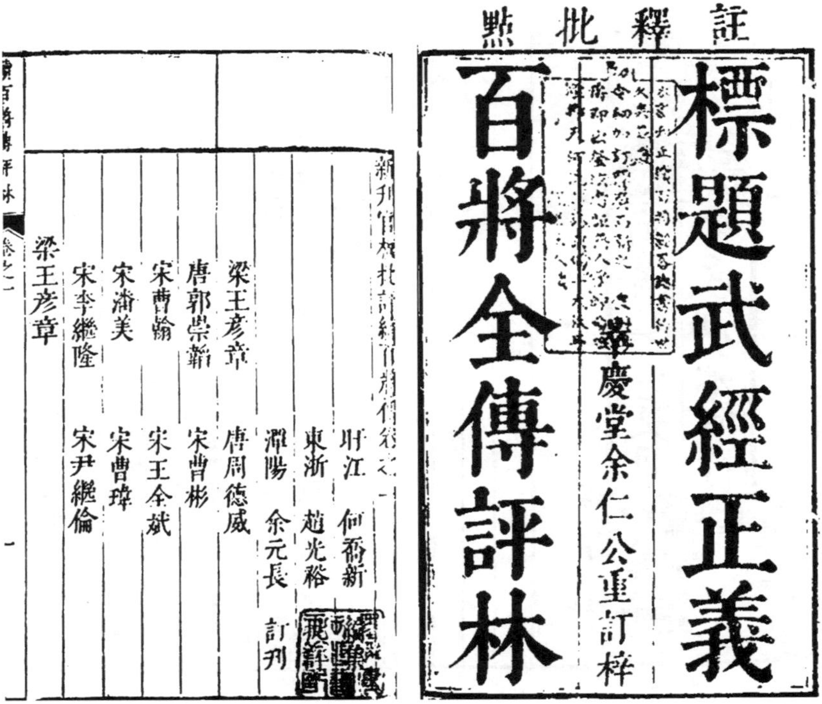

图九　余元长刻本《新刊官板批评正续百将传》内封、卷端（浙江图书馆藏）

《余氏近圣居》），可见余昌宗当是余彰德裔孙。万历三十三年乙巳（1605），余氏萃庆堂曾刻明龚廷贤编《万病回春》八卷，卷端题“重刊增补万病回春”，署“太医院医官金溪云林龚廷贤子才缉辑，门人医官板同邑胡廷训、慈溪罗国望仝校，弟医官廷器、侄懋官、书林后学余一贯增补，书林萃庆堂余泗泉梓行”；卷终有莲座荷盖牌记，镌“万历乙巳夏月/余氏泗泉梓行”（图十）。崇祯七年甲戌（1634），余昌宗“五刻”是书。卷端题“五刻增补万病回春”；“余泗泉梓行”一行，改署“闽萃庆堂余昌宗梓行”。卷终有牌记，框外横镌“五刻”，内刻“崇祯甲戌岁春月新刻/万

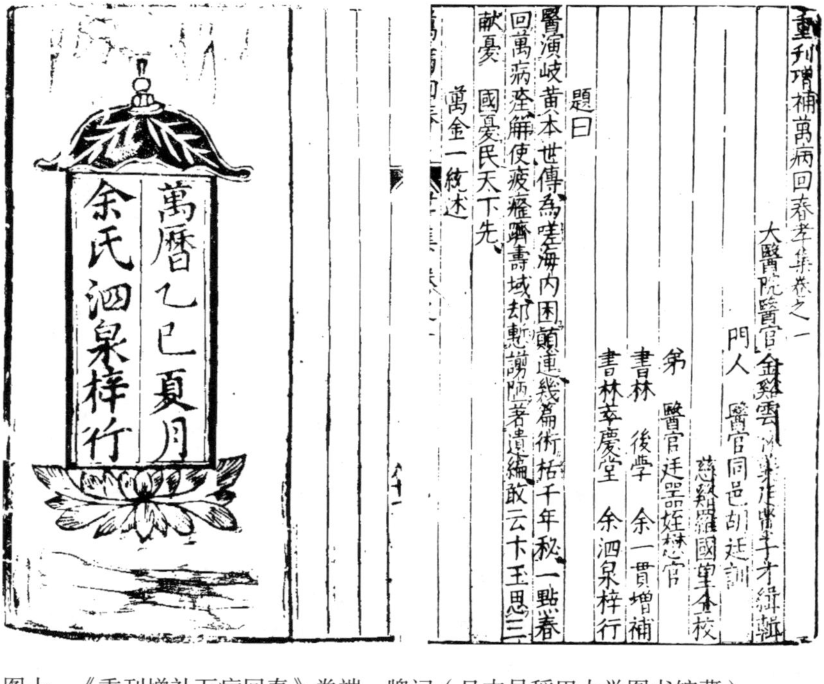

图十　《重刊增补万病回春》卷端、牌记（日本早稻田大学图书馆藏）

病回春萃庆堂刊行”二行。余昌宗原刻本未见，据日本正保四年（1647）京都安田十兵卫重刻本（图十一），可知其梗概如此。

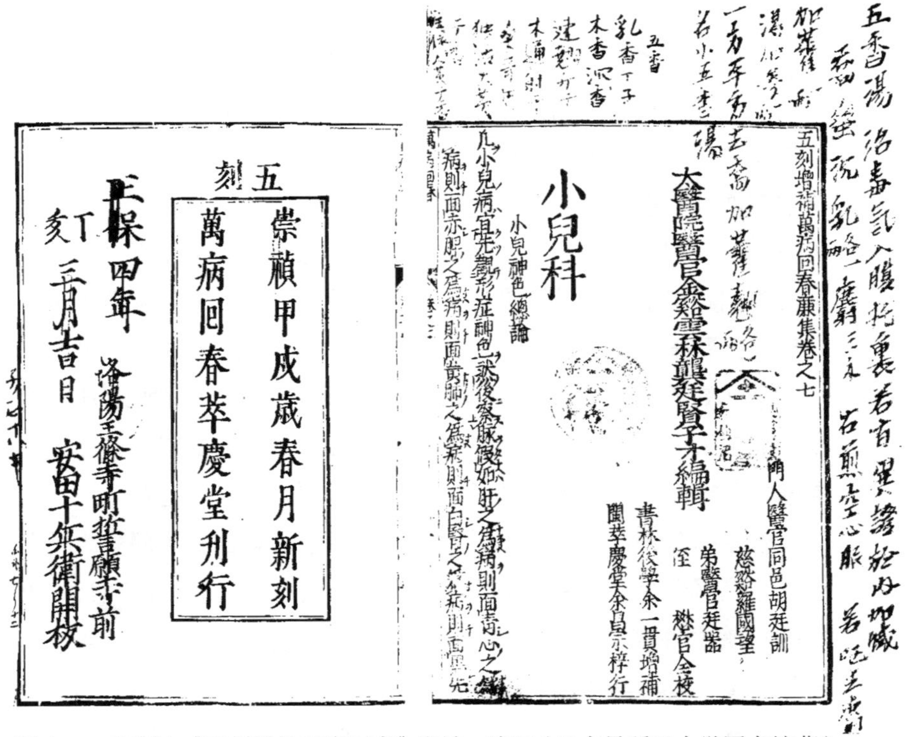

图十一　和刻本《五刻增补万病回春》卷端、牌记（日本早稻田大学图书馆藏）

余氏敦古斋

余氏敦古斋，明末建阳书坊主余元熹堂号。余元熹，字延稚，一字（或号）长公。明崇祯十七年（1644）余元焘刻本《册府元龟序论》，书前“参阅姓氏”有“余元熹延稚（建阳）”。明刻本《重刻增补故事白眉》，卷端署“安仁邓志谟鼎所补，书林余元熹长公订”。“长公”当如“鼎所”之于邓志谟，为余元熹之字号。余氏曾刻题黄道周纂《群书典汇》，书前序署“癸未仲冬潭阳余元熹延稚氏题于敦古斋”。癸未是崇祯十六年。余氏殆明末清初人。

余元熹曾与邑人张运泰同编《汉魏名文乘》，“所录凡六十家，盖杂采何镗《汉魏丛书》、张溥《百三家集》二书合并而成，惟增公孙宏文伪题曰《公孙子》、赵充国文伪题曰《赵营平集》，又改东方朔文为吉云子而已。”（《四库全书总目》集部总集类存目三）该书今存，诸家著录作明末刻本，实由余氏敦古斋刊行。书前内封版框外横刻“黄五湖先生鉴定”，内镌“汉魏六十名家文乘”，署“敦古斋绣梓”，并钤“敦古斋藏板翻刻必究”“别集即出”二章（图一）。“敦”字如《群书典汇》均作“敨”。笔者所见明敦古斋刻本《鹤林玉露》内封书影，亦镌“敦古斋绣梓”字样，“敦”字正书（图二）。其是否为余元熹所刻，已难遽辨。

此外，题为敦古斋刻者，尚有明蔡清撰《易经蒙引》二十四卷，“日本所藏中文古籍数据库”著录作“明末古吴敦古斋刻本”，日本伊那市立高远町等藏。《日藏汉籍善本书录》著录《（蔡虚斋先生）易经蒙引》二十四卷，则为“明末建阳敦古斋刊本”，不审孰是。

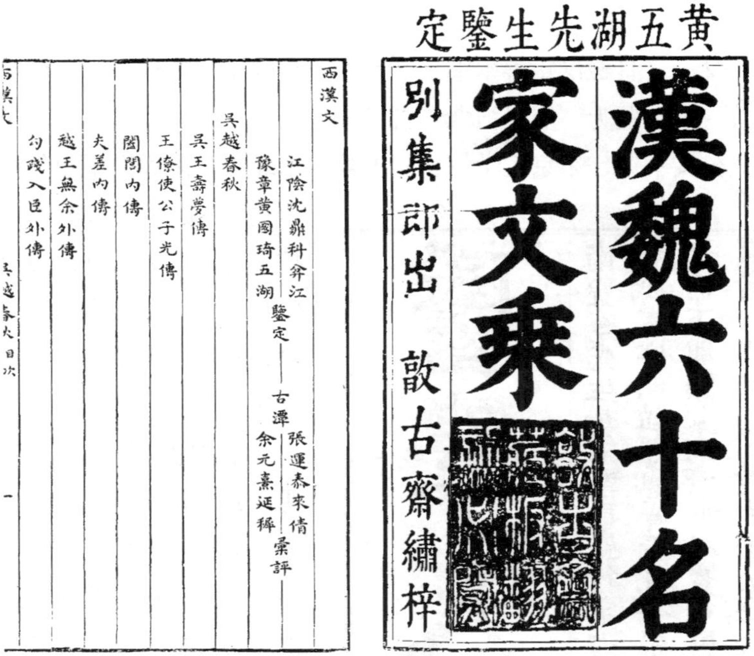
黃五湖先生鑒定
漢魏六十名家文乘
別集即出 敦古齋繡梓

西漢文
江陰沈鼎科斧江
豫章黃國琦五湖 鑒定
古潭張運泰來倩
余元熹延釋 彙評
吳越春秋
吳王壽夢傳
王僚使公子光傳
闔閭內傳
夫差內傳
越王無余外傳
勾踐入臣外傳
西漢文 吳越春秋目次 一

图一　《汉魏名文乘》内封、卷端（日本国立公文书馆藏）

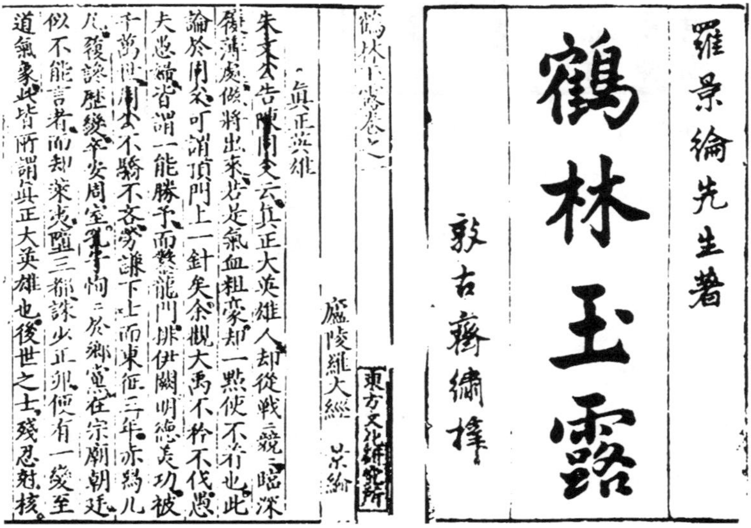
羅景綸先生著
鶴林玉露
敦古齋繡梓

鶴林玉露卷之一
廬陵羅大經 景綸
真正英雄
朱文公告陳同父云真正大英雄人却從戰戰兢兢臨深履薄處做將出來若是氣血粗豪却一點使不着也此論於同父可謂頂門上一針矣余觀大禹不矜不伐惡夫恣睢者謂一能勝予而鑿龍門排伊闕明德遠矣功被千萬世周公不驕不吝勞謙下士而東征三年亦赤舄几几復辟之後孜孜周室孔子恂恂於鄉黨在宗廟朝廷似不能言者而却萊夷墮三都誅少正卯便有一段至道氣象此皆所謂真正大英雄也後世之士殘忍刻核

图二　《鹤林玉露》内封、卷端（日本京都大学人文科学研究所藏）

又，《日藏汉籍善本书录》著录明李梴撰《编注医学入门》七卷首一卷，题为“明崇祯九年古吴书林余长公敦古斋刊本”，日本国立公文书馆、东京大学综合图书馆、东北大学附属图书馆等藏。据此，或以为并非建本。按，是书日人曾据以重刻，内封大字“医学入门”居右侧，左侧小字识云：“南丰李先生是编，业已盛行宇内。本斋兹复诃梓，纸洁字明，并无鱼鲁差讹、金根荒谬，上接神圣而下开颛蒙，洵济世之宝筏，医学之入门也。买者珍之。敦古斋余长公识。”（图三）前文考“长公”乃余长熹之字号，知该书原本当系余元熹敦古斋所刻。不知《日藏汉籍善本书录》冠首“古吴”二字之所从来。或为“古吴”改题重印者。

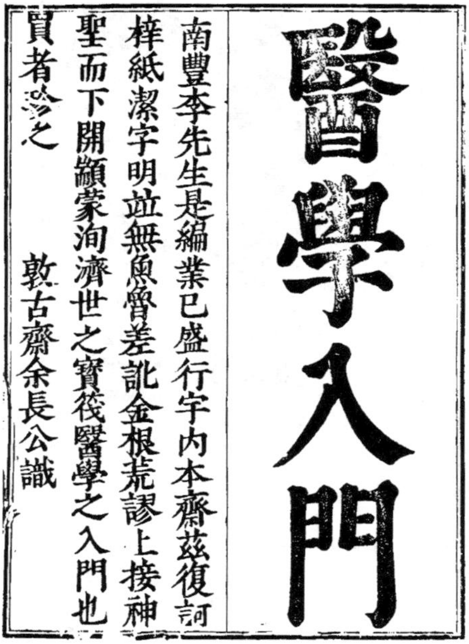
醫學入門
南豐李先生是編業已盛行宇内本齋茲復訶
梓紙潔字明竝無魚魯差訛金根荒謬上接神
聖而下開顓蒙洵濟世之寶筏醫學之入門也
買者珍之　敦古齋余長公識

图三　和刻本《编注医学入门》内封（日本早稻田大学图书馆藏）

余应虬（1584—1652），字犹龙，别号陟瞻。著名书坊主萃庆堂余彰德季子。邵武府廪生，南京国子监太学生。早在万历三十一年（1603），余应虬就参与编辑《世史类编》，其于《世史类编引》云：“癸卯冬，获见先生手编，请寿诸梓以公海内。至丙午春，始得毕业。”是书终由余彰德刻行。然而，在余彰德身后，余应虬并未继承萃庆堂，于“泗泉所遗赀，听伯、仲取之，无分争”（熊人霖《鹤台先生熊山文选》卷十三《书林荐举余犹龙墓志铭》），而是自己开创堂号“近圣居”。

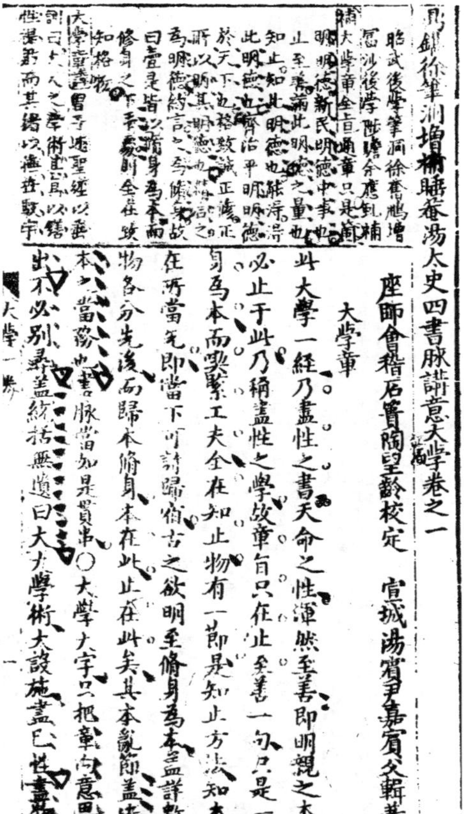
鼎鐫徐筆洞增補睡菴湯太史四書脉講意大學卷之一
座師會稽石簣陶望齡校定　宣城湯賓尹嘉賓父輯著
大學章
此大學一經乃盡性之書天命之性渾然至善即明覩之本體
必止于此乃稱盡性之學故章旨只在止至善一句只是一修
身為本而要緊工夫全在知止物有一節是知止方法知本始
在所當先即當下可討歸宿古之欲明至脩身為本至詳數事
物各分先後而歸本脩身本在此止在此矣其本亂節蓋決言
本之當務也書脉當知是貫串〇大學大字只把載內意思感
出不必別尋蓋統括無遺曰大學術大設施盡已性盡物性

图一　《鼎镌徐笔洞增补睡庵汤太史四书脉讲意》卷端（日本国立公文书馆藏）

熊人霖《书林荐举余犹龙墓志铭》谓余应虬“留心撰述，辑有《书脉》《书演》《纲鉴大全》诸书”。《书脉》《书演》《纲鉴大全》三书详名不可得知，若从余应虬刊刻而非辑著的角度考察，《书脉》当为明汤宾尹撰，明徐奋鹏、余应虬补《鼎镌徐笔洞增补睡庵汤太史四书脉讲意》。该书首题“昭武后学笔洞徐奋鹏增，富沙后学陟瞻余应虬补”（图一）。书前余应虬《题增补四书脉序》言“谋所以重镌之”云云，“姓氏”题“陟瞻阅刻”，为余氏所刻无疑。《书演》则当为明张鼐撰《新刻张侗初先生永思斋四书演》。书前有余应虬所订《四书演凡例》七则，末署“闻鹤斋主人余陟瞻识”。该书亦当为其所刻。内封刻“张侗初先生设/喻引蒙四书演”大字二行，并识语“一附翰苑新意，一附小试捷诀，一附乡会拟旨，一附通考

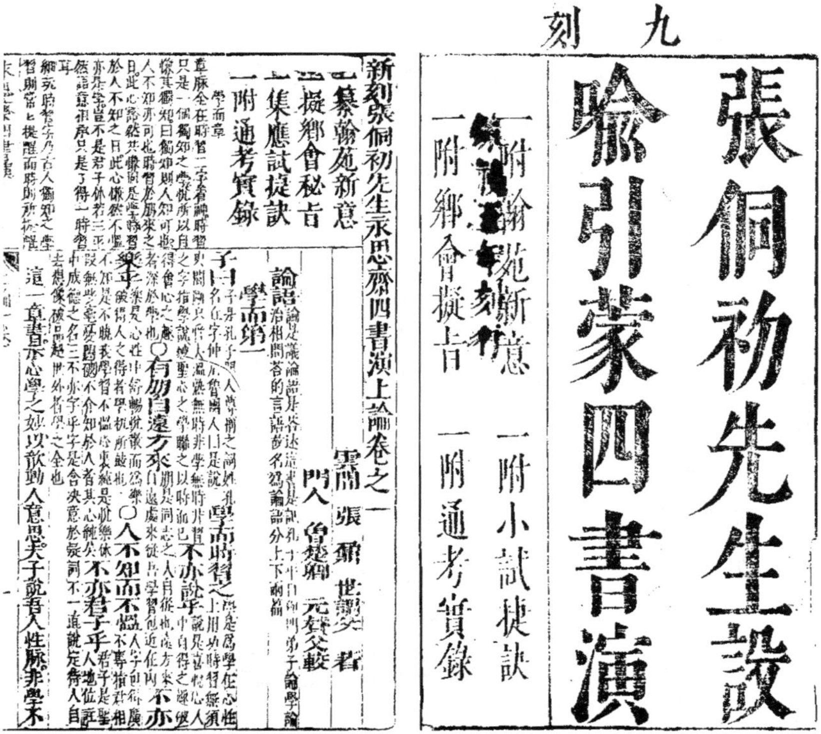
九刻

張侗初先生設
喻引蒙四書演
一附翰苑新意
一附小試捷訣
一附鄉會擬旨
一附通考實錄

新刻張侗初先生永思齋四書演上論卷之一
雲間 張鼐 世調父 著
門人 曾楚卿 元贊父 較
論語
學而第一
一附翰苑新意
一附鄉會秘旨
一附小試捷訣
一附通考實錄

图二 《新刻张侗初先生永思斋四书演》内封、卷端（日本国立公文书馆藏）

实录”，而版框外横镌“九刻”（图二），则可见此等举子书市场的庞大。《纲鉴大全》惜未见余应虬刻本。以上三书，墓志铭不言刊刻而说“撰述”，大概是因刻书业在士人阶层属于贱业，熊人霖故为太学生余应虬避讳而言之。

根据诸家著录，余应虬刻本尚存二十余种。择要介绍一二：

《近圣居四书翼经图解》十九卷，卷端未署名，书前商周祚序有“余子缄《图解》质正、索叙”云云，盖余犹龙所撰著。内封横刻“商家宰发刊”，内镌“四书引蒙/翼经图解”大字二行，中间“近圣居藏板”，并钤“近圣居藏板”白文印（图三）。商家宰即

图三　《近圣居四书翼经图解》内封、卷端（美国哈佛大学哈佛燕京图书馆藏）

商周祚，时任邵武知县。是书将自家堂号嵌入书名中，无疑更富广告意味。余氏现存刻本，尚有以下数种带有近圣居堂号，如《近圣居三刻参补四书燃犀解》二十一卷，《新刻近圣居评释近科武场程墨凯论部》不分卷、《新刻近圣居评释近科武场程墨凯策部》不分卷、《新刻近圣居评释古今名将考》不分卷附《拟武经急出要题》不分卷，《近圣居新镌古本音释注解杂字大全》二卷等。

《四书湖南讲》十一卷，明葛寅亮撰（图四）。凡《大学诂》一卷，《中庸诂》一卷，《大学湖南讲》一卷，《中庸湖南讲》一卷，《论语湖南讲》四卷，《孟子湖南讲》三卷。书前有崇祯十年（1637）柴世埏序，云：“潭有余昌会、傅绳祖两生，时髦之杰者

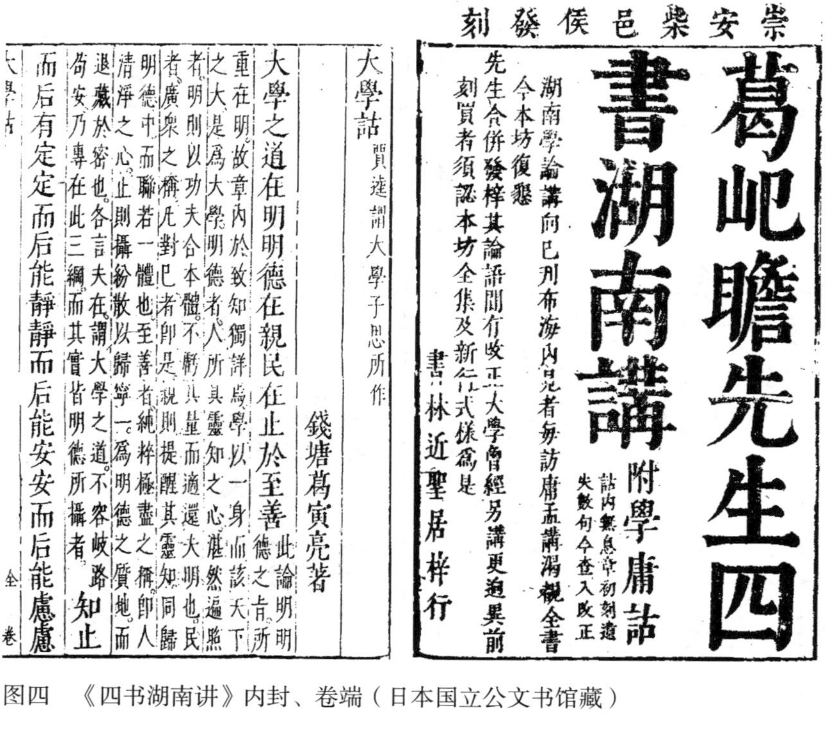
崇安棠邑侯發刻
葛屺瞻先生四書湖南講
附學庸詁
詁內無息章初刻遺失數句今查入改正
湖南學論講向已刊布海內見者每訪庸孟講渴觀全書今本坊復懇先生令併發梓其論語間有改正大學曾經另講更迥異前刻買者須認本坊全集及新行式樣爲是
書林近聖居梓行

大學詁　賈逵謂大學子思所作
錢塘葛寅亮著
大學之道在明明德在親民在止於至善　此論明明德之旨所重在明故章內於致知獨詳爲學以一身而該天下之大是爲大學明德者人所具靈知之心虛然遍照者明則以功夫合本體不斷其量而適還大明也民者廣衆之稱凡對已者即是親則提醒其靈知同歸明德中而聯若一體也至善者純粹極盡之稱即人清淨之心止則攝紛散以歸寧一爲明德之層地而退藏於密也各言夫在謂大學之道不容岐路苟安乃專在此三綱而其實皆明德所攝者　知止而后有定定而后能靜靜而后能安安而后能慮慮
大學詁　全卷

图四　《四书湖南讲》内封、卷端（日本国立公文书馆藏）

也。雅慕先生之为人，与其书，请重剟而手较之。”书前“姓氏”列“阅刻门人”：建阳余应虬，建阳余昌会，建阳余昌年，建阳余日荣。余日荣生平不详。余昌会、余昌年分别为余应虬长子、次子，俱以诸生入太学，或如父辈，回乡继承祖业。内封镌“崇安柴邑侯发刻”，则是请崇安县知县柴世埏为其背书，与上一书“商冢宰发刊”如出一辙。

值得注意的是，余应虬延续其父亲余彰德的做法，与其他书坊存在密切合作。万历末年与堂弟余应科（1586—1620）同刻余象斗撰《刻仰止子参定正传地理统一全书》，首卷卷端署“书林侄应虬犹龙父、樵川男应科君翰父绣梓”。余应科卒于万历四十八年

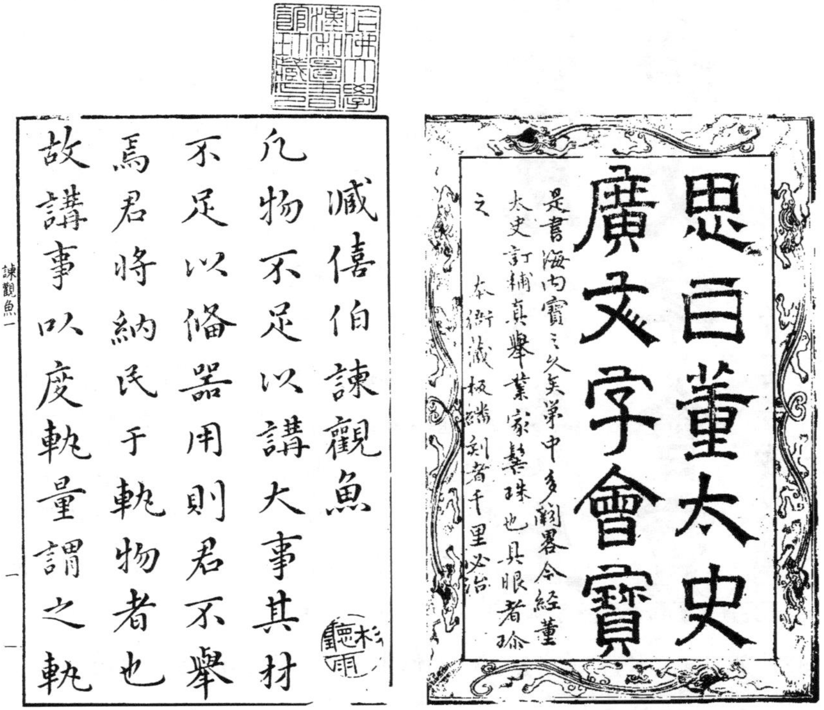

图五　叶见远刻本《广文字会宝》内封、卷端（美国哈佛大学哈佛燕京图书馆藏）

（1620）六月十二日，似乎当刻于此前。但实际上书中多记载有崇祯间事，如卷十二《东粤熊员外陈安人合葬墓所》纪事迟至崇祯八年（1635）。或许该书初刻于万历末年，崇祯间增修重印。余应虬又曾重印叶见远刻本《广文字会宝》，书前沈懋孝《广文字会宝叙》版心下镌“闽建书林叶见远刊”。叶见远生平不详，所刻书仅见此一种。版刻极为精美，不类晚明建阳刻本。《凡例》所言“特礼请名笔写入，复求名工善刻”，并非虚语。美国哈佛大学哈佛燕京图书馆藏本，内封大字镌“思白董太史/广文字会宝”，并识云：“是书海内宝之久矣，第中多阙略。今经董太史订补，真举业家髻珠也。具眼者珍之。本衙藏板，翻刻者千里必治。”（图五）据书前诸序，是书乃明朱文治辑。沈懋孝序谓朱氏“萃古人名作，编请于当世能书之家，自以其心力深刻精摹之”。万历三十六年（1608）朱文治自序谓“遍邀四方名墨，若贾人居积，铢铢寸寸，不愿世有遗宝，兹皇皇三阅岁”云云。“思白董太史”即董其昌，应是托名。“本衙”或指朱氏宅，则叶见远仅是承印。是书近圣居印本，内封亦托名董其昌，镌“董思白先生/广文字会宝”，署“近圣居藏板”（图六）。至于书版如何由朱氏、叶氏流转至余氏书坊，已难稽考。

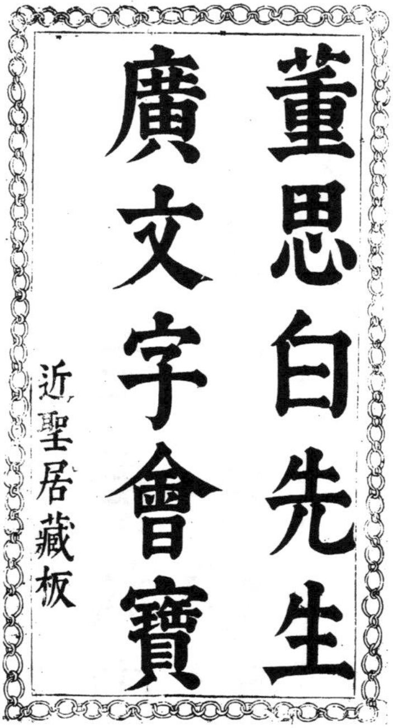

图六　近圣居刻本《广文字会宝》内封（日本国立公文书馆藏）

余氏敬贤堂

余氏敬贤堂，又称敬贤书堂。敬贤堂刻书，已知最早者是嘉靖二十年（1541）刻《新刊纂图大字群书类要事林广记》。是书仅残存《后集》卷二、《续集》卷三、《别集》卷四、《外集》卷六、《新集》卷五，辽宁省图书馆藏。嘉靖三十七年（1558）刻《新刊群书考正性理大全》七十卷，卷终题记云："坊间翻刻是书，屡数十家，然率皆射利省纸，讹以传讹，聋误后学，诚可痛也。予郡先达梅墩林先生，以明经登癸丑进士，前已有策论会编、会选、墨卷

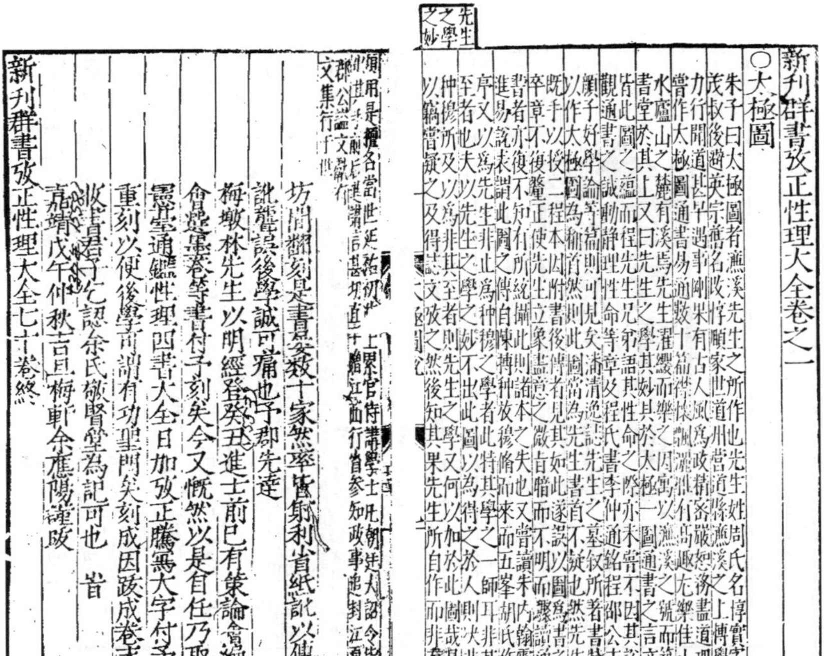
坊間翻刻是書屢數十家然率皆射利省紙訛以傳
訛聾誤後學誠可痛也予郡先達
梅墩林先生以明經登癸丑進士前已有策論會編
會選墨卷等書付梓刻矣今又慨然以是自任乃取
晦菴通鑑性理四書大全日加考正騰寫大字付予
重刻以便後學可謂有功聖門矣刻成因跋成卷末
以見吾行云爾余氏敬賢堂為記可也 旹
嘉靖戊午仲秋吉旦梅軒余應陽謹跋
新刊群書考正性理大全七十卷終

新刊群書考正性理大全卷之一
〇太極圖

图一　《新刊群书考正性理大全》卷端、题识（美国哈佛大学哈佛燕京图书馆藏）

等书付予刻矣。今又慨然以是自任，乃取《宪台通鉴》《性理》《四书大全》，日加考正，腾（誊）写大字，付予重刻，以便后学，可谓有功圣门矣。刻成，因跋成卷末。收书君子，乞认余氏敬贤堂为记可也。时嘉靖戊午仲秋吉旦，梅轩余应阳谨跋。”（图一）敬贤堂主人余应阳，生平不详。癸丑进士梅墩林先生，或为建安人林命。命字子顺，嘉靖三十二年（1553）癸丑科进士，历任溧阳、金坛知县，以南京户部员外郎致仕，著有《春秋订疑》十二卷、《正气录》十二卷、《阳溪堂稿》十六卷等，民国《福建通志》有传。“慨然以是自任”云云，当是书坊广告语。

隆庆三年（1569），余应阳以敬贤书堂名号刻《新刊宪台考正纲目点音资治通鉴节要会成》二十卷。卷一卷端署“赐进士第翰林

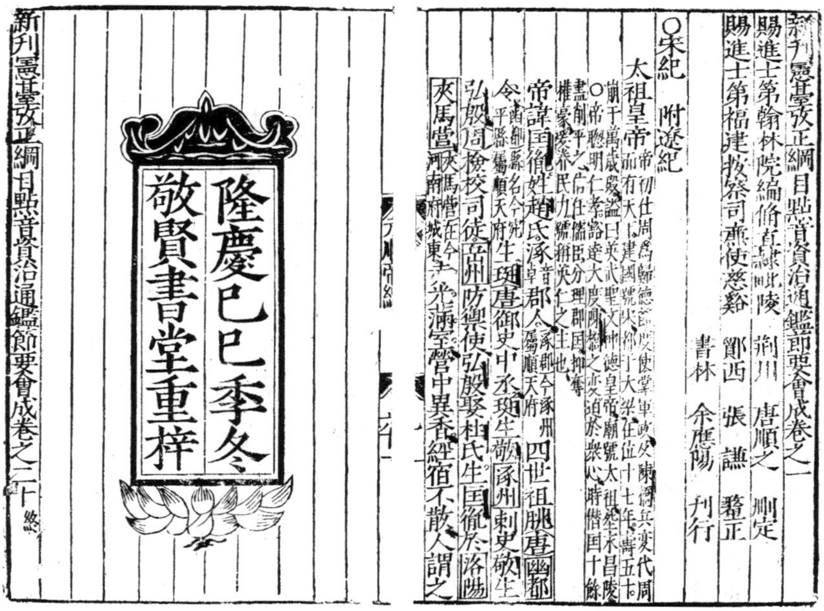

图二　《新刊宪台考正纲目点音资治通鉴节要会成》卷端、牌记（美国哈佛大学哈佛燕京图书馆藏）

院编修直隶毗陵荆川唐顺之删定，赐进士第福建按察司廉使慈溪鄮西张谦厘正，书林余应阳刊行”；卷终有莲座荷盖牌记，镌“隆庆己巳季冬/敬贤书堂重梓”（图二）。

万历三年（1575），敬贤堂另有刻本《伤寒选录》八卷，不详是否为余应阳所刊。卷一卷端题“伤寒选录辨惑论”，署“鲁孙汪邦聘字以礼重校”；卷二至卷四、六题“伤寒选录”，署“新安祁门朴墅汪机立稿，同邑石墅陈桷编辑，同邑和溪程鐈校正”；卷五题“新刊伤寒选录”，署“新安祁门朴墅汪机立稿，同邑石墅陈桷编辑，同邑和溪程鐈校正，曾孙邦聘校刻”；卷七题“伤寒选录脉法”，署“新安祁门朴里汪机省之立稿，同邑门生石墅陈桷惟宜编辑，和溪程鐈廷彝校证，曾孙汪邦聘以礼重校”；卷八题“伤寒选

萬曆乙亥歲孟夏
書林敬賢堂刊行

傷寒選錄辨惑論卷之一
一原書 出類症一 曾孫 汪邦聘字以礼重校
仲景之書六經至勞復而已其間具三百九十七法一百一
十二方纖悉畢備有條而不紊也辨脉法平脉法傷寒例三
篇叔和采撫群書附以己意雖間有仲景說實三百九十七
法之外者也又痓濕暍三種一篇出金匱要畧叔和慮其證
與傷寒相似恐後人誤投湯劑故編入六經之右致有宜應
論別之語是爲雜病非傷寒之候也又有不可汗宜汗不可
吐宜吐不可下宜下并汗吐下後證叔和重集于篇末比六
經中倉卒尋檢易見也又南北二政三陰司天在泉寸尺不
應交反脉圖解運氣圖說出劉温舒入式運氣論奥又六氣

图三　《伤寒选录》卷端、牌记（日本国立公文书馆藏）

录药方”，署“曾孙汪邦聘（字以礼）重校”。书末有牌记“万历乙亥岁孟夏/书林敬贤堂刊行”。（图三）

此外，余氏敬贤堂曾刻印《医经大旨》八卷。笔者所见为龙谷大学图书馆藏本。卷终尾题下镌“余氏敬贤堂□”。是书版多漫漶，书前有郑晓序，原署“嘉靖丙辰岁春正月望日”（参见中国国家图书馆、日本国立公文书馆藏明刻本——均不同版），此则挖去“嘉靖”二字（图四），殆为后印。

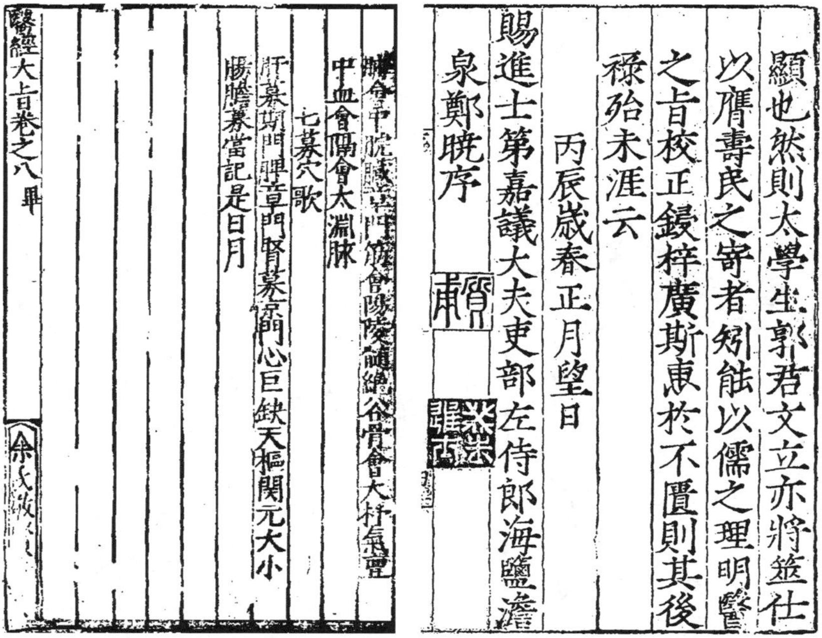
中血會鬲俞太淵脉
七募穴歌
肝募期門脾章門腎募京門心巨闕天樞關元大小
腸膻募當記是日月
醫經大旨卷之八畢
余氏敬賢堂

顯也然則太學生郭君文立亦將筮仕
以膺壽民之寄者矧能以儒之理明醫
之旨校正鋟梓廣斯惠於不匱則其後
禄殆未涯云
丙辰歲春正月望日
賜進士第嘉議大夫吏部左侍郎海鹽澹
泉鄭曉序

图四　《医经大旨》序、牌记（日本龙谷大学图书馆藏）

余氏居仁堂

居仁堂主人余应孔，字献可。明末建阳著名书坊主余彰德季子名应虬，余象斗长子名应科，根据辈分推测，余应孔当是余彰德、余象斗之子侄。余应孔除书坊居仁堂之外，所刻印书籍与余氏双峰堂、三台馆多有关联。如万历四十六年戊午（1618）刻本《新刻方会魁周易初谈讲意》六卷（日本国立公文书馆藏），首题“会魁孟旋甫方应祥著，书林献可甫余应孔梓”；卷终牌记刻“万历

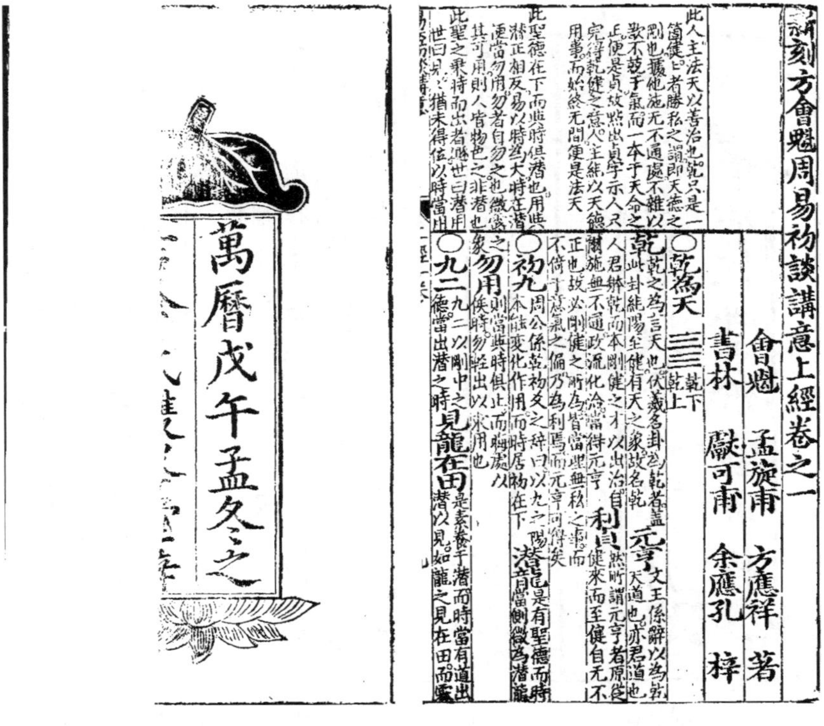

图一 《新刻方会魁周易初谈讲意》卷端、牌记（日本国立公文书馆藏）

戊午孟冬之/吉余氏双峰堂梓”二行（第二行已撕毁半边，原文约略可辨识。图一）。根据卷端题署及卷终牌记，余应孔似为双峰堂主人。然而早在万历十年壬午（1582），是书已有余氏双峰堂刻本，日本东北大学图书馆有藏本。根据余应孔常以其他书坊旧版挖改重印冒充新版的经历（详下文），颇疑其将万历十年壬午之“壬”字挖改作“戊”，遂成万历四十六年新刻本。

同年，余应孔刻印《新刻李袁二先生精选唐诗训解》七卷。首题“济南沧溟李攀龙选，公安石公袁宏道校，书林献可余应孔梓”；卷七末牌记镌“万历戊午孟夏月/居仁堂余献可梓”（图二）。内

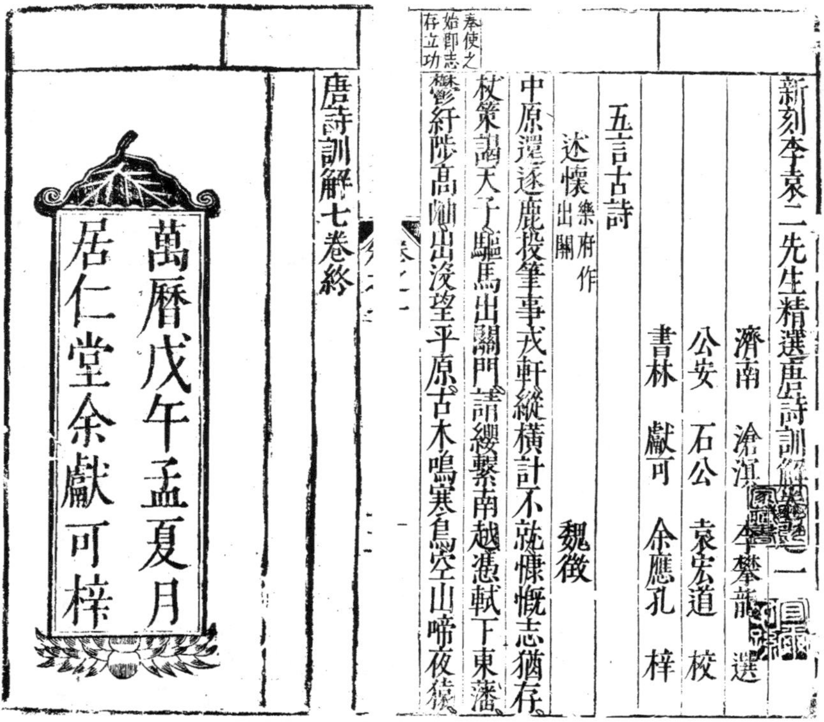

图二　《新刻李袁二先生精选唐诗训解》卷端、牌记（美国哈佛大学哈佛燕京图书馆藏）

封版框外横镌“二刻”，内刊“李于鳞先生选，唐诗训解，书林三台馆梓”（图三）。三台馆与双峰堂均为余象斗的书坊。余应孔为余象斗子侄辈，二者有密切关系则无疑。该本或是三台馆重印居仁堂本，或二家联袂刊行，甚或为居仁堂挖改其他书坊旧版重印，无从比对，已难查考。而以下二书，系余应孔挖改詹氏静观室、张怀耿旧版重印，则显而易见。

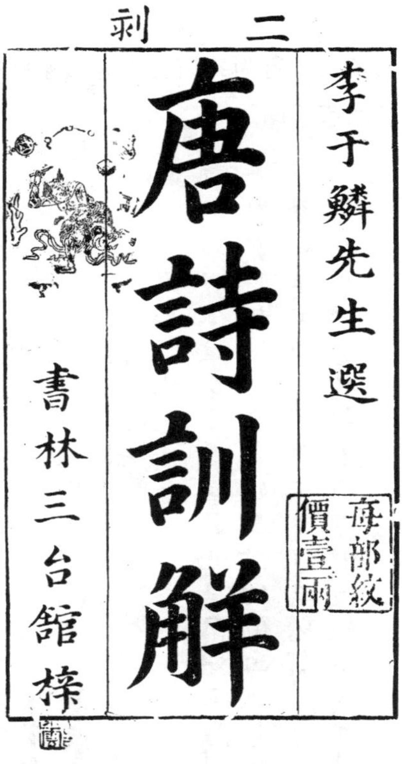

图三 《新刻李袁二先生精选唐诗训解》内封（美国哈佛大学哈佛燕京图书馆藏）

一是中国国家图书馆藏《新锲燕台校正天下通行文林聚宝万卷星罗》三十九卷，首题“抚金华宇徐会瀛汇辑，书林茂斋詹圣谟梓行”。末有牌记刻“书林静观室春/月余献可梓行”。静观室乃明末建阳詹氏书坊堂号，而非余氏，主人有詹冲泉、詹圣谟、詹圣泽、詹彦洪等（详见本书《詹氏静观室》）。是书牌记“余献可”三字显系挖改。二是日本国立公文书馆藏《鼎刻江湖历览杜骗新书》抄本，卷端署“浙江夔衷张应俞著，书林汉冲张怀耿梓”，内封题“居仁堂余献可梓”（图四）。内封题“梓”字，只是印行而已，这是明末建阳书坊的惯用手法，即在旧版的基础上稍作改动加以重印，以为另一版本。版片的转移方式，或为租赁，或为售卖，往往难以考证。根据常理判断，内阁文库藏抄本所据底本若为新刻，书坊主忠实翻雕祖本出版信息的行为，何啻于为旧家做广告？当是居仁堂余献可根据张怀耿旧版重印。

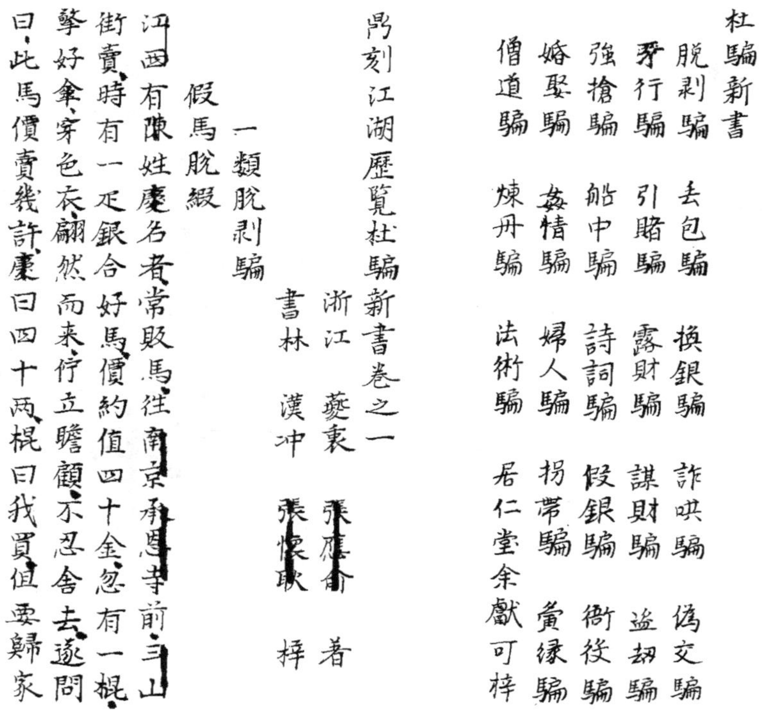
杜騙新書
脫剥騙　去包騙　換銀騙　詐哄騙　偽交騙
牙行騙　引賭騙　露財騙　謀財騙　盜劫騙
強搶騙　船中騙　詩詞騙　假銀騙　衙役騙
婚娶騙　姦情騙　婦人騙　拐帶騙　買緣騙
僧道騙　煉丹騙　法術騙
居仁堂余獻可梓

鼎刻江湖歷覽杜騙新書卷之一
浙江　夔衷　張應俞　著
書林　漢冲　張懷耿　梓
一類脫剥騙
假馬脫緞
江西有陳姓慶名者常販馬往南京承恩寺前三山
街賣時有一疋銀合好馬價約值四十金忽有一棍
擎好傘穿色衣翩然而來佇立瞻顧不忍舍去遂問
曰此馬價賣幾許慶曰四十兩棍曰我買但要歸家

图四　《鼎刻江湖历览杜骗新书》内封、卷端（日本国立公文书馆藏）

余氏克勤斋

余氏克勤斋，又作克勤堂，创建者是谁、刻书始于何时均不详。现存最早为明正德四年（1509）书林克勤堂余氏刻本《诗经疏义会通》二十卷《纲领》一卷《图》一卷，元朱公迁撰，元王逢辑录，明何英增释，上海图书馆有藏本。此外多为明代后期刻本，主要集中在万历年间，书坊主有余碧泉、余近泉、余明台、余文台、余祥我等。

余碧泉，生平无考，所刻书见存七种，大半为集部书。如万

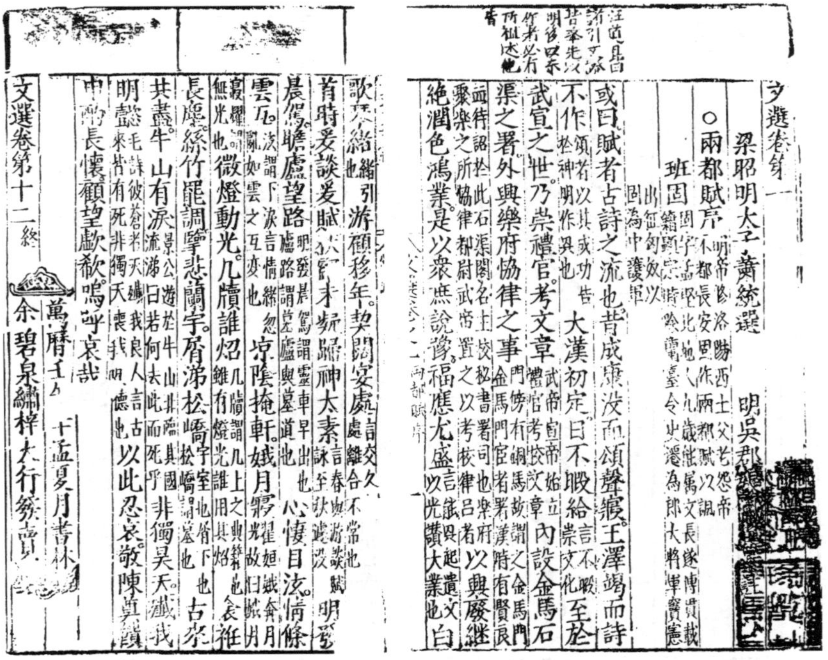
文選卷第一
梁昭明太子蕭統選
兩都賦序
班固
或曰賦者古詩之流也昔成康沒而頌聲寢王澤竭而詩不作大漢初定日不暇給至於武宣之世乃崇禮官考文章內設金馬石渠之署外興樂府協律之事以興廢繼絕潤色鴻業是以眾庶說豫福應尤盛白
文選卷第十二終
余碧泉繡梓大行務賣
萬曆壬子孟夏月書林

图一　《文选》卷端、牌记（日本早稻田大学图书馆藏）

历十年壬午（1582）刻本《文选》十二卷，卷端署“梁昭明太子萧统选，明吴郡张凤翼纂注”；卷十二末有牌记，云“万历壬午年孟夏月书林/余碧泉绣梓大行发卖”（图一）。万历二十年刻《弇州山人四部稿选》十六卷，卷端署“吴郡凤洲王世贞著，越郡肩吾沈一贯选”；卷十六末荷叶莲花牌记，镌“万历壬辰年孟春月/克勤斋余碧泉梓行”。万历间，余碧泉还刻有《文选纂注评苑》二十六卷，卷端署“梁昭明太子萧统选，明王世懋删定、张凤翼纂注、陆弘祚辑订”；卷终牌记云“克勤斋余碧泉刊行”（图二）。又刻《由拳集》二十三卷，卷端署“东海屠隆长卿著”；卷终牌记刻“克勤斋余碧泉刊行”。此外万历十四年（1586）刻《世说新语》八卷，万历十九年（1591）刻《新锲秘传常山敬斋杨先生针灸全

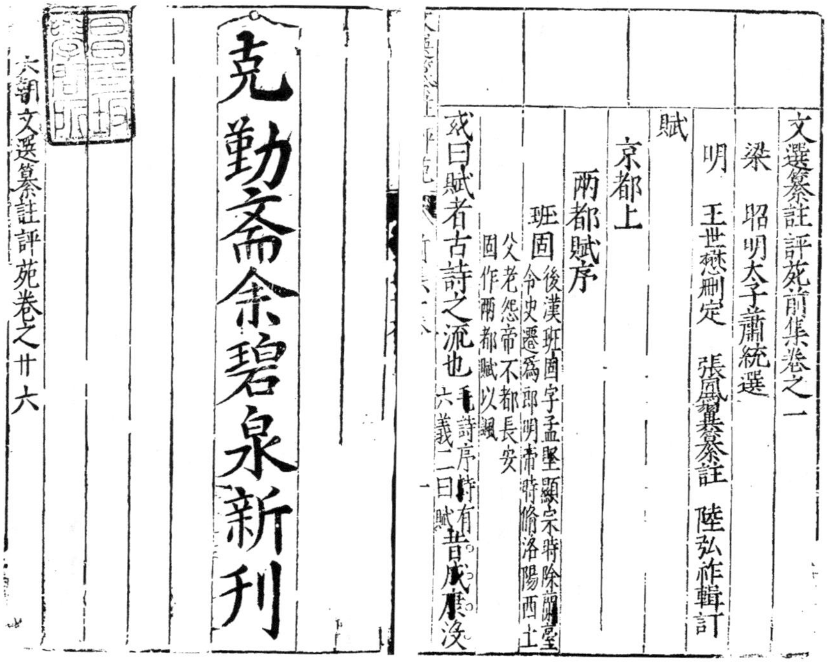

图二　《文选纂注评苑》卷端、牌记（日本国立公文书馆藏）

书》二卷，万历间刻《孔子家语图》十一卷等。

余近泉，当是余碧泉兄弟行。曾刻《克勤斋新刊古本少微先生资治通鉴节要》五十卷《外纪节要》五卷首一卷，宋江贽撰；《克勤斋新刊四明先生续资治通鉴节要》三十卷，明张光启撰，明刘剡辑。今仅知中国人民大学图书馆藏《节要》卷一至卷五十、《外纪》卷首、《续节要》卷一至卷二十六。

余明台，名成富，又名象珍。万历二十六年戊戌（1598），刻《新锲王府内科医国大方中和活旨》六卷。卷端署“王府医官少溪黄京甫，同男心恒黄申全辑，书林明台余成富梓”；内封刻有“万历戊戌岁仲夏月行”“潭阳余明台梓”等字样（图三）。

萬曆戊戌歲仲夏月行
臟腑總論
脉訣心傳
傷寒全症
舌胎明辨
運氣全備
諸藥性味
雷公炮製
小兒諸驚
小兒痘症
新鍥傷寒
潭陽余明臺梓
中和活旨

藥性金石部
丹砂
丹砂甘冷即辰砂
上渴除煩實可誇
益氣益精通血脉
安魂安鬼鎮心家
味甘微寒無毒安魂魄
益氣明目通血脉止渴
滿消煩鎮心神悅澤人
面殺魅邪祟鬼除中惡
腹痛毒氣疥瘻諸瘡久
服通神明不老輕身神
仙能化為汞作末一名
真朱光色如雲母可析

新鍥王府內科醫國大方中和活旨卷之乙
王府醫官　少溪　黃京甫
同男　心恒　黃申全輯
書林　明臺　余成富梓
臟腑總論
臟者藏也藏諸神而精氣流通也腑者府庫也
出納轉輸之謂也臟腑兄弟也同氣而異形耳
五臟者藏精氣而不瀉故滿而不能實六腑者
傳化物而不藏故實而不能滿所以然者水谷
入口則胃實而腸虛食下則腸實而胃虛也呼
出心與肺吸入腎與肝呼吸之間脾受谷味言

图三　《新锲王府内科医国大方中和活旨》内封、卷端（日本国立公文书馆藏）

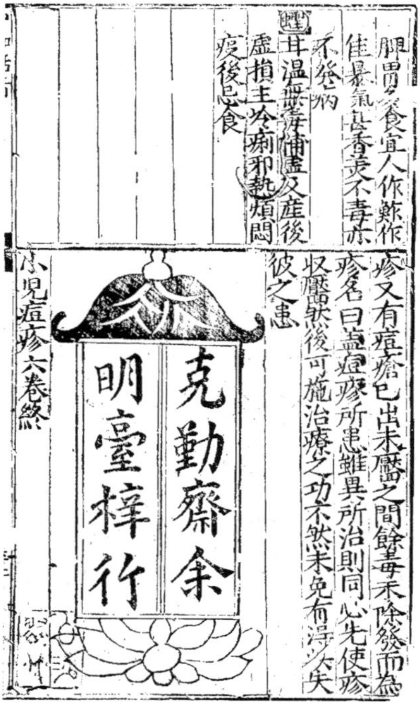

图四　《新锲王府内科医国大方中和活旨》牌记（日本国立公文书馆藏）

终卷莲座荷盖牌记镌“克勤斋余/明台梓行”（图四）。据以上题署信息，余成富与余明台应该是同一人，或名成富，字明台。余氏又曾刻《新锓儿科选粹太乙仙传活婴秘旨推拿方脉》三卷，卷端署“金溪龚云林述撰，太医姚国祯补缉，后学胡连璧校正，书林余象珍梓行”；卷终牌记镌“刻小儿推拿活婴秘/旨全书余明台梓行”（图五）。按余明台与克勤斋另一主人余文台（即余象斗），当是兄弟行。而余象斗弟名象箕、象圣、象贤，余象珍或为其从兄弟。据此，该书题署信息中的余明台与余象珍当是同一人。是书内封上图下文，文镌“书林余开明梓”（图六）。余开明与余明台则非同一人。所谓“梓”，仅是刷印而已。此外，余明台刻有《书经集注》六卷，卷终莲座荷盖牌记镌“书林克勤斋/余明台梓行”。又刻有《四书集注》，朝鲜、日本曾据以重刻。其中《孟子》卷七末有莲座荷盖牌记“书林克勤斋/余明台梓行”，后又刻“一举占鳌头”图（图七）。日本宽永九年（1632）中野道伴翻刻余氏本《大魁四书集注》，图则为“大魁四书校雠图”（详见陈旭东《日本翻刻建本汉籍图释》，福建人民出版社2020年，第24页），所据或为不同版次的余明台本。崇祯间余开明曾刻《增补音释世事通考杂字万花谷》

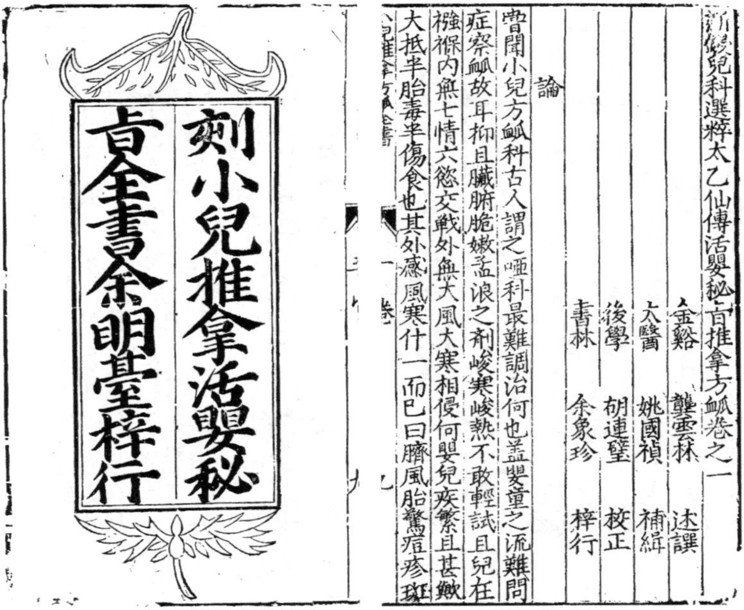

刻小兒推拿活嬰秘旨全書余明臺梓行

新鋟兒科選粹太乙仙傳活嬰秘旨推拿方脉卷之一

金谿　龔雲林　述譔
太醫　姚國禎　補緝
後學　胡連璧　校正
書林　余象珍　梓行

論

嘗聞小兒方脉科古人謂之啞科最難調治何也蓋嬰童之疢難問症察脉故耳抑且臟腑脆嫩盃浪之劑峻寒峻熱不敢輕試且兒在襁褓內無七情六慾交戰外無大風大寒相侵何嬰兒疾繁且甚歟大抵半胎毒半傷食也其外感風寒什一而已曰臍風胎驚痘疹斑

图五　《新锓儿科选粹太乙仙传活婴秘旨推拿方脉》卷端、牌记（日本国立公文书馆藏）

小兒推拿活嬰全書

書林余開明梓

图六　《新锓儿科选粹太乙仙传活婴秘旨推拿方脉》内封（日本国立公文书馆藏）

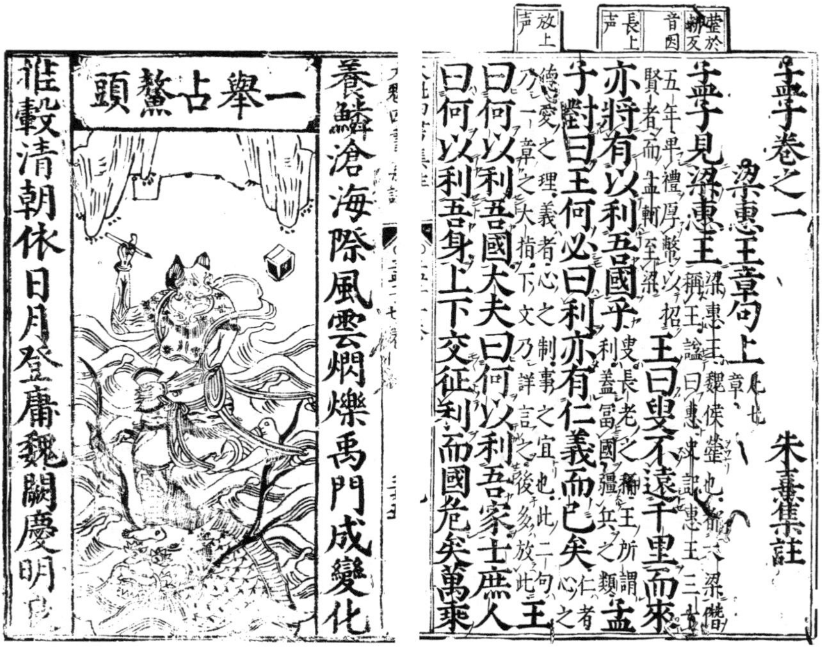
一舉占鰲頭

養鱗滄海際風雲燗爍禹門成變化

推轂清朝依日月登庸魏闕慶明良

孟子卷之一

梁惠王章句上

朱熹集註

孟子見梁惠王（梁惠王魏侯罃也都大梁僭稱王謚曰惠史記惠王三十五年卑禮厚幣以招賢者而孟軻至梁）王曰叟不遠千里而來亦將有以利吾國乎（叟長老之稱王所謂利蓋富國彊兵之類）孟子對曰王何必曰利亦有仁義而已矣（仁者心之德愛之理義者心之制事之宜也此二句乃一章之大指下文乃詳言之後多放此）王曰何以利吾國大夫曰何以利吾家士庶人曰何以利吾身上下交征利而國危矣萬乘

图七　《四书集注·孟子》卷端、卷末图（美国哈佛大学哈佛燕京图书馆藏）

二卷，卷端署“徽郡益吾徐三省编辑，潭阳三台余开明较梓”（图八）。余开明是否为克勤斋主人，未见确载。

克勤斋余文台，即著名书坊主余象斗，又名余世腾，号仰止子。现存署名余文台所刻书，多为双峰堂刻本，题为克勤斋者仅见二种。万历十六年（1588）刻本《京本通俗演义按鉴全汉志传》十二卷，卷一卷端署“鳌峰后人熊钟谷编次，书林文台余世腾梓行”。书前序署“万历十六年秋月，书林余氏克勤斋梓”。以上题署，余文台是否为克勤斋主人，尚在两可之间。明刻本《评林注释要删古文大全后集》十一卷，卷终牌记云“克勤斋余/文台梓行”（图九）。据此则余文台为克勤斋主人，殆无疑议。又《日藏汉籍善本书录》著录《新刻陈先生心传辩疑训解诗经文林妙达》二十

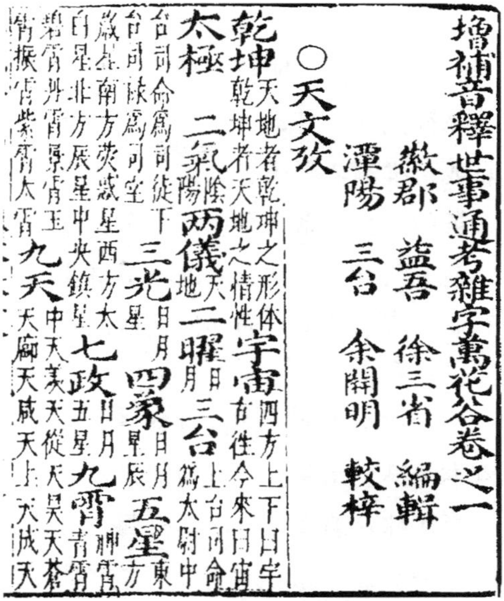

图八 《增补音释世事通考杂字万花谷》卷端（日本国立公文书馆藏）

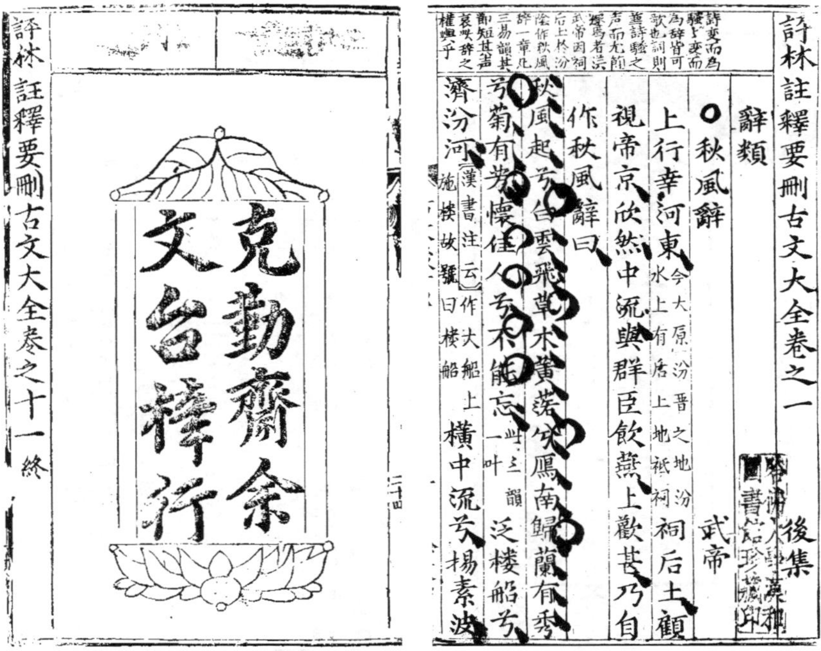

图九 《评林注释要删古文大全后集》卷端、牌记（美国哈佛大学哈佛燕京图书馆藏）

卷，明陈绅撰，明蔡慎徽编，明万历五年（1577）建邑书林克勤斋余彰德刻本，日本蓬左文库藏。余彰德是余象斗堂兄。根据以上信息或可推测：余氏克勤斋、萃庆堂、三台馆、双峰堂主人，有较为亲近的血缘关系。余彰德、余象斗在创设萃庆堂、三台馆、双峰堂之前，已经参与到家族的刻书事业之中，使用祖辈的书坊堂号“克勤斋”刻书行世。而即使在他们独立经营的早期，仍有可能继续使用旧堂号。

又有余成孙，亦以克勤斋名号刻书。万历十三年乙酉（1585）刻本《锲会元纂著句意句训易经翰林家说》十二卷，卷端署“赐进士第翰林院编修九我李廷机著，奉勅提督浙江学校使紫溪苏濬校，闽建书林仙源余成孙梓”，卷终牌记云“万历乙酉季秋/余氏克勤

图十　《锲会元纂著句意句训易经翰林家说》卷端、牌记（安徽省图书馆藏）

斋梓”（图十）。余成孙与余成富或为亲兄弟，与永庆堂余成章或亦是兄弟行。余成章所刻书，署“书林仙源余成章梓”（参见本书《余氏永庆堂》），不知“仙源”是否地名。

克勤斋后为余明台、余文台子侄辈（“应”字辈）所继承，其中有余应兴。余应兴，号祥我，亦是濬发堂主人。余应兴也如父辈一样，继承家族旧业的同时开枝散叶，创立新堂号。明末以濬发堂名号刻题明唐文献撰《新锲玉堂补订海篇正鹄》二十卷首一卷，明邓志谟撰《锲注释得愚集》六卷《锲旁注续得愚集》四卷。余应兴刊刻但未著堂号者有：万历三十六年（1608）刻明吴亮校《新刻汇选古名家五云字法》四卷，万历四十年（1612）刻明李贽辑、明魏浣初增补《魏仲雪增补李卓吾名文捷录》六卷，万历间刻明刘曰宁辑《刻刘太史五车妙选》十一卷，明袁宏道辑并评、明李贽批点《新镌李卓吾评释名文捷录》四卷等。

余应兴还曾刻《新刻顾会元精选左传奇珍纂注评苑》二十四卷，卷端署“会元太初顾起元评注，太史台山叶向高参注，太史九我李廷机校阅，后学适南李鹏元选辑，书林祥我余应兴梓行”；书末题“建邑书林克勤斋余祥我梓行”；内封题“顾会元选新锲左传纂注评苑”及余祥我识语（详见美国普林斯顿大学东亚图书馆编《普林斯顿大学图书馆藏中文善本书目》第69页，国家图书馆出版社2017年版）。又刻《新刻杨会元精选左传汇奇》十六卷，卷端题署将“太初顾起元”改作“敏轩杨守勤”，此外与上书全同。内封镌有识语，云：“《左氏传》刻意弄奇，极风云月露之态，千载而下，挥毫吊古，作者罕俪。迩坊刻无虑数家，见若为亡奇，非亡奇也，挂一漏万。汇者坐是，若编摘奇采要，且别地辨名，字法句法各点示，左氏奇籍数千万言，搜罗无遗品。庶几博古搜奇之士，偶阅此编，自可吐胸中之奇，以登作者之坛，岂仅仅拾左丘之咳唾云尔。余祥我梓。”（图十一）颇疑此二书不过是改头换面后重新刻印，乃书坊所为，并托名顾起元、杨守勤。

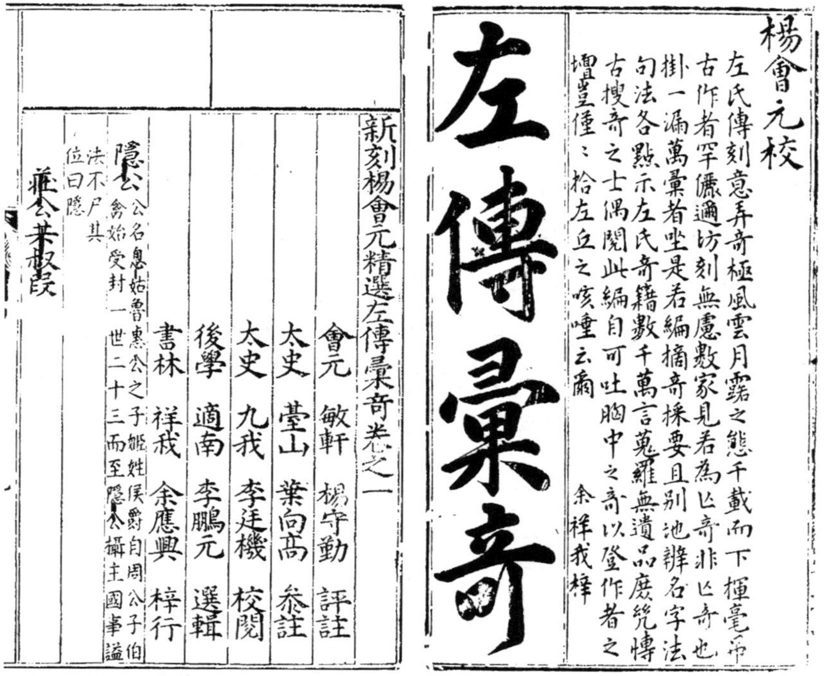

图十一　《新刻杨会元精选左传汇奇》内封、卷端（日本国立公文书馆藏）

余氏三台馆

三台馆，是余象斗家族的书坊堂号之一，与余氏书坊另一堂号双峰堂并称于世。余象斗、余象箕昆仲，同为三台馆主人，其子侄余应甲、余应灏、余应学等，均曾以三台馆名号刻书行世。

余象斗是明代后期建阳最著名的书坊主，集编、校、刊于一身。现存其刻本六十余种，有确切纪年者起万历十六年（1588）刻《京本通俗演义按鉴全汉志传》十二卷、《新刊万天官四世孙家传平学洞微宝镜》五卷，讫崇祯十年（1637）刻《新刻玉函全奇五气朝元斗首合节三台通书正宗》三卷、《五刻理气纂要通辩三台便览通书正宗》十八卷等，时间跨度长达五十年。因其同时是双峰堂与三台馆主人，所刻书偶见两堂号并用。如《刻按鉴通俗演义列国前编十二朝》四卷，卷端署“三台山人仰止余象斗编辑，闽双峰堂西一三台馆梓行”；内封刻“三台馆梓行”。但更多则是分别题署。双峰堂刻书情况，参见本书《余氏双峰堂》。

三台馆刻书，如明黄国鼎著《新刻翰林九石黄先生家传周易初进说解》六卷，卷六末牌记刻“万历岁次己亥冬月/三台馆余象斗梓行”（图一）。是为举子书，当是书坊托名黄国鼎。黄国鼎乃万历二十六年（1598）进士，次年底书坊即托名出版，不可谓不迅捷。而卷端署“书林三槐堂重梓”，是为重刻，或是重印？其所据底本显然不会早于万历二十六年黄国鼎进士及第之时，则当是万历二十七年己亥余氏三台馆本。卷终余氏刻书牌记仍予保留，则似是三槐堂据三台馆旧版挖改重印，而非重刻。由此可见，建阳书坊间合作的密切程度与复杂程度。

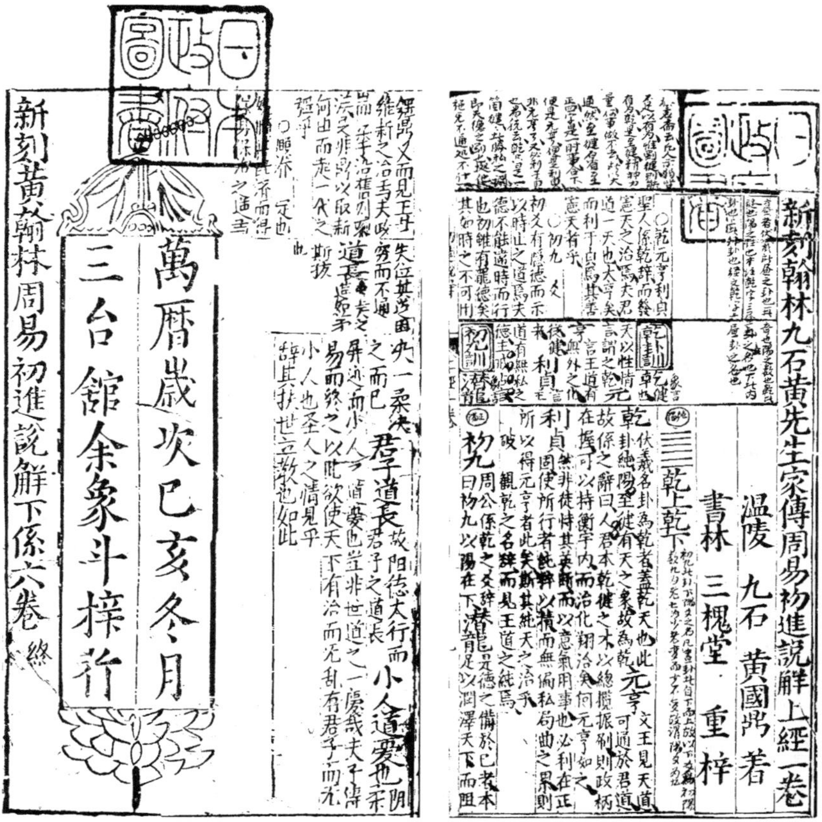

图一 《新刻翰林九石黄先生家传周易初进说解》卷端、牌记（日本国立公文书馆藏）

三台馆刻本现存近三十种，但不全为余象斗所刻印。其仲弟余象箕亦以三台馆名号刻书行世。余象箕，字星一，有时也称三台主人。曾刻《名公翰墨林》四卷，卷端署“姑孰逸史茂实虞邦誉汇辑，三台主人星一余象箕校刻”；书前内封镌“三台馆梓”（图二）。此外，余象斗子侄多人，也以三台馆名号刻书。

余应甲，字君敏，余象斗子。《书林余氏重修宗谱》卷七《书坊文兴公派世系图》载：“应甲公，象斗公之子，位谏一，字君敏，廪生。”明刻本《新刊会魁孟旋方先生精著易经旨便》四卷

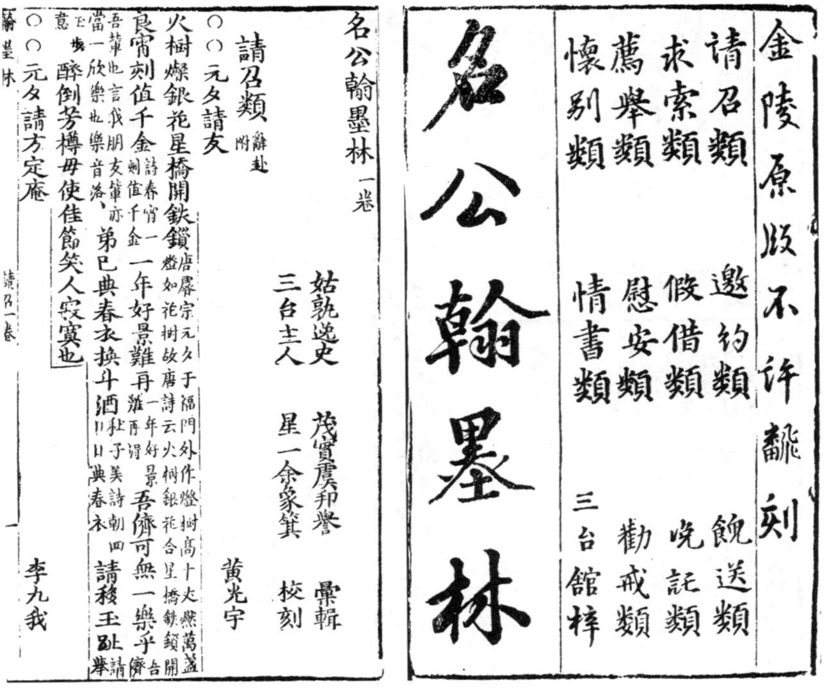

图二 《名公翰墨林》内封、卷端（英国牛津大学博德利图书馆藏）

首一卷，卷一卷端上栏署“会魁孟旋方应祥著，廪生君敏余应甲校”，下栏镌“三台馆刊行”（图三）。当是余应甲校刻，以三台馆堂号发行。

余应灏，字元素，余象箕季子，曾以跃剑山房名号刻书行世，详见本书《余氏跃剑山房》。崇祯十六年（1643），刻《三订历法玉堂通书》十卷首一卷，卷首卷端署“书坊余应灏元素订梓”，卷十卷端署“三台馆元素余应灏订梓”（图四）。又刻《新刻增补医术方旨》七卷首一卷，卷一卷端署“潭阳三台馆余元素订梓”

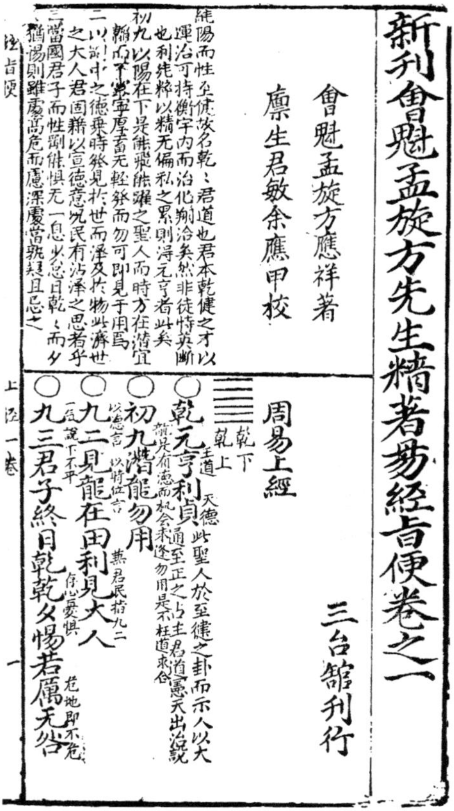

图三 《新刊会魁孟旋方先生精著易经旨便》卷端（日本国立公文书馆藏）

（参见本书《余氏跃剑山房》）。

在众多继承者中，也有如余象斗一样，同用双峰堂与三台馆堂号刻书者。如日本国立公文书馆藏本《新刻了凡袁先生四书训儿俗说》十卷，书前序署“门生余应学盥手拜撰”，称“因梓以公之，亦令天下知真儒之格言，非一家之私训已也”云云；卷端署“赵田了凡袁黄著，书林余氏双峰堂梓”；卷终牌记刻“闽建邑书林三/台馆余氏绣梓”（图五）。此书当是作序之余应学以余氏双峰堂、三台馆名号刻印。余应学生平不详，据其“应”字排行，当是余象斗之子侄。

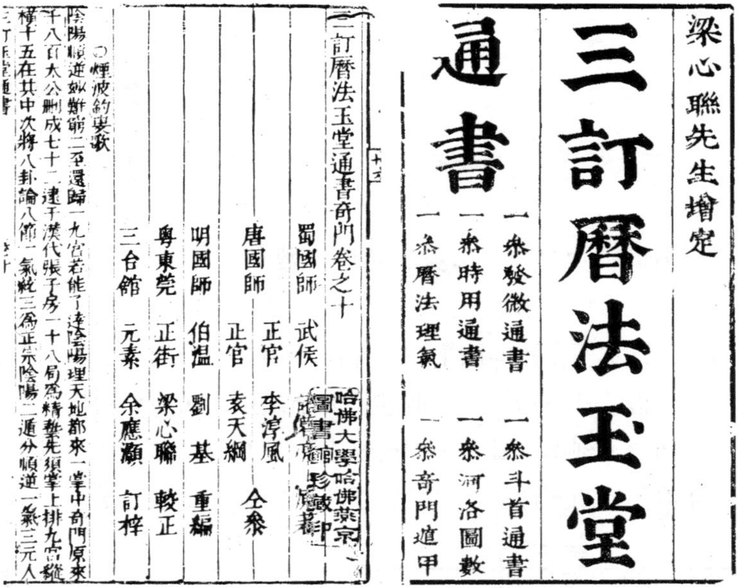

梁心聯先生增定

三訂曆法玉堂通書

一乘發微通書　一乘斗首通書

一乘時用通書　一乘河洛圖數

一乘曆法理氣　一乘奇門遁甲

三訂曆法玉堂通書奇門卷之十

蜀國師　武侯

唐國師　正官　李淳風

正官　袁天綱　仝參

明國師　伯溫　劉基　重編

粵東莞　正街　梁心聯　較正

三台館　元素　余應灝　訂梓

○煙波釣叟歌

图四　《三订历法玉堂通书》内封、卷端（美国哈佛大学哈佛燕京图书馆藏）

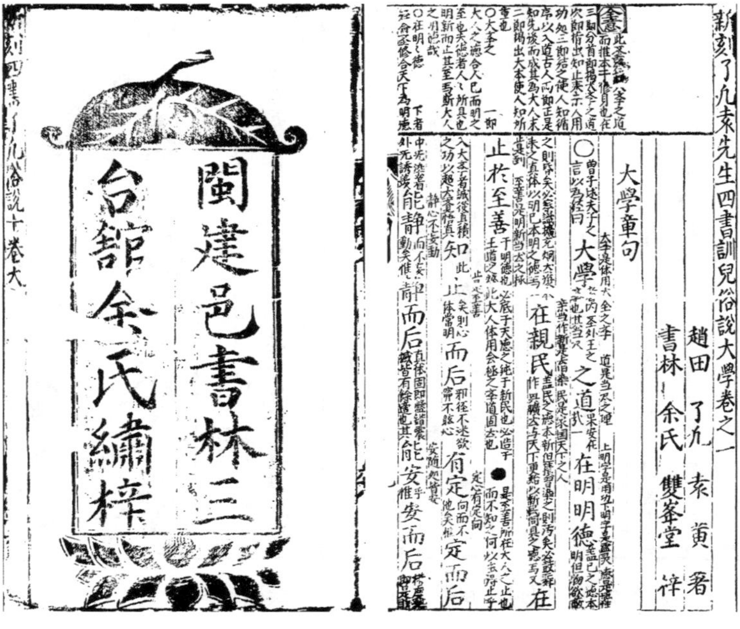

新刻了凡袁先生四書訓兒俗說大學卷之一

趙田　了凡　袁　黄　著

書林　余氏　雙峯堂　梓

大學章句

閩建邑書林三台館余氏繡梓

图五　《新刻了凡袁先生四书训儿俗说》卷端、牌记（日本国立公文书馆藏）

余氏世庆堂

建阳世庆堂刻书，诸家著录医书数种：《食物本草》七卷，元李杲撰；《日用本草》三卷，明吴瑞撰，明钱允治校注，明万历间刻本，日本国立国会图书馆、美国哈佛大学哈佛燕京图书馆藏。《珍珠囊指掌补遗药性赋》四卷，元李杲撰，明钱允治校，明天启二年（1622）刻本，日本国立公文书馆、龙谷大学大宫图书馆藏。《镌补雷公炮制药性解》六卷，明李中梓编，明钱允治校，明天启

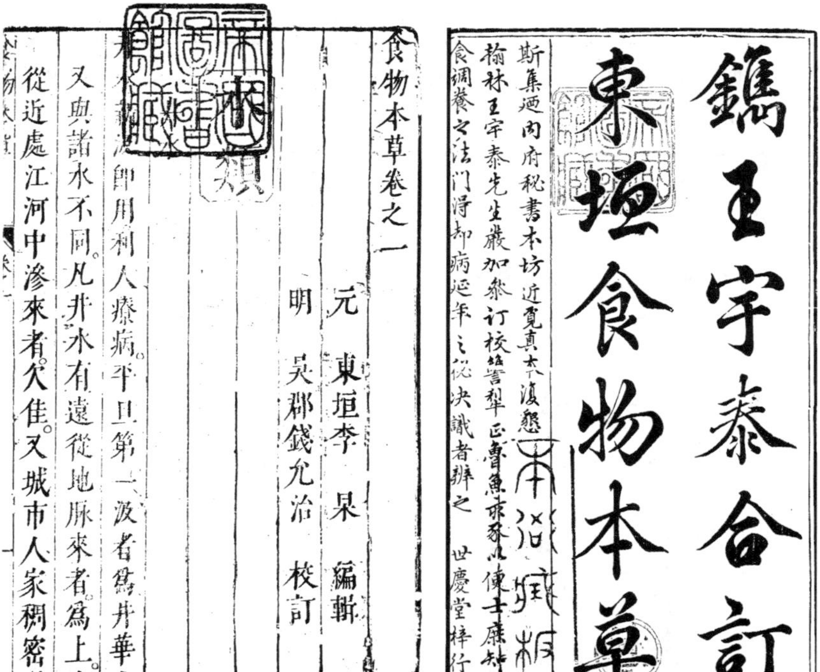

图一　《食物本草》内封、卷端（日本国立国会图书馆藏）

间刻本，日本国立公文书馆、龙谷大学大宫图书馆藏。其中《食物本草》卷端署“元东垣李杲编辑，明吴郡钱允治校订”；《日用本草》署“元海宁吴瑞编辑，明吴郡钱允治校注”。内封刻“镌王宇泰合订/东垣食物本草”大字二行，镌识语云：“斯集乃内府秘书，本坊近觅真本，复恳翰林王宇泰先生严加参订校雠，犁正鲁鱼亥豕，以便士庶知饮食调养之法门，得却病延年之秘决。识者辨之。世庆堂梓行。”并钤“本衙藏板”朱文印。（图一）外此并无相关版刻信息，世庆堂为谁家堂号，均无明确线索。

又，“日本所藏中文古籍数据库”著录《新拟科场急出题旨元脉》八卷，明张鼐撰，明陈仁锡批评，明余应虬订正，明潭阳世庆堂刻本，日本蓬左文库藏。余应虬为明末建阳著名书坊主（参见本书《余氏近圣居》）。是书为其订正，是否即为其刊行？余应虬是否也是世庆堂主人？

美国哈佛大学哈佛燕京图书馆藏《三台馆仰止子考古详订遵韵海篇正宗》，卷终牌记后另有一纸，殆为某书之内封，镌“会魁徐亦孺先生订正，六科二三场六六尊”，并有识语云：“昔周官三百六十属，让尊于相；鳞虫三百六十种，让尊于龙；羊角山房誉髦三十六，而让尊于执牛耳者，亦取象于龙，

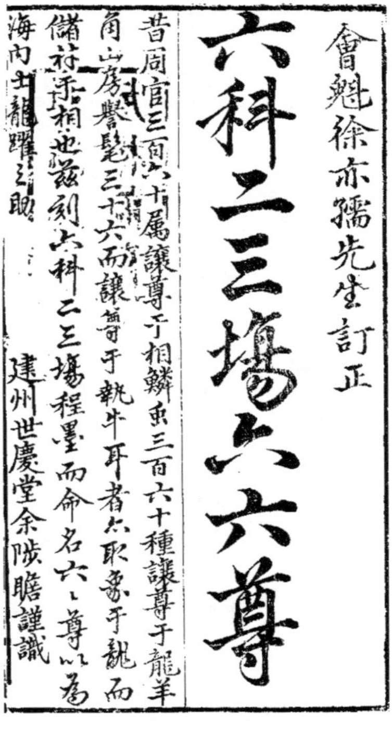
會魁徐亦孺先生訂正
六科二三塲六六尊
昔周官三百六十屬讓尊于相鱗虫三百六十種讓尊于龍羊角山房譽髦三十六而讓尊于執牛耳者亦取象于龍而儲材于相也茲刻六科二三塲程墨而命名六六尊以爲海內士龍躍之助
建州世慶堂余陟瞻謹識

图二　《六科二三场六六尊》内封（《三台馆仰止子考古详订遵韵海篇正宗》附页，美国哈佛大学哈佛燕京图书馆藏）

而储材于相也。兹刻六科二三场程墨，而命名《六六尊》，以为海内士龙跃之助。建州世庆堂余陟瞻谨识。”（图二）是为举子书，如《新拟科场急出题旨元脉》之流。余陟瞻，即余应虬，“陟瞻”乃其号。据此知世庆堂确属余应虬又一堂号。以上四书，刻于万历、天启间，《六科二三场六六尊》或许也是刻于当时。而世庆堂的创设，当早于近圣居。至于余应虬之外，世庆堂主人是否另有其人，已不得而知。

余氏双峰堂(附熊仰台)

建阳余氏双峰堂，是明代后期著名的书坊，而余象斗是双峰堂最为著名的书坊主。从现存的六十多种余象斗刻本来看，余象斗在万历二十年（1592）之前就已加入刻书业，如万历十六年（1588）刻《京本通俗演义按鉴全汉志传》十二卷，但仍沿用克勤斋堂号（参见本书《余氏克勤斋》）。同年刻《新刊万天官四世孙家传平学洞微宝镜》五卷，卷二至卷五卷端署“艺林逸士余文台镌行”，未署堂号。其余大部分刻本则署双峰堂。

双峰堂于何时由何人创立，已难考证。知见最早刻本乃万历二十年壬辰刻本《新刻按鉴全像批评三国志传》，《古本小说丛刊》第23辑收录英国牛津大学图书馆藏卷十一、十二，伦敦英国博物院图书馆藏卷十九、二十，署“东原贯中罗道本编次，书坊仰止余象乌批评，书林文台余象斗绣梓”；卷二十末有牌记，镌“万历壬辰仲夏月/书林余氏双峰堂”。据该书整理前言，英国剑桥大学图书馆藏卷七、卷八两卷，署“东原贯中罗道本编次，书坊仰止余世腾批评，书林文台余象斗绣梓”。整理者据余象斗刻本《列国志传评林》卷首《题列国序》署“后学仰止余象斗”，遂认为“‘仰止’、余象乌、余世腾与余象斗实为同一人”。余世腾乃余象斗之别名（参见本书《余氏克勤斋》），“仰止”确为余象斗之别号，然而视“仰止余象乌”与“仰止余象斗”为同一人，终归缺少实证。英国牛津大学图书馆藏《名公翰墨林》内封镌“三台馆梓”，卷端署“三台主人星一余象箕校刻”。余象斗又是三台馆主人，自号三台馆主人，但不能因此推论三台馆三台主人余象箕与之为同一人。根据余氏族谱记载，余象箕乃余象斗仲弟，因而笔者更倾向于余象乌与余象斗乃从兄弟。至于卷端改“余象乌”作“余世腾”，则是书坊刻印时常用的手法，变换名目以求新罢了。

余象斗双峰堂刻书，四部皆备，子部尤多，以通俗小说与日用类书为大宗，今举一例以见其概。

余氏万历二十七年己亥（1599）刻本《新刻天下四民便览三台万用正宗》四十三卷，卷端署“三台馆山人仰止余象斗纂，书林双峰堂文台余氏刊”，卷终有童子手持莲座荷盖牌记，刻“万历

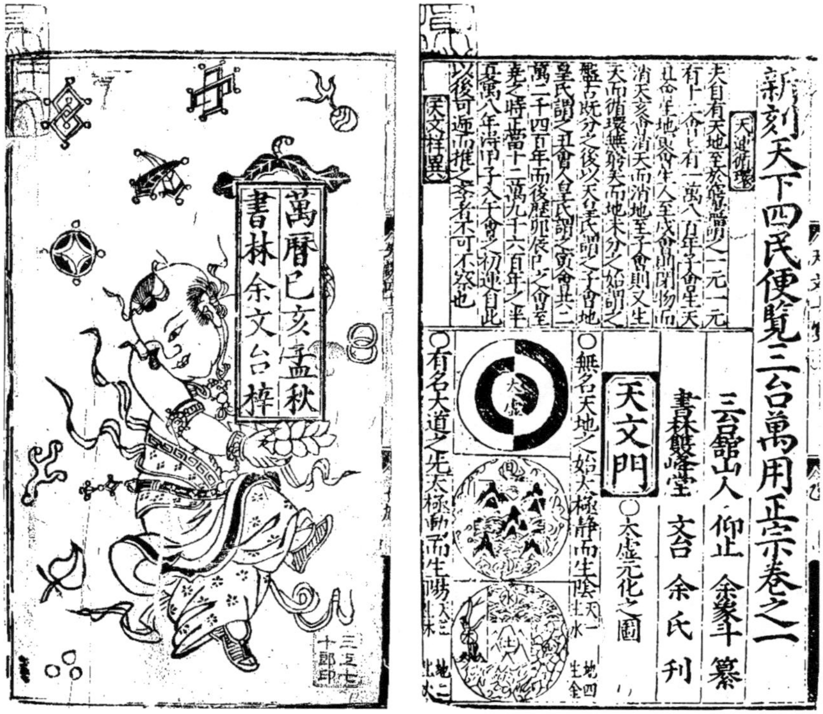

图一 《新刻天下四民便览三台万用正宗》卷端、牌记（日本东京大学东洋文化研究所藏）

己亥孟秋/书林余文台梓”（图一）。内封上图下文，文刻“类聚三台/万用正宗”大字二行，并镌识语云：“坊间诸书杂刻，然多沿袭旧套。采其一，去其十；弃其精，得其粗。四方士子惑之。本堂近锓此书，名为《万用正宗》者，分门定类，俱载全备，展卷阅之，诸用了然，更不待他求矣。买者请认三台为记。”并钤“双峰堂余文台识”朱文印（图二左）。卷前有余象斗撰《类聚三台万用正宗引》，云：“百家众技之繁，非简编则孰载孰传？而策籍充汗，浩如渊海，人亦焉得而遍观之？乃乘余闲，博综方技，汇

图二　左《新刻天下四民便览三台万用正宗》内封，右《鼎锓崇文阁汇纂士民万用正宗不求人全编》内封（均为日本东京大学东洋文化研究所藏）

而集之，门而分之，纂其要，撷其芳，凡人世所有，日用所需，靡不搜罗而包括之，诚简而备，精而当，可法而可传也。”更有意思者，该内封内容，多年之后仍出现在自家刊刻的同类书籍上（图二右）。万历三十五年（1607）丁未余氏刻本《鼎锓崇文阁汇纂士民万用正宗不求人全编》三十五卷，卷端署“京南龙阳子精辑，艺林□□□梓行。”卷终莲座荷盖牌记镌“万历岁次丁未/潭阳余文台梓”。内封较之前书，虽是新刻，实则雷同。书前小引，云：“因肄业于崇文馆，得与龙阳子伍。余观其书，乃天文地舆纪图及《山海经》《博物志》《怪异符录》《诸夷传》《南越志》《西域记》，总总琳琳，无不遍阅。余是以摘其捷用者录之，删其繁乱者去之，故汇成帙，名曰《学府全编》。”《小引》未署名，或为余象斗所撰。所谓“龙阳子”，当是托名，或即余象斗本人。剜去三字，也当是余象斗姓名或别号。《小引》作《学府全编》，内封仍题《万用正宗》。正文则卷四以前题“鼎锓崇文阁汇纂士民万用正宗不求人全编”，卷五以后题“鼎锓崇文阁汇纂四民捷用分类学府全编”（图三）；且卷十六末有牌记刻“万历新岁穀旦/乔山堂刘少岗绣”（参见《美国国会图书馆藏中国善本书目》第744页。笔者所见日本东京大学藏本，第二行已铲毁），“盖以卷十六载《书法丛珠》，原为万历初乔山堂所刻，余文台全取以编入是书，偶为削去刘氏牌记耳”（《美国国会图书馆藏中国善本书目》第744页）。建阳坊刻，尤其是明末余象斗刻书，粗制滥造者于此可见。

此外另有余象奎者，亦用此堂号。余象奎，字次台，生平不详，当是建阳书林余氏“象”字辈，余象斗之从兄弟。曾刻《刊仰止子精纂名公地理全抄雪心赋补》一书，卷数不详，中国国家图书馆仅存卷一至卷三。卷一卷端署“闽书林仰止余象斗纂抄，闽姻友拱垣郑应璧校正，信饶友镜玄陈一绍仝校，德兴友素我徐华盛重

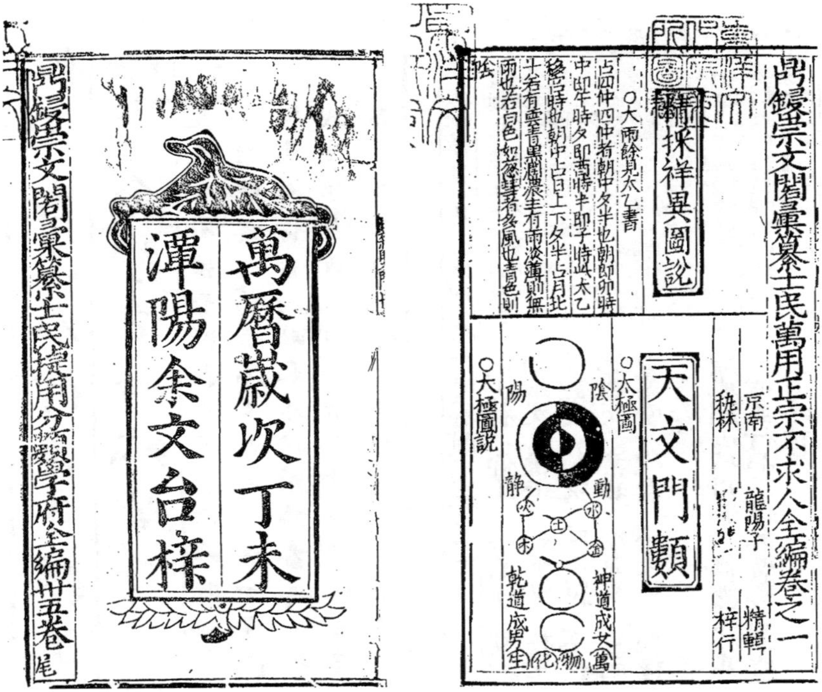

图三　《鼎锓崇文阁汇纂士民万用正宗不求人全编》卷端、牌记（日本东京大学东洋文化研究所藏）

阅，双峰堂次台余象奎校梓”。内封有余象斗识语，云：“是集也，不佞曾得异人传授。然此非秘书也，何敢异之？第昔诸大方有一言一字得堪舆之旨者，而此无不搜罗殆尽，洋洋乎洩其秘矣，故名曰《地理全抄》。以便后之学者云尔，敢曰金针之度乎？仰止子识。”（图四）内封识语，一般为刻印者题镌，则此书当为余象斗所印行。根据卷端、内封题署，该书可著录作：明余象奎刻余象斗印本。

明代建阳书坊，父子兄弟同用一堂号乃常见之事，意味着家族刻书业世代相传，或是昭示平辈之间的良好合作关系。余象斗除

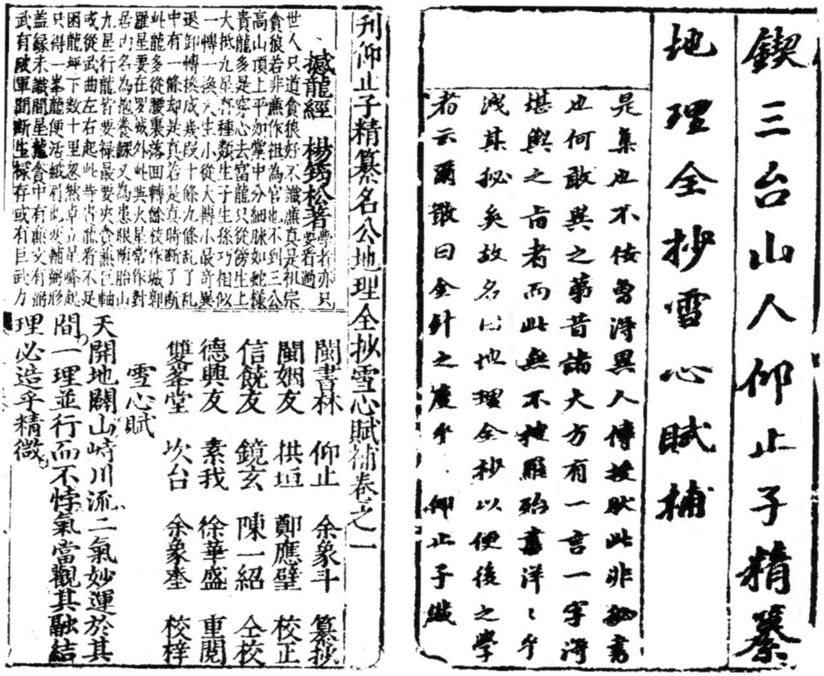
鍥三台山人仰止子精纂

地理全抄雪心賦補

刊仰止子精纂名公地理全抄雪心賦補卷之一

閩書林　仰止　余象斗　纂抄

閩姻友　拱垣　鄭應璧　校正

信饒友　鏡玄　陳一紹　仝校

德興友　素我　徐華盛　重閱

雙峯堂　坎台　余象耊　校梓

雪心賦

天開地闢，山峙川流，二氣妙運於其間，一理並行而不悖。氣當觀其融結，理必造乎精微。

图四　《刊仰止子精纂名公地理全抄雪心赋补》内封、卷端（中国国家图书馆藏）

“双峰堂”外，还与从兄弟余明台共用“克勤斋”、与亲兄弟余象箕同用“三台馆”堂号，由此可见余氏家族刻书规模之庞大，也可知余象斗在晚明建阳刻书业占据显著地位之由来。

附　熊仰台

熊仰台刊行书籍，今仅见明余象斗撰《刊北方真武祖师玄天上帝出身志传》一种，一般著录作明万历三十年（1602）建安熊仰台刻本。《古本小说丛刊》据伦敦英国博物院图书馆藏本影印。《古本小说集成》所据底本也是熊仰台本，但未交代来源，前言说："明刻本《北游记》（该书之简称）现藏北京大学图书馆、大连图书馆、伦敦英国博物院图书馆"，然查《北京大学图书馆藏古籍善本书目》及"北京大学古文献资源库"，均未见收录。

该书卷一首题"刊北方真武祖师玄天上帝出身志传"，署"三台山人仰止余象斗编，建邑书林余氏双峰堂梓"，卷三、卷四题署均同，卷二脱六字："三台山人仰止□□□编，建邑书林□氏□□堂梓"；卷四尾题前牌记镌"壬寅岁季春月/书林熊仰台梓"（图一）。

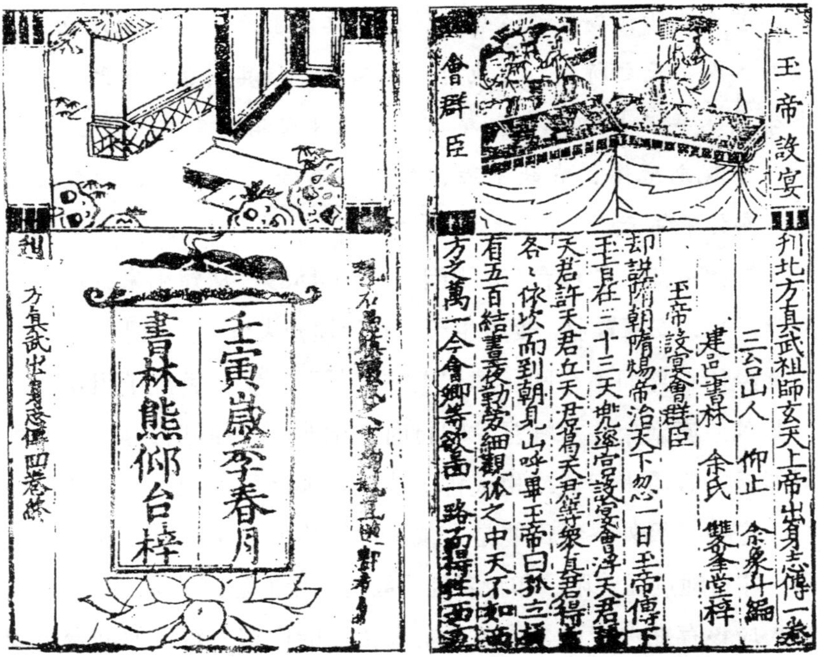

图一 《刊北方真武祖师玄天上帝出身志传》卷端、牌记（伦敦英国博物院图书馆藏，《古本小说丛刊》影印）

根据卷端题署及卷终牌记，《古本小说丛刊》整理前言（第九辑第一册）断定："可知此本系熊仰台据余氏双峰堂原刊本重印者。"该本系余氏双峰堂刻后印本无疑，但是否为熊氏所印，则尚可讨论。

余象斗编《刻仰止子参定正传地理统一全书》卷十二，收录《东粤熊员外陈安人合葬墓所》图半叶，"此地在粤东，离省城廿余里地，名梅凤凰岗"。后有按语，介绍熊仰台生平云：

予契丈熊君，讳宗富，号仰台，系福建潭邑书林人。万历十有七年来粤，入籍广州。生三子：长君讳绍逵，进广州庠；次君讳龙光，宪司掾；三郎阿晚，年尚稚。此君夫妇于崇祯年丧，其郎苦无葬所，昼夜哀泣告祝，偶遇江右黄焕斗，进斯大地。古云：善人必天之所相，吉地留与福人来。信其然也。熊氏兄弟遂卜崇祯八年二月初二日合葬二亲，他年必有奇特之应，且久而耐。予观斯地图，雀跃不胜，知异年有余荣于书林，故载之拙集，而传不朽云。

据此可知，熊仰台自万历十七年（1589）从建阳来到广东，入籍广州，安家置业，娶妻生子，到崇祯初去世，并葬于此，人生主要经历在粤而不在闽。牌记上"书林"二字，倒成了祖籍。该书版刻原属余象斗双峰堂，印行时牌记改题"熊仰台梓"，一种可能是书版后来归（或租或售）熊氏，那么很可能该本是熊氏印行于广州；另外一种可能是余象斗以熊氏的名义印行，并交其贩卖，印行地点在建阳，印行者则非熊氏。无论是何种情况，余、熊二人应该存在一定的合作关系。余象斗的广东之行，熊仰台情理中必有的回乡省亲之路，也许夹杂着洽谈业务的生存需求。鉴于全书漫漶严重，卷一、卷三、卷四题署完整，卷二卷端脱"余象斗”“余”“双峰”六字，似非恶意剜去，更像书版自然损毁。他们的合作应该是愉快的，以至于余象斗期盼熊氏能得风水之荫，“异年有余荣于书林”。

余氏双桂书堂

余氏双桂堂，一作双桂书堂，刻书或始于元代。现存元刻本多种，如元至正十一年（1351）双桂堂刻本《诗集传名物钞音释纂辑》二十卷，元至正间双桂书堂刻本《书集传音释》六卷首一卷末一卷，元建安余氏双桂书堂刻本《广韵》五卷，等等。明代双桂书堂刻书，见存不及十种，最早为宣德八年（1433），迟则为明嘉靖三十一年（1552）。在此百余年间，双桂书堂数易其主，惜均不可考。

宣德八年癸丑，双桂书堂刻《增修附注资治通鉴节要续编》三十卷，日本米泽市立图书馆藏孤本。卷端署“建阳知县盱江张光启订正，松坞门人京兆刘剡编辑”；目录后有牌记；镌“宣德八年

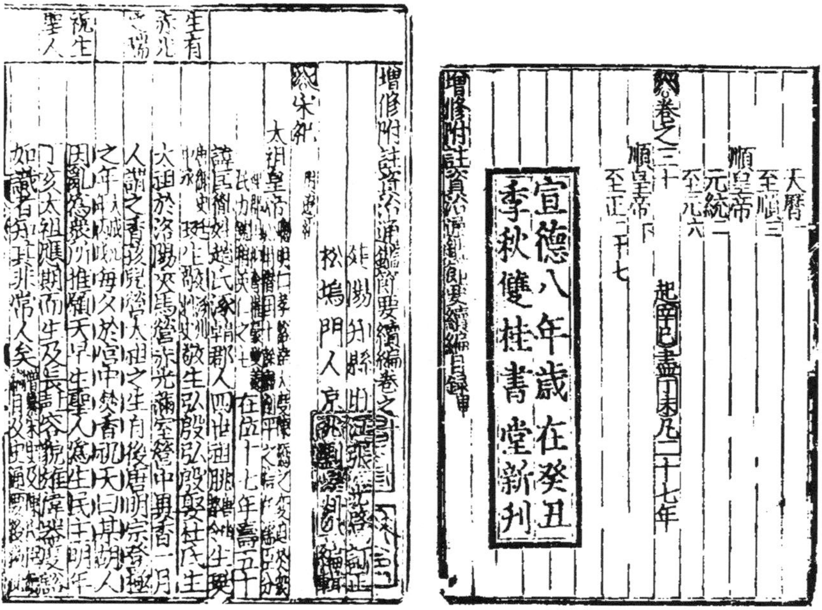

图一　《增修附注资治通鉴节要续编》牌记、卷端（日本米泽市立图书馆藏）

岁在癸丑/季秋双桂书堂新刊”（图一）。

张光启任建阳知县在宣德间。嘉靖《建阳县志》职官表仅列其名于宣德三年（1428）后。前任徐铎乃洪熙元年（1425）任，后任何景春就职于正统初。嘉靖《建阳县志》张光启传云：“莅政往往锄强去暴，笃爱斯文，民心悦服。衙门、学校一皆焕新。”校订刊刻书籍，即其“笃爱斯文”之一端。是年，张光启另主持刊刻李昌祺撰《剪灯余话》，刘子钦序言“宣德癸丑夏，知建宁府建阳县事盱江张公光启，锐意欲广其传”云云。张光启序亦云：“是编之作，虽非本于经传之旨，然其善可法，恶可戒，表节义，砺风俗，敦尚人伦之事多有之，未必无补于世也。及观玉堂钜公之序文、方伯先生之佳作，其雄辞丽句，则旋转如乾坤、辉映如日月者亦有之矣。予甚嘉之，命工刻梓，广其所传，以嗣江湖好事者观览。”

《剪灯余话》宣德刻本今未见存。现存有明成化二十三年（1487）书林双桂堂刻本《剪灯余话全相》五卷，又名《新刊全相江湖纪闻剪灯余话》《新编江湖纪闻全相剪灯余话》等。卷端署“广西左布政使庐陵李昌祺编撰，翰林院庶吉士文江刘子钦订定，上杭县知县盱江张光启校刊，建阳县县丞何景春同校绣行”（图二）。根据题署，盖书未刻就，张光启即转任上杭知县，由其同僚何景春续成之。何景春于正统初年由县丞升任知县，则是书当在此之前刻竣（约在宣德末年）。是书卷终牌记刻“成化丁未年孟冬/书林双桂堂重刊”，当系据张光启、何景春刻本重刊。而当时张、何委托刻印的书坊，或仍是承刻《增修附注资治通鉴节要续编》之双桂书堂。

弘治九年丙辰（1496），余氏双桂书堂刻《周易传义大全》二十四卷《纲领》一卷《朱子图说》一卷《易五赞》一卷《筮仪》一卷，明胡广等辑。卷二十四末有牌记，镌“弘治丙辰余氏/双桂书堂新刊”（图三）。

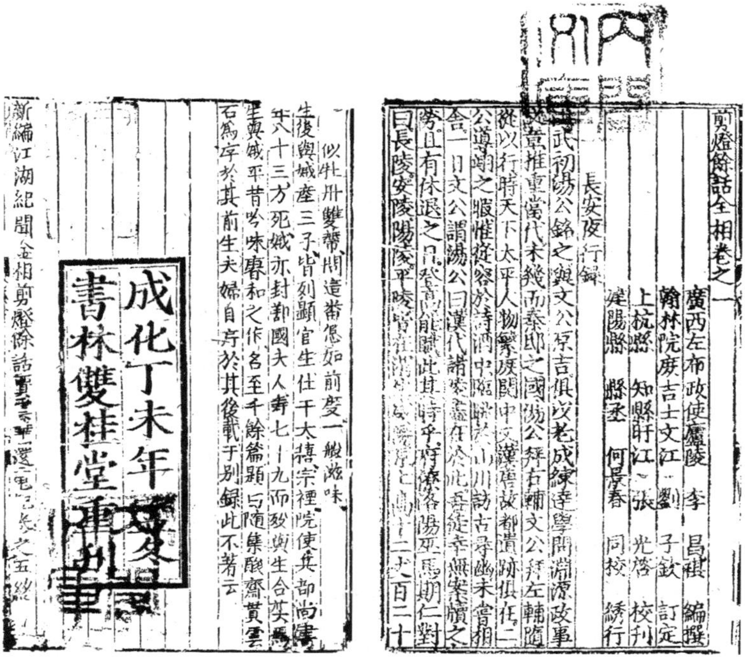

图二　《剪灯余话全相》卷端、牌记（日本国立公文书馆藏）

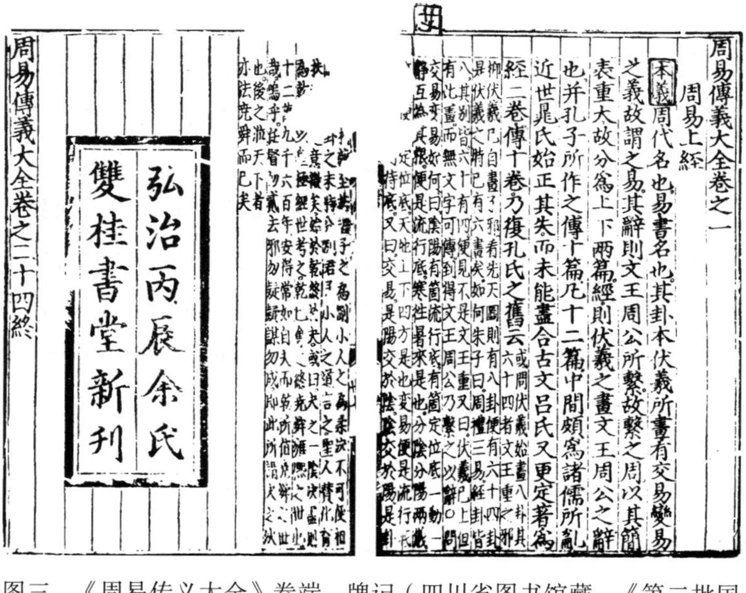

图三　《周易传义大全》卷端、牌记（四川省图书馆藏，《第二批国家珍贵古籍名录图录》第 3 册第 317 页）

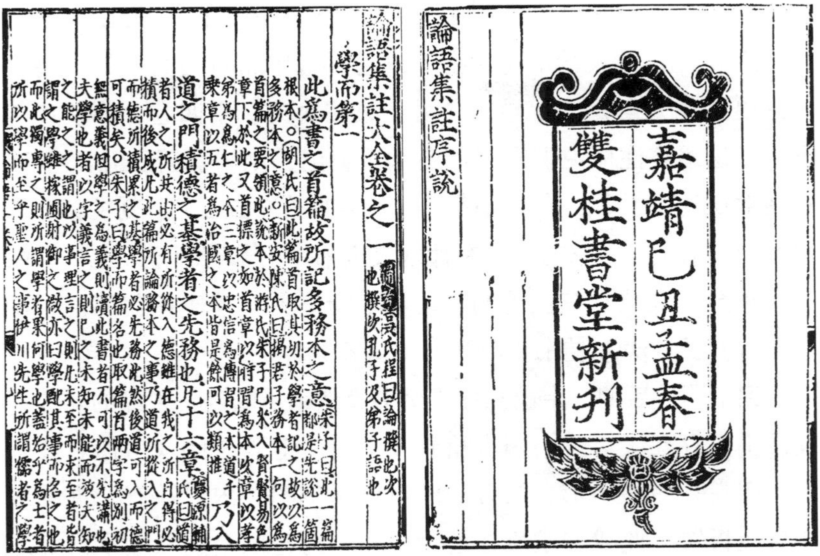
論語集註大全卷之一

學而第一

此爲書之首篇故所記多務本之意乃入道之門積德之基學者之先務也凡十六章

論語集註序說

嘉靖己丑孟春

雙桂書堂新刊

图四　《四书集注大全》牌记、卷端（安徽省图书馆藏）

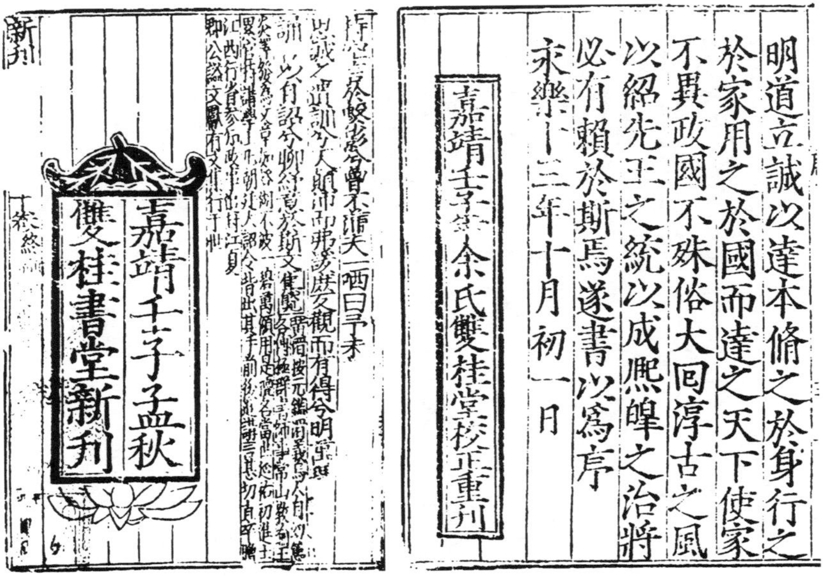
嘉靖壬子孟秋

雙桂書堂新刊

明道立誠以達本脩之於身行之於家用之於國而達之天下使家不異政國不殊俗大回淳古之風以紹先王之統以成熙皥之治將必有賴於斯焉遂書以爲序

永樂十三年十月初一日

嘉靖壬子孟秋余氏雙桂堂校正重刊

图五　《新刊性理大全》书前牌记、卷末牌记（日本米泽市立图书馆藏）

嘉靖八年己丑（1529），余氏双桂堂刻《四书集注大全》三十六卷，凡《大学章句大全》一卷，《中庸章句大全》一卷，《论语集注大全》二十卷，《孟子集注大全》十四卷，明胡广等辑。《论语集注序说》末有莲座荷盖牌记，刻“嘉靖己丑孟春/双桂书堂新刊”（图四）。嘉靖三十一年壬子（1552），刻《新刊性理大全》七十卷。书前《御制性理大全书序》末有牌记，刻“嘉靖壬子年余氏双桂堂校正重刊”；卷七十终另有莲座荷盖牌记，镌“嘉靖壬子孟秋/双桂书堂新刊”（图五）。

到了明代后期，余氏双桂堂刻书突然销声匿迹。曾经的名肆，或已不复存在了。《中国古籍善本书目》等著录的《历代名公画谱》四卷，明顾炳辑，明万历间双桂堂刻本，内封镌有“虎林双桂堂藏板”。此双桂堂所在地为杭州，与建阳余氏双桂堂恰好同名而已。

余氏西园堂

余氏西园堂，或作西园书堂、西园精舍，亦作西园余氏。该堂号刻书始于何时，已难察考，今尚存元代刻本数种。如元至元十八年（1281）西园精舍刻本《闻过斋集》四卷；元至正二十五年（1365）西园余氏刻本《伤寒论注解》十卷《图解》一卷；元代不详年月西园精舍刻本《新编纂图增类群书类要事林广记》四十八卷，《新编古今事文类聚》前集六十卷后集四十八卷续集二十八卷别集三十二卷新集三十六卷，等等。

西园堂明代所刻书，尚存十余种。如明永乐十四年（1416），西园精舍刻《新刊刘向先生说苑》二十卷，汉刘向撰，吉林省图书馆、南京图书馆藏；嘉靖七年（1528）余氏西园书堂刻《魁本袖珍方大全》四卷，明李恒撰，辽宁省图书馆藏；不详年月余氏西园堂刻《新刊明解图像小学日记故事》十卷，明虞韶辑，明管晌增校，中国国家图书馆藏。以上各书，均不详坊主为谁。有明一代，西园堂主人仅见余云坡一人。

万历四十七年（1619），西园堂余云坡刻《新刊太医院校正外科集要》三卷。卷上卷端署“吉州儒医张国泰选辑，闽西园堂余云坡绣梓”；卷中题署同，卷下则剜去“闽西园堂余云坡绣梓”一行；书末有牌记“万历己未岁夏月/西园堂余云坡□”（图一）。

余云坡尝重印熊冲宇刻《新刊军门秘传·太医院纂急救仙方》四卷。该书版分双栏，卷一卷端上栏题“太医院纂急救仙方”；下

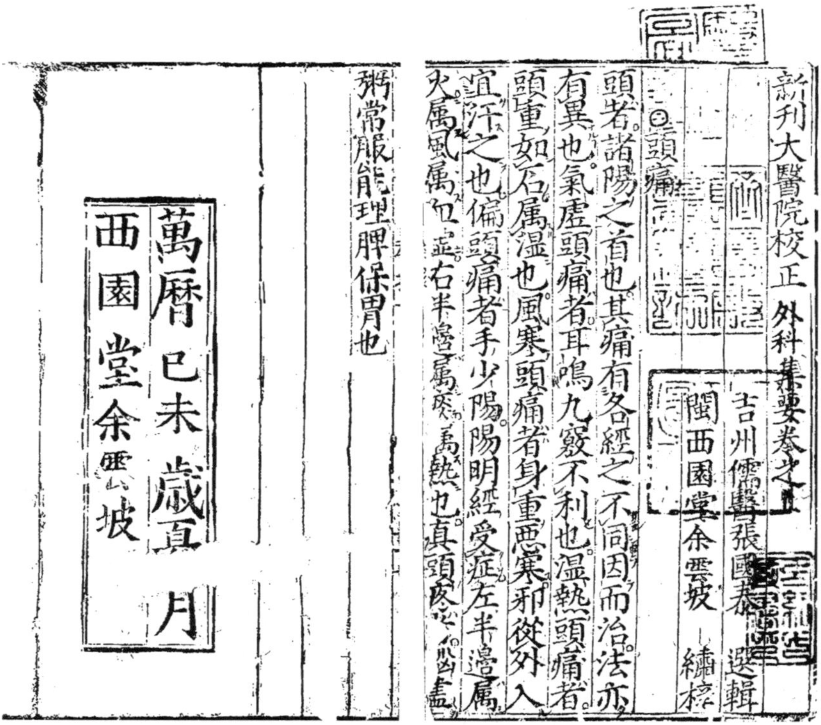

图一　《新刊太医院校正外科集要》卷端、牌记（日本国立公文书馆藏）

栏题“新刊诸症”，署“盱江后学绍轩吴文炳辑，闽建书林冲宇熊成冶梓”（图二）。卷二、卷三上栏题“纂集太医院急救良方”，卷四题“纂集太医外科奇方”。下栏卷二以下各卷均题“新刊军门秘传”。研究者以为，卷一下栏书目乃系剜改（王铁策：《新刊军门秘传·太医院纂急救仙方》解题，见马继兴等选辑《日本现存中国稀覯古医籍丛书》，人民卫生出版社1999年，第866—867页），当是余云坡重印时所为。内封镌“刻太医院增/补诸症辨疑”大字两行，中间“书林余云坡梓”。所谓“梓”，实仅印行而已。余氏通过挖改卷端、新增内封题名等一系列手法，旧版新印，冒充新书。

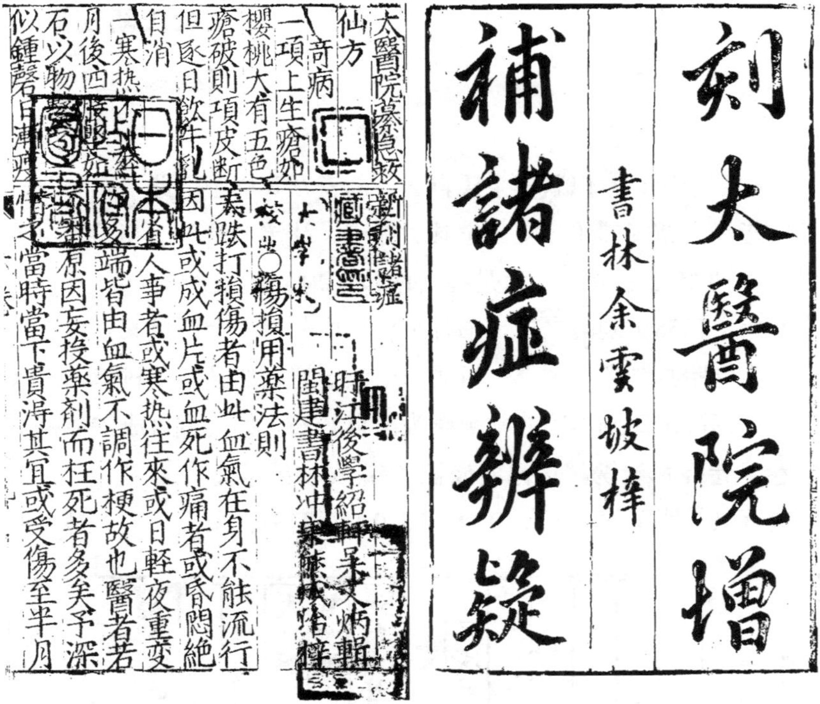
刻太醫院增補諸症辨疑
書林余雲坡梓

图二 《新刊军门秘传·太医院纂急救仙方》内封、卷端（日本国立公文书馆藏）

此外，余氏曾刻《新刊太医院校正八十一难经辨真》四卷，题秦越人撰，明吴文炳校，日本大阪市立图书馆藏。

余氏新安堂

建阳余氏，常以新安余氏自居，新安乃其郡望。此“新安”，并非指汉之新安郡（今皖南歙县、休宁、绩溪、黟县、祁门、屯溪以及江西婺源一带），而是指河南汝宁府固始县新安村。元至正十八年（1358）刘龄之撰《书林余氏谱序》谓“余氏世家，由南京扬州府盱眙县泗洲下邳郡，析居河南汝宁府固始县新安村睦州以来闽”。建阳余氏刻本因故常被误为出自新安。如《重订成仁遗稿》七卷，卷终牌记镌“正德庚辰孟冬/新安余氏甫斋”（图一），诸家遂著录作明正德十五年庚辰（1520）新安书林余氏刻本。是书汇

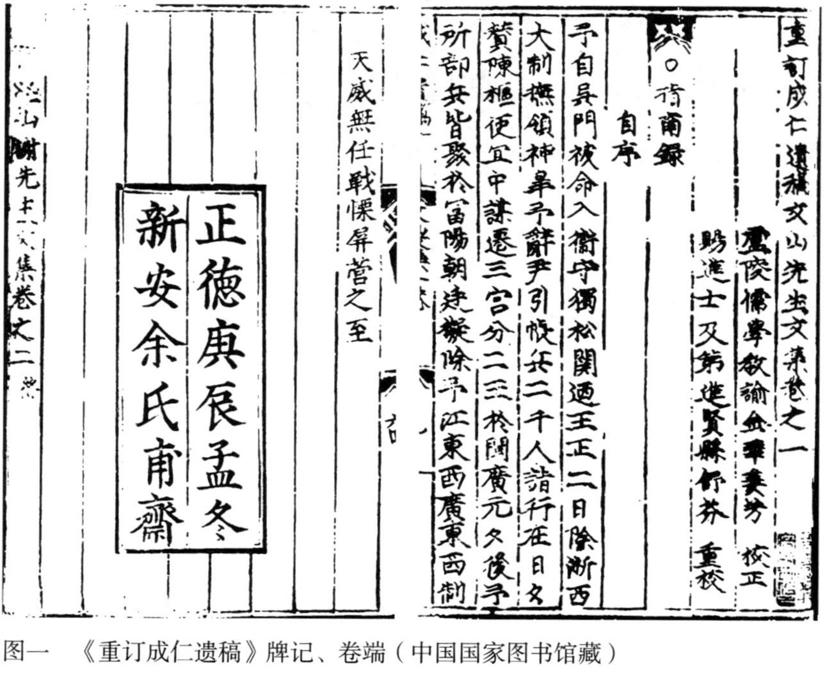

图一 《重订成仁遗稿》牌记、卷端（中国国家图书馆藏）

辑文天祥《指南录》《集杜诗》《长啸集》及谢枋得诗文，并附本传、祠记、行状、祭文、挽诗等为一编，“总题曰《成仁遗稿》，付书林余氏刻之”。详见书前舒芬《重刊成仁遗稿序》。序署“正德十五年八月朔日丙辰，赐进士及第、福建市舶提举司副提举、前翰林院国史修撰、承务郎、进贤县舒芬书”。是乃舒芬于福建市舶提举司副提举任上，委托建阳书林余氏刻版印行，显非新安刻本。

又如明成化十年甲午（1474）刻本《诗学集成押韵渊海》，卷端署“建安后学严毅子仁编辑”，卷终牌记刻“成化甲午新安/余氏重新刊行”（图二）。从版式、字体考察，与同期建阳刻本风格一致，亦当为建阳刻本。

嘉靖四十五年丙寅（1566）刻本《重刊五色潮泉插科增入诗词

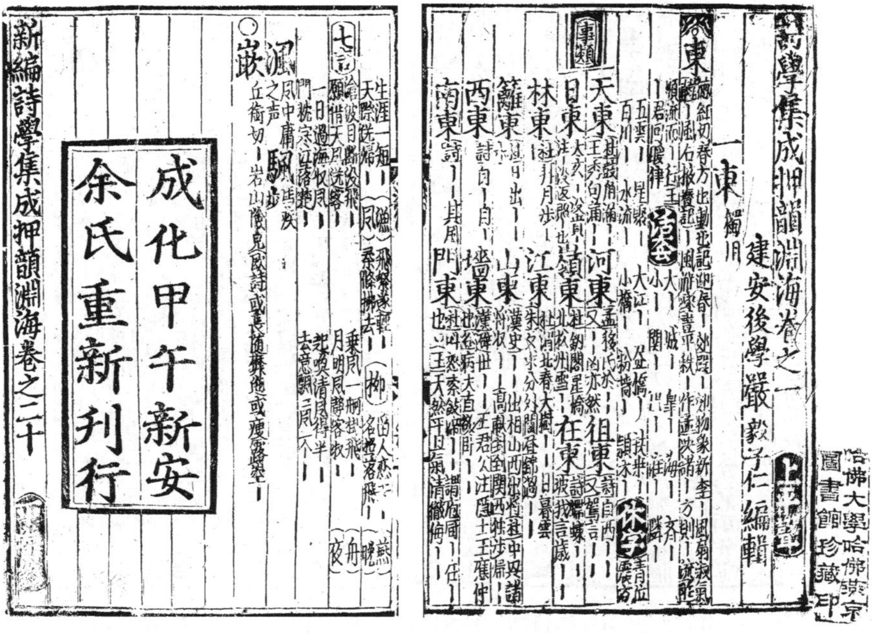

图二　《诗学集成押韵渊海》卷端、牌记（美国哈佛大学哈佛燕京图书馆藏）

北曲勾栏荔镜记戏文》不分卷，卷末上栏刻识语云：“重刊荔镜记戏文，计有一百五叶。因前本《荔枝记》字多差讹，曲文减少，今将潮、泉二部，增入《颜臣》、勾栏、诗词、北曲，校正重刊，以便骚人墨客闲中一览。名曰《荔镜记》。买者须认本堂余氏新安云耳。［嘉靖丙］寅年。”（图三。“嘉靖丙”三字，据《明本潮州戏文五种》影印本补录）该书更具明显的建阳刻本风格，学界一般定为建阳刻本，然偶有著录作“新安余氏刻本”，显然容易引起误解。其他如法国国家图书馆藏万历十四年（1586）刻本《韩朋十义记》二卷，著录作“新安余氏自新斋刻本”，其实应该也是建阳刻本。

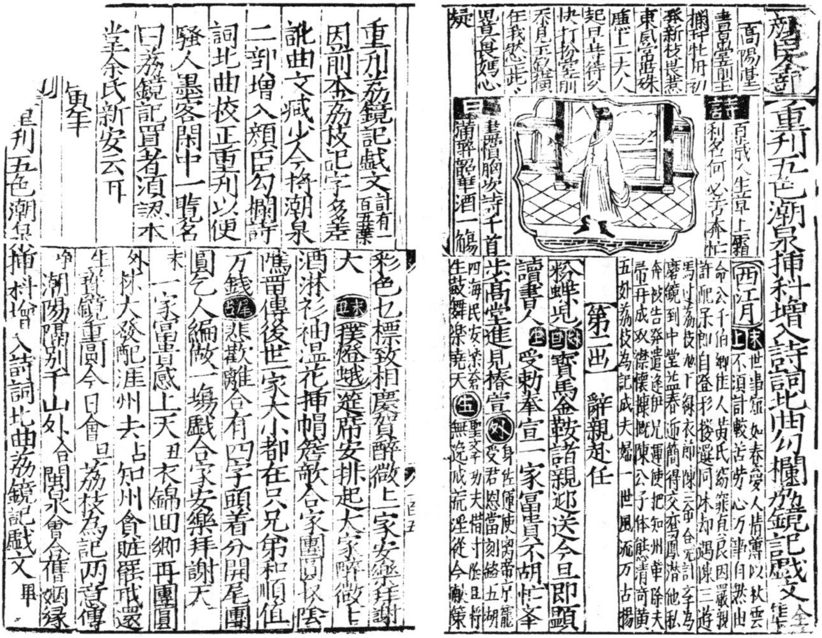

图三 《重刊五色潮泉插科增入诗词北曲勾栏荔镜记戏文》卷端、识语（英国牛津大学博德利图书馆藏）

以上各书，无论是“新安余氏”还是“余氏新安”，均实指建阳书坊余氏，此或为余氏新安堂的前身。到了明代后期，余氏新安堂主人，知名者有余良进（字苍泉）、余幼山。万历六年戊寅（1578），余良进刻《新刊续文章轨范》七卷，卷端署“南京祭酒东廓邹守益批点”，卷终牌记刻“万历戊寅岁孟冬月/余氏新安堂苍泉梓”（图四）。万历十三年乙酉（1585），刻《新刊徐氏家传针灸捷法大全》六卷，卷端署“江西广信府弋阳县古塘徐凤廷瑞编次，同邑邹山、邹希孟校正，书林余氏新安堂刊行”；卷终牌记刻“万历乙酉岁孟冬月/余氏新安堂苍泉梓”（图五）。余良进又是怡庆堂主人，参见本书《余氏怡庆堂》。

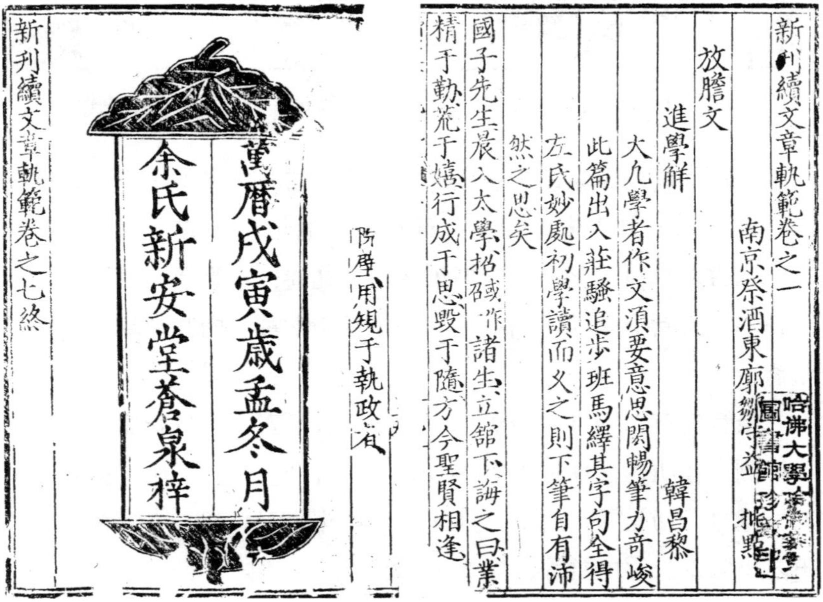

图四　《新刊续文章轨范》卷端、牌记（美国哈佛大学哈佛燕京图书馆藏）

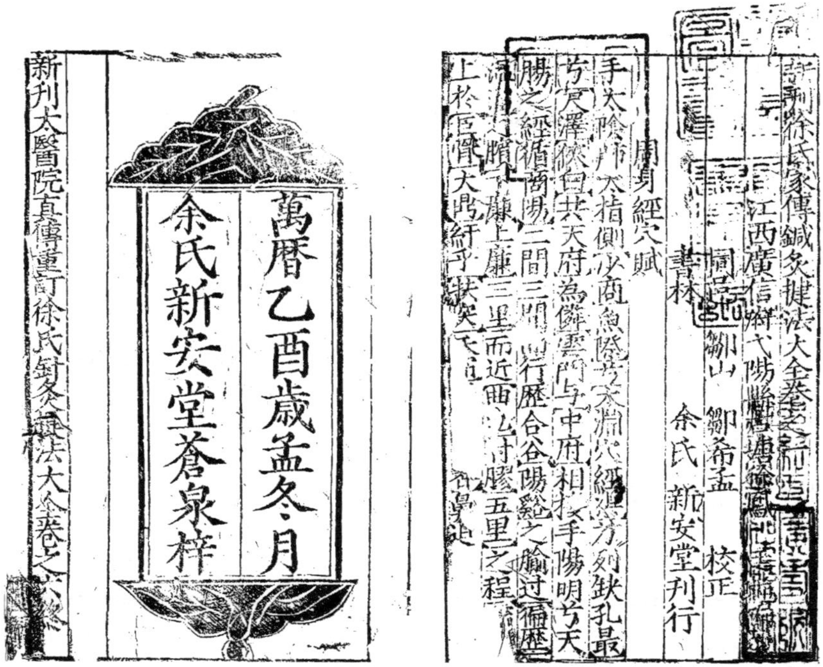

图五　《新刊徐氏家传针灸捷法大全》卷端、牌记（日本国立公文书馆藏）

万历间新安堂余幼山曾刻《新订京本增和释义魁字千家诗选》二卷。是书原刻本未见存，有日本宽文七年（1667）重刻本。又《中国古籍总目》著录《四书集注》十九卷，朱熹撰，明万历元年（1573）自新斋余幼山刻本，日本龙谷大学藏。则知余幼山又是自新斋主人。

余良进有新安堂、怡庆堂，余幼山有新安堂、自新斋，由此或可推测，在明代后期建阳书坊最后鼎盛时期，同一书坊主拥有多家刻书堂号，乃是平常之事，其他如余象斗之双峰堂、三台馆，刘龙田之忠贤堂、乔山堂等，均如此。

余氏怡庆堂

现存建阳余氏怡庆堂刻本，主要集中在明代后期。余良史、余良进、余完初等人，均曾以该堂号刻书行世。

余良史，字秀峰，与余良进及自新斋余良相、余良木等当是兄弟行。万历二十年（1592）刻《新刊补遗标题论策纲鉴全备精要》二十卷，卷端署“四川宗师青螺郭子章校阅，浙江宗师紫溪苏濬精选，清漳后学兰庄杨天清补辑，闽建书林秀峰余良史绣梓”。卷二十末有莲座荷盖牌记，镌“万历壬辰岁仲冬月/书林余秀峰绣梓行”。郭子章号青螺，苏濬号紫溪，“秀峰”也当是余良史的别号，然而坊刻或许较为随意，也有可能是余良史之表字。

万历间余良史曾刻《新刻万氏家传广嗣纪要》五卷。卷端署“罗田万全著，黄冈门人蔡朝衣校，书林余良史梓”；内封版框外横刻“怡庆堂”，内镌“万氏家传/广嗣纪要”大字二行，中间“书林余秀峰梓行”一行（图一）。卷终莲座荷盖牌记镌“万历新岁仲春之月/怡庆堂余秀峰梓行”（图二）。书前有李之用序，末署“赐进士中顺大夫黄冈李之用”。（日本国立公文书馆藏本有二，编号“303—0232”乃《海外中医珍善本古籍丛刊》影印底本，有该序；编号“子026—0021”，李序仅存前二叶，后此则是李之用《保命歌括序》）李之用乃万历八年（1580）进士，显然“万历新岁”并非万历元年之谓。万历二十五年丁酉（1597），余良史刻《新刻万氏家传保命歌括》十卷。卷端署“罗田万全著，黄冈门人蔡朝衣校，书林余良史梓”；内封版框外刻“万氏家传”，内镌“万病随痊/保命歌括”大字二行，中间“怡庆堂余秀峰

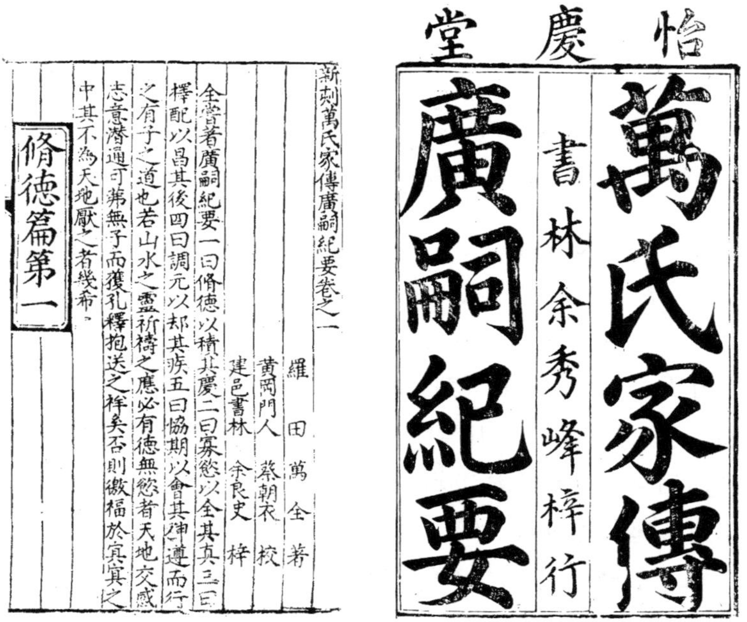
怡慶堂
萬氏家傳
書林余秀峰梓行
廣嗣紀要

新刻萬氏家傳廣嗣紀要卷之一
羅田萬全著
黄岡門人蔡朝衣校
建邑書林余良史梓
全嘗著廣嗣紀要一曰脩德以積其慶二曰寡慾以全其真三曰擇配以昌其後四曰調元以却其疾五曰協期以會其神遵而行之有子之道也若山水之靈祈禱之應必有德無慾者天地交感志意潛通可筭無子而獲孔釋抱送之祥矣否則徼福於冥冥之中其不為天地厭之者幾希
脩德篇第一

图一　《新刻万氏家传广嗣纪要》内封、卷端（日本国立公文书馆藏）

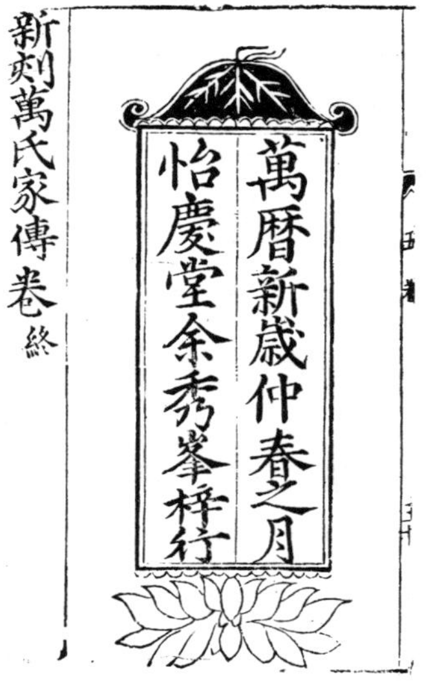
新刻萬氏家傳卷終
萬曆新歲仲春之月
怡慶堂余秀峯梓行

图二　《新刻万氏家传广嗣纪要》牌记（日本国立公文书馆藏）

梓”一行；卷终有牌记镌“万历丁酉岁/怡庆堂梓行”。二书行款、版式乃至卷端题署均相同，字体相近，当为同时所刻，殆据李之用邵武刻本重刊者。余良史另刻有《新刻太医院订正鳌头医方捷径》三卷、《新锓大明一统舆图广略》十五卷等等。

余良进，字苍泉。万历三十年壬寅（1602）刻《重订校正魁板句解消砂经节图地理诀要雪心赋》五卷，首署“章贡卜则巍应天编著，新安谢子期志道解注，书林余苍泉良进梓行”；书前内封版框外横刻“怡庆堂”，中镌“节图雪心赋”大字一行，两边刻“地理诀要/寻龙经术”，并署“余苍泉刊”（图三）。卷终牌记刻“万历岁次壬寅仲春吉旦/书林怡庆堂余苍泉绣梓”（图四）。是年余良进另刻医书两种。一为《新刊官板本草真诠》二卷，卷上卷端署“清漳调鼎杨崇魁编辑，建邑苍泉余良进刊行”；内封横刻“怡庆堂”，中镌“本草真诠”，下署“余苍泉□”。二为《新刊校正李东垣官板药性大全》二卷，卷端署“太医院御医叶文龄编，建邑书林苍泉余氏梓”；内封版框外横刻“［怡］庆堂”，内镌“［鳌］头东垣［珍］/珠囊

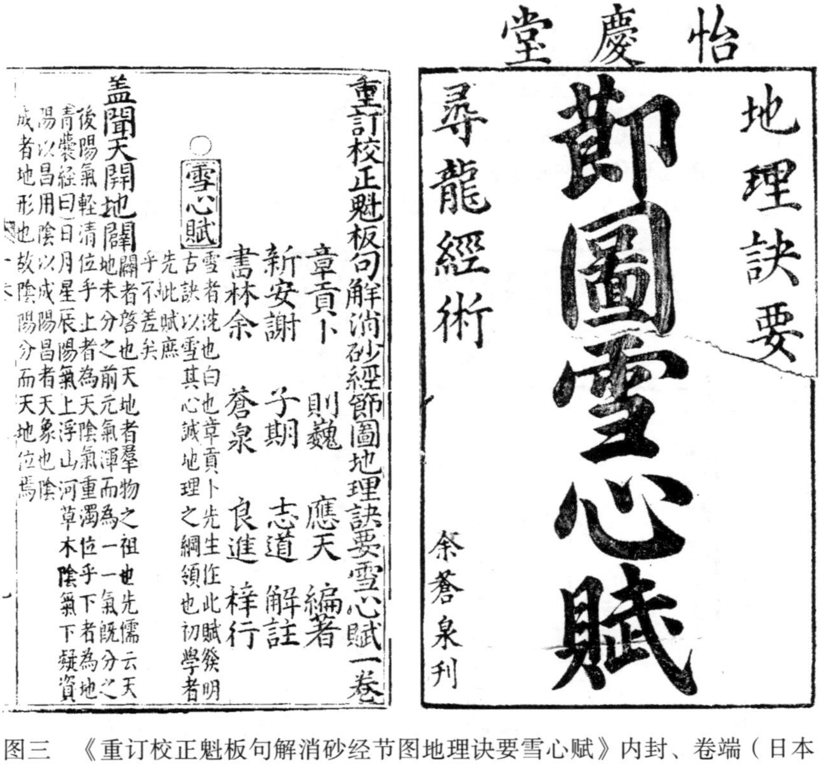
怡慶堂
地理訣要
節圖雪心賦
尋龍經術
余蒼泉刊

重訂校正魁板句解消砂經節圖地理訣要雪心賦一卷
章貢卜 則巍 應天 編著
新安謝 子期 志道 解註
書林余 蒼泉 良進 梓行
雪心賦
雪者洗也白也章貢卜先生作此賦發明古訣以雪其心誠地理之綱領也初學者先此賦庶乎不差矣
蓋聞天開地闢
闢者啓也天地者羣物之祖也先儒云天地未分之前元氣渾而為一一氣既分之後陽氣輕清位乎上者為天陰氣重濁位乎下者為地青囊經曰日月星辰陽氣上浮山河草木陰氣下凝資陽以昌用陰以成陽昌者天象也陰成者地形也故陰陽分而天地位焉

图三　《重订校正魁板句解消砂经节图地理诀要雪心赋》内封、卷端（日本国立公文书馆藏）

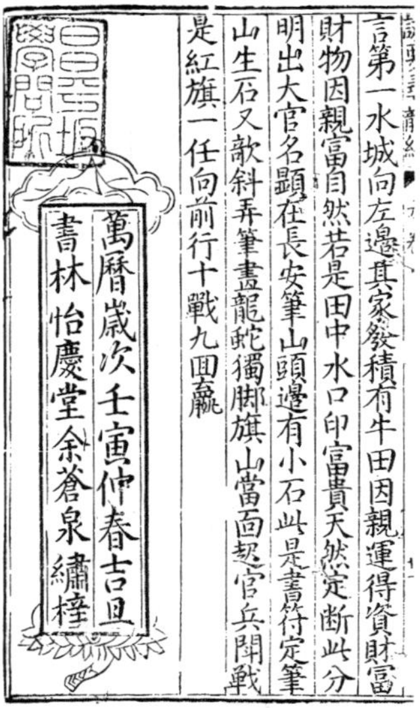

言第一水城向左邊其家發積有牛田因親運得資財富
財物因親富自然若是田中水口印富貴天然定斷此分
明出大官名顯在長安筆山頭邊有小石此是書符定筆
山生石又欹斜弄筆畫龍蛇獨脚旗山當面起官兵鬨戰
是紅旗一任向前行十戰九回羸

萬曆歲次壬寅仲春吉旦
書林怡慶堂余蒼泉繡梓

图四　《重订校正魁板句解消砂经节图地理诀要雪心赋》牌记（日本国立公文书馆藏）

药性赋”大字二行，中间“内增外科精要加减十三方”；卷终牌记镌“万历壬寅岁暮春/月苍泉余氏重梓”。

余良进同时也是新安堂主人，万历六年（1578）刻《新刊续文章轨范》七卷，万历十三年（1585）刻《新刊徐氏家传针灸捷法大全》六卷等，参见本书《余氏新安堂》。

余完初，生平无考，知见现存刻本三种。万历四十三年（1615）刊《新刻续选批评文章轨范》七卷，明王守仁辑，明邹

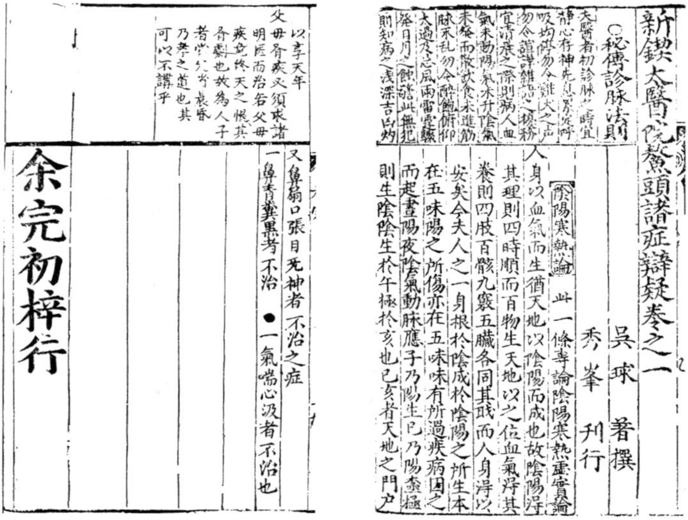

图五　《新锲太医院鳌头诸症辩疑》卷端、牌记（日本国立公文书馆藏）

守益评，清华大学图书馆、中国社会科学院文学研究所藏。不署刻书年月者，有《新刊痘疹证治要诀》五卷，卷端署“四明水西卢铣著”；内封版框外横镌“太医院校刻”，内刊“秘传豆疹/要诀全［书］”大字二行，中间“怡庆堂余完初□”。又刻印《新锲太医院鳌头诸症辩疑》六卷，卷端署“吴球著撰，秀峰刊行”；卷六末刻“余完初梓行”（图五）。“秀峰”，即怡庆堂余良史。根据卷端题署及牌记推测，是书当是余良史刻，余完初印。余完初或是余良史后人，怡庆堂为其所继承。

余氏永庆堂

余氏永庆堂，明万历间主人余成章（1560—1631），字仙源，号聘君，著名书坊主余彰德之侄。（参见方彦寿《增订建阳刻书史》第337页）万历二十一年（1593），余氏刻《新刻熙朝内阁评选六子纂要》十二卷，卷端署“大学士洪阳张位、谷阳赵志皋同

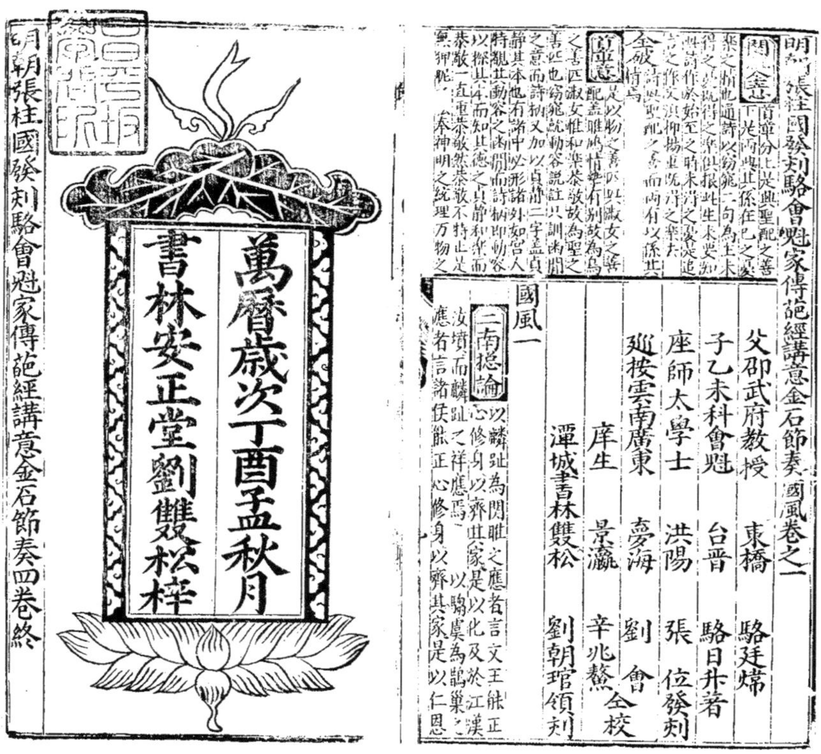

图一　《明朝张柱国发刻骆会魁家传葩经讲意金石节奏》卷端、牌记（日本国立公文书馆藏）

校，书林仙源余成章梓”。张位字明成，号洪阳；赵志皋字汝迈，号谷阳，则仙源当是余成章之别号。余成章刻本现存有十余种，署永庆堂者，诸家著录有二：《新锲南雍会选古今名儒四书说苑》十四卷首一卷，明张汝霖等辑，明敖文祯订，明闽建书林余仙源永庆堂刻本，清华大学图书馆藏；《镌品骘皇明资治纪钞》十卷，明陈建撰，明万历二十二年（1594）永庆堂刻本，中山大学图书馆藏。

笔者见日本国立公文书馆藏《明朝张柱国发刻骆会魁家传葩经讲意金石节奏》四卷，《改订内阁文库汉籍分类目录》著录作“明万历二十五年刘氏安正堂刊”，实则余成章永庆堂亦参与刻印。卷端署“父邵武府教授东桥骆廷炜、子乙未科会魁台晋骆日升著，座师太学士洪阳张位发刊，巡按云南广东梦海刘会、庠生景瀛辛兆鳌仝校，潭城书林双松刘朝琯领刻”，卷终牌记刻“万历岁次丁酉孟秋月/书林安正堂刘双松梓”（图一）。内封横刻“永庆堂”三字，下镌“新锓骆台晋著/诗经金石节奏”大字二行，中间余成章识语，识语上钤“安正堂书林/刘双松私记”阳文印。识语云：“《诗经讲意》，坊刻繁兴，其间妙契款窍称刻画者，固亦有之；彼其剽窃绪言，叛经毁

图二 《明朝张柱国发刻骆会魁家传葩经讲意金石节奏》内封（日本国立公文书馆藏）

旨者，亦往往而是。若本堂斯讲，则出台晋骆先生家传子弟者，较诸醯鸡其视管豹其窥者，大径庭矣。海内士君子幸无玉石概睹焉。丁酉秋月，余成章言。”（图二）《改订内阁文库汉籍分类目录》当是根据卷端题署及牌记著录。然而既然题署“领刻”，可知是书并非余氏安正堂所“独刻”，参与刻印者，据内封当有余成章永庆堂。内封上刘氏安正堂私印与余氏永庆堂牌记共存，本身或许就表明了他们之间的合作关系。

余成章刻书，更多的是不署堂号，而仅署名讳字号。上述各书外，又有：万历二十四年丙申（1596）刻《鼎锲青螺郭先生注释小试论彀评林》六卷，卷端署“闽藩伯泰和青螺郭子章精选，门生衷一李光缙校正，书林仙源余成章梓行”，卷终莲座荷盖牌记镌

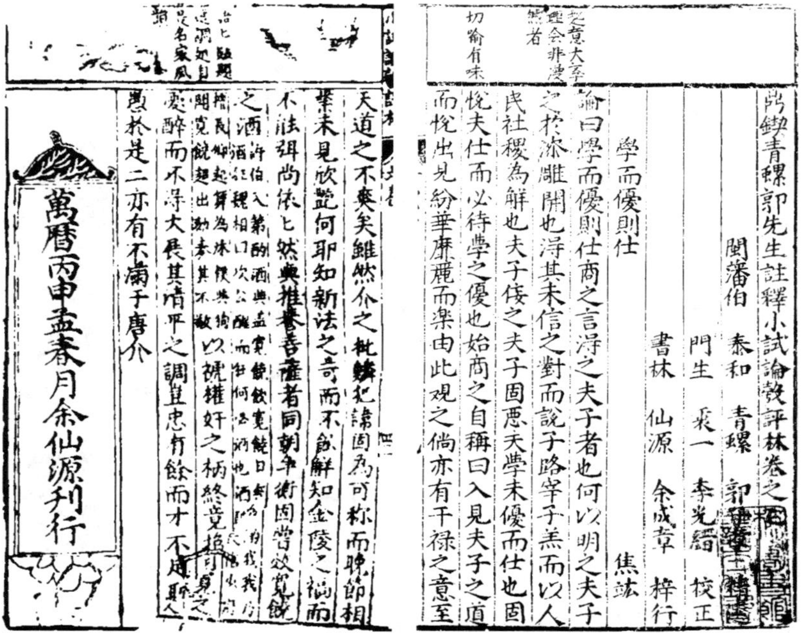

图三　《鼎锲青螺郭先生注释小试论彀评林》卷端、牌记（杭州市图书馆藏）

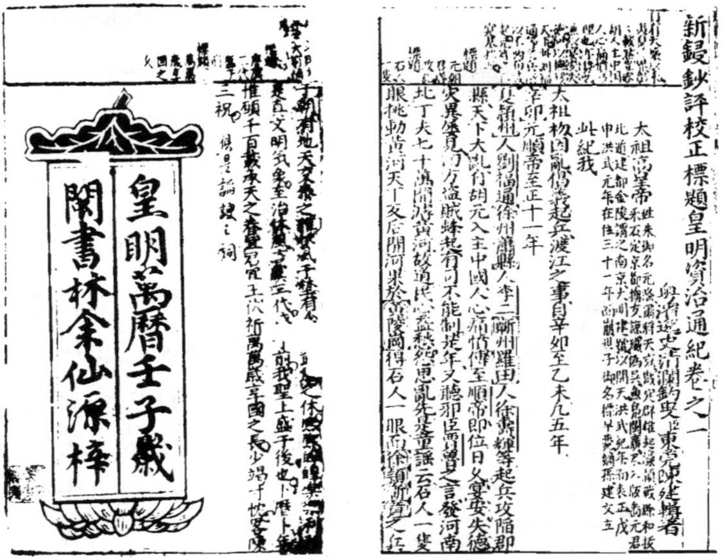

皇明萬曆壬子歲
閩書林余仙源梓

新鍥鈔評校正標題皇明資治通紀卷之一
此紀我
太祖枚因亂倡起兵渡江之事自辛卯至乙未凡五年
辛卯元順帝至正十一年

图四　《新锲钞评校正标题皇明资治通纪》卷端、牌记（中国国家图书馆藏）

“万历丙申孟春月余仙源刊行”一行（图三）。万历四十年壬子（1612）刻《新锓钞评校正标题皇明资治通纪》十二卷，卷终莲座荷盖牌记刻“皇明万历壬子岁/闽书林余仙源梓”二行（图四）。明万历间刻《新刻唐骆先生文集注释评林》六卷，卷一卷端署“闽建书林余仙源绣梓”（图五）。明万历间刻《新刻全像牛郎织女传》四卷，卷下卷端署“书林仙源余成章梓”。

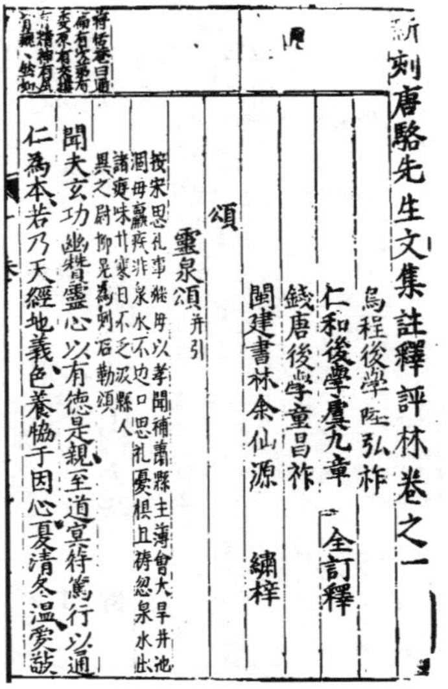

新刻唐駱先生文集註釋評林卷之一
烏程後學陸弘祚
仁和後學虞九章　全訂釋
錢唐後學童昌祚
閩建書林余仙源　繡梓
頌
靈泉頌并引
聞夫玄功幽贊靈心以有德是覩至道冥符篤行以通
仁為本若乃天經地義色養協于因心夏清冬温愛敬

图五　《新刻唐骆先生文集注释评林》卷端（中国国家图书馆藏）

余氏跃剑山房

跃剑山房，明末建阳余氏书坊堂号。主人之一余元素，名应灏，著名书坊主余象斗之子侄辈。曾刊《新刻大小冯先生手授诗经》八卷，卷端署“古吴尔赓冯元飏、尔弢风元飚仝著，樵川后学天羽余应腾校，潭阳后学元翊余思敬订，书林跃剑山房余元素梓”（图一）。明崇祯十六年（1643）刻本《三订历法玉堂通书捷览》，书前有《玉堂通书序》，末署“潭阳余应灏元素氏书于三台馆”；卷首署“临江宋鲁珍辉山通书，金溪何士泰景祥历法，建邑熊兆起渭较正，书坊余应灏元素订梓”。据此知余元素即余应灏。《书林余氏重修宗谱》卷七《书坊文兴公派下世系》（21a）载，余象斗仲弟余象箕，生子六：思敬、应腾（出继胞弟象圣公名下为嗣）、应灏、应涛、应濬、应润。据此知余应灏乃余象箕之子。《新刻大小冯先生手授诗经》校、订、梓者三人为亲兄弟，余应腾前署樵川而非潭阳，乃是由建阳入籍邵武（樵川为其别称），正如余象斗长子余应科，余彰德季子余应虬

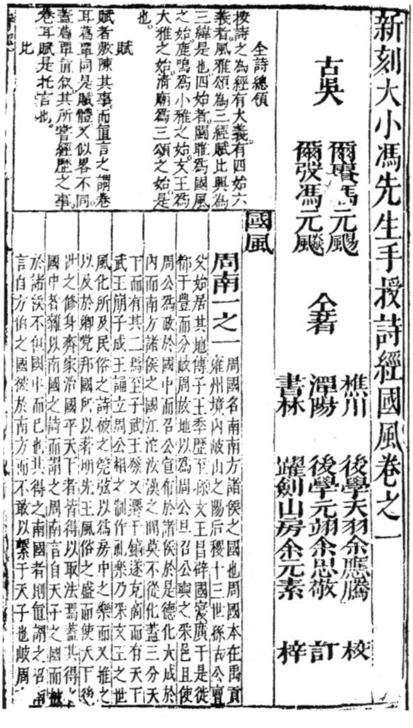
新刻大小馮先生手授詩經國風卷之一
古吳 爾賡馮元颺 爾弢馮元飈 仝著
樵川 後學天羽余應騰 校
潭陽 後學元翊余思敬 訂
書林 躍劍山房余元素 梓

图一　《新刻大小冯先生手授诗经》卷端（日本国立公文书馆藏）

一样（参见本书《余氏近圣居》）。是书前有《诗经狐白序》，末署“癸亥孟夏月，尔赓冯天飏书于跃剑山房”。冯天飏当是受雇于跃剑山房的编辑。该书具有明显的明末建阳刻本特征。癸亥当是天启三年（1623），是书大约刻于此时。

《新刻大小冯先生手授诗经》校、订、梓者兄弟三人，或均为跃剑山房主人。崇祯元年（1628），跃剑山房刊《新刻聂久吾先生医学汇函》一书，也可旁证这一推测。书前崇祯元年高崇谷序，有“因吴友翼登诣跃剑山房，偕余元翼、余天羽促膝论文”云云。显然余元翼、余天羽（应腾）兄弟二人，皆是跃剑山房中人。内封镌“聂久吾先生纂定/医学汇函/闽跃剑山房藏板”，又钤“忠贤世家”朱文印（图二）。在建阳书林，“忠贤世家”一般特指刘氏，简称忠贤堂

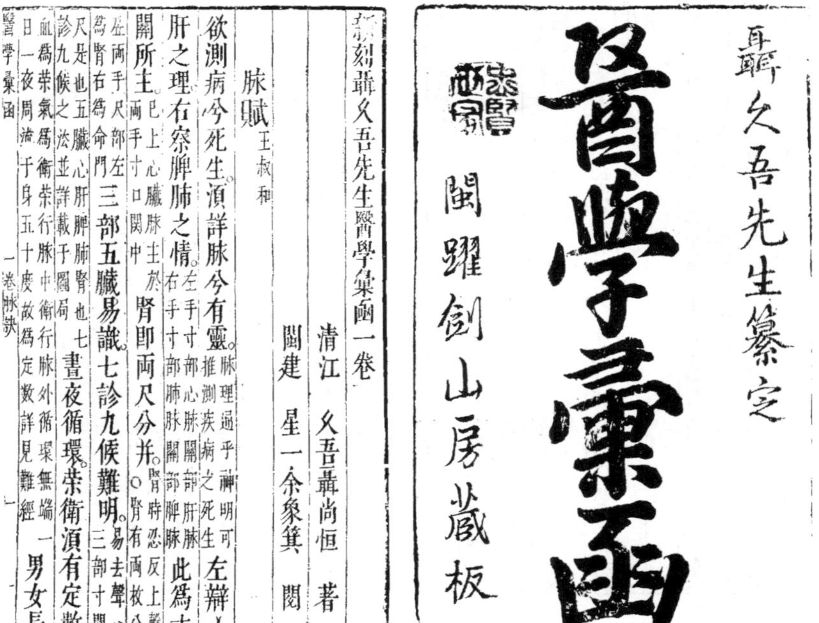

图二　《新刻聂久吾先生医学汇函》内封、卷端（日本国立公文书馆藏）

（参见本书《刘氏忠贤堂》）。此书刻印者，或不止余氏跃剑山房一家，刘氏忠贤堂当亦参与其中。

此外，余元翼、余天羽长兄余思敬，亦以跃剑山房名号刻书，有《镌赵伯雍先生湖心亭四书丹白》十三卷，明赵鸣阳撰，日本蓬左文库藏。跃剑山房另刻有：《燕闲秘录》不分卷，明陈继儒编，明胡文焕纂，明刻本，日本国立公文书馆藏；《跃剑山房校刻故事狐白解》八卷，明佚名辑，明刻本，日本国立公文书馆藏（存卷四至卷八）；《跃剑山房校刻群书类函》二十卷，明余星一（象箕）辑，日本尊经阁文库藏。以上三书则不详跃剑山房主人为谁。

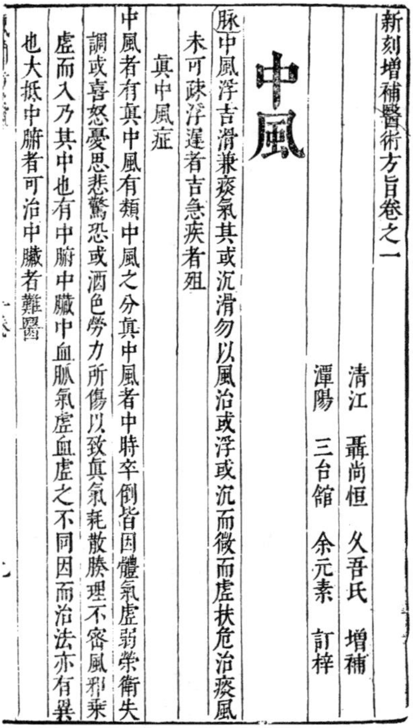
新刻增補醫術方旨卷之一
清江　聶尚恒　久吾氏　增補
潭陽　三台館　余元素　訂梓
中風
脉中風浮吉滑兼痰氣其或沉滑勿以風治或浮或沉而微而虛扶危治痰風
未可疎浮遲者吉急疾者殂
真中風症
中風者有真中風有類中風之分真中風者中時卒倒皆因體氣虛弱榮衛失
調或喜怒憂思悲驚恐或酒色勞力所傷以致真氣耗散腠理不密風邪乘
虛而入乃其中也有中腑中臟中血脈氣虛血虛之不同因而治法亦有異
也大抵中腑者可治中臟者難醫

图三　《新刻增补医术方旨》卷端（日本国立公文书馆藏）

尤其要说明的是，跃剑山房主人余元素，也是三台馆主人。除前文提到《三订历法玉堂通书捷览》外，又刻《新刻增补医术方旨》七卷首一卷，首卷卷端署“清江聂尚恒久吾氏增补，闽建余应灏元素父参订”；卷一卷端署“清江聂尚恒久吾氏增补，潭阳三台馆余元素订梓”（图三）。人们所熟知者，三台馆乃余象斗的书坊堂号。余象斗有子嗣数人，其侄亦沿用三台馆刻书，则三台馆或为余象斗兄弟共同所有，子侄皆可继承。显然，当时书坊主间的合作关系，可能比已披露的史料所揭示的关系更复杂，有待进一步挖掘考证。

余氏忠庆堂

余氏忠庆堂，主人余熙宇，生平不详。曾刊印《新刻草字千家诗》二卷，原刻本不见诸家书目著录，现存有日本重刻本。美国哈佛大学哈佛燕京图书馆藏和刻本，依样翻雕卷终莲座荷盖牌记，镌“庚午岁仲冬之月/忠庆堂余熙宇梓”两行，牌记外刻“浪华书户菅生堂主人/河内屋宇兵卫藏版”（图一）。一般认为，庚午乃隆庆四年（1570）。参见沈津《日本刻的〈新刻草字千家诗〉》。

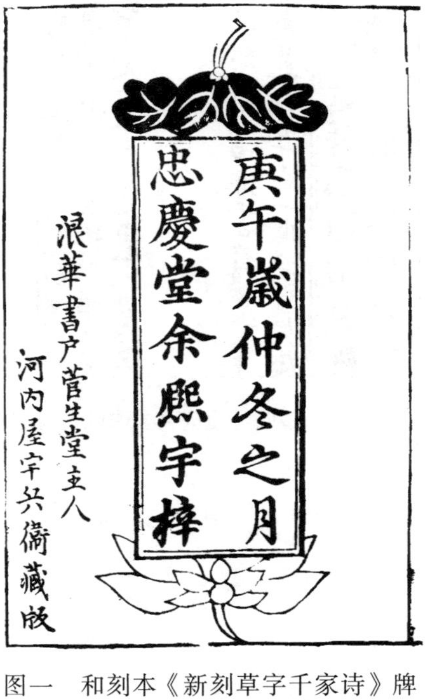

图一　和刻本《新刻草字千家诗》牌记（美国哈佛大学哈佛燕京图书馆藏，沈津《日本刻的〈新刻草字千家诗〉》）

“日本所藏中文古籍数据库”著录日本实践女子大学图书馆藏本，系日本万治三年（顺治十七年，1660）京都田原仁左卫门据明崇祯三年（1630）建阳忠庆堂余熙宇刻本重刻，则以庚午年为崇祯三年。余氏刻书，现存另外两种分别刻于万历三十七年（1609）、万历三十九年，上距隆庆四年有四十年左右，下距崇祯三年有二十余年，不详孰是。

万历三十七年，余熙宇刻《鼎锓四民便览柬学珠玑》四卷首一卷。首卷题“锓四民便览柬学珠玑卷之首，抚东李望槐选辑，书林余熙宇绣梓”；卷一卷端则署“建邑书林余熙宇绣梓，抚州东邑李望槐选辑”；卷终有莲座荷盖牌记，镌“万历己酉孟秋/月余氏熙宇梓”（图二）。万历三十九年，余熙宇以忠庆堂名号刻《凤毛日记故事》四卷首一卷，题明完初子辑，中国人民大学图书馆藏，《中国古籍善本书目》著录。

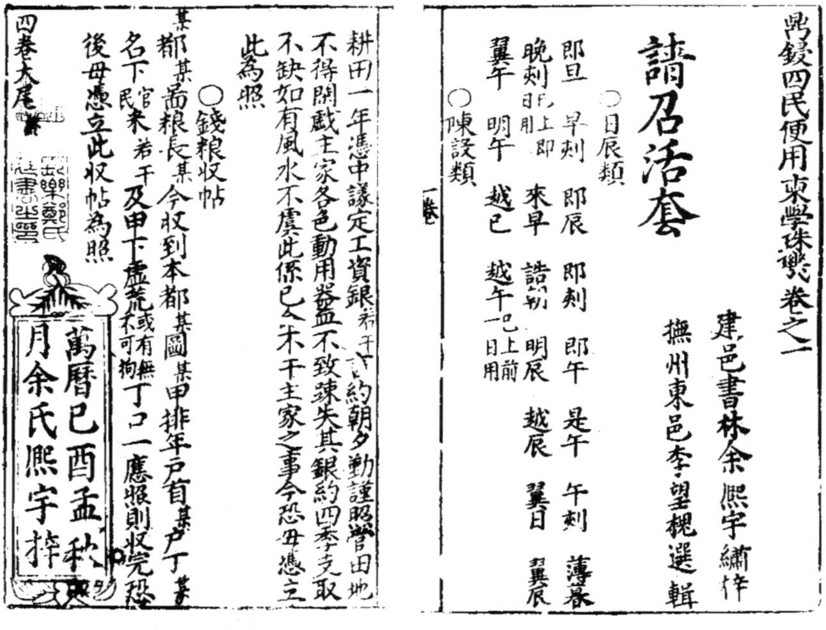
鼎鋟四民便用東學珠璣卷之一
建邑書林余熙宇繡梓
撫州東邑李望槐選輯
請召活套
○日辰類
即旦 早刻 即辰 即刻 即午 是午 午刻 薄暮
晚刻 來早 詰朝 明辰 越辰 翼日 翼辰
翼午 明午 越巳 越午
○陳設類
一卷

耕田一年憑中議定工資銀若干約朝夕勤謹照管田地不得閑戲主家各色動用器皿不致疎失其銀約四季支取不缺如有風水不虞此係己身不干主家之事今恐毋憑立此為照
○錢粮收帖
某都某啚粮長某今收到本都某啚某甲排年戶首某戶丁某名下官民米若干及田下虛荒或有無丁口一應照則收完恐後毋憑立此收帖為照
四卷大尾
萬曆己酉孟秋月余氏熙宇梓

图二　《鼎锓四民便览柬学珠玑》卷端、牌记（中国国家图书馆藏）

余氏自新斋

明代建阳余氏自新斋刻书，主要集中在明代中后期，现存刻本有三十余种，知名书坊主有余允锡、余幼山、余良相、余良木、余文杰等人。

余允锡，嘉靖间自新斋主人，生平不详。根据诸家著录，余允锡自新斋刻本现存有：《新刊宪台考正纲目批点音释资治通鉴大成》二十一卷，明张谦删定，明蔡亨嘉校，嘉靖二十八年（1549）刻本，东北师范大学图书馆藏；《新刊宪台厘正性理大全》七十卷，明胡广撰，嘉靖三十一年（1552）刻本，首都图书馆、苏州

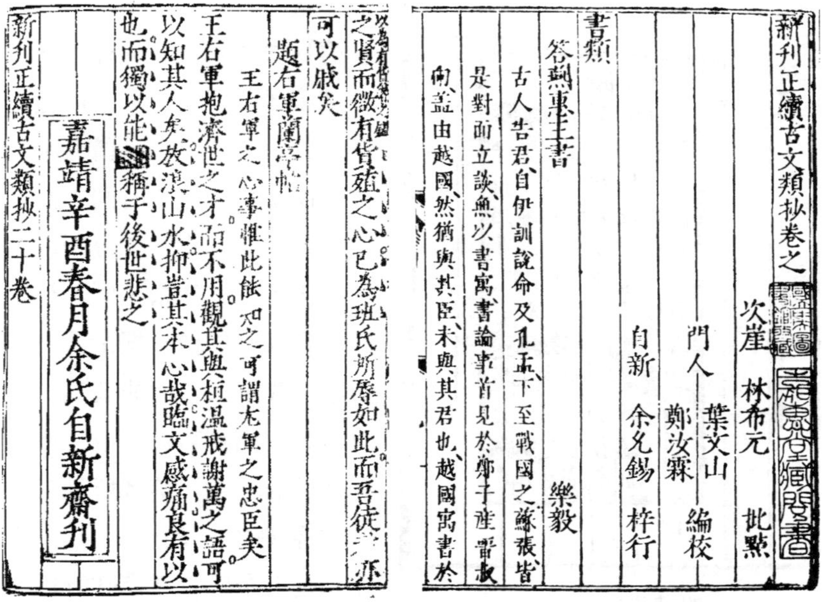
新刊正續古文類抄卷之
次崖 林希元 批點
門人 葉文山 鄭汝霖 編校
自新 余允錫 梓行
書類
答燕惠王書 樂毅
古人告君自伊訓說命及孔孟下至戰國之蘇張皆是對面立談無以書寓書論事首見於鄭子產晉叔向蓋由越國然猶與其臣未與其君也越國寓書於

之賢而微有背燕之心已為班氏所辱如此而吾徒亦可以戒矣
題右軍蘭亭帖
王右軍之心事惟此能知之可謂右軍之忠臣矣
王右軍抱濟世之才而不用觀其與桓溫戒謝萬之語可以知其人矣放浪山水抑豈其本心哉臨文感痛良有以也而獨以能書稱于後世悲之
嘉靖辛酉春月余氏自新齋刊
新刊正續古文類抄二十卷

图一　《新刊正续古文类抄》卷端、牌记（台湾“中央图书馆”藏）

图书馆藏；《新刊性理会要》十卷，明游逊辑，嘉靖三十四年（1555）刻本，北京文物局、苏州图书馆藏；《新刊正续古文类抄》二十卷，明林希元辑，嘉靖四十年（1561）刻本（图一），安徽博物院藏。

嘉靖间自新斋刻本，尚有多种，不详书坊主名讳。如嘉靖十二年（1533）刻本《新刊标题明解圣贤语论》四卷首一卷，卷四末有牌记，镌“《圣贤语论》乃孔门之遗书，垂训之法言。学者诚能潜心玩味，以穷其理而力行之，则知格物致知之要，修齐治平之道不外是耳。本堂请莆邑陈先生校雠无［谬］，谨依官本大字锓梓，以便读者披阅。可认余氏自新斋之记。幸鉴。是岁嘉靖癸巳仲夏之吉谨识”（图二）。全国古籍普查平台著录，杭州图书馆藏明万历十四年（1586）书林张氏居仁堂刻本，“首一卷第14页B面之末镌有‘张氏自新斋刊’”，卷终亦有牌记，其录文与余氏自新斋本相比，仅堂号与落款时间不同，作“张氏居仁堂”“万历丙戌仲夏之吉”，其余全同。怀疑此本乃张氏居仁堂据余氏自新斋本挖改重印，而非新刻。甚至并无张氏自新斋，或许亦未有张氏居仁堂。笔者所见书林居仁堂刻本，坊主乃为余应孔。是书余氏自新斋刊行后，或先有居仁堂印本，再有张氏

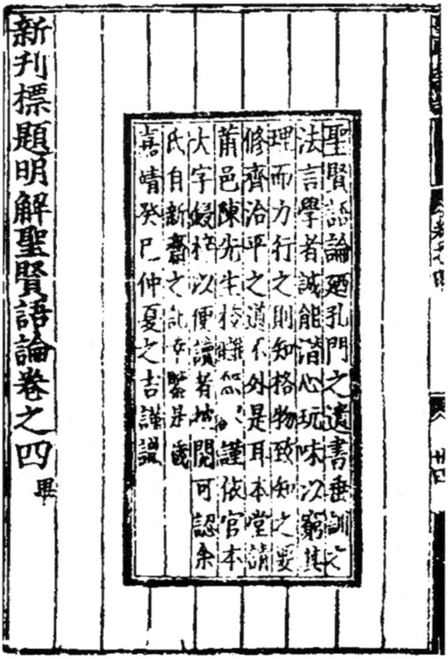
新刊標題明解聖賢語論卷之四 畢
聖賢語論迺孔門之遺書垂訓之
法言學者誠能潛心玩味以窮其
理而力行之則知格物致知之要
修齊治平之道不外是耳本堂請
莆邑陳先生校讎
大字鋟梓以便讀者披閱可認余
氏自新齋之記
嘉靖癸巳仲夏之吉謹識

图二 《新刊标题明解圣贤语论》牌记（上海图书馆藏，《四库全书存目丛书》影印）

印本。又如嘉靖二十年（1541）刻本《孟子》二卷，卷端题“苏洵批点本”，卷终牌记镌“嘉靖辛丑岁孟［春］/余氏自新斋梓□”（图三）。

万历初，自新斋有主人曰余幼山，生平不详。严绍璗《日藏汉籍善本书录》著录《四书集注》十九卷，宋朱熹撰，明万历元（1573）年自新斋余幼山刻本，日本龙谷大学大宫图书馆藏。余幼山刻书仅知此一种。又，余幼山曾重订《新订京本增和释义魁字千家诗选》一书，题宋谢枋得辑，明顾太初校阅。原本恐佚，今存日本宽文七年（1667）神源十兵卫重刻本，乃据万历新安堂刻本翻雕。可知余幼山又为新安堂主人。

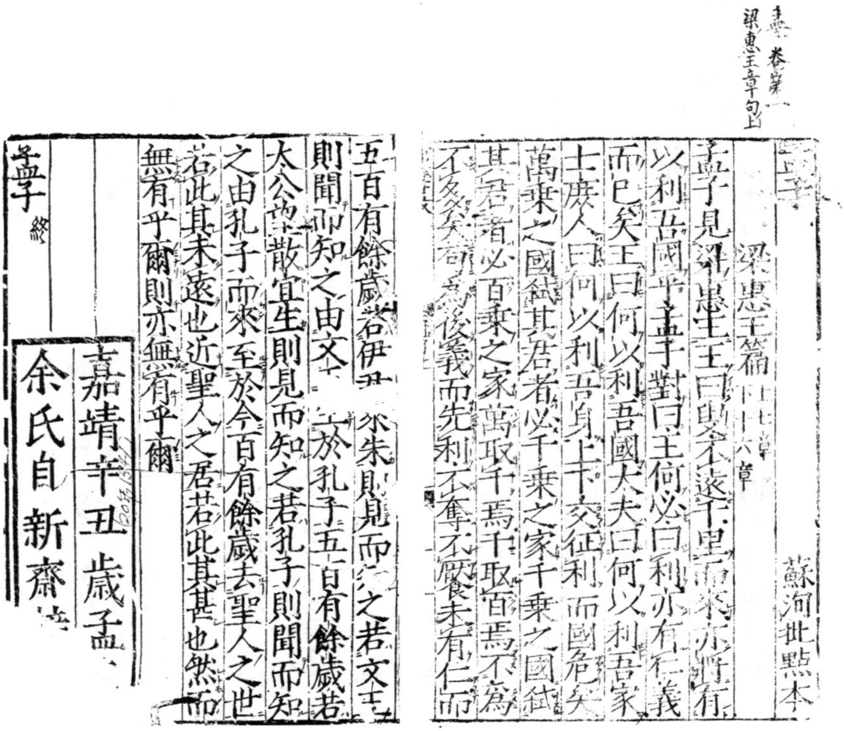
孟子卷第一
梁惠王章句上
孟子
梁惠王篇上七章下十六章
蘇洵批點本
孟子見梁惠王王曰叟不遠千里而來亦將有
以利吾國乎孟子對曰王何必曰利亦有仁義
而已矣王曰何以利吾國大夫曰何以利吾家
士庶人曰何以利吾身上下交征利而國危矣
萬乘之國弒其君者必千乘之家千乘之國弒
其君者必百乘之家萬取千焉千取百焉不為
不多矣苟為後義而先利不奪不饜未有仁而

五百有餘歲若伊尹萊朱則見而知之若文王
則聞而知之由文王至於孔子五百有餘歲若
太公望散宜生則見而知之若孔子則聞而知
之由孔子而來至於今百有餘歲去聖人之世
若此其未遠也近聖人之居若此其甚也然而
無有乎爾則亦無有乎爾
孟子終
嘉靖辛丑歲孟
余氏自新齋

图三 《孟子》卷端、牌记（美国哈佛大学哈佛燕京图书馆藏）

万历间的自新斋主人另有余良相、余良木等。余良相，字明吾。万历十六年戊子（1588），刻《新刊京本附音正讹明训句解文公小学正蒙》十卷首一卷。卷首“新刊京本附音正讹明训句解朱文公小学正蒙书题”下署“新昌章镗存声集释，书林余氏明吾寿梓”；卷终有莲座荷盖牌记，镌“万历戊子夏月余氏明吾梓行”（图四）。万历十九年，刻《两汉萃宝评林》三卷。卷上卷端署“殿试第一焦竑选辑，会试第一李廷机注释，乡试第一李光缙汇评”；书后《题两汉萃宝后》终有牌记，镌“万历辛卯岁孟冬/自新斋余明吾梓”。万历二十七年己亥（1599），刻《重刻申阁老校

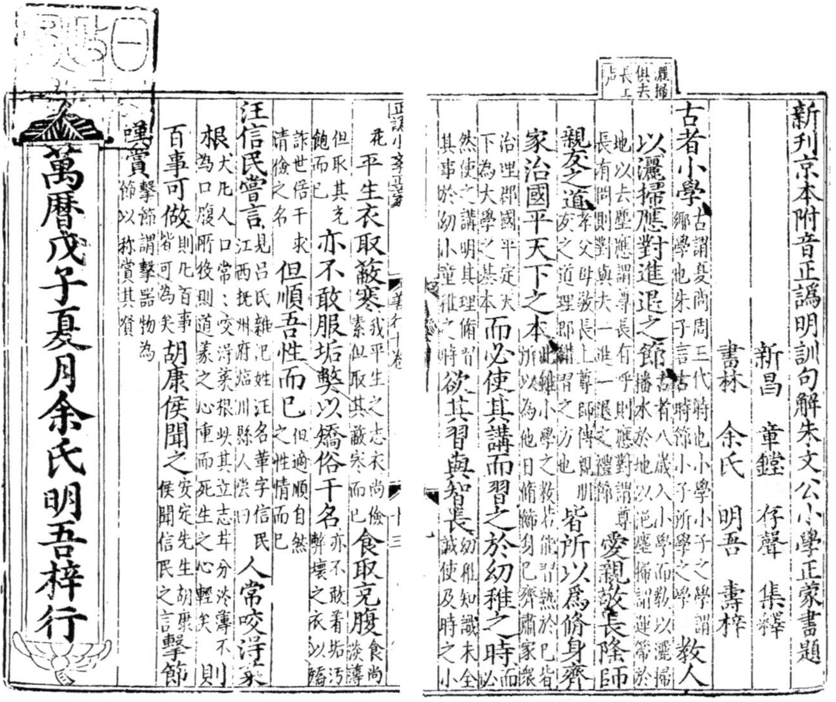
新刊京本附音正譌明訓句解朱文公小學正蒙書題
新昌 章鎧 存聲 集釋
書林 余氏 明吾 壽梓
古者小學以灑掃應對進退之節、愛親敬長隆師親友之道，皆所以為脩身齊家治國平天下之本，而必使其講而習之於幼稚之時，欲其習與智長……
……平生衣取蔽寒……亦不敢服垢弊以矯俗干名，但順吾性而已……食取充腹……
汪信民嘗言：人常咬得菜根，則百事可做。胡康侯聞之，擊節嘆賞。
萬曆戊子夏月余氏明吾梓行

图四 《新刊京本附音正讹明训句解文公小学正蒙》卷端、牌记（日本国立公文书馆藏）

正朱文公家礼正衡》八卷。卷一卷端署“闽武夷海东彭滨校补、书林明吾余良相梓行”；内封版框外横刻“文公全像”，中镌“家礼正衡”，下署“余明吾梓”；卷终莲座荷盖牌记镌“万历己亥岁夏月/自新斋余明吾梓”（图五）。此外，又曾刻《皇明心学蠡见》，明熊可征撰，明李廷机注，中国科学院图书馆存卷一至九。

余良木，字绍崖，当是余良相之兄弟行。现存刻本有十多种，四部皆备，而多为举子用书。如经部有宋吕祖谦撰、明李廷机评《新锲评释东莱吕先生左氏博议》四卷，日本九州大学图书馆藏有明万历十一年（1583）书林余良木刻本（“日本所藏中文古籍数据库”著录）。按，是书清华大学图书馆、安徽省图书馆、日本龙谷大学图书馆等有藏本，为万历二十一年（1593）刻本。卷端署“华

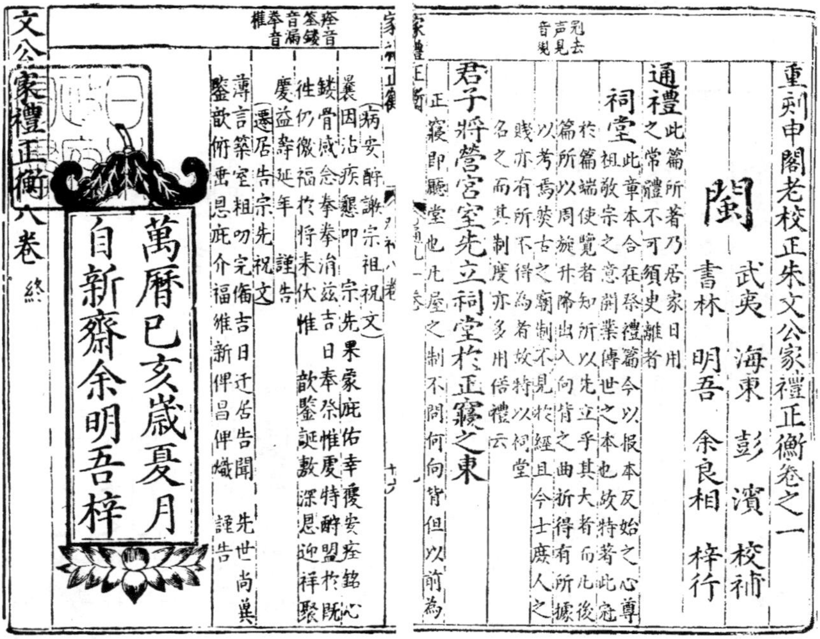

图五　《重刻申阁老校正朱文公家礼正衡》卷端、牌记（日本国立公文书馆藏）

亭抑所唐文献阅，晋江九我李廷机评，书林绍崖余良木梓”；卷终牌记刻“万历癸巳岁夏月余绍崖梓”（图六）。该本究竟是挖改“万历癸未”为“万历癸巳”而重印，抑或确为新刊，待访比对。万历二十四年（1596）刻《新锓汤会元遴辑百家评林左传艺型》四卷、《新刻汤会元精选评释国语艺型》四卷，署李廷机校阅，杨道宾参阅，汤宾尹遴辑，林世选编次。《中国古籍善本书目》《中国古籍总目》均未著录，《改订内阁文库汉籍分类目录》《日藏汉籍善本书录》著录为明刻本。刊刻者卷端署“自新斋余良木绣梓”（《新锓汤会元遴辑百家评林左传艺型》卷一、卷二、卷四，《新刻汤会元精选评释国语艺型》卷一、卷二、卷四），或“自新斋余良木梓行”（《新锓汤会元遴辑百家评林左传艺型》卷三），或

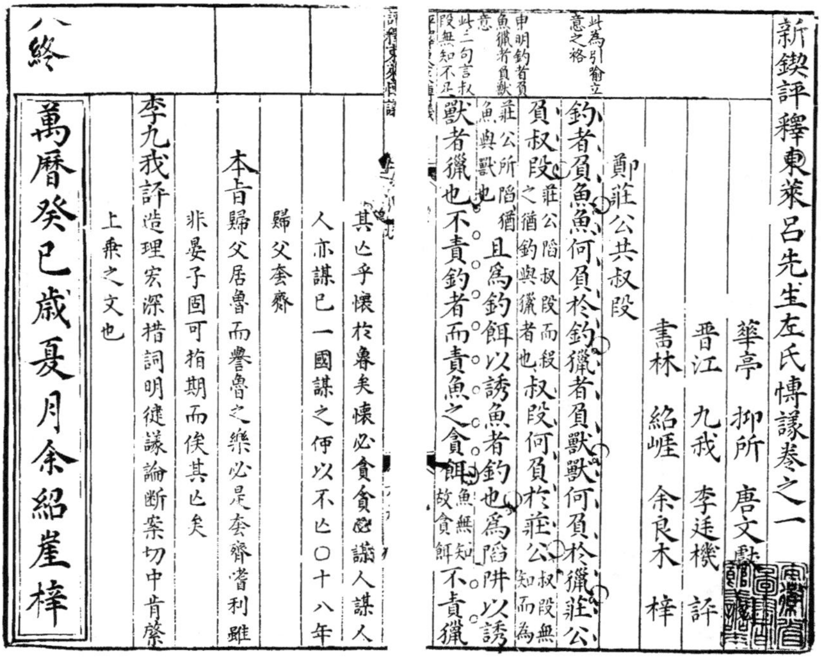

图六 《新锲评释东莱吕先生左氏博议》卷端、牌记（安徽省图书馆藏）

“自新斋绍崖余良木绣梓”（《新刻汤会元精选评释国语艺型》卷三）；卷终有莲座荷盖牌记，镌“万历丙申祀冬月/自新斋余氏梓行”（图七）。

此外，余良木所刻之书史部有万历十八年（1590）刻本《史记萃宝评林》三卷，万历间刻本《通鉴纂要抄狐白》六卷首一卷；子部有万历二十一年（1593）刻本《锲南华真经三注大全》二十一卷（图八）；集部有万历二十三年刻本《续刻温陵四太史评选古今名文珠玑》八卷，万历二十六年（1598）刻本《刻注释论学臧耳》三卷，万历二十七年刻本《续文章轨范百家批评注释》七卷，万历三十三年（1605）刻本《新镌张状元遴辑评林秦汉狐白》四卷，万

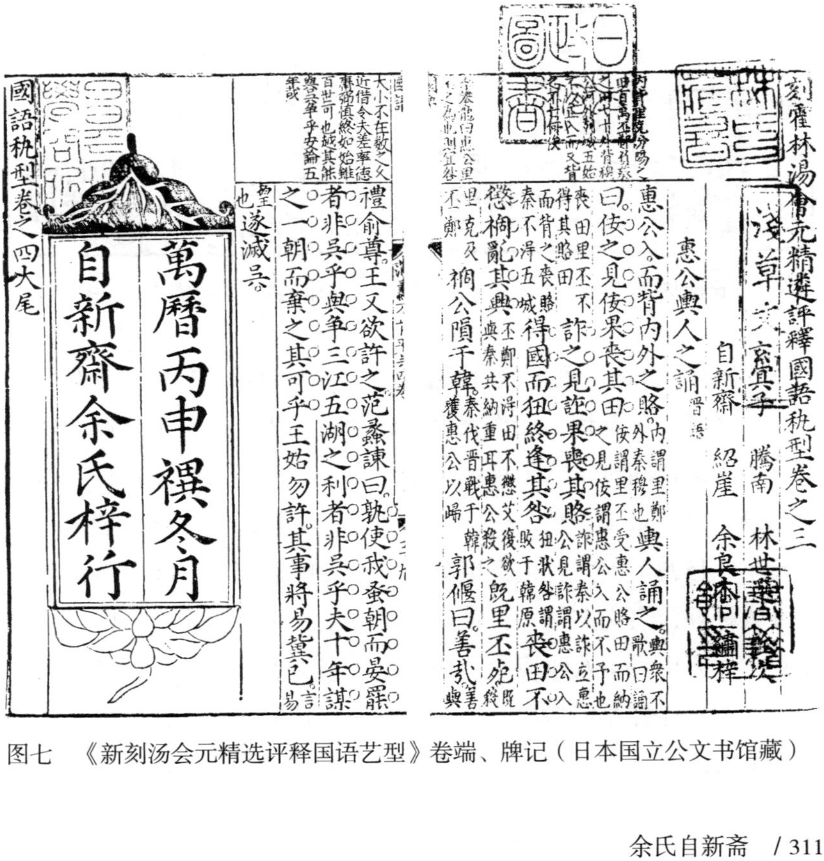

图七 《新刻汤会元精选评释国语艺型》卷端、牌记（日本国立公文书馆藏）

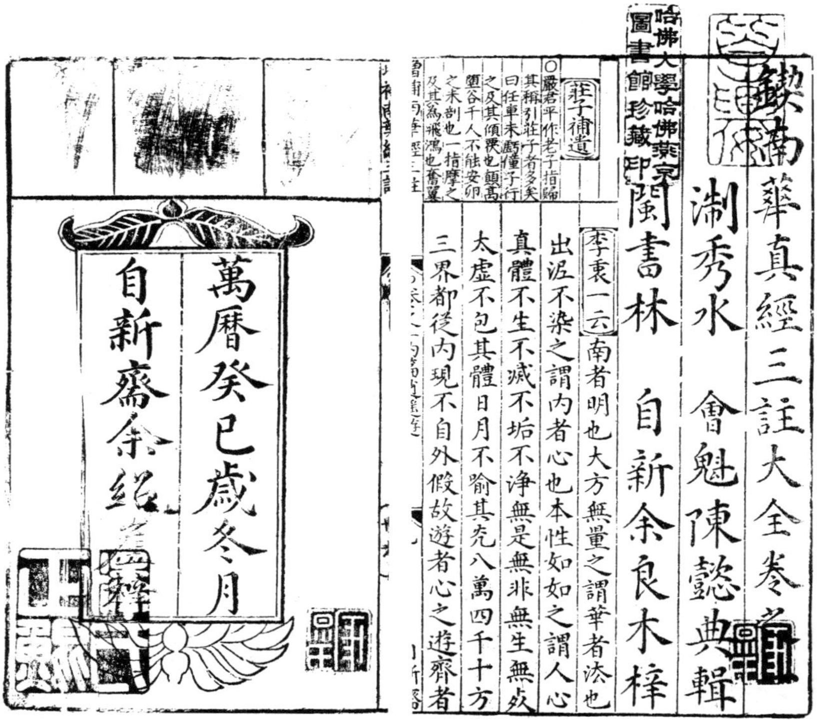

鍥南華真經三註大全卷
潮秀水　會魁陳懿典輯
閩書林　自新余良木梓

萬曆癸巳歲冬月
自新齋余紹崖梓

图八　《锲南华真经三注大全》卷端、牌记（美国哈佛大学哈佛燕京图书馆藏）

历三十六年（1608）刻本《鼎镌金陵汤会元评释汉书狐白》三卷等。

余文杰，字泰垣，一作太垣，或为余良相、余良木后裔。现存明万历至崇祯间刻本近十种。《中国古籍善本书目》《日藏汉籍善本书录》等著录《春秋左传纲目定注》三十卷，明李廷机撰，明万历元年（1573）闽书林余泰垣刻本。笔者颇疑有误。除了不详刻书年月数种外，余文杰刻书，现存者主要集中于明万历中后期至明崇祯间。如万历三十八年庚戌（1610），余文杰刻有《重锓增补汤会元遴辑百家评林左传狐白》四卷，书前有林世选序，言旧板画朽字湮，主人谋所以更新之云云，故而卷端署“玄冥子林世选增补，自新斋余泰垣重梓”。至于前署“相国九我李廷机重校，会元霍林汤宾尹遴辑”，则为伪托。万历四十三年乙卯（1615），刻《新刻题评名贤词话草堂诗余》六卷，书前《刻草堂诗余序》末署“龙飞万历岁次乙卯孟秋月穀旦，自新斋余泰垣重梓以广其传云”，卷端题“济南于鳞李攀龙补遗，四明眉公陈继儒校正，书林泰垣余文杰绣梓”。笔者推测，《春秋左传纲目定注》或有牌记“万历新岁”云云，诸家书目遂著录为万历元年刻本。余文杰刻《鼎镌施会元评注选辑唐骆宾王狐白》即是如此。是书卷分上中下，卷上卷端署“会元羽王施凤来释，后学腾南林世选阅，书林泰垣余文杰梓”；卷下终有莲座荷盖牌记，镌“龙飞万历新岁/仲冬穀旦谨题”二行，中间

图九《鼎镌施会元评注选辑唐骆宾王狐白》卷端、牌记、（中国国家图书馆藏）

“自新斋余泰垣绣梓”（图九）。此处“万历新岁”，不当作“万年元年”解。诸家书目亦仅著录作万历间刻本。

余文杰刻书，所见最晚为崇祯七年甲戌（1634）刻《新刻申会魁家传课儿四书顺文捷解》六卷。卷一卷端署“会魁维烈申绍芳辑著，书林太垣余文杰绣梓”；卷终有莲座荷盖牌记，镌“崇祯甲戌孟秋/吉旦余泰［垣］梓”（图十）。

林世选编次各书，自新斋余良木、余文杰曾分别刊行。又余良木有《史记萃宝评林》，而余良相有《两汉萃宝评林》，可见自新斋兄弟、父子间在经营上，尤其在聘用编辑、刊刻内容等方面，大体传承有绪。

图十　《新刻申会魁家传课儿四书顺文捷解》卷端、牌记（日本国立公文书馆藏）

余氏尊古堂

余元长，字仁公，明末清初建阳书坊主。曾以萃庆堂堂号刊行《新刊官板批评正百将传》十卷《续百将传》四卷（详见本书《余氏萃庆堂》），当是著名书坊主余彰德后裔。明崇祯至南明时期，余元长又以尊古堂名号刻书。如崇祯间刻《重订批点春秋左传详节句解》三十五卷，卷一卷端署“宋朱申注释，明孙鑛批点、顾梧芳较正、余元长重订”；内封镌“合孙钟两先生批点，重订春秋左传句解，尊古堂较定梓行”，并钤“尊古堂”白文方印（图一）。

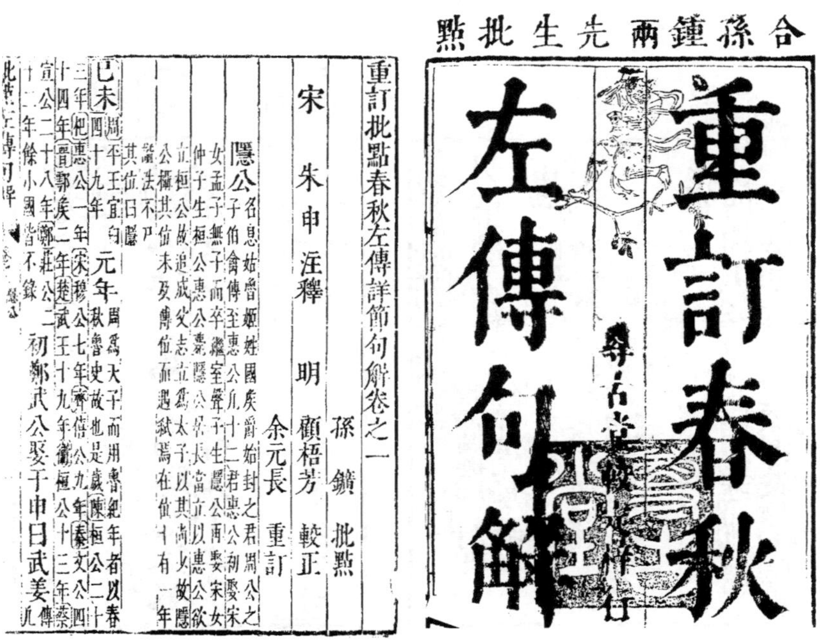
合孫鍾兩先生批點
重訂春秋左傳句解
尊古堂較定梓行

重訂批點春秋左傳詳節句解卷之一
孫鑛 批點
宋 朱申 注釋 明 顧梧芳 較正
余元長 重訂

图一 《重订批点春秋左传详节句解》内封、卷端（日本国立公文书馆藏）

"孙"指孙鑛（1543—1613），字文融，号月峰，浙江余姚人，万历二年（1574）会试第一人。"钟"或为钟惺（1514—1624），万历三十八年（1610）进士。书前崇祯十一年（1638）魏邦达序言："（宋朱申《春秋左传详节》）旧本无评点，予友余公仁取月峰先生所评点者而增入之。"《凡例》亦云"援我明孙月峰先生原有批本"，均未提及钟氏。内封题署，或徒以炫博。

余元长明末曾刻《精刻补注评解纲鉴历朝捷录》十卷首一卷，《元朝捷录》五卷（未见），《国朝捷录》四卷，南明隆武元年（1645）增补《中兴伟略》一卷。明顾充等撰《捷录》一书，建阳书坊常变换名目以求异利售，现存刻本不下十种。此即其一。《历朝捷录》首卷卷端署"清漳石斋黄道周增订"；卷一卷端署"明古虞顾充编著，临漳黄道周订阅，锦潭余元长较梓"；内封镌"黄石

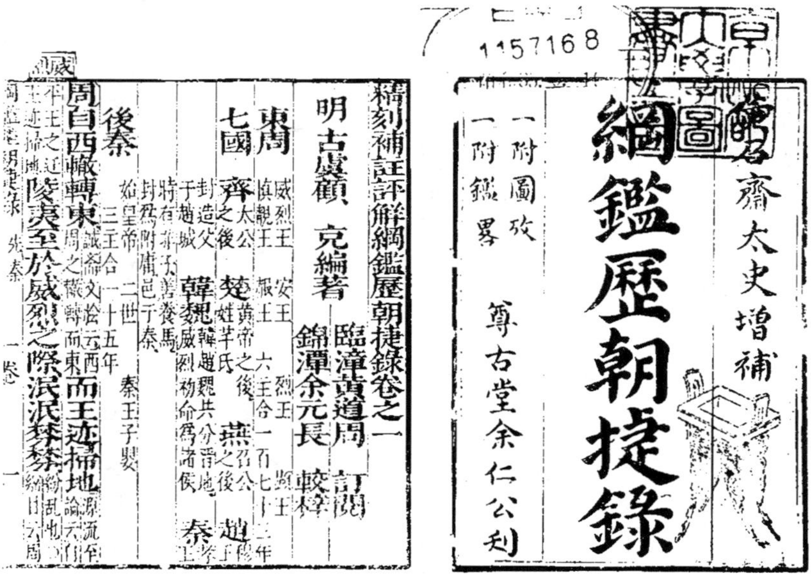
精刻補註評解綱鑑歷朝捷錄卷之一
明古虞顧 充編著
臨漳黃道周訂閱
錦潭余元長較梓
東周
七國
後秦
周自西轍轉東
黄石齋太史增補
綱鑑歷朝捷錄
一附圖攷
一附鑑畧
尊古堂余仁公刻

图二 《精刻补注评解纲鉴历朝捷录》内封、卷端（日本京都大学附属图书馆藏）

斋太史增补，纲鉴历朝捷录（一附图考，一附鉴略），尊古堂余仁公刊”（图二）。《国朝捷录》卷一卷端署“洪都崧毓李良翰编著，清漳石斋黄道周增订”。内封镌“李钟两先生定本，（纲鉴）国朝捷录，余仁公梓”。《中兴伟略》收录《福王登极诏》《唐王诏书》及史可法《中兴奇策》、彭时亨《定中原奇策》等十九篇，卷端无题署，或系书坊抄录邸报、时论而汇为一编。书前题冯梦龙《中兴伟略引》，署“七十二老臣冯梦龙恭撰”，则成于南明隆武元年。内封刻“合南北邸本/中兴伟略/附唐王监国令谕，南窗梓行”，“南窗”不知为谁。《中兴伟略》版式与前二者不同，当是南明时新刊而汇印。其用意不言自明，乃以历朝之兴衰为鉴，“协扶幼主中兴大务，恢复大明不朽之基业”。逐本射利的建阳书坊，主动卷入到明末清初的大变局中，随着清廷站稳脚跟，遭到清算的命运已不可避免。

詹氏储贤馆

储贤馆主人詹张进，明万历间建阳书坊主，生平行实不可考。万历三十六年（1608），詹氏刻印明顾充撰《新刻开基翰林评选历朝捷录总要》四卷（目录叶题“百家评林捷录总要”）。前有题王世贞撰序、凡例及引用书目等。首署“翰林编修黄国鼎九石校正、王家植直斋评选、张瑞图二水编注、施凤来存梅参阅，闽建艺林詹张进恒忠刊行”。黄国鼎字敦柱，号九石；王家植字仲沐，号直

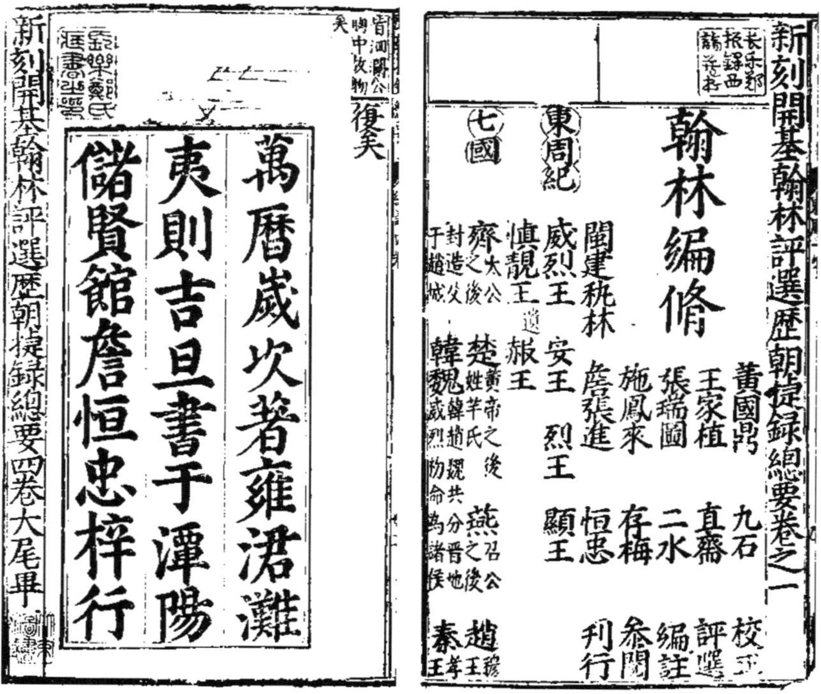

图一　《新刻开基翰林评选历朝捷录总要》卷端、牌记（中国国家图书馆藏）

斋；张瑞图字元画，号二水；施凤来字羽王，号存梅；由此可见，詹氏名张进，别号恒忠。卷四末有牌记，镌“万历岁次著雍涒滩/夷则吉旦书于潭阳/储贤馆詹恒忠梓行”三行。（图一）“万历岁次著雍涒滩夷则吉旦”，即万历戊申（三十六年，1608）七月初一。顾充撰《历朝捷录》，建阳书坊常常变换名目加以刊行，此亦其一。全书汇辑东周威烈王至南宋赵昺共127位帝王总论而成一书，已不是顾本旧观。在众多建阳刻本中，较之题曰“新锲”“重订”乃至“六订”，詹氏可算是“挖空心思”而“独出机杼”者。

又，《改订内阁文库汉籍分类目录》著录《鼎镌燕台官板音释评注考实古文总要》八卷（存卷三至卷八），明万历三十四年（1606）詹氏储贤馆刻本，不知是否也是詹张进所刊。

詹氏进德精舍

詹氏进德堂，又称进德书堂，一作进德精舍。其刻书见存者主要刻于正统至弘治年间。正统四年（1439），进德书堂詹宗睿刊行《重订四书辑释》四十二卷，凡《大学朱子章句序重订辑释通义大成》一卷、《大学章句重订辑释章图通义大成》一卷、《朱子大学或问重订辑释通义大成》一卷、《中庸朱子章句序重订辑释通义大成》一卷、《中庸章句重订辑释通义大成》一卷、《中庸或问重订辑释通义大成》一卷、《论语集注序说重订辑释通义大成》一卷、《论语集注重订辑释通义大成》二十卷、《孟子集注序说辑释通义大成》一卷、《孟子集注重订辑释章图通义大成》十四卷，书前另有《新刊重订辑释通义源流本末》一卷、《四书章图檃括总要发义》二卷（元程复心撰），共四十五卷。《四书章图檃括总要发义》卷上末有牌记，镌“大明岁次己未/进德书堂新刊”（图一）。“己未”，当是正统四年（1439）。《新刊重订辑释通义源流本末》后有刘用章识语云：“宣德甲寅，书林詹宗睿敬遣人往新安，休阳儒士金仁本同于黟士汪士濂家请得倪先生至正丁亥重订、又用工十年善本以归。又得番易松坞王先生参录仁山金先生、白云许先生、番易朱先生及程氏《章图》、王氏《通考》、史氏《管窥》等编而会通之，坦然明备，使章句、集注之义，皎然如白日之丽乎青天者矣。岂不快哉！詹氏寿梓广传，是用校对，嘉与四方同志之士共之。”据此知明代中期，建阳书坊编刻尚力求善本，其所

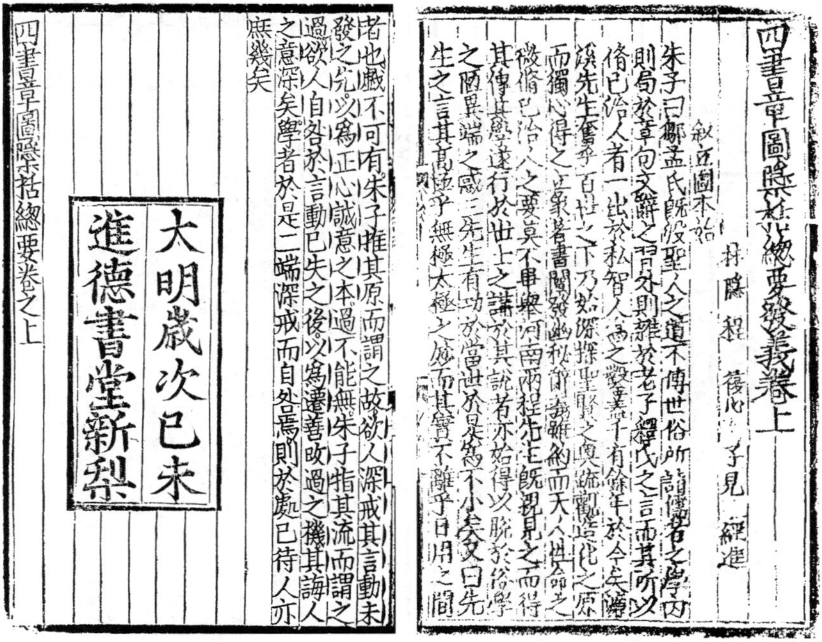
四書章圖隱括總要卷之上

大明歲次己未
進德書堂新刊

者也。戚不可有，朱子推其原而謂之故，欲人深戒其言動未發之先，以爲正心誠意之本。過不能無，朱子指其流而謂之過，欲人自咎於言動已失之後，以爲遷善改過之機。其誨人之意深矣。學者於是二端深戒而自咎焉，則於處己待人亦庶幾矣

四書章圖隱括總要發義卷上

敘五圖本始　　程復心子見　纂

朱子曰：鄒孟氏既沒，聖人之道不傳，世俗所謂儒者之學，內則局於章句文辭之習，外則雜於老子釋氏之言，而其所以脩己治人者，一出於私智人爲之鑿矣，千有餘年於今矣。濂溪先生奮乎百世之下，乃始深探聖賢之奧，疏觀造化之原，而獨心得之，立象著書，闡發幽秘，詞義雖約，而天人性命之微，脩己治人之要，莫不畢舉。河南兩程先生既親見之而得其傳，其學遂行於世。上之議其說者，不始得以脫於俗學之陋、異端之惑，三先生有功於當世，於是爲不小矣。文曰：先生之言，其高極乎無極太極之妙，而其實不離乎日用之間

图一　《重订四书辑释》卷端、牌记（日本国立公文书馆藏）

用心远非明末可比。刘氏识语署“正统龙集丁巳孟春吉日”，是书或始刻于正统二年丁巳（1437），至四年刻竣。《中国古籍善本书目》著录作正统五年刻本，不知何据。又，《中国古籍总目》著录《四书通义》四十五卷，明刘同章撰，明正统二至十年詹宗睿进德书堂刻补修本，中国科学院图书馆、上海图书馆藏。疑同为一书，待考。

弘治五年壬子（1492），詹氏进德堂刻《大广益会玉篇》三十卷《玉篇广韵指南》一卷。《玉篇广韵指南》后有图文牌记，图上横刻“三峰精舍”，左右镌“弘治壬子孟夏之吉，詹氏进德书堂重刊”（图二）。该书乃建阳书坊竞相刊刻的品种，现存刻本有十余

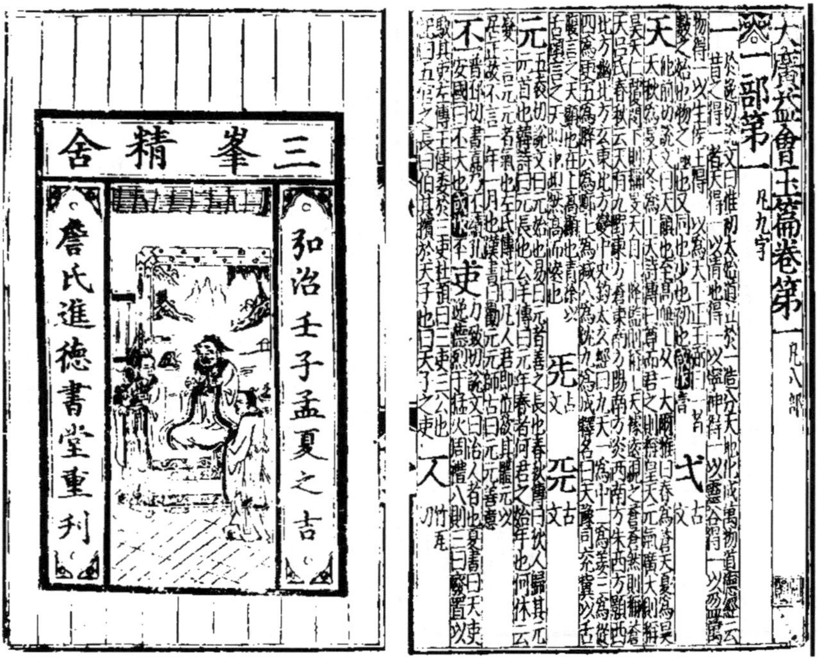

图二　《大广益会玉篇》卷端、牌记（中国国家图书馆藏）

种。弘治十四年（1501）刘氏文明书堂刻本，牌记刻图与此几乎相同，底本来源上当密切相关（详见本书《刘氏文明书堂》）。“重刊”云云，不知据何旧本翻雕。

同年，詹氏又以进德精舍名号刊行《事林广记》，凡六集十二卷（前集、后集、续集、别集、新集、外集各上下二卷）。首题“纂图增新群书类要事林广记”，署“西颖陈元靓编”；前集目录末有牌记，镌“弘治壬子孟冬吉旦/詹氏进德精舍新刊”（图三）。弘治五年，距詹宗睿刊刻《重订四书辑释》已过半个多世纪，此时进德堂当已易主，或为詹宗睿子嗣所继承。又《改订内阁文库汉籍分类目录》著录是书，题“明弘治九年詹氏进德精舍刻本”。究竟是四年之间两刻其书，还是据弘治九年重印，尚不清楚。

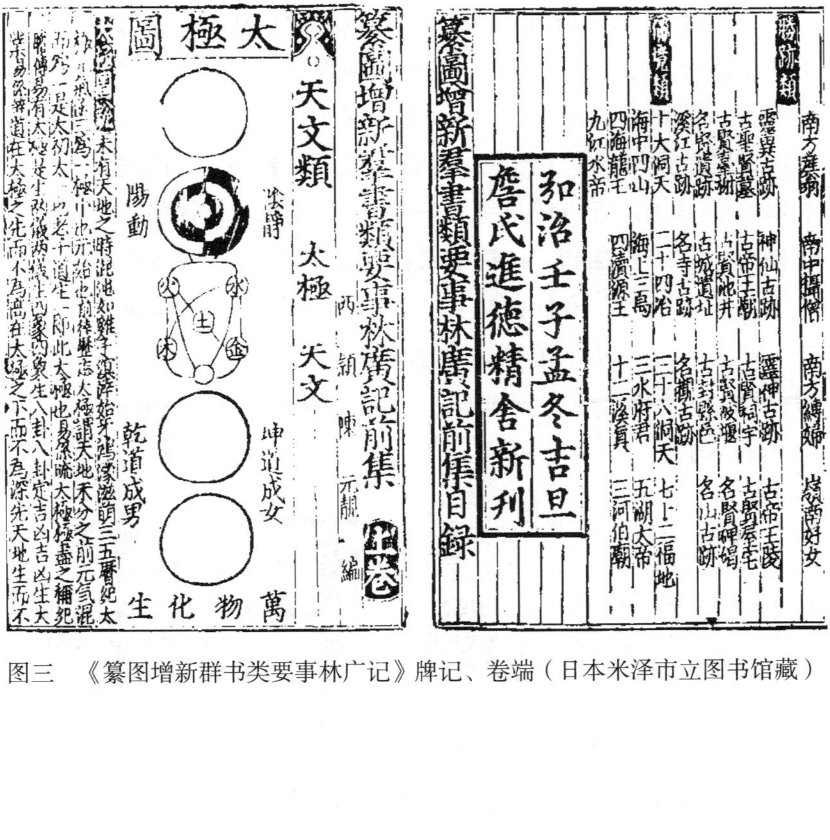

图三　《纂图增新群书类要事林广记》牌记、卷端（日本米泽市立图书馆藏）

詹氏进贤堂

詹氏进贤堂，又作进贤书舍、进贤精舍。其所刻书，知见最早为明弘治十八年（1505）刻本《新刊地理雪心赋句解》四卷，唐卜应天撰，明谢志道注。书前周经跋后有牌记“弘治乙丑孟春吉旦/詹氏进贤精舍新刊”（图一）。黄华跋后又有书牌，内镌：“《雪心赋》一书，计壹百肆拾纸。一年虽去扛把，小书有甚大来？坊间倘有亲朋或要翻刊，区区非敢阻当。奈缘刊出，贴票贱卖，两下岂不误其资本，有何益哉！高贤君子幸乞见恕。谨禀。”（图二）此等苦心相劝，切勿翻刻蚀本，在众多牌记中，可谓苦心孤

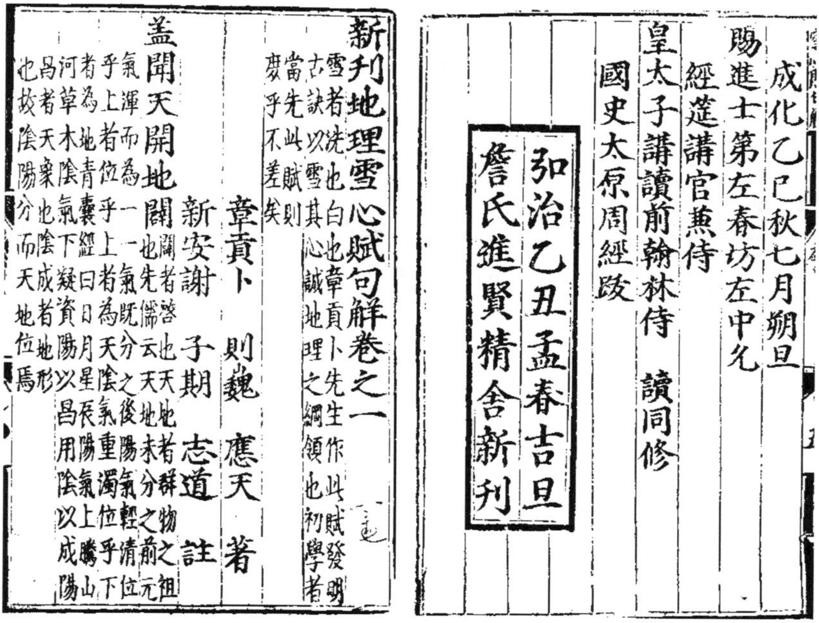
成化乙巳秋七月朔旦
賜進士第左春坊左中允
經筵講官兼侍
皇太子講讀前翰林侍　讀同修
國史太原周經跋
弘治乙丑孟春吉旦
詹氏進賢精舍新刊

新刊地理雪心賦句解卷之一
章貢卜　則巍　應天　著
新安謝　子期　志道　註
蓋聞天開地闢

图一　《新刊地理雪心赋句解》牌记、卷端（台湾“中央图书馆”藏）

诣，独出机杼。詹氏进贤堂又有明正德十四年（1519）刻后修本《广韵》，嘉靖七年（1528）刻本《新刊三礼考注》等，均不详詹氏名讳。

嘉靖间詹氏进贤堂刻《新刊性理大全》七十卷。是书建阳书坊刻本不下数十种，熊氏梅隐精舍、熊氏一峰堂、魏氏仁实堂、王氏三槐堂、黄氏集义堂、郑氏宗文堂、张氏新贤堂、刘氏双桂堂、刘氏安正堂、叶氏作德堂、叶氏广勤堂等著名书坊，均有刻本传世。进贤堂刻本所见有二：

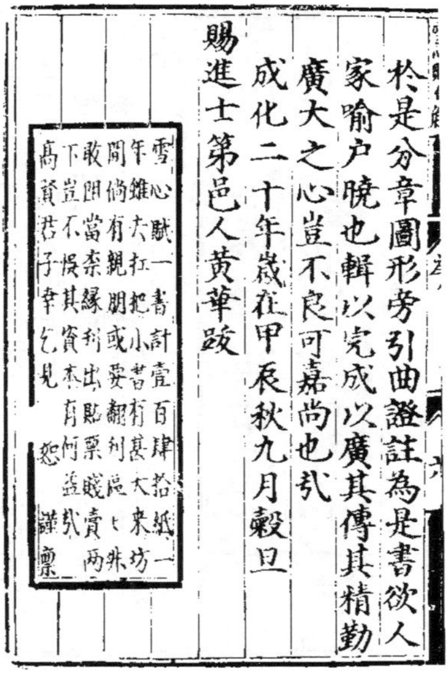
於是分章圖形旁引曲證註為是書欲人
家喻户曉也輯以完成以廣其傳其精勤
廣大之心豈不良可嘉尚也歟
成化二十年歲在甲辰秋九月穀旦
賜進士第邑人黄華跋

图二　《新刊地理雪心赋句解》牌记（台湾“中央图书馆”藏）

日本国立公文书馆藏本（子005—0003）与日本东京大学东洋文化研究所藏本（C4524700）。卷七十末有牌记，均刻“嘉靖庚申孟秋/进贤堂梓新刊”（图三），经比对，二书并不同版。且书前《御制性理大全书序》后牌记及卷端题署亦不同。前者牌记刻“嘉靖十九年叶氏广勤堂校正重刊”，卷端题“新刊性理大全卷之一”；后者牌记刻“嘉靖庚申□氏□□□校正重刊”，卷端题“新刊性理大全第一卷”（图四）。按，叶氏广勤堂刻《新刊性理大全》，仅见《中国古籍善本书目》著录湖北省图书馆藏明嘉靖三十一年（1552）本，嘉靖十九年（1540）叶氏广勤堂刻本则未收。内阁文库藏本，詹氏进贤堂或据嘉靖十九年叶氏广勤堂本重刊，抑或重印，甚至仅是混合装订而已，已不得而知。而东洋文化研究所藏本，前后牌记均作“嘉靖庚申”，序后牌记挖去者是否为詹氏进贤

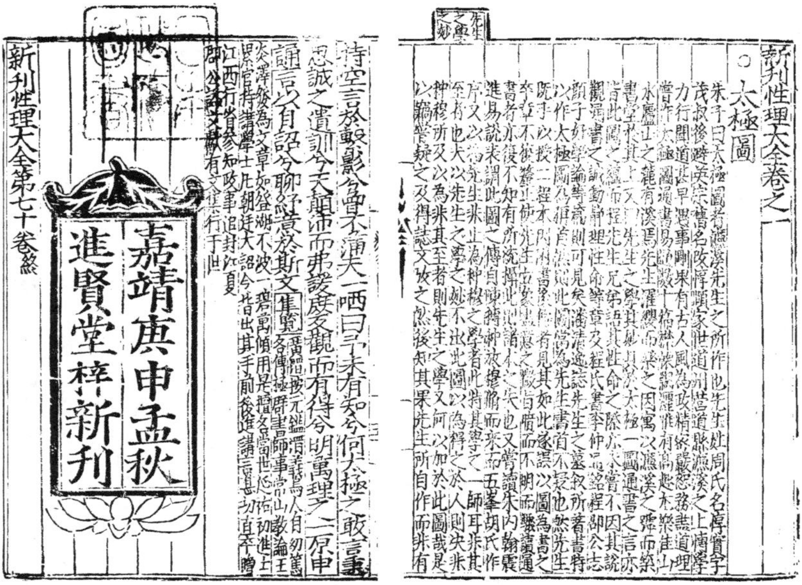

图三 《新刊性理大全》卷端、牌记（日本国立公文书馆藏）

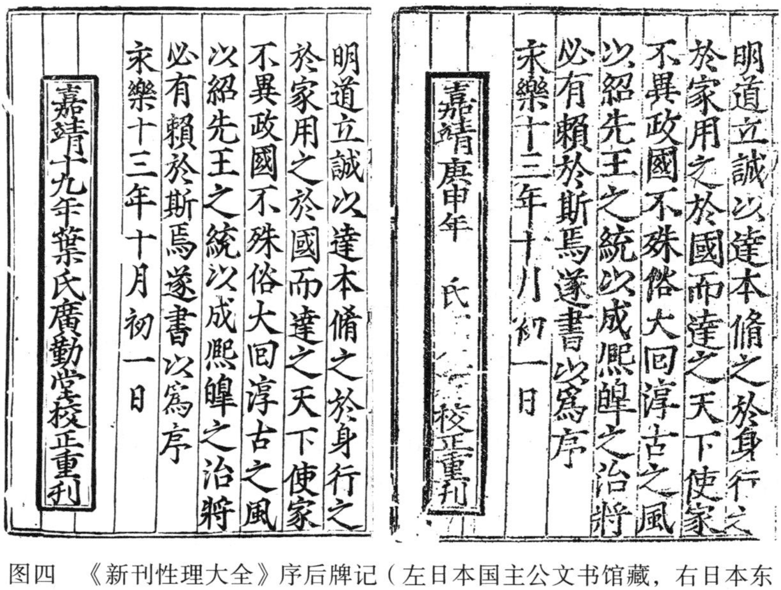

图四 《新刊性理大全》序后牌记（左日本国主公文书馆藏，右日本东京大学东洋文化研究所藏）

堂，则难下定论。建本坊刻版本之复杂由此可见一斑。

詹氏进贤堂主人，知名者仅詹林所一人。詹林所生平不可考，或为书坊主詹林我之兄弟行，曾刻《新锲华夷一统大明官制》四卷。是书不题编纂者，内封上栏刻“国朝御制源流、文武官员品级、全补府县土产、增附天下路程、合并四夷风俗”；下栏镌“诸夷总览/大明官制”大字二行，中间“进贤堂詹林所梓”（图五）。审其版刻风格，当为明末刻本。詹林所刻，另有《京本校正注释音文黄帝内经素问》十二卷《遗篇》一卷、《京本黄帝内经灵枢》二卷《京本素问入式运气论奥》一卷（图六）。

國朝御制源流
文武官員品級
全補府縣土產
增附天下路程
合併四夷風俗
諸夷總覽
進賢堂詹林所梓
大明官制

新鍥華夷一統大明官制卷之一

國朝官制源流
夫設官分職從古有之故黃帝以雲名官炎帝以火名官共工氏以水名官太昊以龍名官小昊以鳥名官且後唐虞建官惟百內有百揆四岳外有州牧侯伯至夏商周三代始備及周制官三百六十建侯樹屏列國八百班爵則有公侯伯子男之等制祿則有公卿大夫士之殊及秦罷侯置守分爵二十級漢初因之其制有爵有職官後又有加官司公王至徹侯凡二十級謂之爵三公九卿謂之職官加官則又出於上之特恩其敘官多在職官封爵之上蓋以所加之官兼稱之也在外則有牧守等官唐制置五省六部而官制浸詳又有散階勳爵者亦加官之稱自開府儀同三司至將仕郎凡二十九為文散階自驃騎將軍至校尉凡四十五為武散階以吏兵郎主之自上柱國九十二轉至武騎尉為一轉以司勳郎主之謂之勳官以至公侯伯子男為九等以司封郎主之謂之封爵其餘郡縣僚佐職掌不一視侯有加焉宋改唐制始以散階為寄祿官勳官遂已削去而封爵即邑猶存其間郡縣職掌名職更易而所掌則一元制多循唐方今
聖朝設官分職各有定制此吾夫子所謂百世可知者其斯之謂歟

图五　《新锲华夷一统大明官制》内封、卷端（美国哈佛大学哈佛燕京图书馆藏）

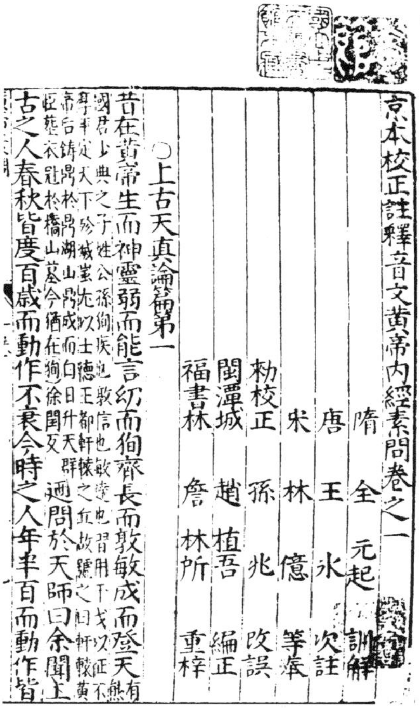
京本校正註釋音文黃帝內經素問卷之一

隋　全元起　訓解

唐　王冰　次註

宋　林億　等奉

敕校正　孫兆　改誤

閩潭城　趙植吾　編正

福書林　詹林所　重梓

○上古天真論篇第一

昔在黃帝有熊國君少典之子姓公孫徇疾也敦信也敏達也習用干戈以征不享平定天下殄滅蚩尤以土德王都軒轅之丘故號之曰軒轅黃帝後鑄鼎於鼎湖山鼎成而白日升天群臣葬衣冠於橋山墓今猶在生而神靈弱而能言幼而徇齊長而敦敏成而登天迺問於天師曰余聞上古之人春秋皆度百歲而動作不衰今時之人年半百而動作皆

图六　《京本校正注释音文黄帝内经素问》卷端（台湾“中央图书馆”藏）

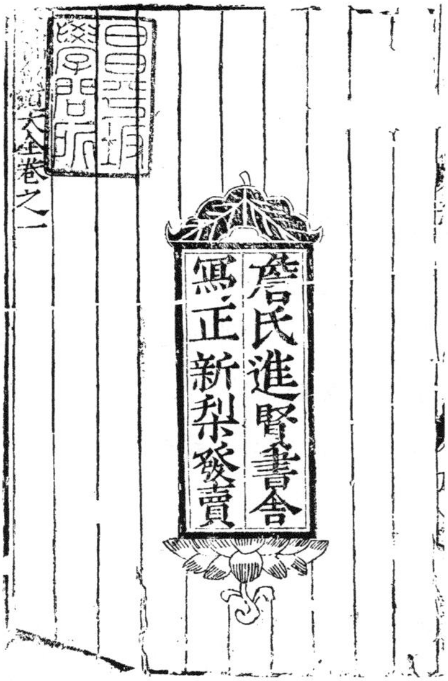
大全卷之一

詹氏進賢書舍

寫正新刊發賣

图七　《新刊禽遁大全》牌记（日本国立公文书馆藏）

詹氏以进贤书舍名号所刻书，仅见《新刊禽遁大全》一种，凡正文四卷补遗一卷，日本国立公文书馆藏。书前有弘治九年（1496）池本理《新刊禽遁大全序》，目录叶题《新刊类编禽遁易见大全》，补遗题《重刊禽遁补全》，卷端署“虔州东镇西平郡池本理类编”（此据卷二，卷一缺叶）。《重刊禽遁补全》卷终牌记镌“詹氏进贤书舍/写正新刊发卖”（图七）。

詹氏静观室

詹氏静观室为明代后期建阳詹冲泉、詹圣泽、詹圣谟等人刻书堂号，所刻书现存近三十种，四部皆备。

詹氏静观室所刻书有确切纪年者，最早为万历二十三年（1595）刻本《新锲晋云江先生诗经阐蒙衍义集注》八卷。是书仅日本国立公文书馆藏一帙。前附《新锲诗经衍义类题辨异备览》。版分三栏：下栏刻《诗经集注》，中栏镌评，上栏即该书。首署

图一　詹冲泉刻本《新锲晋云江先生诗经阐蒙衍义集注》卷端、牌记（日本国立公文书馆藏）

“金浦进士晋云江环启运甫辑著，会友会魁丹台林茂桂德芬甫参订，后学斌江杨国会廷试甫编校”；卷终牌记镌“万历乙未孟秋月/静观室詹冲泉梓”（图一）。詹冲泉生平不详。另刻有题明袁宗道撰《新锲会元玉蟠袁先生真传书经翼衷演义》十卷，重庆图书馆有藏本。又《中国古籍善本书目》著录《徽郡新刻国朝名公尺牍》三卷，明程大约辑，明冲泉詹氏刻本，辽宁省图书馆藏。

日本国立公文书馆藏本《新锲晋云江先生诗经阐蒙衍义集注》，中多断版，盖盛行一时，屡经刷印，书版日益损毁。嗣后，静观室重刊是书，唯改四周双栏为单栏，取消行格，行款则不变。

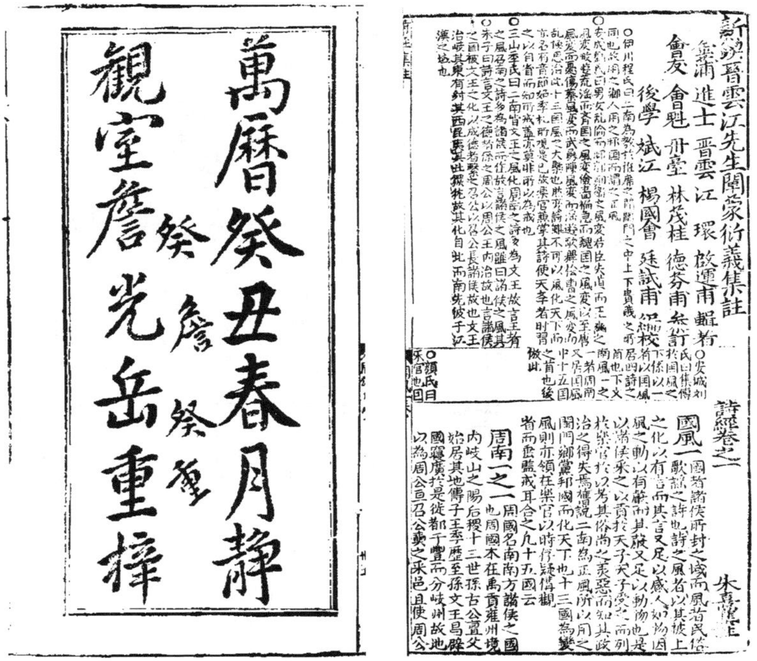
萬曆癸丑春月静
觀室詹光岳重梓

新鍥晉雲江先生闡蒙衍義集註
金浦進士晉雲江 環啟運甫輯著
會友會魁丹臺 林茂桂德芬甫參訂
後學斌江 楊國會廷試甫編校

詩經卷之一 朱熹集傳
國風一
周南一之一

图二　詹光岳刻本《新锲晋云江先生诗经阐蒙衍义集注》卷端、牌记（美国哈佛大学哈佛燕京图书馆藏）

书后牌记镌“万历癸丑春月静/观室詹光岳重梓”（图二）。“癸丑”二字，似为手书，原为何年刻印，已难考。“重梓”，盖指据万历二十三年本重刻。詹光岳与詹冲泉是何关系，尚不清楚。后又有明末刻本《重订晋云江先生诗经阐蒙衍义集注》，仅见日本国立公文书馆残存卷一至卷六。首署“金浦进士晋云江环启运甫辑著，后学斌江杨国会廷试甫编校”。“重订”云云，或仅是重刻，或亦是詹氏所为。

万历四十四年（1616），詹氏静观室又将《诗经阐蒙衍义集注》略作删补，改题《新刻诗经铎振》，重新刊行。书前有《诗经总读》一文，未具名，并《诗经尊朱删补凡例》数则。卷端未

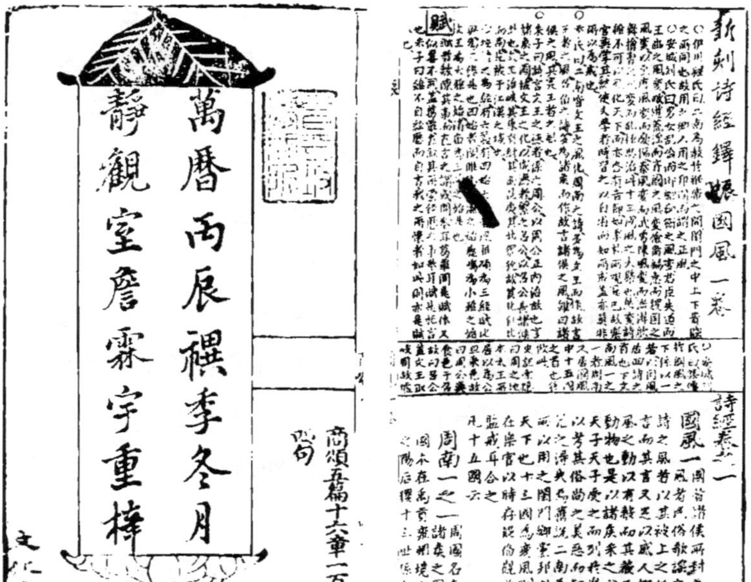
萬曆丙辰禩季冬月
靜觀室詹霖宇重梓
新刻詩經鐸振國風一卷
詩經卷之一
國風一
周南一之一

图三　《新刻诗经铎振》卷端、牌记（日本国立公文书馆藏）

署名，卷终牌记刻“万历丙辰祀季冬月/静观室詹霖宇重梓”（图三）。二十余年间，詹氏静观室至少三刻是书。建阳坊刻举业书销量之巨大，由此可见一斑。

万历间，詹氏刻《新锲二太史汇选注释老子评林》，署“翰林漪园焦竑注释，翰林青阳翁正春评林，书林霖宇詹圣泽刊行”；《新锲二太史汇选注释庄子全书评林》署“太史漪园焦竑注释、青阳翁正春评林，书林霖宇詹圣泽绣梓”；《新锲会元汤先生批评南明文选评林》署“徽邑南明汪道昆著，宛陵霍林汤宾尹评，书林霖宇詹圣泽梓”，等等。根据题署，“霖宇”当如“漪园”“青阳”“南明”“霍林”之于焦竑、翁正春、汪道昆、汤宾尹，为詹圣泽之别号。

上文所举《新锲二太史汇选注释老子评林》一卷、《新锲二太史汇选注释庄子全书评林》五卷，为《新锲二太史汇选注释九子全书评林》之零种（余下七种为：《吕氏春秋》一卷，《淮南子》一卷，《荀子》三卷，《韩非子》一卷，《列子》一卷，《扬子法言》一卷，《文中子》一卷），卷端题署与其余七种不同，或是先行刊印，而后凑足九种汇印，刻印当在万历间（图四）。詹氏静观室又刻有《新锲焦状元汇选注释续九子全书》十卷，收录《鹖冠子》一卷，《屈原子》一卷，《抱朴子》二卷，《刘子》一卷，《郁离子》一卷，《管仲子》一卷，《关尹子》一卷，《谭霄子》一卷，《韩诗子》一卷。内封版框外横刻“焦状元汇选诸子文华”，并钤“景吾兑行”朱文印；内镌“续选注释九子全书评林”，并开列子目，又有识语云：“诸子之书，坊间刻者纷纷矣。求其注选精确、至全至备者，不一见焉。兹集出自太史，心醉百家，剔要钩玄，汇成一帙，已刻行矣。复拾其余者，以续其后。则

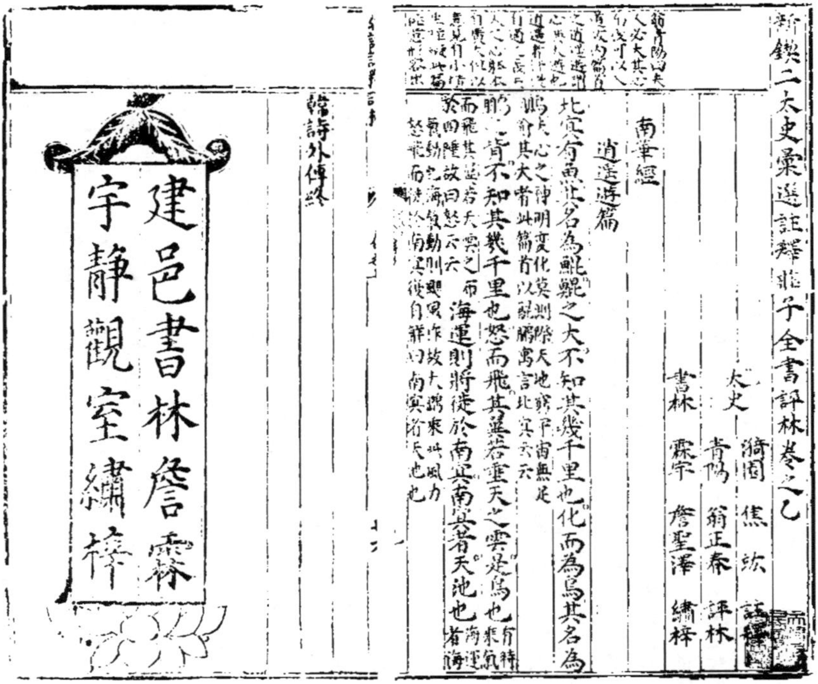

建邑書林詹霖宇

静觀室繡梓

韓詩外傳終

新鍥二太史彙選註釋莊子全書評林卷之乙

太史 漪園 焦竑 評註

青陽 翁正春 評林

書林 霖宇 詹聖澤 繡梓

南華經

逍遥遊篇

北冥有魚其名為鯤鯤之大不知其幾千里也化而為鳥其名為鵬鵬之背不知其幾千里也怒而飛其翼若垂天之雲是鳥也海運則將徙於南冥南冥者天池也

图四　《新锲二太史汇选注释九子全书评林》卷端、牌记（天津图书馆藏）

是集也，妙矣哉如白日之丽中天，照无纤漏者，真后学之指南而士人之阶梯也，殆与滥觞者大径庭矣。静观室詹霖宇谨识梓行。”（图五）是书续《九子全书》而编纂刊行，有明确的刊印规划，可见詹氏静观室刻书已成规模，而以“精确”“全备”为卖点，则是晚明建阳书坊的一贯风格。

詹圣泽之兄弟行詹圣谟，亦以静观室名号刻书行世。詹圣谟，号茂斋，一作懋斋，所刻今存明刻本明瞿汝说撰《诗经世业》十一卷，唐骆宾王撰、明王世贞注《镌太仓王氏音释骆丞集》十卷等。《日藏汉籍善本书录》著录《新锲燕台校正天下通行文林聚宝万卷

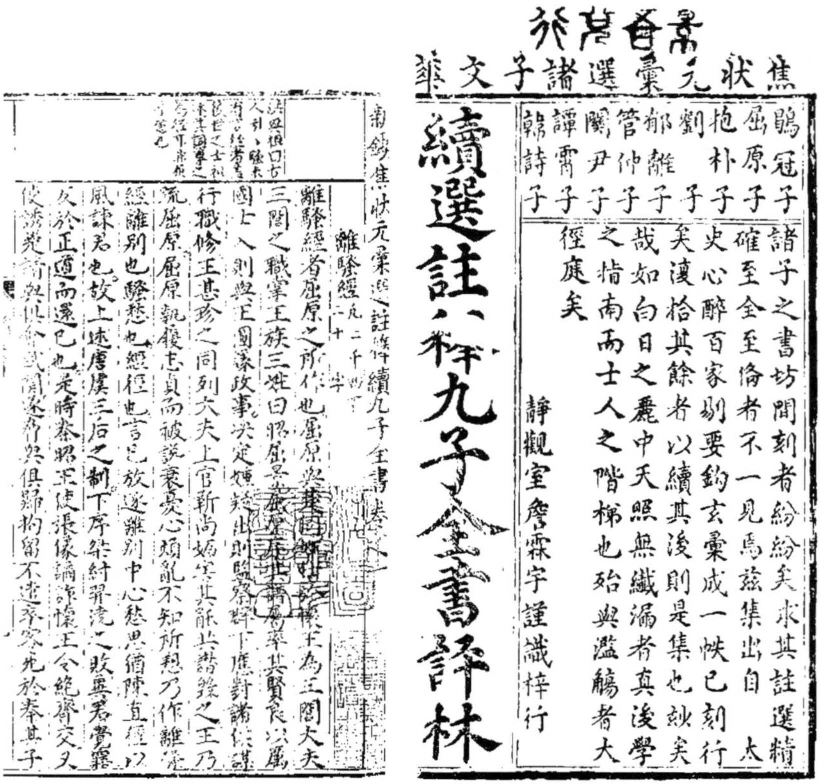

图五　《新锲焦状元汇选注释续九子全书》内封、卷端（浙江图书馆藏）

星罗》四十卷，明徐会瀛辑，明万历书林静观室詹圣谟刻本，日本蓬左文库藏。是书中国国家图书馆存三十九卷本，卷一卷端署“抚金华宇徐会瀛汇辑，书林茂斋詹圣谟梓行”，卷三十九末有莲座荷盖牌记刻“书林静观室春/月余献可梓行”（图六）。静观室乃詹氏堂号，余献可乃居仁堂主人（参见本书《余氏居仁堂》），牌记“余献可”三字当属挖改，原镌当是“詹圣谟”或“詹茂斋”。故是书当著录为书林静观室刻余献可印本，而非静观室余献可刻本。至于三十九卷与四十卷之别，待访日本蓬左文库藏本比对。

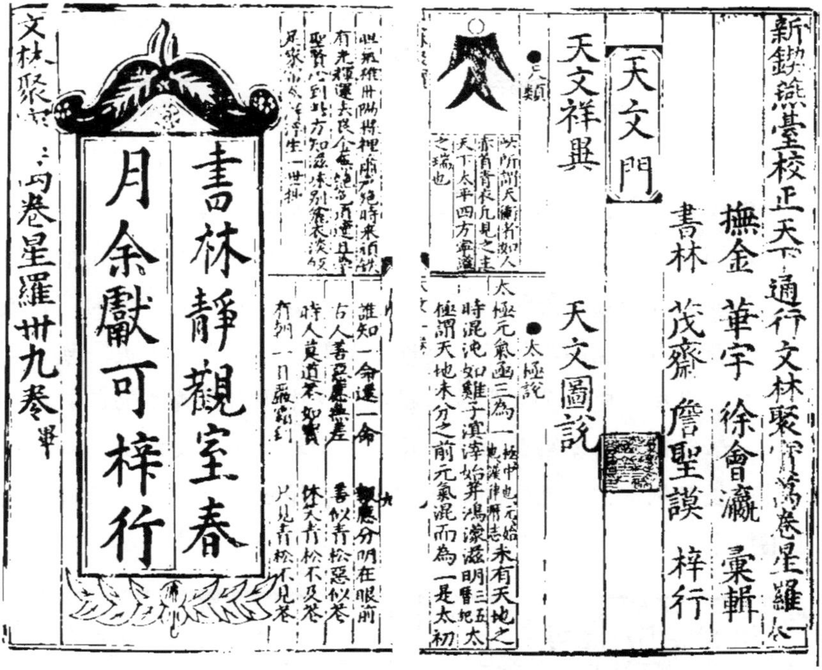

图六 《新锲燕台校正天下通行文林聚宝万卷星罗》卷端、牌记（中国国家图书馆藏）

此外，《中国古籍善本书目》著录《静观室增补史记纂》六卷，明李廷机增补，明苏濬评，明闽建书林詹彦洪刻本，清华大学图书馆藏。据此，詹彦洪应该也是静观室主人。

詹氏就正斋

詹氏就正斋，有书坊主詹长卿，生平不详。其刻书主要集中于明嘉靖间，如嘉靖三十二年（1553）刻本《新刊古本少微先生资治通鉴节要》五十卷《外纪节要》五卷首一卷，北京大学图书馆有藏本；《新刊古本四明先生续资治通鉴节要》三十卷，中央民族大学图书馆、日本二松学舍大学等有藏本。《中国古籍善本书目》著录《新刻诸事备用万家纂要通达便览》二十卷，明王文洁辑，明闽建书林詹长卿刻本，安徽中国徽州文化博物馆藏。据此知詹长卿乃建阳书坊主。

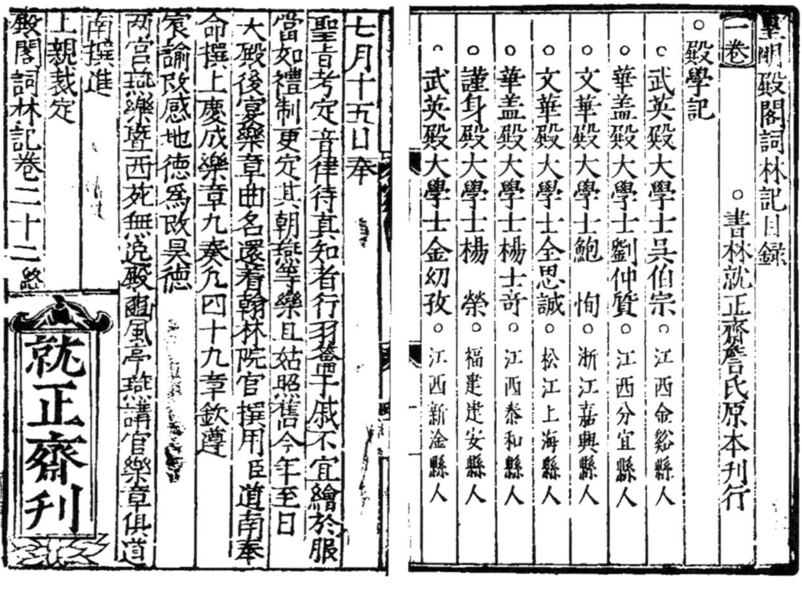
皇明殿閣詞林記目録
○書林就正齋詹氏原本刊行
一卷 ○殿學記
○武英殿大學士吳伯宗○江西金谿縣人
○華盖殿大學士劉仲質○江西分宜縣人
○文華殿大學士鮑　恂○浙江嘉興縣人
○文華殿大學士全思誠○松江上海縣人
○華盖殿大學士楊士奇○江西泰和縣人
○謹身殿大學士楊　榮○福建建安縣人
○武英殿大學士金幼孜○江西新淦縣人

七月十五日奉
聖旨考定音律待其知者行羽籥干戚不宜繪於服
當如禮制更定其朝燕等樂且姑照舊今年至日
大殿後宴樂章曲名還着翰林院官撰用臣道南奉
命撰上慶成樂章九奏凡四十九章欽遵
宸諭改感地德爲改昊德
兩宮燕樂暨西苑無逸殿豳風亭燕講官樂章俱道
南撰進
上親裁定
殿閣詞林記卷二十二終

就正齋刊

图一　《殿阁词林记》目录、牌记（中国国家图书馆藏）

詹氏就正斋刻书，又见嘉靖间刻本《殿阁词林记》二部。一为中国国家图书馆藏本，前有嘉靖乙巳（1545）廖道南序，书前目录下署“书林就正斋詹氏原本刊行”；卷终有莲座荷盖牌记镌“就正斋刊”（图一）。该本目录止卷十八，傅增湘《藏园群书经眼录》卷四著录目录终牌记“嘉靖壬子书林/詹氏就正斋刊”（图二），已不存。一为台湾“中央图书馆”藏本，书前序、目完整，唯卷终牌记已撕毁。

台北“故宫博物院”藏抄本《新刊诗经集成图说》十卷（缺卷二、卷三），卷端署“湖广罗田县后学胡明昺辑著，门下庠生胡泮校正，庠生高德修仝校，书林詹氏就正斋梓行”（图三）。由此可知，是据詹氏就正斋刻本抄存。

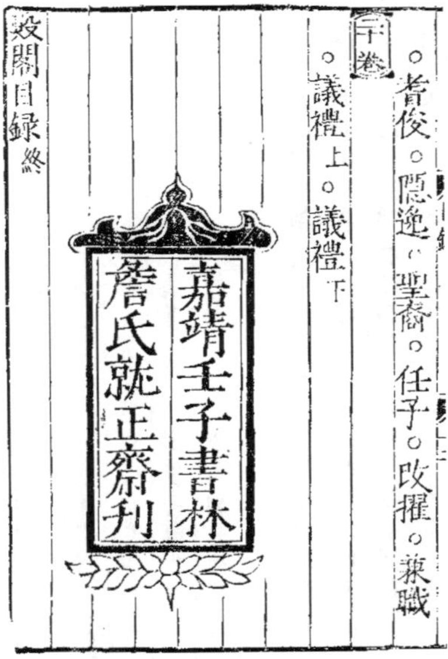

图二 《殿阁词林记》牌记（台湾“中央图书馆”藏）

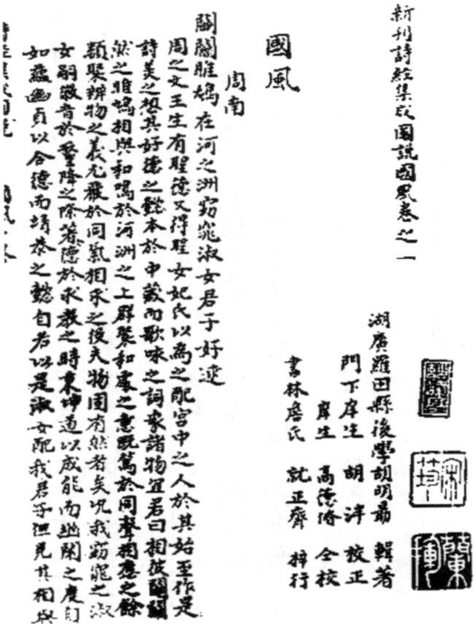

图三 《新刊诗经集成图说》卷端（台北“故宫博物院”藏，中国国家图书馆藏胶卷）

詹氏文树堂

詹氏文树堂刻书，现存仅见明刻本《新刊明医秘传济世奇方万病必愈》一种。凡十一卷，前十卷以天干分十集，卷十一不分集，或是成书后所增补。卷一署“镇江府医官沈应旸绎斋编集，同郡医官何爌仁源参订，云林周汝寿尊生订正，潭阳詹伯祯祥生梓行”；卷十一署“镇江府医官沈应旸绎斋编集，平西儒门谢孜禹心手著，潭阳詹伯祯祥生梓行”；卷十一末有莲座荷盖牌记，镌“书林文

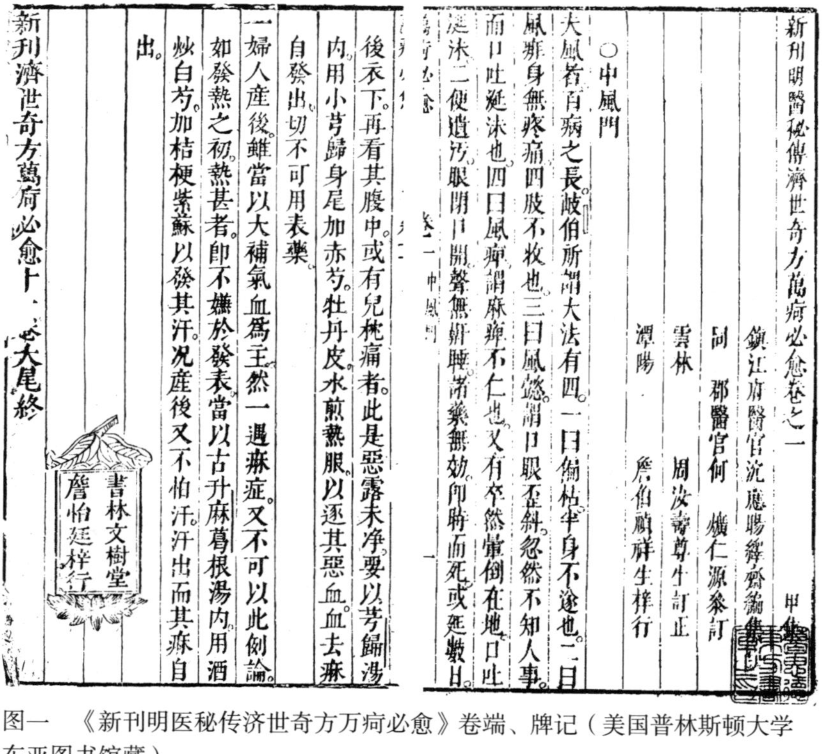
新刊明醫秘傳濟世奇方萬病必愈卷之一　甲集
鎮江府醫官沈應暘繹齋編集
同　郡醫官何　爌仁源參訂
雲林　周汝壽尊生訂正
潭陽　詹伯禎祥生梓行
○中風門
大風者百病之長岐伯所謂大法有四一曰偏枯半身不遂也二曰風痱身無疼痛四肢不收也三曰風懿謂口眼歪斜忽然不知人事而口吐涎沫也四曰風痺謂麻痺不仁也又有卒然暈倒在地口吐涎沫二便遺污眼閉口開聲無鼾睡諸藥無效即時而死或延數日

後衣下再看其腹中或有兒枕痛者此是惡露未淨要以芎歸湯內用小芎歸身尾加赤芍牡丹皮水煎熱服以逐其惡血血去痳自發出切不可用表藥
一婦人產後雖當以大補氣血為主然一遇痳症又不可以此例論如發熱之初熱甚者即不嫌於發表當以古升麻葛根湯內用酒炒白芍加桔梗紫蘇以發其汗況產後又不怕汗汗出而其痳自出
新刊濟世奇方萬病必愈卷之十一大尾終
書林文樹堂
詹怡廷梓行

图一　《新刊明医秘传济世奇方万病必愈》卷端、牌记（美国普林斯顿大学东亚图书馆藏）

树堂/詹怡廷梓行”（图一）。根据以上信息可知，文树堂主人詹怡廷，名伯祯，字祥生，“怡廷”乃其字或号。

又见明詹伯元刻本《新锓李先生类纂音释捷用云笺》五卷，首署“丰城赞廷李光祚纂注，书林仁廷詹伯元刊行”（卷四）。根据版刻风格推测，二书当同刻于明末，刻书者盖为同时代人。詹伯祯怡廷与詹伯元仁廷，名讳、字号显系平辈排行，当是兄弟，惜其生平均不可考。

明醫選要濟世奇方
沈釋齋先生輯
何仁源先生參
萬痌必愈
醫乃仁術，惟精可以奏效；方貴隨宜，得要尤堪捷用。兹集出 太醫院沈釋齋先生世傳秘業，本堂幣搆精梓，以公宇內。得之者詳其立論之旨、制方之妙，會意以用之，萬痌必愈，確有明驗。 文樹堂謹識
唾玉山房梓

图二《新刊明医秘传济世奇方万痌必愈》内封（美国普林斯顿大学图书馆藏）

《新刊明医秘传济世奇方万痌必愈》书前内封刻文树堂识语云：“医乃仁术，惟精可以奏效；方贵随宜，得要尤堪捷用。兹集出太医院沈释斋先生世传秘业，本堂币构精梓，以公宇内。得之者详其立论之旨、制方之妙，会意以用之，万痌必愈，确有明验。文树堂谨识。”识语下镌“唾玉山房梓”。（图二）殆系文树堂刻版，唾玉山房印行。唾玉山房与文树堂的关系待考。

詹氏西清堂

詹氏西清堂，又作西清书堂，不详其刻书始于何时。《中国古籍善本书目》著录《增修附注资治通鉴节要续编大全》三十卷，明张光启订正，明刘剡编辑，明刘弘毅释义，明弘治十一年（1498）詹氏西清书堂刻本，山东省图书馆藏，是为詹氏西清堂见诸记载的最早刻本，其书坊主为谁则不详。

到了明代后期，西清堂主人有詹秀闽、詹圣谅、詹恩轩等人。

万历二十三年（1595），詹氏西清堂刻《京板全像按鉴音释两汉开国中兴传志》六卷。卷端署“抚宜黄化宇校正，书林詹秀闽绣梓”；内封上图下文，文镌“按鉴增补全/像两汉志传”大字二行，中间“西清堂詹秀闽藏板”（图一）；卷末牌记刻“万历乙巳冬月/詹氏秀闽梓行”（图二）。该书仅日本蓬左文库藏孤本一帙，《古本小说集成》《古本小说丛刊》据以影印。《古本小说丛刊》整理前言误以为日本国立公文书馆藏，且言“西清堂乃福建建阳詹氏书坊。署名西清堂詹易斋所刻之书，多在嘉靖年间及万历初年。詹秀闽疑是易斋的后人”，不知何据。“日本所藏中文古籍数据库”著录《鼎镌杨太史经筵进讲参考纲目历朝皇王大纪》十卷，明杨道宾撰，明李廷机校阅，明万历三十五年（1607）秀闽詹张景刻本，日本宫城县图书馆藏。据此知“秀闽”或为詹张景之字号。詹张景刻本，上海图书馆尚藏有《重镌徽郡官板翁太史补选文公家礼》八卷、《新刻搜补历代皇明注解标奇风教故事》六卷。

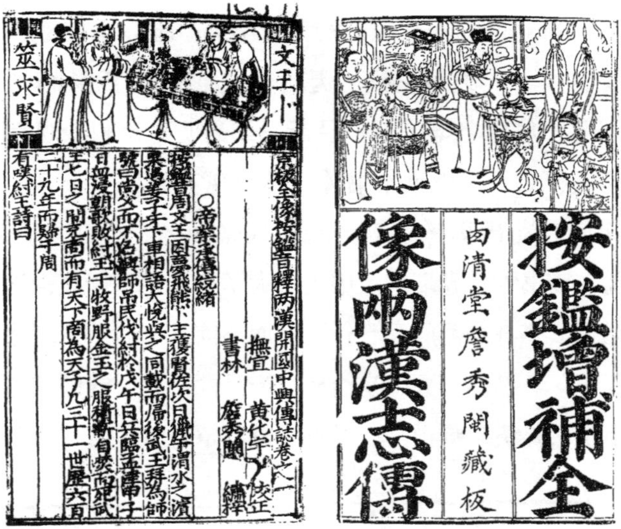

图一 《京板全像按鉴音释两汉开国中兴传志》内封、卷端（日本蓬左文库藏，《古本小说集成》影印）

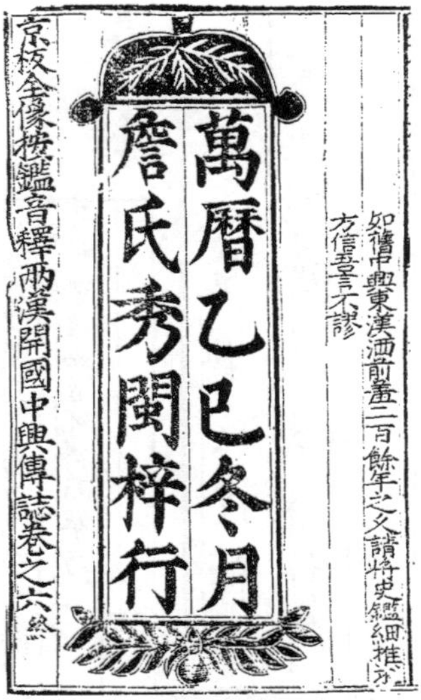

图二 《京板全像按鉴音释两汉开国中兴传志》牌记（日本蓬左文库藏，《古本小说集成》影印）

万历三十二年（1604），西清堂刻《许真君净明宗教录》十五卷，附《净明归一内经》一卷，北京大学图书馆藏孤本。附卷内题“南畿水晶子撰，星邑陈尧卿录，书林詹易斋梓”，卷末有“万历甲辰仲秋詹氏西清堂梓”牌记。（参见方彦寿《增订建阳刻书史》第399页），据此知詹易斋乃西清堂主人。万历二十六年戊戌（1598），詹氏刻《新刻阎氏家传礼记白文注解》二十卷暨《礼记指南》二十卷。卷一卷端署“庚辰会魁立吾阎士选著，淮安府学廪生强以中校，建邑书林易斋詹圣谅梓”；卷终牌记镌“万历戊戌仲夏/詹氏易斋梓行”（图三）。据此知詹氏名圣谅，号易斋，或为明末建阳静观室主人詹圣泽、詹圣谟兄弟行（参见本书《詹氏静观室》）。

万历间，詹氏刻《重刻内府原板张阁老经筵四书直解指南》二十七卷。该书卷一卷端署“中极殿大学士泰岳张居正辑著，状元澹园焦竑增校，书林易斋詹亮刊行”，而书前凡例后署“闽建古书林易斋詹谅谨识”。易斋詹亮、易斋詹谅当是同一人，或即詹圣谅。又是书版心下镌“长庚馆藏板”，卷首《进讲章疏》，署“值万历三十九

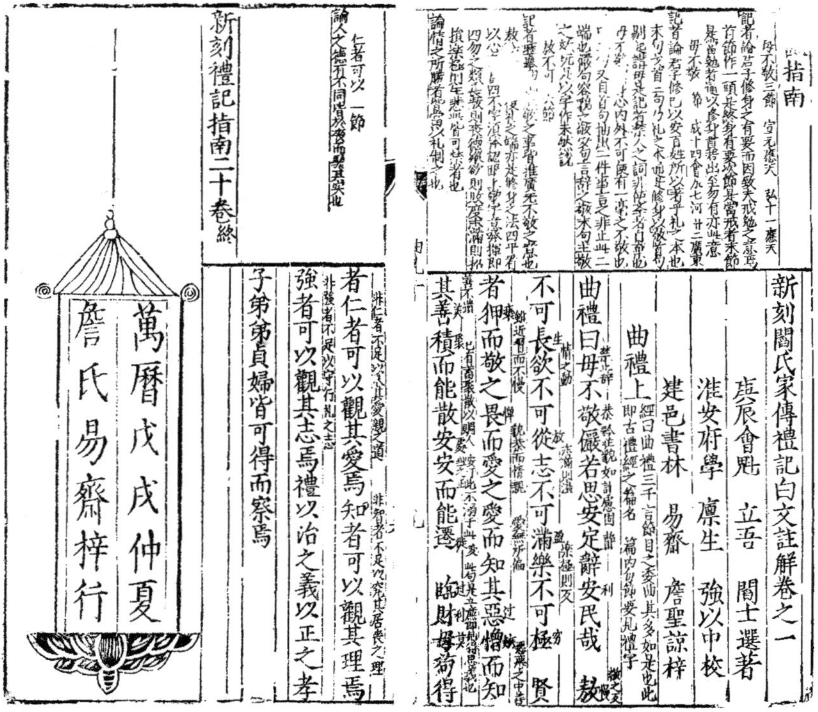
新刻閻氏家傳禮記白文註解卷之一
庚辰會魁 立吾 閻士選著
淮安府學 廩生 強以中校
建邑書林 易齋 詹聖諒梓
曲禮上
曲禮曰毋不敬儼若思安定辭安民哉
敖不可長欲不可從志不可滿樂不可極 賢
者狎而敬之畏而愛之愛而知其惡憎而知
其善積而能散安安而能遷 臨財毋苟得

新刻禮記指南二十卷終
者仁者可以觀其愛焉知者可以觀其理焉
強者可以觀其志焉禮以治之義以正之孝
子弟弟貞婦皆可得而察焉

萬曆戊戌仲夏
詹氏易齋梓行

图三 《新刻阎氏家传礼记白文注解》卷端、牌记（日本国立公文书馆藏）

年秋月，长庚馆重订”，易斋与长庚馆的关系也有待考证。全书卷终牌记镌“万历乙卯岁春月/书林金陵原板行”（图四）。万历乙卯即万历四十三年（1615），何以长庚馆“重订”六年之后始刻板行世，殊难理解。

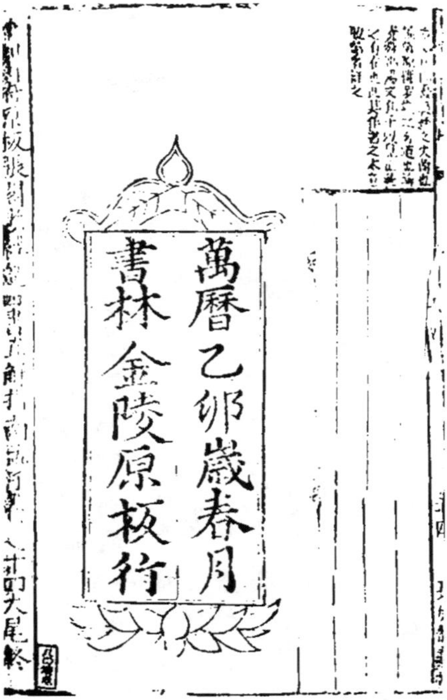

图四　《重刻内府原板张阁老经筵四书直解指南》牌记（浙江图书馆藏）

此外，詹易斋刻书另有：万历七年（1579）刻《易经直解》二十卷，明伊在庭等撰，重庆图书馆残存十三卷（卷一至七、十五至二十）；万历十五年（1587）刻《两汉隽言前集》十卷《后集》六卷，宋林钺辑，《后集》明凌迪知增辑，卷终牌记镌“万历丁亥仲春/詹氏易斋梓行”。万历十七年刻《战国策谭棷》十卷《附录》一卷，宋鲍彪校注，元吴师道补正，明张文燿集评，《附录》明张文燿辑，广东省立中山图书馆藏。

万历间，詹氏西清堂刻《新锲陈先生明窗清暇心画正宗》四卷。是书为习字蒙书，以春夏秋冬分卷，对应楷草篆隶四集，上下栏录五经难字，并予释音。卷一署“饶安璜原襟宇陈三策著，抚金泸园门生黄廷相、横源门生陈希说肄，闽建北洛门第陈良言、良谟传，书林詹氏兰亭西清堂制”；卷二署“饶安璜原襟宇陈三策著，抚金私渡门人黄榜肄，书林詹氏恩轩西清堂梓”（图五）。刻书者卷三题署同卷一，卷四署“书林詹氏恩轩西清堂制”。西清堂“詹氏兰亭”“詹氏恩轩”，生平无考。

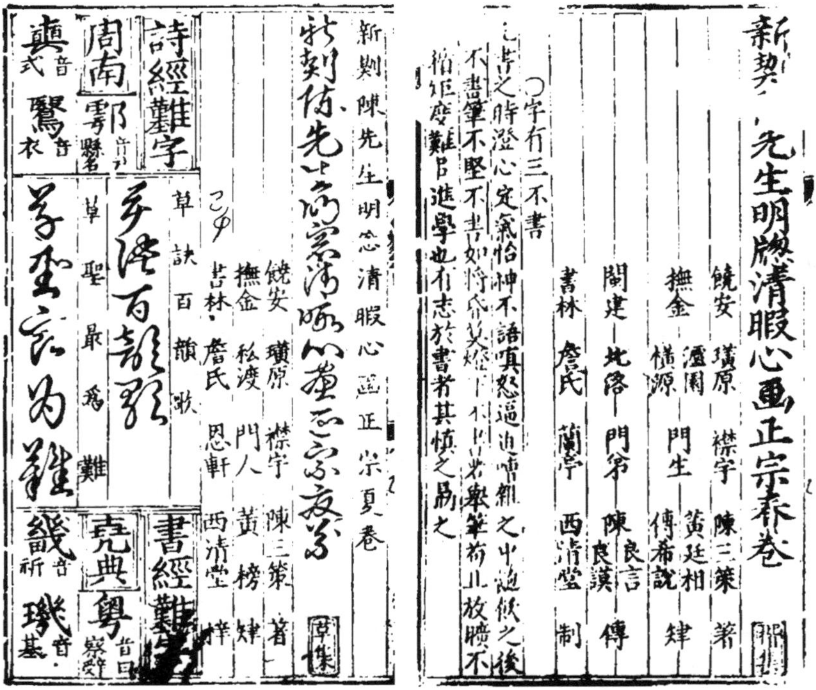

图五 《新锲陈先生明窗清暇心画正宗》春、夏卷卷端（中国国家图书馆藏）

张氏新贤堂

张氏新贤堂，又作新贤书堂。从现存刻本来看，其所刻书主要集中在嘉靖、万历年间。明嘉靖三十年（1551），刻《新刊性理大全》七十卷。《性理大全》自颁行以来，建阳书坊屡次刊刻，尤其在弘治至万历间刻本近二十种，几乎涉及各大书坊，如熊氏梅隐精舍、一峰堂，魏氏仁实堂，叶氏作德堂、广勤堂，王氏三槐堂，黄氏集义堂，郑氏宗文堂，余氏双桂书堂、日新堂，刘氏安正堂等。是书前有永乐十三年（1415）《御制性理大全序》、胡广等《进书表》及《先儒姓氏》《纂修姓氏》等，卷七十末牌记镌“皇明嘉靖辛亥仲夏/张氏新贤堂重校刊”（图一）。《中国古籍善本书目》

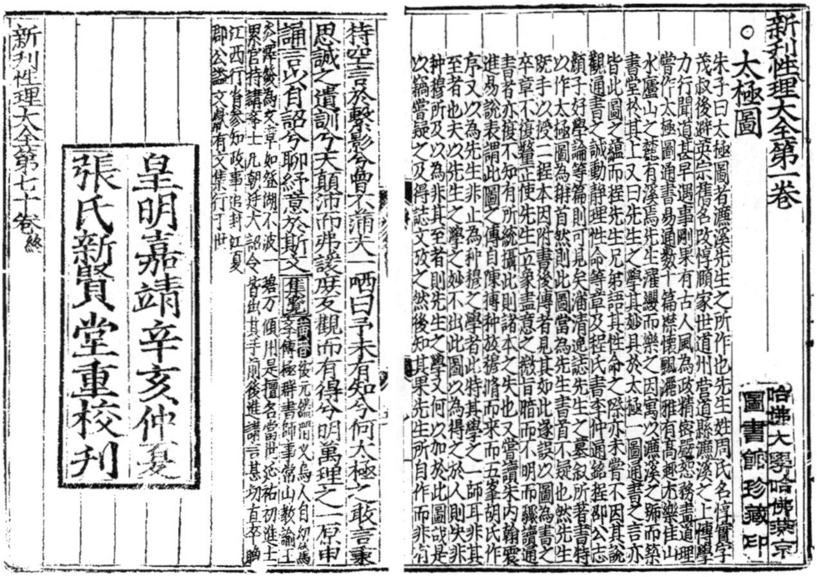
新刊性理大全第七十卷終
皇明嘉靖辛亥仲夏
張氏新賢堂重校刊
新刊性理大全第一卷
太極圖

图一 《新刊性理大全》卷端、牌记（美国哈佛大学哈佛燕京图书馆藏）

另著录明嘉靖三十五年（1556）张氏新贤堂刻本，江西师范大学图书馆藏。两者相去仅五年，是否为新贤堂又一新刊，待查访。

新贤堂又曾刻《新刊四明先生高明大字续资治通鉴节要》二十卷、《新刊翰林考正纲目点音资治通鉴节要会成》二十卷等，今存。嘉靖二十一年壬寅（1542）刻《春窗联偶巧对便蒙类编》二卷，原本已佚，现存日本宽永十三年（1636）京都田原仁左卫门重刻本。书前有嘉靖二十一年郑乾清序，后有牌记镌“嘉靖壬寅孟冬月/张氏新贤书堂刊”。卷上末刻牌记“嘉靖孟冬月新/贤堂校正刊行”，卷下尾题前牌记镌：“《春窗联偶》一书，实学者日用之急要也。惜乎古板字有差讹，未分对数。今将校证明白，上又新增诗联对韵，共成便蒙，以为幼学日用观览，亦未必不无一助。四方君子买者，务亲来此堂，始无误焉。时嘉靖辛丑岁孟冬吉日，书林新贤堂重证刊行。”（图二）以上各书，不知坊主为谁。有明一代，新贤堂主人唯知张闽岳一人。

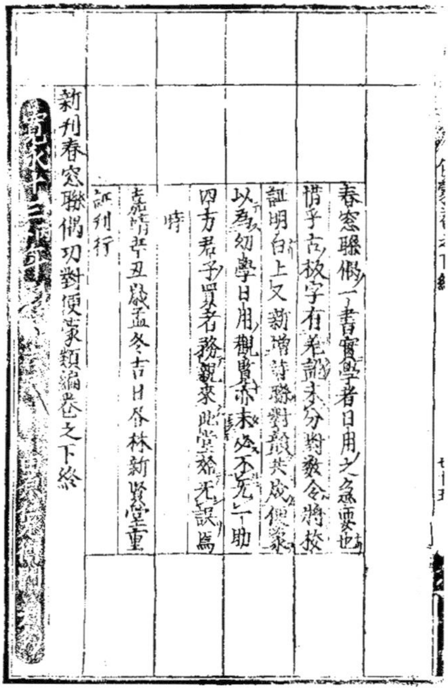
春窗聯偶一書實學者日用之急要也
惜乎古板字有差訛未分對数今將校
証明白上又新增詩聯對韻共成便蒙
以為幼學日用觀覽亦未必不無一助
四方君子買者務親來此堂始无誤焉
時
嘉靖辛丑歲孟冬吉日書林新賢堂重
証刊行
新刊春窗聯偶巧對便蒙類編卷之下終

图二　和刻本《春窗联偶巧对便蒙类编》卷终牌记（美国哈佛大学哈佛燕京图书馆藏）

张闽岳，生平不详，刻书亦多不详年月，如刻《新刻官板周易本义》四卷首一卷，内封上图下文，文镌“龙光易/经本义”大字两行，中间“张闽岳梓”一行（图三）。卷四末有牌记刻“书林新贤堂/张闽岳

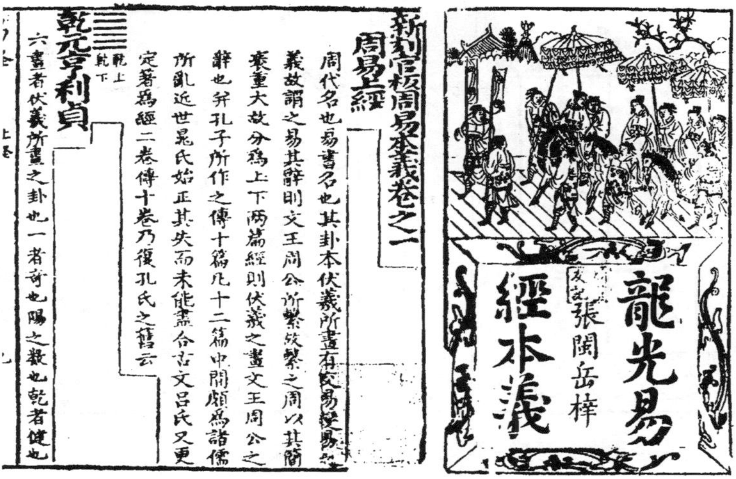
新刻官板周易本義卷之一
周易上經
周代名也易書名也其卦本伏羲所畫有交易變易之義故謂之易其辭則文王周公所繫故繫之周以其簡袠重大故分為上下兩篇經則伏羲之畫文王周公之辭也并孔子所作之傳十篇凡十二篇中間頗為諸儒所亂近世晁氏始正其失而未能盡合古文呂氏又更定著為經二卷傳十卷乃復孔氏之舊云
乾下乾上
乾元亨利貞
六畫者伏羲所畫之卦也一者奇也陽之數也乾者健也

龍光易經本義
張閩岳梓

图三 《新刻官板周易本义》内封、卷端（故宫博物院藏，《故宫珍本丛刊》影印）

精镌”（图四）。又《书经集注》六卷，卷终有莲座荷盖牌记镌“书林新贤堂/张闽岳校梓”（图五）；又《礼记集注》十卷，卷终有莲座荷盖牌记镌“书林新贤堂/张闽岳校梓”（图六），并附鲤鱼跃龙门图。以上各书，或为张氏新贤堂刻《五经集注》之零种。严绍璗《日藏汉籍善本书录》著录明张闽岳刻本《五经集注》，有《新刻官板周易本传》四卷首一卷，《诗经集注》八卷，《书经集注》六卷，《礼记集注》十卷，《春秋胡传》三十卷附《音注括例始末》《春秋胡传诸国兴废说》《春秋正经音训》《春秋提要》，日本香川县丰滨町

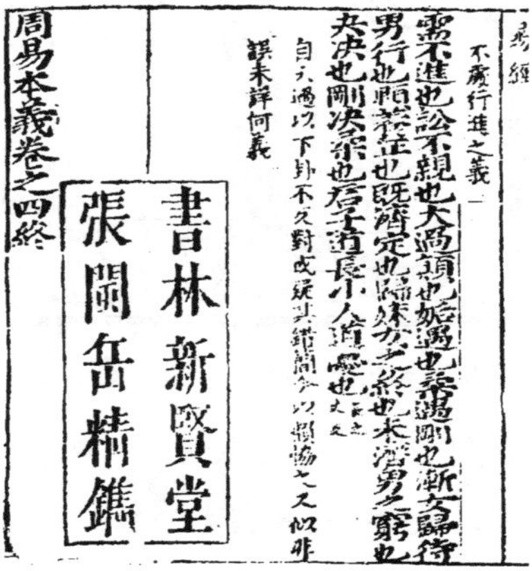
不窮行進之義
需不進也訟不親也大過顛也姤遇也柔遇剛也漸女歸待男行也頤養正也既濟定也歸妹女之終也未濟男之窮也夬決也剛決柔也君子道長小人道憂也
自大過以下卦不反對或疑其錯簡今以韻協之又似非誤未詳何義
書林新賢堂
張閩岳精鐫
周易本義卷之四終

图四 《新刻官板周易本义》牌记（故宫博物院藏，《故宫珍本丛刊》影印）

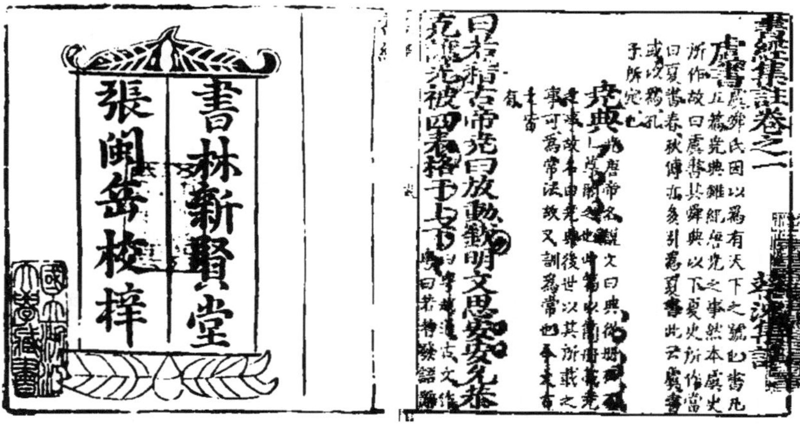

書林新賢堂
張閩岳校梓

書經集註卷之一
虞書
堯典

图五　《书经集注》卷端、牌记（浙江图书馆藏）

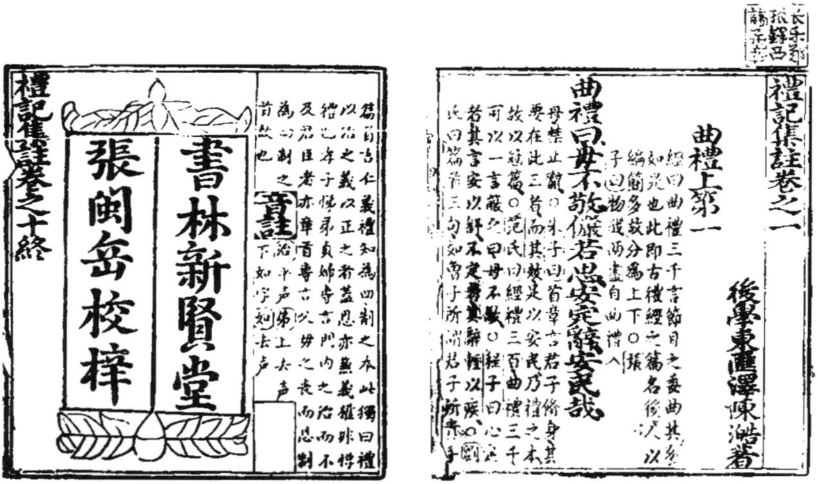

禮記集註卷之十終

書林新賢堂
張閩岳校梓

禮記集註卷之一
後學東匯澤陳澔著
曲禮上第一
曲禮曰毋不敬儼若思安定辭安民哉

图六　《礼记集注》卷端、牌记（中国国家图书馆藏）

立图书馆藤村文库藏。《周易本传》《书经集注》《礼记集注》三部，《中国古籍善本书目》等均以明刻零种著录；又《春秋胡传》一书，有明万历三十三年（1605）新贤堂刻本，山东省图书馆藏；又有明崇祯三年（1630）张氏新贤堂刻本，河南省图书馆藏。

郑氏宝善堂

明代以宝善堂名号刻书行世者，有吴会郭云鹏、建阳书林郑氏等。建阳书林郑氏，有郑世魁、郑以祯伯侄二人。郑世魁（1545—1602），字维元，号云斋，同时以宗文堂坊号刻书，参见本书《郑氏宗文堂》。郑以祯，号瑞我，郑世容第三子（郑世魁、郑以祯生平参见方彦寿《增订建阳刻书史》第395页）。

现存宝善堂刻本十余种，多数未题镌坊主名字，据版刻特征，可知其大多或出自建阳郑氏，然而亦有难为定论者。其中有虽未载刻书者名字，部分可据其他佐证材料确证出自书林郑氏。如美国哈佛大学哈佛燕京图书馆藏《新校尚书减注》六卷，乃据宋蔡沈《书经集注》、明南丰江氏《书经便蒙》“删繁增略”编订而成，故内封题“蔡传便蒙书经集注”，又镌版权信息曰“宝善堂记”“人瑞堂藏板”（图一）。卷六后有牌记，镌“大明万历新岁春月/吉旦书林宝善堂梓”（图二）。人瑞堂乃明末建阳著名书坊（详本书《郑氏人瑞堂》）。根据以上版刻信息，当是

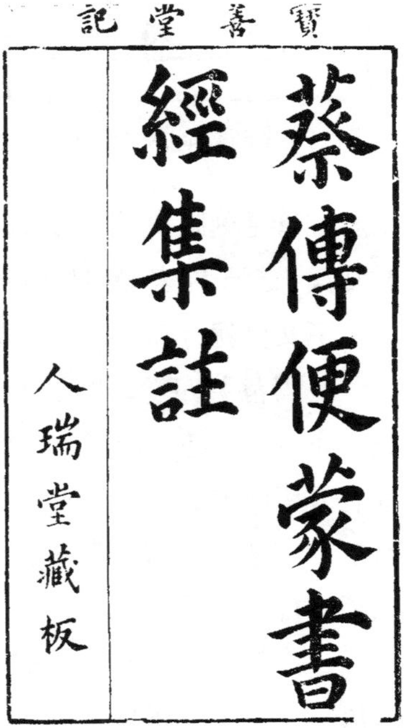

图一 《新校尚书减注》内封（美国哈佛大学哈佛燕京图书馆藏）

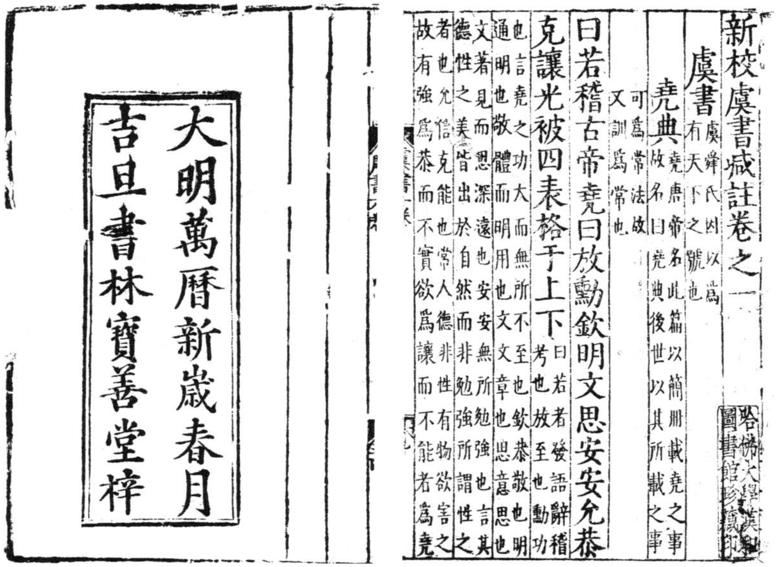

图二　《新校尚书减注》卷端、牌记（美国哈佛大学哈佛燕京图书馆藏）

书林宝善堂刻版，后来书版归人瑞堂。宝善堂当如人瑞堂，亦属书林郑氏，至于同宗之间具体属何关系则不详。

下文仅就有确切记载者择要介绍一二。

《闺范》四卷，明吕坤辑，明万历间刻，日本国立国会图书馆、东京大学综合图书馆、御茶之水图书馆、国立公文书馆等藏。前有万历丙申岁（二十四年，1596）秋月宁陵吕坤书《闺范序》，首署“宁陵吕坤叔简注”，终有莲座荷盖牌记镌“书林宝善堂/郑云斋梓行”（图三）。

《鼎雕徽郡原板合并大观本草炮制》六卷，明徐三友校正，明万历三十一年（1603）刻，日本国立国会图书馆（缺卷三卷四）、德国柏林国家图书馆（存卷一至卷三）藏。二家藏本书前序均佚。卷一卷端署“锦城邵锦徐三友校正，闽建云斋郑世魁绣梓”。内封

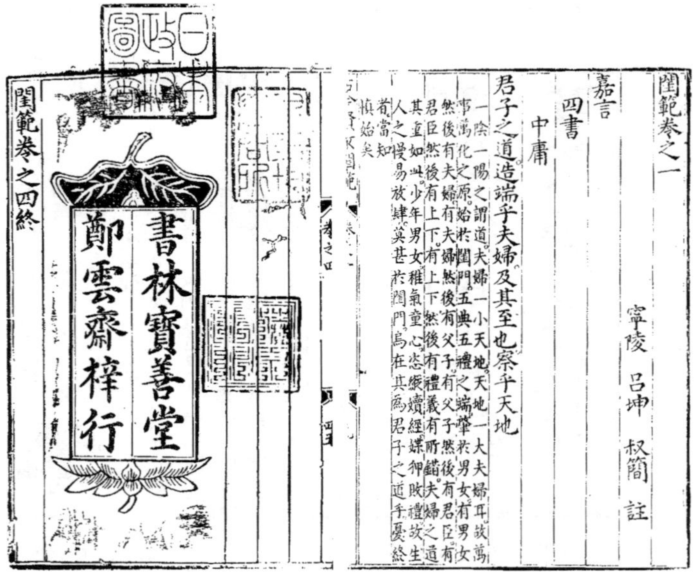

图三 《闺范》卷端、牌记（日本国立公文书馆藏）

镌“国朝太医院考正，京板本草炮制，书林宝善堂刊本”，卷终牌记刻“万历癸卯春月书林/宝善堂郑云斋绣梓”（图四）。根据墓志铭记载，郑世魁卒于万历三十年（1602）八月十六日。然而根据牌记著录，该书却刻梓于次年癸卯（1603）春，显然这并非郑世魁所为。一种可能是郑氏后人以郑世魁旧版挖改重印，至于“癸卯”所替代者究竟何年，已不得而知。

郑世魁所刊刻书籍中，也有不署堂号的，如万历二十五年刻《新锲全补天下四民利用便观五车拔锦》三十三卷，卷端署“锦城绍锦徐三友校正，闽建云斋郑世魁梓行”；卷终莲座荷盖牌记镌“万历丁酉岁孟春月/书林郑氏云斋绣梓”（图五）。值得的一提的是，徐三友当是长期与郑氏有密切合作的编辑。又如万历间宗文堂刻《鼎雕太医院校正徐氏针灸大全》六卷，首署“弋阳古塘徐凤

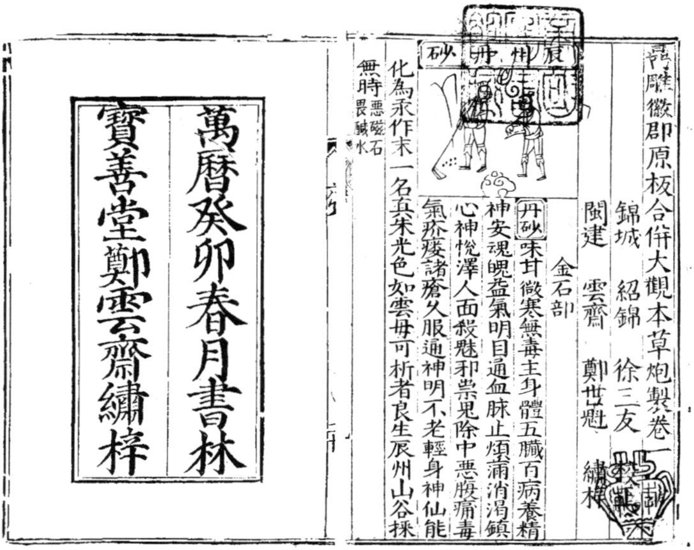

图四 《鼎雕徽郡原板合并大观本草炮制》卷端、牌记（日本国立国会图书馆藏）

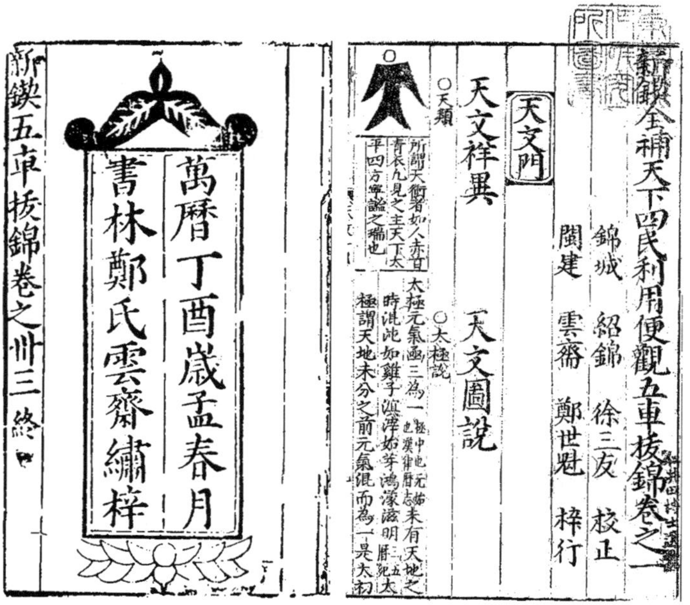

图五 《新锲全补天下四民利用便观五车拔锦》卷端、牌记（日本东京大学东洋文化研究所藏）

编次，锦城绍锦徐三友重校，书林继华郑氏绣梓”。由此可见，徐氏不仅仅服务于郑世魁，而是服务于整个郑氏家族。

郑世魁原有二子，早殇，郑世容将次子郑以祺过继给他（详方彦寿《福建历代刻书家考略》第297页）。现存宝善堂刻本的刊刻者，郑世魁之后有郑以祯。郑世魁侄辈多人继承其刻书产业，不止郑以祺一人。中国国家图书馆藏《新镌校正京本大字音释圈点三国志演义》十二卷二百四十则，明刻，卷端署“晋平阳侯陈寿史传，明卓吾李贽评注，闽瑞我郑以祯绣梓”；内封镌“李卓吾先生评释圈点三国志，金陵国学原板，宝善堂梓”。根据郑世魁行年，是书当为郑以祯明末刻本，不早于万历间。

郑氏光裕堂

郑以厚，字体坤，号望云。与郑世容子郑以祺（字体晋）当是从兄弟。郑以厚有书坊曰光裕堂、宗文堂，现存刻本十余种，四部皆备，然大抵为举业之书。有关郑以厚宗文堂刻书，参见本书《郑氏宗文堂》。

根据诸家著录，郑以厚光裕堂刻书有确切年月者，最早为明万历六年（1578）刻本《新刊史学备要纲鉴会编》四十八卷《新刊史学备要史纲统会》二十三卷（辽宁省图书馆藏），其余多为万历二十年（1592）前后所刊行。如万历二十年刻本《春秋左传评苑》三十卷首一卷、《国语评苑》六卷、《战国策评苑》十卷，多家收藏机构有藏本，《四库全书存目丛书》（子部第163、164册）据复旦大学图书馆、东北师范大学图书馆藏本影印。原本版心下镌“光裕堂梓”。《战国策评苑》卷终吴师道《战国策后序》后有牌记云：“《春秋左传评苑》《国语评苑》《战国策评苑》《增补评注名世文宗》《合并太史文华博议》是五书，本堂敦请名士精校之，以为儿辈举业之一助耳。书成而识者佳悦之，皆曰不当私也。故梓之而公之四方，与同志者共也。志青云者，幸其鉴诸。万历壬辰秋月，书林郑以厚谨识。”（图一）《增补评注名世文宗》《合并太史文华博议》二书未见存本。前者有续作，存明万历二十三年（1595）刻《新锲青阳翁状元精选四续名世文宗》四卷（镇江市图书馆藏）、《新刻青阳翁状元精选四续并三续名世文宗》七卷（日本蓬左文库藏）。

不详刻书年月者，有《编辑名家评林史学指南纲鉴新钞》二十

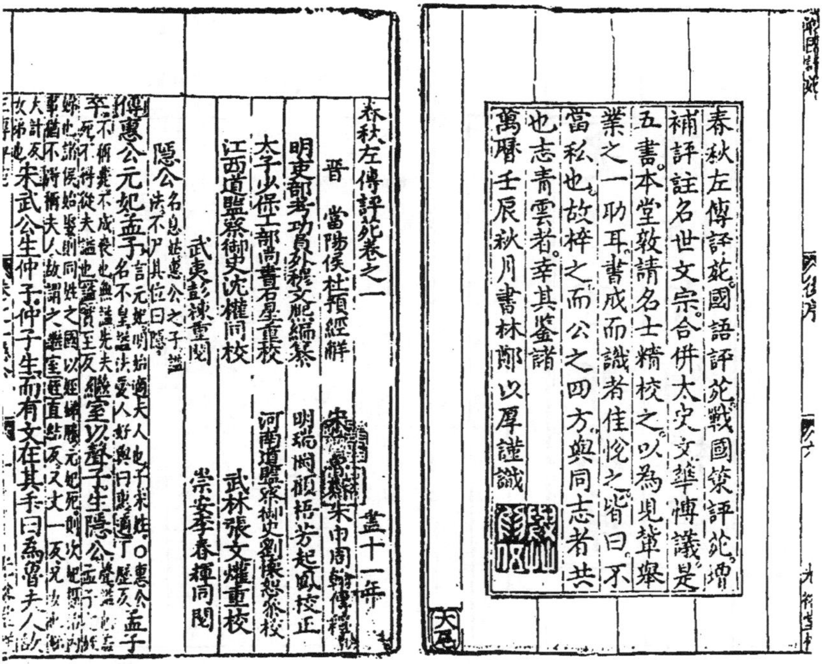
春秋左傳評苑。國語評苑。戰國策評苑。增
補評註名世文宗。合併太史文華博議。是
五書。本堂敦請名士精校之。以為児輩舉
業之一助耳。書成而識者佳悅之。皆曰。不
當私也。故梓之而公之四方。與同志者共
也。志青雲者。幸其鑒諸
萬曆壬辰秋月書林鄭以厚謹識

图一 《战国策评苑》牌记、卷端（《四库全书存目丛书》子部第 164 册）

卷《总论》一卷，明翁正春撰，明书林郑以厚光裕堂刻，中山大学图书馆、日本大阪市立图书馆藏。《新镌诸子玄言评苑》二十一卷，明陆可教选，明李廷机校，明光裕堂郑以厚刻，日本国立公文书馆藏。是书卷二十一终有牌记：“光裕堂郑以厚/体坤甫绣梓传”（图二），据此可知“体坤”乃郑以厚之字或号。

郑以厚刻书，或不署堂号。如万历二十一年（1593）刻《焦氏四书讲录》十四卷（《大学》二卷《中庸》一卷《论语》四卷《孟子》七卷），有“癸巳仲秋吉旦/书林郑望云梓”莲座荷盖牌记。又如万历间刻《新锲翰林李九我先生春秋左传评林选要》三卷首一卷，卷端署“温陵九我李廷机精选，座主紫溪苏濬批点，同邑瞻溟王道显参订，书林望云郑以厚绣梓”，均不见光裕堂或文宗堂

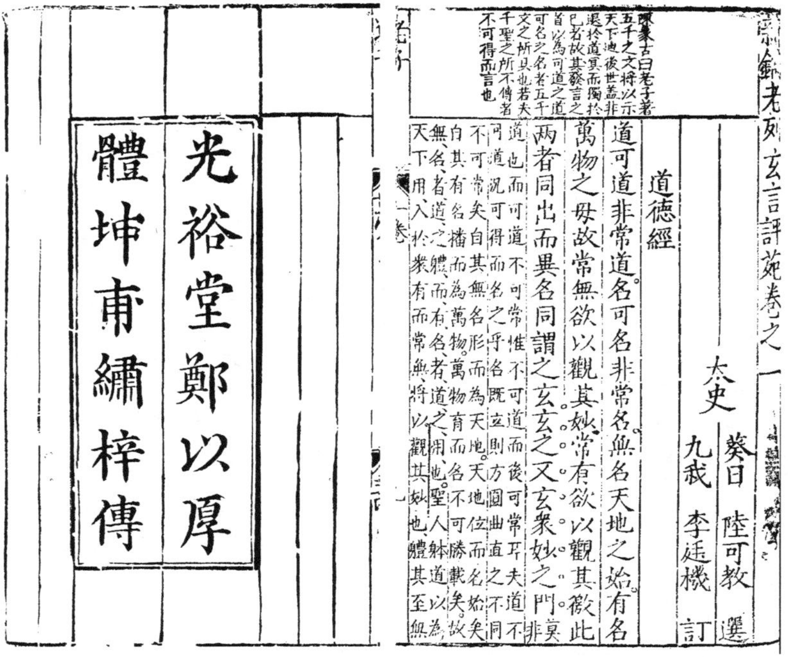

图二　《新锲诸子玄言评苑》卷端、牌记（日本国立公文书馆藏）

标识。万历二十四年（1596）刻《老子通》二卷《读老概辨》一卷、《庄子通》十卷《读庄概辨》一卷，《庄子通》卷终牌记镌“万历丙申年仲/夏月八闽书林/郑氏光裕堂梓”（图三）。是书当为建阳郑氏所刊行，然而是郑以厚还是其后人所为，则不得而知。

根据诸家书目著录，另有明“光裕堂”所刊书多种。如《改订内阁文库汉籍分类目录》著录：《新锲六才子四书醒人语》十四卷，明葛寅亮等撰，明郭伟编，明光裕堂刻本。是书版心下镌“光裕堂梓”，卷一卷端署“肖川吴继武梓行”，是乃吴氏光裕堂。吴继武光裕堂另有《唐陆宣公集》二十二卷，版心下亦有“光裕堂梓”字样。严绍璗《日藏汉籍善本书录》著录《刊汤会元参详明公新说四书解颐鳌头》十九卷（《大学》一卷《中庸》一卷《论语》

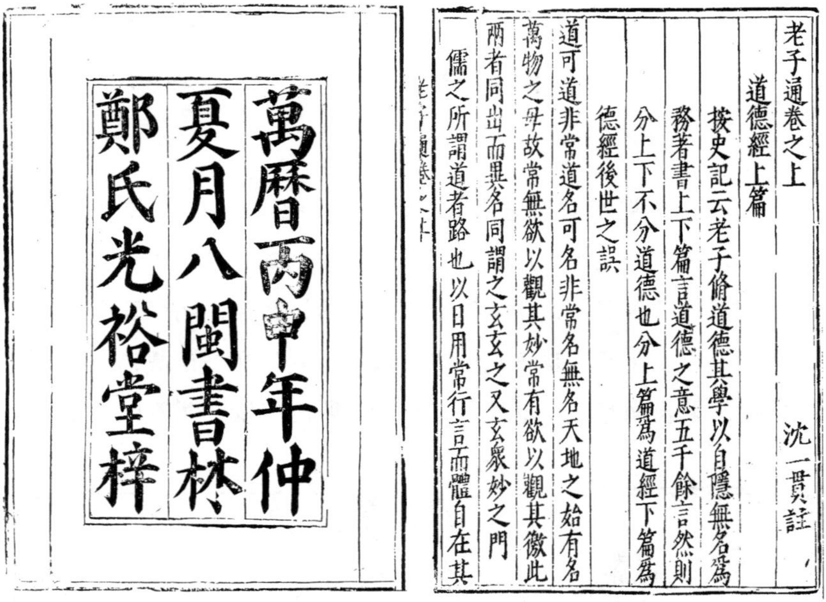
萬曆丙申年仲
夏月八閩書林
鄭氏光裕堂梓

老子通卷之上　沈一貫註
道德經上篇
按史記云老子脩道德其學以自隱無名爲
務著書上下篇言道德之意五千餘言然則
分上下不分道德也分上篇爲道經下篇爲
德經後世之誤
道可道非常道名可名非常名無名天地之始有名
萬物之母故常無欲以觀其妙常有欲以觀其徼此
兩者同出而異名同謂之玄玄之又玄衆妙之門
儒之所謂道者路也以日用常行言而體自在其

图三　《庄子通》卷端、牌记（日本国立公文书馆藏）

十卷《孟子》七卷），明汤宾尹撰，明郑名世校，明万历二十三年光裕堂刻本，日本龙谷大学图书馆藏。郑名世乃明末建阳书坊主，该书或即郑氏光裕堂所刻。其他如：

《王龙溪先生语录钞》九卷，明王畿撰，明李贽评，明光裕堂刻本，河北大学图书馆藏；《鼎雕增补评释昭明文选》八卷，南朝梁萧统辑，明郑维岳增补，明万历二十八年（1600）光裕堂刻本，日本关西大学图书馆藏；《历代古文禹金集》四卷，明林欲楫编，明万历三十八年（1610）光裕堂刻本，日本国立公文书馆藏；《翰林馆课纂》二十三卷，明翁正春等撰，明万历二十二年（1594）光裕堂刻本，日本大阪大学图书馆藏。

仅根据书目记载，均不能确定其是否为郑氏光裕堂刻本，附此存考。

郑氏联辉堂

郑氏联辉堂刻书，见诸著录有：《诗经集注》八卷，宋朱熹撰，明万历二十八年（1600）郑氏联辉堂刻本，日本庆应义塾大学图书馆藏；《四书崇熹注解》十九卷，明许獬撰，明李廷机校，明万历三十年（1602）联辉堂刻本，日本国立公文书馆藏；《鼎锲纂补标题论策表纲鉴正要精抄》二十卷，明冯琦撰，明万历三十四年

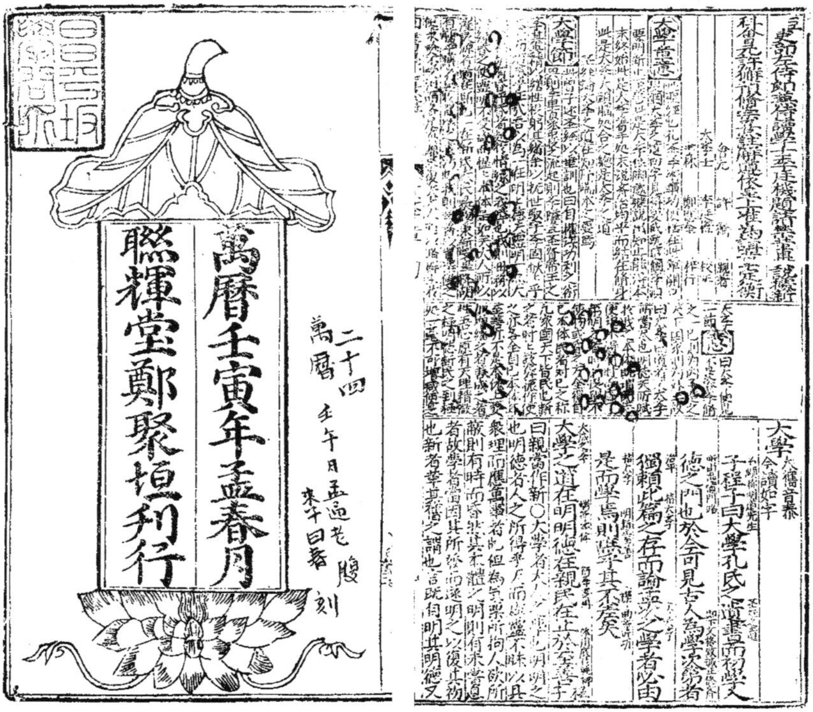

图一　《四书崇熹注解》卷端、牌记（日本国立公文书馆藏）

（1606）书林联辉堂郑纯镐刻本，北京大学图书馆藏；《新锲京本校正通俗演义按鉴三国志传》二十卷，明罗本撰，明万历三十三年联辉堂郑少垣刻本，日本国立公文书馆藏。

以上四书，经眼有二。《四书崇熹注解》前有缺叶，无序目，朱子《大学章句序》缺首叶。是本采用坊间常见科举用书的版式，下栏即通行之《四书集注》，中间随文释“意”，上栏乃制义写作讲章。首行顶格大字题“臣吏部左侍郎兼侍读学士李廷机题请禁革异说，据新科会元许獬预修《崇熹注解》，遵依呈上，准为讲章定衡”，下署“会元许獬亲著，太学士李廷机校正，书林郑应奎梓行”（各卷均同）；卷终牌记“万历壬寅年孟春月/联辉堂郑聚垣刊行”（图一）。根据题署，“聚垣”或为郑应奎之表字。

《新锲京本校正通俗演义按鉴三国志传》，内封居中题“刻三国志赤帝余编”双行大字，上镌“联辉堂”，左下署“三垣馆郑氏少垣刻行”（图二）。首卷卷端题“新锲京本校正通俗演义按鉴□□三国志传”，即剜去“全像”二字；署“东原贯中罗本编次，书林少垣联辉堂梓

图二　《新锲京本校正通俗演义按鉴三国志传》内封（日本国立公文书馆藏）

行”，其余各卷仅署“书林少垣联辉堂梓行”；卷终莲座荷盖牌记镌“万历乙巳岁孟秋月/闽建书林郑少垣梓”（图三）。据以上题镌可知，郑少垣氏当与郑聚垣为兄弟行，二人共同经营联辉堂，郑少垣另有堂号曰三垣馆。此外未见刻本传世。

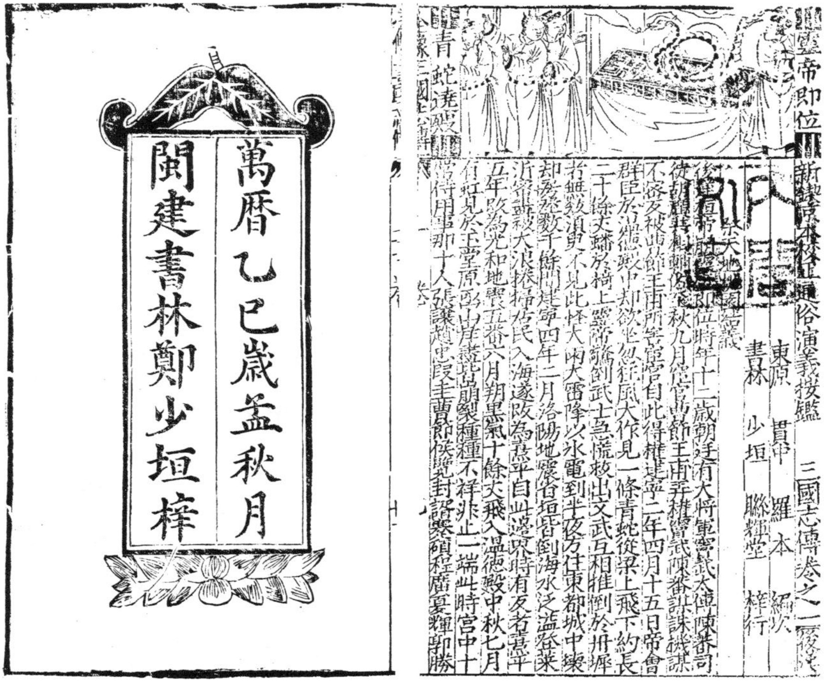

图三 《新锲京本校正通俗演义按鉴三国志传》卷端、牌记（日本国立公文书馆藏）

郑氏人瑞堂

富沙人瑞堂郑尚玄，字幼白，一字襟御（见《册府元龟序论》书前姓氏），明末清初建阳书坊主。其序《新刻黄石斋先生诗经琅玕》曰“予少学《易》，浸及他经，独于《诗》窃谓微有领略”云云，盖亦原为读书人后转事刻书业者。尝师事黄道周，“甲申岁，予辑《四书琅玕》，谬为石斋先生奖许，因传重海内”。鼎革后，又作《易经琅玕》《诗经琅玕》等书。郑氏以人瑞堂名号刻书行世，现存刻本尚有十余种，然人瑞堂本不尽为郑尚玄刊行，郑襟白亦是人瑞堂主人之一。下文仅就所见，略为介绍。

《新刻黄石斋先生诗经琅玕》十卷首一卷，《中国古籍总目》著录中国国家图书馆、北京大学图书馆藏明崇祯醉耕堂刻本，严绍璗《日藏汉籍善本书录》著录日本国立公文书馆藏明刻本（《改订内阁文库汉籍分类目录》亦以明刻本著录）。日本国立公文书馆藏本前有郑尚玄序，云“嗣将有事于《易》《诗》，值世事沧桑，笔慵砚芜，兼鹤警时闻”，盖兵匪跌至，疾如旋踵，虽“里推保聚”，仍难得片刻安稳。随后书林大火，“逮半家镌悉遭祖龙，《易》稿几成而烬”。后《诗》解先就，遂以行世。书成于甲申变后殆无疑议，是乃清初刻本，而显非明刻。卷一卷端署“清漳黄道周石斋氏编著，潭水熊九岳寅牧氏订阅，富沙郑尚玄幼白氏参较”；内封镌署“黄石斋先生编著”，题“诗经琅玕”，并刊识语云：“感觅珠之谣，寄志蕅轴；睹改玉之步，逸兴葩章。风雅未沉，爰搜金浦遗论；毛郑错出，聿定榕坛新编。克配琅玕，允称球璧。人瑞堂幼白氏识。”（图一）是书并非托名黄道周以欺世，当

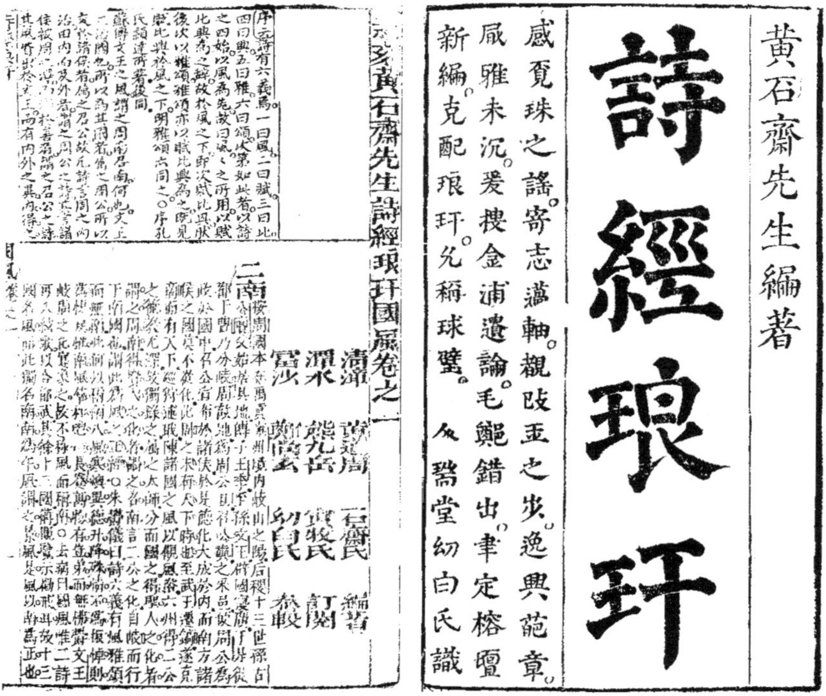

图一　《新刻黄石斋先生诗经琅玕》内封、卷端（日本国立公文书馆藏）

是如序所言，“盖以夙所受教于先生者，出以质天下，将使天下读予友书无异读先生书”。

《新镌四书七十二朝人物经籍备考》二十四卷（《大学》二卷《中庸》二卷《论语》十二卷《孟子》八卷），明薛应旂辑。《中国古籍总目》《日藏汉籍善本书录》等著录北京师范大学图书馆、湖北省图书馆、日本国立公文书馆、日本尊经阁文库、日本蓬左文库、日本广岛市立浅野图书馆等藏明吴门舒氏六经阁刻本，或作明舒濂溪刻本。日本国立公文书馆藏本版心下镌“濂溪原板”，书前内封刻“六经阁主人”识语，并署“吴门舒濂溪梓”。诸家或据以上信息著录版本。各卷卷端多题“武进薛应旂原辑，景陵锺惺合订”（卷一）；又有题“武进薛应旂原辑，景陵锺惺合订，富沙郑尚玄参阅”（卷三），而卷二十一则署“武进薛应旂原辑，富沙郑尚玄订梓”。各书前有内封，分别题“大学人物备考”“中庸人物备考”“上论人物备考”“下论人物备考”“上孟人物备考”“下孟人物备考”，均有木刻“幼白氏”阳文、“人瑞堂重梓”阴文印章（图二）。根据卷端题署与内封题镌信息来看，该书或是建阳郑氏根据吴门舒氏本重刻，或为郑氏刊刻、舒氏印行。以上二种推测，刊刻者均当是郑氏。而根据版心“濂溪原板”推测，“今板”则非濂溪原版，即郑氏根据“濂溪原板”重刻者。此外也不排除舒、郑二家有一定合作关系，所谓“濂溪原板”“人瑞堂重梓”，

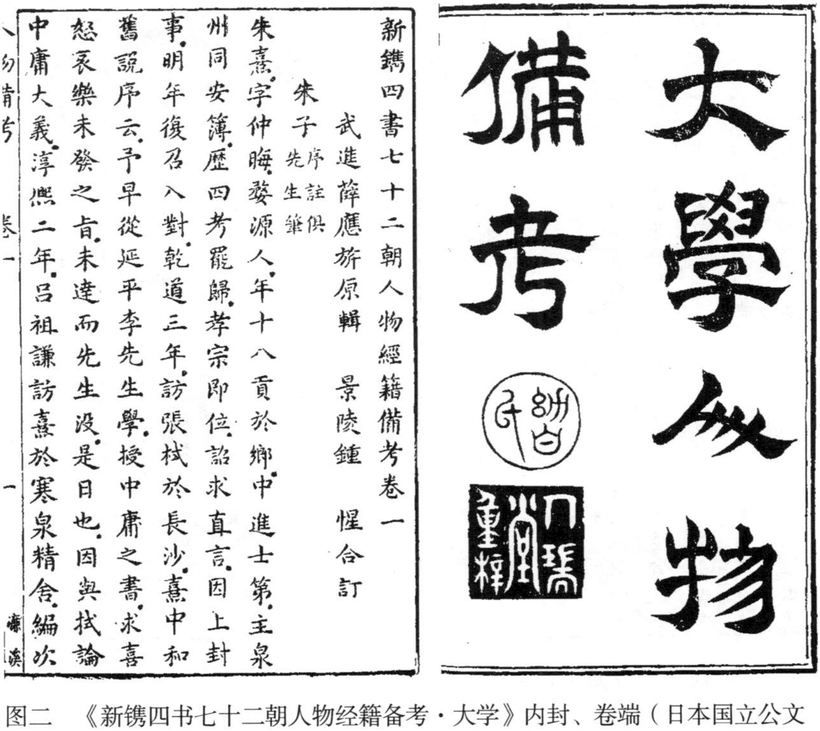
大學人物備考
幼白氏
人瑞堂重梓

新鐫四書七十二朝人物經籍備考卷一
武進薛應旂原輯　景陵鍾惺合訂
朱子　序註俱先生筆
朱熹字仲晦婺源人年十八貢於鄉中進士第主泉州同安簿歷四考罷歸孝宗即位詔求直言因上封事明年復召入對乾道三年訪張栻於長沙熹中和舊說序云予早從延平李先生學授中庸之書求喜怒哀樂未發之旨未達而先生沒是日也因與栻論中庸大義淳熙二年呂祖謙訪熹於寒泉精舍編次

图二　《新镌四书七十二朝人物经籍备考·大学》内封、卷端（日本国立公文书馆藏）

实则同一版刻也。

其他如《新刻人瑞堂订补全书备考》三十四卷（日本京都大学人文科学研究所藏），前有崇祯十四年（1641）序，卷一卷端署“富沙郑尚玄幼白氏订梓”，内封镌“人瑞堂藏板”；明葛世振选评《葛仞上先生选评古文雷橛》六卷（美国哈佛大学哈佛燕京图书馆藏），版心下刻“人瑞堂”，首题“富沙郑尚玄幼白甫参订”，内封刊“人瑞堂校梓”，并钤“人瑞堂”白文印（图三）。二书亦是明末清初郑尚玄所刊行。而明钱肃乐撰《新刻钱希声先生四书课

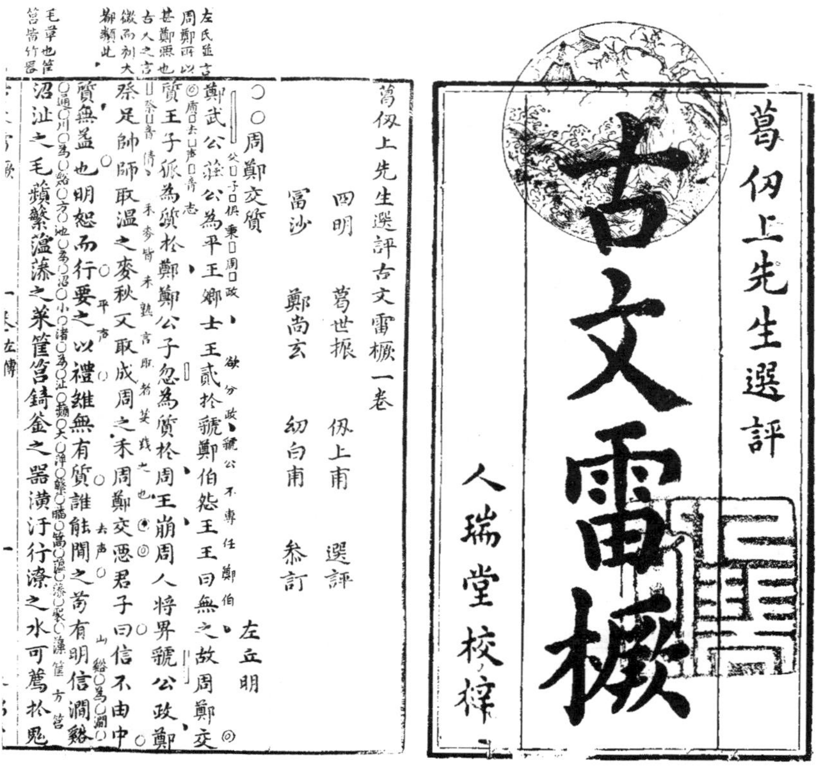
葛仞上先生選評
古文雷橛
人瑞堂校梓

葛仞上先生選評古文雷橛一卷
四明 葛世振 仞上甫 選評
富沙 鄭尚玄 幼白甫 叅訂
左丘明
周鄭交質
鄭武公莊公為平王卿士王貳於虢鄭伯怨王王曰無之故周鄭交質王子狐為質於鄭鄭公子忽為質於周王崩周人將畀虢公政鄭祭足帥師取溫之麥秋又取成周之禾周鄭交惡君子曰信不由中質無益也明恕而行要之以禮雖無有質誰能間之苟有明信澗谿沼沚之毛蘋蘩薀藻之菜筐筥錡釜之器潢汙行潦之水可薦於鬼

图三　《葛仞上先生选评古文雷橛》内封、卷端（美国哈佛大学哈佛燕京图书馆藏）

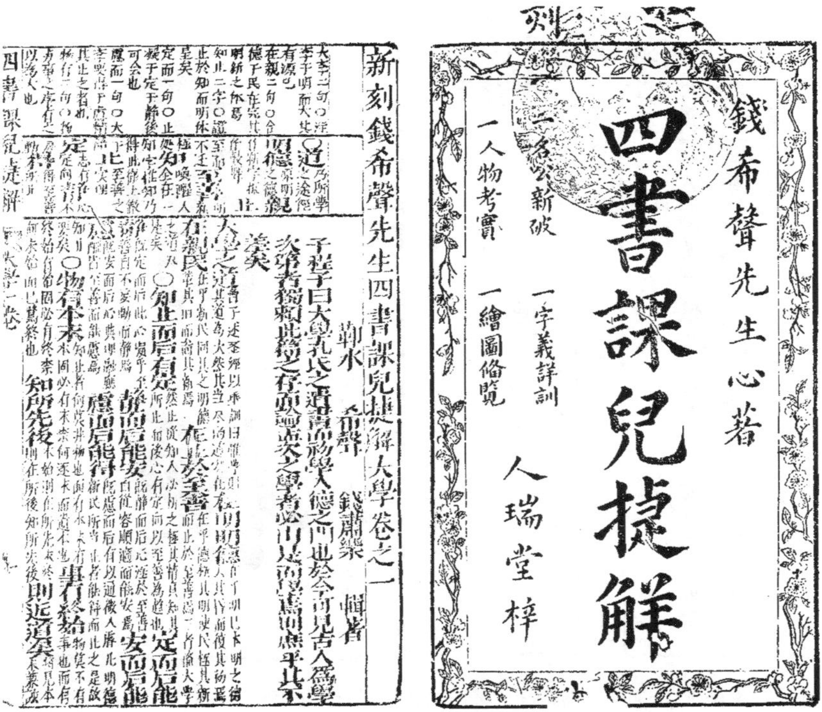

图四　《新刻钱希声先生四书课儿捷解》内封、卷端（日本国立公文书馆藏）

儿捷解》八卷（日本国立公文书馆藏），内封刻“人瑞堂梓”（图四）；明顾充、明张四知等撰《历朝捷录》四卷《元朝捷录》一卷《皇明捷录》二卷（美国哈佛大学哈佛燕京图书馆藏），内封题“人瑞堂藏板”；明齐东野人撰《新镌全像通俗演义隋炀帝艳史》八卷四十回（美国哈佛大学哈佛燕京图书馆藏），内封镌“人瑞堂梓”，等等，则难断定即是郑尚玄刻印，盖郑襟白亦曾以人瑞堂名号刻书行世。

郑襟白，生平不详，当是郑幼白（尚玄）之兄弟行。日本早稻田大学图书馆藏《医便》五卷《提纲》一卷，明王三才辑，前有《医便序》，卷端署“海阳张受孔心如父、姚学颜伯愚父重订”；

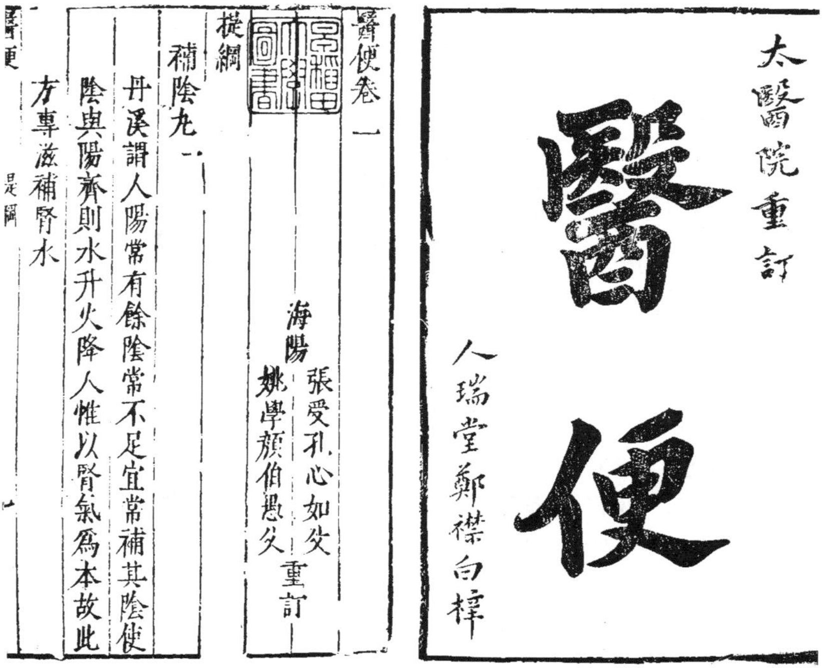

图五　《医便》内封、卷端（日本早稻田大学图书馆藏）

内封镌“太医院重订，医便，人瑞堂郑襟白梓”（图五）。沙嘉孙编《山东文献书目续编》著录《列子品汇释评》一卷，有明书林人瑞堂郑襟白刻本，当是《新锲翰林三状元会选二十九子品汇释评》之零种。“日本所藏中文古籍数据库”著录《新锲翰林三状元会选二十九子品汇释评》二十卷，明焦竑校，明翁正春参，明朱之蕃圈点，明郑氏人瑞堂刻本，日本东京大学东洋文化研究所藏。该藏本当是人瑞堂郑襟白刻本。

郑氏宗文堂

郑氏宗文堂，又作宗文书院、宗文书堂、宗文书舍、宗文精舍等，是建阳著名的书坊之一。现存元、明两代刻本六十余种。元本如至顺元年（1330）宗文堂刻本《静修先生文集》，大德六年（1302）宗文书院刻本《经史证类备急本草》《本草衍义》，至正十二年（1352）宗文精舍刻本《诗集传音释》（元许谦音释），及元建安宗文书堂郑天泽刻本《太平惠民和剂局方》等等，均为人所重。

入明以后，前期宗文堂刻书并不多见，现存仅寥寥数种。如中国国家图书馆藏元邹季友撰《书集传音释》，无刻书年月，唯卷二末有牌记“建安宗文书堂新刊”（图一）。向著录作元刻本，《北京图书馆善本书目》改为明刻本。王重民先生认为当刻于正统之前，遂以“元明间刻本”称之（《中国善本书提要》第7页）。此外《中国古籍善本书目》《中国古籍总目》等均著录《春秋左传》三十卷，晋杜预注，宋林尧叟音注，明弘治十九年宗文堂刻本。弘治朝止十八年（1505），不知何以有“弘治十九年”之说。

到了明代中期，宗文堂刻书渐夥。如正德元年（1506），宗文堂刻明丘濬撰《大学衍义补》一百六十卷首一卷，有“皇明丙寅岁宗文堂刊行”牌记（《第三批国家珍贵古籍名录图录》第四册第258页）。嘉靖十二年（1533），宗文堂重刊是书，卷终牌记镌“皇明癸巳岁/宗文堂刊行”（图二）。此时宗文堂刻本，多不详书坊主之名。综合诸家著录及笔者经眼，尚考知明代中期宗文堂书坊主郑伯刚、郑希善二人。

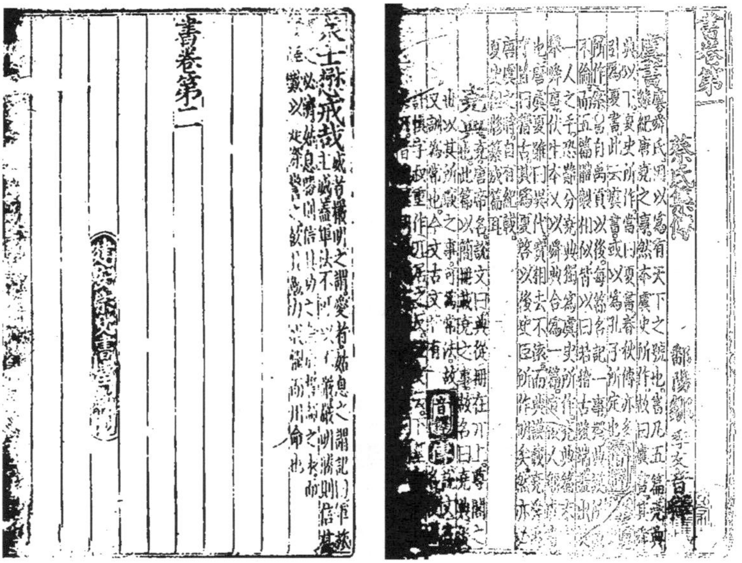

图一 《书集传音释》卷端、牌记（中国国家图书馆藏）

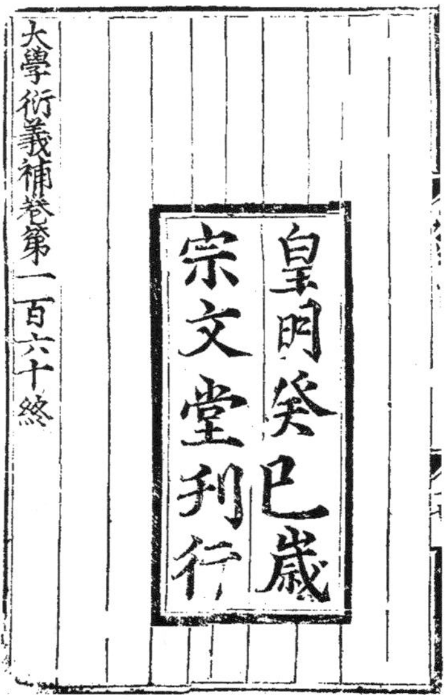

图二 《大学衍义补》牌记（安徽省图书馆藏）

《中国古籍善本书目》著录《重刊仪礼考注》十七卷，元吴澄撰，明嘉靖元年宗文书堂刻本，辽宁省图书馆、上海图书馆藏。中国国家图书馆藏明书林郑伯刚刻本（善本书号：06695），书前有莆田林升序，言“书林郑君伯刚，好礼君子，又命工锓梓，以广其传”云云，署“元年孟冬月吉旦”。据此推测该本殆系宗文堂刻本之挖改重印本，序末剜去“嘉靖”二字，并弃去宗文堂刻书牌记。郑伯刚当即宗文堂主人。嘉靖二十四年（1545），宗文堂郑希善刻《春秋左传》三十卷，吉林省图书馆、浙江图书馆均有藏本。此与弘治本相去近四十年，当是新刊。又日本庆应义塾大学图书馆官网著录《诗经集传》八卷，宋朱熹撰，明福建宗文堂郑廷斋刻本。以上三人，生平均不可考，现存刻本各一。

明代后期宗文堂书坊主有郑继华、郑世豪、郑世魁、郑以厚数人。

郑继华生平不详，刻书始见于万历初。严绍璗《日藏汉籍善本书录》著录《命理正宗》四卷，明张楠撰，明万历三年（1575）郑继华宗文堂詹氏西清堂刻本，是为郑继华见存最早刻本。万历二十九年（1601），郑继华曾刻《新锲提头音释官板大字明心宝鉴正文》二卷，卷端署“武林从道范立本谨集，书林继华郑氏梓行”；卷终有莲座荷盖牌记，卷“万历辛丑仲夏月/书林郑继华刊行”。万历四十三年（1615），刊行明李钦撰《刻京台增补渊海子平大全》六卷。不详刻书年月者，另见有二。《新刻朱文公先生考正家礼通行》八卷，卷端署“礼部尚书康洲罗万化校，书林继华郑氏梓”，卷终莲座荷盖牌记镌“万历新春之吉郑/氏宗文堂继华梓”（图三）。《鼎雕太医院校正徐氏针灸大全》六卷，卷端署“弋阳古塘徐凤编次，锦城绍锦徐三友重校，书林继华郑氏绣梓”；卷终莲座荷盖牌记刻“万历新岁榖/旦郑继华梓”；内封中镌“官板徐氏针灸”大字一行，左右刻“国朝太医院考正，书林宗文堂刊行”（图四）。书前有太医院医官龚云林序，言“因并刻《铜人针灸》，合为一帙，名曰《合并大全》”云云，署“万历壬寅春月吉旦”。故是书刊行当不早于万历三十年壬寅（1602），牌记之“万历新岁”，不当以“万历元年”视之。

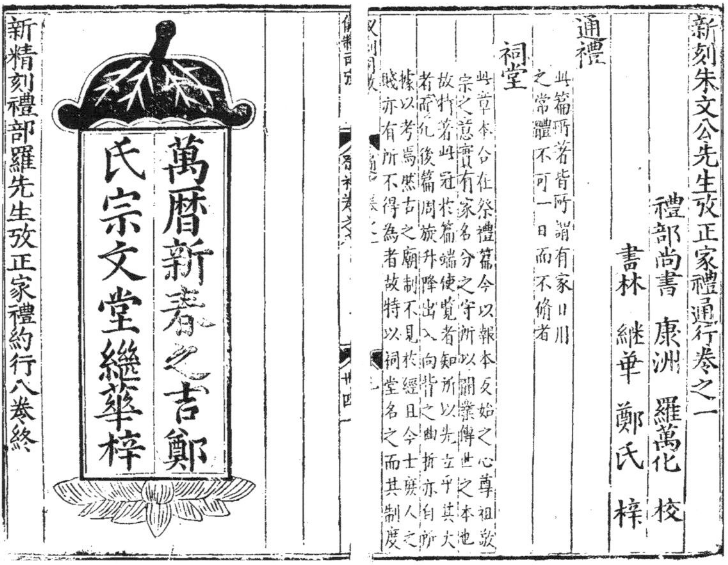

新刻朱文公先生攷正家禮通行卷之一
禮部尚書 康洲 羅萬化 校
書林 継華 鄭氏 梓
通禮
此篇所著皆所謂有家日用之常禮不可一日而不脩者
祠堂
此章本合在祭禮篇今以報本反始之心尊祖敬宗之意實有家名分之守所以開業傳世之本也故特著此冠於篇端使覽者知所以先立乎其大者亦凡後篇周旋升降出入向背之曲折亦自所據以考焉然古之廟制不見於經且今士庶人之賤亦有所不得為者故特以祠堂名之而其制度

萬曆新春之吉鄭氏宗文堂繼華梓

新精刻禮部羅先生攷正家禮約行八巻終

图三　《新刻朱文公先生考正家礼通行》卷端、牌记（日本国文公文书馆藏）

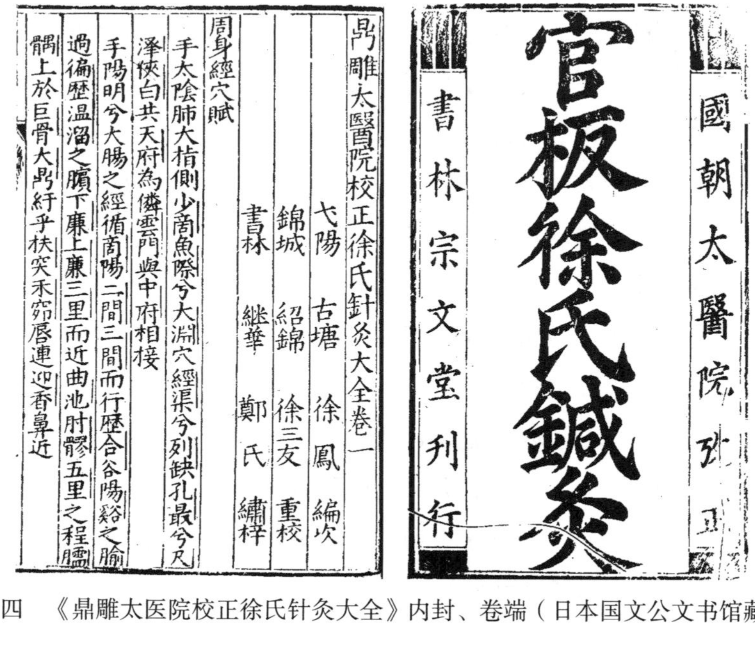

國朝太醫院刊正
官板徐氏鍼灸
書林宗文堂刊行

鼎雕太醫院校正徐氏針灸大全卷一
弋陽 古塘 徐鳳 編次
錦城 紹錦 徐三友 重校
書林 繼華 鄭氏 繡梓
周身經穴賦
手太陰肺大指側少商魚際兮大淵穴經渠兮列缺孔最兮尺澤俠白共天府為鄰雲門與中府相接
手陽明兮大腸之經循商陽二間三間而行歷合谷陽谿之腧過偏歷溫溜之濵下廉上廉三里而近曲池肘髎五里之程臑髃上於巨骨天鼎紆乎扶突禾髎唇連迎香鼻近

图四　《鼎雕太医院校正徐氏针灸大全》内封、卷端（日本国文公文书馆藏）

郑世豪，一作郑豪，号云竹，现存刻本近三十种，几占明代宗文堂刻本的半数。郑世豪刻本，有确切纪年者，最早为万历十六年（1588）刻《翰林考正杜律七言虞注大成》二卷、《翰林考正杜律五言赵注句解》三卷，今传本稀少，国内仅江西省图书馆藏虞《注》，国家图书馆藏赵《注》，诸家书目遂分别著录。虞《注》未见。赵《注》卷端署"工部杜甫子美撰咏，东山赵汸子常选注，建邑书林郑豪绣镌"；卷末有莲座荷盖牌记，镌"万历戊子年孟夏月/书林郑氏云竹绣梓"（图五）。万历三十年（1602），郑氏重刊是书。虞《注》卷端署"工部子美杜甫诗集，邵庵先生虞伯生注释，温陵紫溪苏濬校阅，宗文书舍郑云竹锓梓"，卷终牌记镌"万

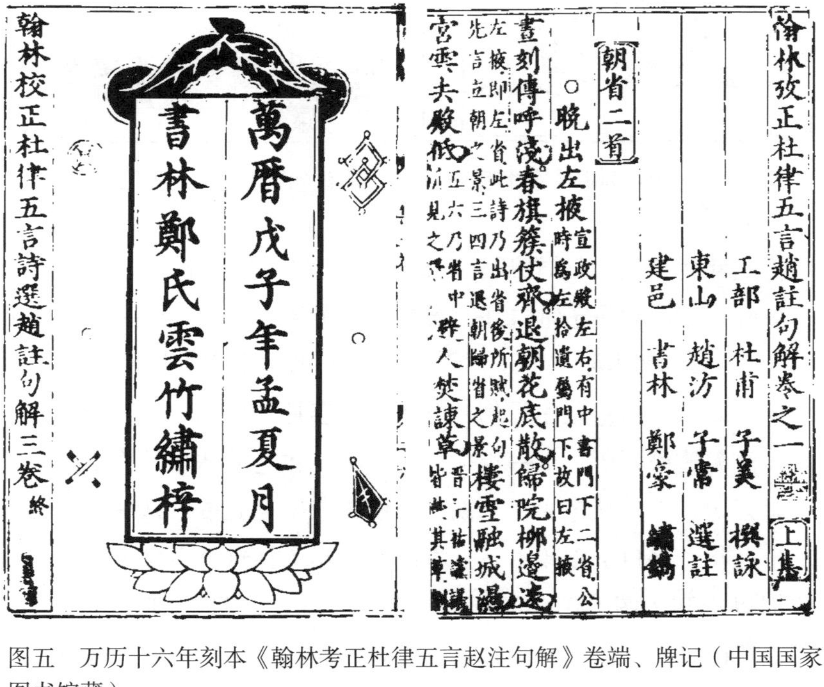

图五　万历十六年刻本《翰林考正杜律五言赵注句解》卷端、牌记（中国国家图书馆藏）

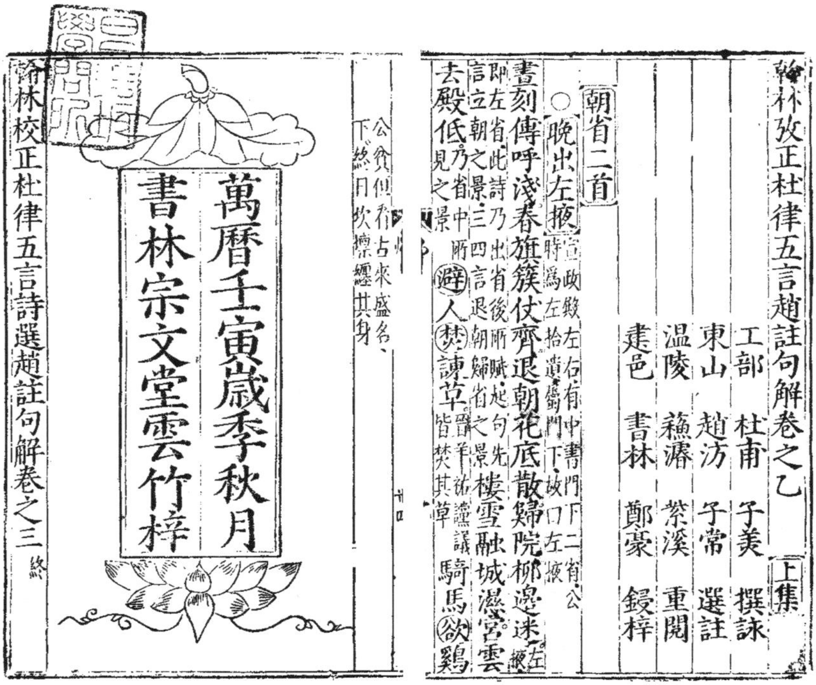

图六　万历三十年刻本《翰林考正杜律五言赵注句解》卷端、牌记（日本国立公文书馆藏）

历壬寅年孟冬月/书林郑氏云竹绣梓”。赵《注》署“工部杜甫子美撰咏，东山赵汸子常选注，温陵苏濬紫溪重阅，建邑书林郑豪锓梓”，卷终牌记刻“万历壬寅岁季秋月/书林宗文堂云竹梓”（图六）。虞《注》董玘序后刻“万历癸卯春月书林郑云竹重新梓”，赵《注》鲍松万历三十一年癸卯序后刻“建邑书林郑云竹新梓”。当是万历三十年秋冬兴工刻镌，至次年春始克蒇事。是书又有万历三十九年（1611）重印本，日本庆安四年（1651）中村市兵卫刻本曾据以重刊（图七）。万历十六年到三十年，还不到十五年的时间，郑氏宗文堂两次刊刻是书。无独有偶，万历十九年（1591），郑世豪以宗文书舍刊行《京本音释注解书言故事大全》十二卷，到

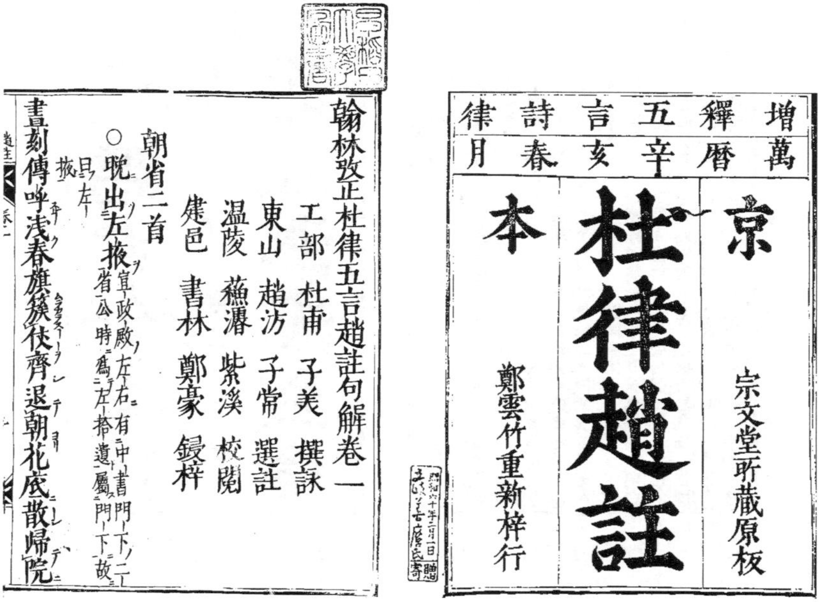
增釋五言詩律
萬曆辛亥春月
京 杜律趙註 本
宗文堂所藏原板
鄭雲竹重新梓行

翰林攷正杜律五言趙註句解卷一
工部 杜甫 子美 撰詠
東山 趙汸 子常 選註
温陵 蘊灊 紫溪 校閲
建邑 書林 鄭豪 鋟梓
朝省二首
○晚出左掖
晝刻傳呼淺春旗簇仗齊退朝花底散歸院

图七　和刻本《翰林考正杜律五言赵注句解》内封、卷端（日本早稻田大学图书馆藏）

万历二十八年（1600），又予重刊。二次刻版，首尾间隔仅十年。由此或可推测，存在大量刷印需求的书版，其寿命不过十余年。而其间的刷印数量，目前依然难以考证。

郑世魁（1545—1602），字维元，号云斋。万历间以宗文堂、宝善堂等堂号刻书行世。万历十八年（1590），刻《新刊笺注决科古今源流至论前集》十卷《后集》十卷《续集》十卷《别集》十卷。内封横刻“宗文堂记”，中镌“万历庚寅仲春郑氏云斋绣梓”（图八）。万历二十年，以宗文堂名号刻《新镌益府总龟对类正韵合璧大全》三卷、《新刊唐诗鼓吹注解大全》八卷。郑世魁宝善堂刻书，参见本书《郑氏宝善堂》。

郑以厚，字体坤，号望云。《中国古籍善本书目》著录

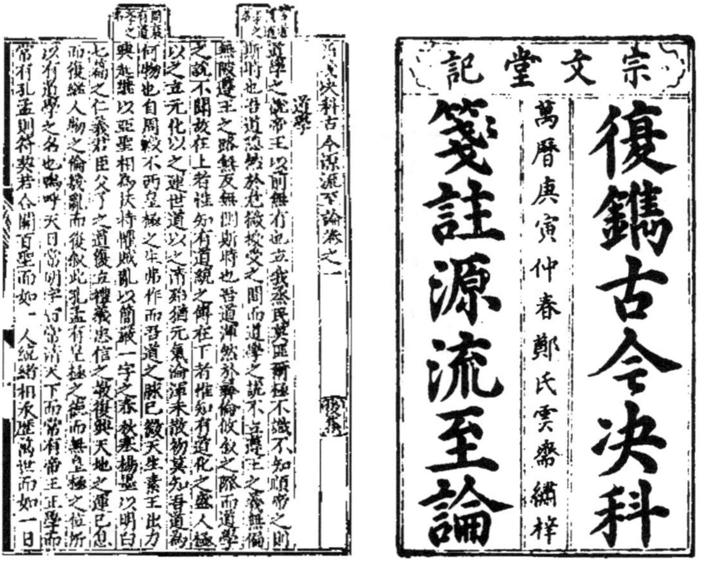

图八　《新刊笺注决科古今源流至论》内封、卷端（日本京都大学人文科学研究所藏）

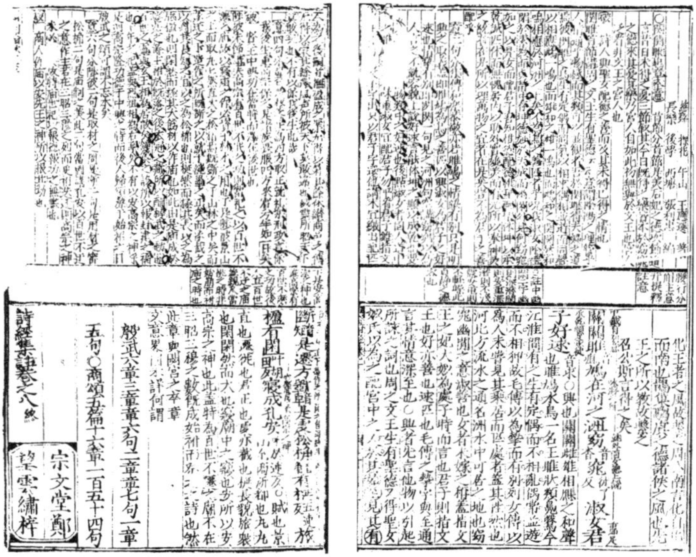

图九　《新刻翰林真传举业全旨日讲意诗经发微集注》卷端、牌记（日本国立公文书馆藏）

《新刊宪台考正少微通鉴全编》二十卷《外纪》二卷《新刊宪台考正宋元通鉴全编》二十一卷，宋江贽撰，明吉澄校，明万历三年（1575）宗文堂郑望云刻本，厦门市图书馆藏。“日本所藏中文古籍数据库”著录日本山梨县图书馆存《新刊宪台考正宋元通鉴全编》卷四至卷二十一。万历间刻《新刻翰林真传举业全旨日讲意诗经发微集注》八卷，首题“慈溪探花午山王应选著，长乐后学西塘张利忠编”，卷终牌记刻“宗文堂郑/望云绣梓”（图九）。

即使到明代后期，郑氏宗文堂所刻书，更多的仍是以堂号行世，宗文书舍牌记较之宗文堂、宗文书堂更稀见（宗文精舍仅见于元刻本，暂勿论），谨辑万历二十九年辛丑（1601）刻本《新镌孤树裒谈》牌记（图十）以供参考。

图十 《新镌孤树裒谈》卷端、牌记（日本国立公文书馆藏）

朱氏与畊堂

朱氏与畊堂，又作与畊书堂，建阳著名书坊，元、明两代均有刻本传世。元刻现存有《草书礼部韵宝》五卷、《续资治通鉴》十八卷等。朱氏刊刻明版，仅见洪武、万历两朝传本，中间二百余年则未见。其中洪武年间刻书，多题镌“与畊书堂”，见存三种：

《广韵》五卷，宋陈彭年等奉敕撰，明永乐十三年（1415）与畊书堂刻本，日本东洋文库藏，“日本所藏中文古籍数据库”著录。

《大广益会玉篇》三十卷《玉篇广韵指南》一卷，南朝梁顾野王撰，唐孙强增字，宋陈彭年等重修，明永乐年间朱氏与畊书堂刻本，日本静嘉堂文库藏，吴骞拜经楼、陆心源皕宋楼旧藏。“《指南》后有‘朱氏’爵形墨记，并‘与畊书堂’鬲形印墨记”（详见《日藏汉籍善本书录》第270页）。

《楚国文宪公雪楼程先生文集》三十卷《年谱》一卷《附录》一卷，元程钜夫撰，《年谱》元程世京编，明洪武二十八年（1395）与畊书堂刻本，中国国家图书馆（清顾广圻跋，清黄丕烈校）、上海图书馆（清陈继昌题识，马砺金跋）、山东省图书馆（清康纶钧、清杨绍和跋）以及日本国立公文书馆、静嘉堂文库、大仓文化财团（阙卷二十五至卷三十）等均有藏本。程集原有四十五卷，系程钜夫之子程大本编，揭傒斯校，后经程钜夫裔孙程世京与揭傒斯之子揭汯重定，即今三十卷本。元至正二十三年（1363），程世京携书稿刻于建阳刘氏书肆，然仅成十卷而元亡肆毁。明洪武二十四年（1391），程世京之子程淳、程滔复延请书市朱自达续成之，至二十八年刻竣。该集之编刊详情，李好文序述之甚悉：“洪武辛未秋，盱江程濬致其仲兄淳之言，来南丰邑庠，告从吉曰：先曾祖文宪公有文集四十五卷，实先大父秘书公之所编辑，而揭文安公之所校正者，先君子集贤公尝请教授许先生叔异缮写以藏。至正甲申持入燕京，承旨欧阳文公、平章谕德李公咸为之序。戊戌冬复囊以浮海至闽，暇日与文安公子、佥宪公汯重定为三十卷。癸卯岁刻于建阳市，仅成前十卷。值戊申革命，刘氏之肆兵燹失焉，幸已印行。其后廿卷未刻。庚戌秋，先君子携以归盱江，未暇再刻也。世运隆平，捐赀遣人诣书市，托朱自达氏刊为全集，列肆以传，冀其永久。”朱自达，生平不详。彭从吉序后牌记曰“洪武乙亥孟春/与畊书堂刊行”（图一），当即与畊书堂主人。又，书前李好文《雪楼程先生文集序》后有“至正癸卯中春雪楼诸孙世京谨录刊行”一行，即元刻旧本刊记，据此可知朱氏刻本前十卷乃依元至正二十三年刘氏刻本重刊。

万历间与畊堂刻印书籍现存数种：

《新刻增补全像乡谈荔枝记》四卷，明李东月撰，明万历九年（1581）朱氏与畊堂刻本，奥地利国家图书馆藏，《明代潮州戏文五种》据以影印。卷一首题：“书林南阳堂叶文桥绣梓，潮州东月李氏编集”，卷终尾题前有牌记云：“万历辛巳岁冬月/朱氏与畊堂梓行”（图二）。根据卷端题署，是书或为书林南阳堂叶文桥刻板，朱氏与畊堂印行。

《新刊京本通俗演义全像百家公案全传》十卷，明安遇时撰，明万历二十二年（1594）朱氏与畊堂刻本，日本蓬左文库藏，《古本小说丛刊》《古本小说集成》等据以影印。内封上图下文，上栏包公判案图，有联曰“日断其阳，生民无不沾恩泽；夜判其阴，死魂尽得雪冤愆”，下栏左右大字镌“全补包龙图/判百家公案”两

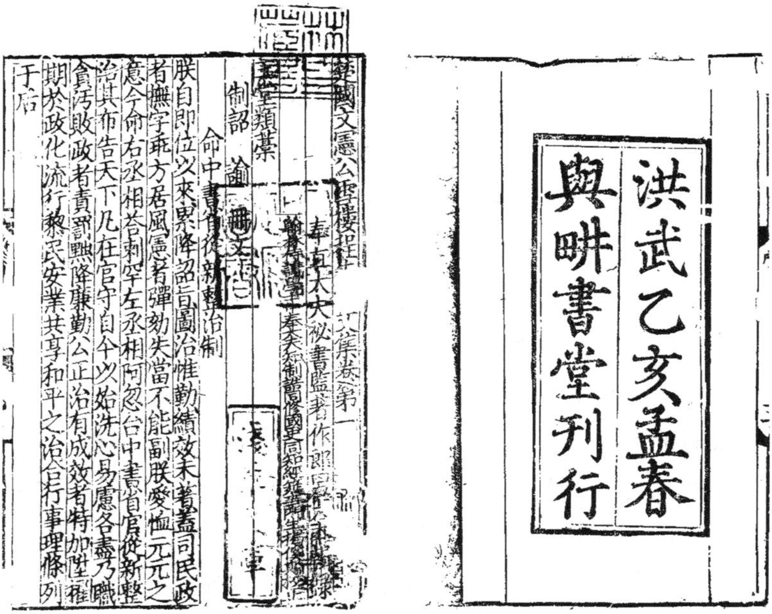

图一　《楚国文宪公雪楼程先生文集》牌记、卷端（日本国立公文书馆藏）

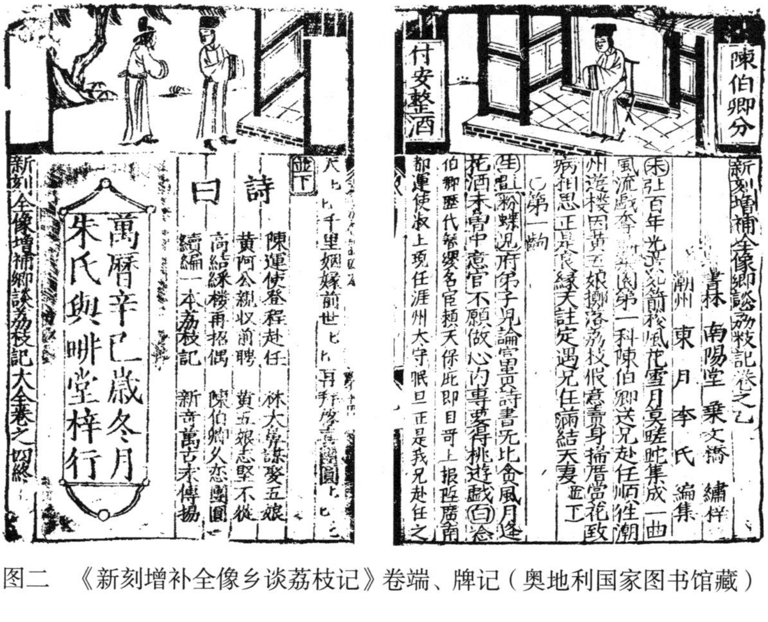

图二　《新刻增补全像乡谈荔枝记》卷端、牌记（奥地利国家图书馆藏）

行，中间小字“书林与畊堂朱仁斋绣梓”一行；卷一署“钱塘散人安遇时编集，书林朱氏与畊堂刊行”，书末牌记“万历甲午岁朱氏与畊堂梓行”（图三）。据以上题署，知朱仁斋乃与畊堂主人。朱仁斋另有书坊称同仁书舍。

明万历二十六年（1598），朱仁斋以与畊堂堂号印行《新锓全像音释古今列女传》四卷，该书仅日本御茶之水图书馆有藏本，严绍璗《日藏汉籍善本书录》著录。内封如《百家公案》上图下文，下文左右大字题名，中间“书林与畊堂朱仁斋梓”一行，卷一卷端署“书林杨景生梓行”（详《日藏汉籍善本书录》第532页）。是

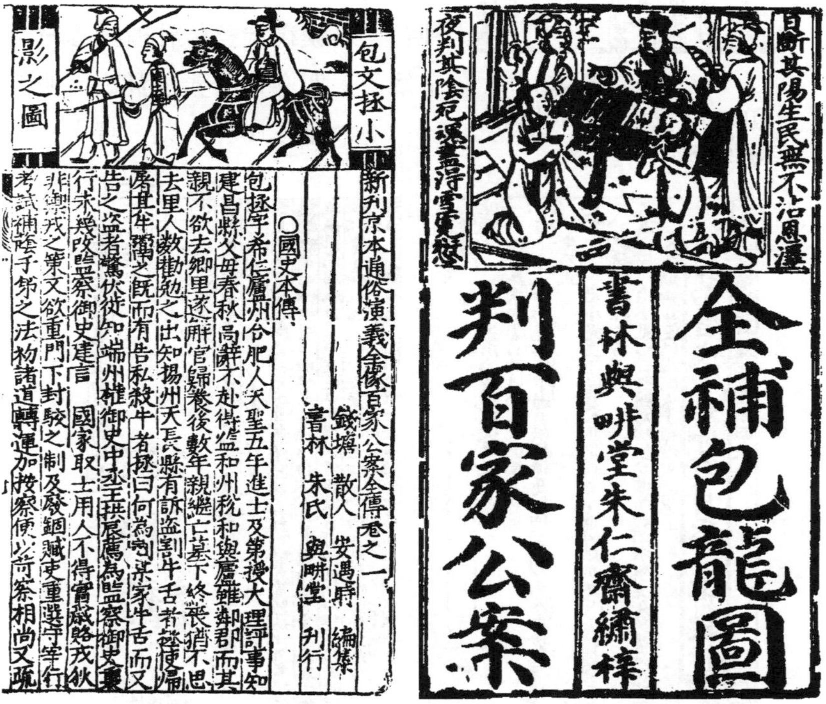
日斷其陽生民無不沾恩澤
夜判其陰死魂盡得雪冤枉
全補包龍圖
書林與畊堂朱仁齋繡梓
判百家公案

包文拯小
影之圖
新刊京本通俗演義全像百家公案全傳卷之一
錢塘 散人 安遇時 編集
書林 朱氏 與畊堂 刊行
〇國史本傳
包拯字希仁廬州合肥人天聖五年進士及第授大理評事知
建昌縣父母春秋高辭不赴得監和州稅和與廬雖鄰郡而其
親不欲去鄉里遂辭官歸養後數年親繼亡墓下終喪猶不忍
去里人數勸勉之出知揚州天長縣有訴盜割牛舌者拯使歸
屠其牛鬻之既而有告私殺牛者拯曰何為割某家牛舌而又
告之盜者驚伏徙知端州權御史中丞王拱辰薦為監察御史裏
行未幾改監察御史建言 國家取士用人不得竊賊賂戎狄
非禦戎之策又欲重門下封駁之制及廢錮贓吏重選守宰行
考試補蔭子弟之法務諸道轉運加按察使以苛察相尚又疏

图三　《新刊京本通俗演义全像百家公案全传》内封、卷端（日本蓬左文库藏，《古本小说丛刊》影印）

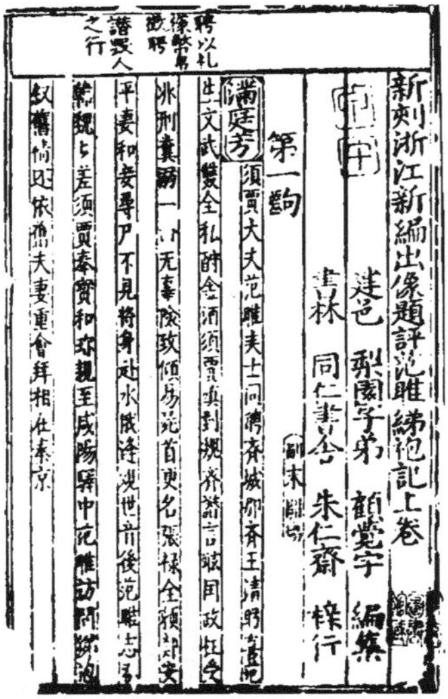

图四　《新刻浙江新编出像题评范睢绨袍记》卷端（中国国家图书馆藏）

书或为书林杨景生刊刻，与畊堂朱仁斋印行。而中国国家图书馆藏《新刻浙江新编出像题评范睢绨袍记》二卷，内封镌“范睢全本/绨袍记/杨景生二刻”，卷上卷端署“书林同仁书舍朱仁斋梓行”（图四），又似为书林同仁书舍朱仁斋刊刻，杨景生印行，或杨景生据朱氏本重刻。

此外，朱仁斋刻书另见有一种：《新锲御院秘传补遗痘疹辨疑全幼录》四卷，明龚廷贤撰，明万历三十六年（1608）刻，日本宫内

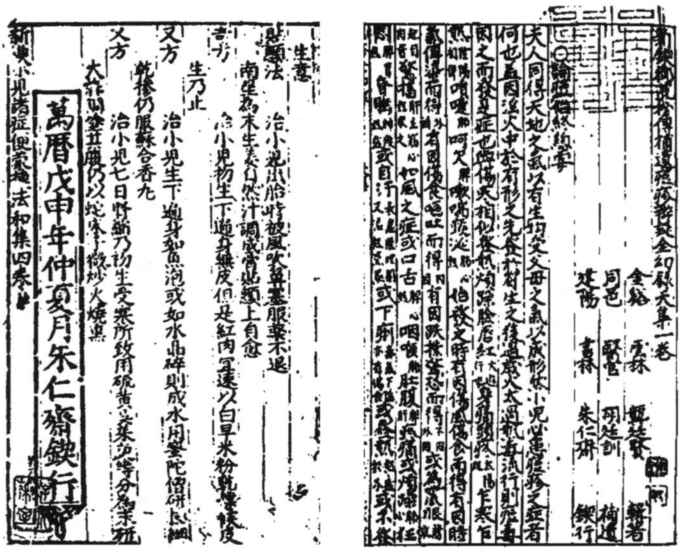

图五　《新锲御院秘传补遗痘疹辨疑全幼录》卷端、牌记（日本宫内厅书陵部等藏，《海外中医珍善本古籍丛刊》影印）

厅书陵部（缺卷二）、国立公文书馆（存卷二）藏，《海外中医珍善本古籍丛刊》据二家藏本配补影印。卷一卷端署“建阳书林朱仁斋锲行”，其余各卷卷端均署“福建书林朱仁斋锲行”，卷终牌记镌“万历戊申年仲夏月朱仁斋锲行”（图五）。